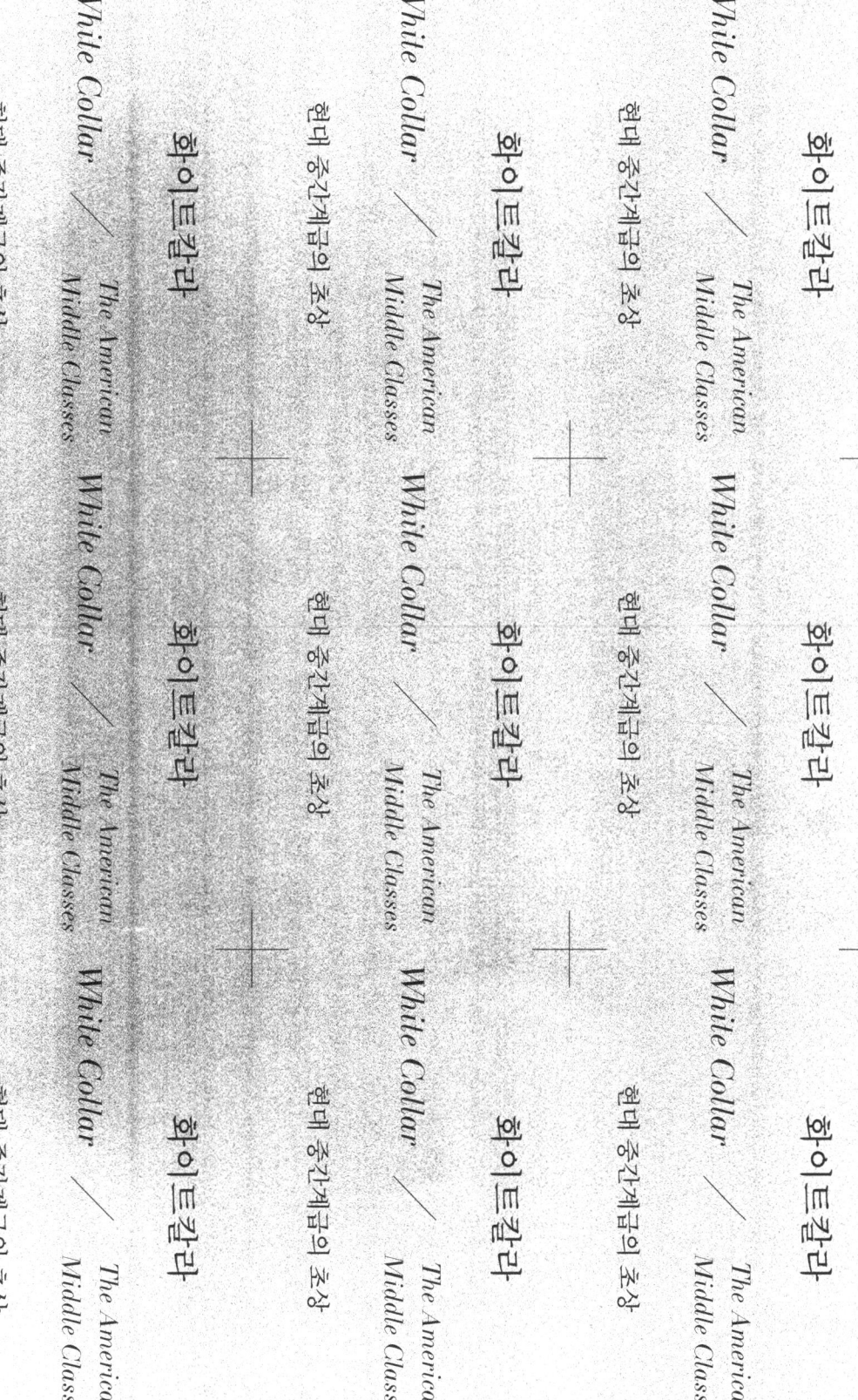

WHITE COLLAR
: The American Middle Classes
by C. Wright Mills

New York: Oxford University Press, 1951

화이트칼라
현대 중간계급의 초상

찰스 라이트 밀스 지음
조형근 옮김

2025년 8월 4일   초판 1쇄 발행

펴낸이	한철희
펴낸곳	돌베개
등록	1979년 8월 25일 제406-2003-000018호
주소	(10881) 경기도 파주시 회동길 77-20 (문발동)
전화	(031) 955-5020
팩스	(031) 955-5050
홈페이지	www.dolbegae.co.kr
전자우편	book@dolbegae.co.kr
블로그	blog.naver.com/imdol79
인스타그램	@Dolbegae79
페이스북	/dolbegae

편집	김진구
표지디자인	김민해
본문디자인	이은정·이연경
마케팅	고운성·김영수·정지연
제작·관리	윤국중·이수민·한누리
인쇄·제본	상지사 P&B

ISBN   979-11-94442-42-4 (93330)

• 책값은 뒤표지에 있습니다.
• 이 책의 내용 전체 또는 일부를 재사용하려면 출판사의 허가를 받아야 합니다.

화이트칼라

현대 중간계급의 초상

찰스 라이트 밀스 지음
조형근 옮김

차례

옮긴이 해제
현대 자본주의를 살아가는 우리의 초상   11

서문   23

1부
구중간계급

1장   **소기업가의 세계**   41
      1. 구중간계급   43
      2. 재산, 자유, 그리고 안전   47
      3. 스스로 균형을 잡는 사회   51

2장   **재산의 변화**   55
      1. 농촌의 와해   59
      2. 사업의 동학   66
      3. 룸펜 부르주아지   76

3장   **경쟁의 수사학**   83
      1. 경쟁적인 삶의 방식   86
      2. 독립 자영농   92
      3. 소기업 전선   97
      4. 정치적 지속성   110

2부

화이트칼라의 세계

4장 신중간계급 I 119
1. 직업의 변동 121
2. 산업의 동학 124
3. 화이트칼라 피라미드 130

5장 경영 관료조직 139
1. 관료제 142
2. 정상에서 밑바닥으로 146
3. 직공장의 사례 153
4. 새로운 기업가 159
5. 경영자의 힘 170
6. 세 가지 흐름 177

6장 오래된 전문직과 새로운 기술 185
1. 전문직과 관료제 188
2. 의료계 191
3. 변호사 198
4. 교수 208
5. 기업과 전문직 217

7장 지식인 주식회사 223
1. 네 단계 227
2. 관료제적 맥락 234
3. 이데올로기적 수요 239
4. 기술자의 부상 242

8장 거대한 판매장 249
1. 영업사원의 유형 251
2. 세계에서 가장 큰 시장 257
3. 구매 담당자와 매장 지배인 261
4. 여점원 265

		5. 판매술의 중앙집중화	274
		6. 성격 시장	278
	9장	**방대한 서류철**	287
		1. 구식 사무실	290
		2. 힘과 발전	293
		3. 화이트칼라 여성	301
		4. 새로운 사무실	309
		5. 화이트칼라의 위계질서	315

3부 삶의 양식

10장	**노동**	323
	1. 노동의 의미	326
	2. 장인정신의 이상	331
	3. 현대적 노동의 조건	337
	4. 수용의 틀	342
	5. 쾌활한 로봇의 사기	348
	6. 심대한 단절	351
11장	**지위 혼란**	357
	1. 화이트칼라의 위신	361
	2. 소도시	373
	3. 대도시	375
	4. 지위 혼란	379
12장	**성공**	385
	1. 유형과 이데올로기	388
	2. 교육의 엘리베이터	395
	3. 출신과 이동성	403
	4. 어려운 시절	411
	5. 빛바랜 이미지	416

4부	13장	신중간계급 II	425
권력의 길		1. 이론과 어려움	428
		2. 심성	433
		3. 조직	438
	14장	화이트칼라 노동조합 운동	443
		1. 조직화 정도	447
		2. 수용과 거부	450
		3. 개인적 참여	456
		4. 노동조합 운동의 형태	463
		5. 노동조합과 정치	471
	15장	후위병의 정치학	477
		1. 의식의 모델	479
		2. 정치적 무관심	483
		3. 대중매체	490
		4. 사회 구조	500
		5. 미국의 정치	503
**		6. 후위병들	513

감사의 말과 출처	518
찾아보기	532
추천사	537

일러두기
별도의 표시가 없는 각주는 옮긴이가 단 보충 설명이다. 단, 원서의 주는 각주의 문장 말미에 '[원주]'라고 표시해 따로 구별했다.

도박을 하지 않는 사람이 도박을 하는 사람보다
좀 더 확실하게, 늘 지는 시대가 오리라고는
아무도 예측하지 못했다.

— 샤를 페기*

---

* Charles Péguy(1873~1914). 프랑스의 시인이자 작가이며, 사회주의자이자 민족주의자로서 제2차 세계대전 당시까지 좌·우익 모두에 큰 영향을 끼쳤다.

옮긴이 해제

현대 자본주의를 살아가는 우리의 초상

조형근 (사회학자)

1951년에 출간된 『화이트칼라—현대 중간계급의 초상』(이하 『화이트칼라』로 약칭)은 화이트칼라, 즉 신중간계급이 부상하던 시절의 미국 사회를 분석한, 사회학자 찰스 라이트 밀스의 대표작 중 하나다. 자영농, 소기업가, 자영업자 등 구중간계급이 점차 소멸하면서 자본가와 임금노동자라는 양대 계급으로 분할되리라던 19세기적 전망은 20세기의 자본주의 고도화와 함께 무너졌다. 독립적인 소재산의 기반 위에 서 있던 구중간계급이 몰락한 자리를 기업이든 국가든 어딘가에 소속된 '작은 사람'들, 화이트칼라가 채워나갔다. 사무직, 판매직, 관리직, 전문직, 지식인 등으로 이뤄진 신중간계급이 바로 그들이다.

거친 대지와 시장에서 영감을 얻으며 독립적으로 살아가던 강인한 개인은 사라지고, 획일화된 도시 문명에 적응한 채 거대한 위계질서에 순응하고 대중매체의 가벼운 오락거리에서 위안을 얻는 대중이 부상했다. 이들이야말로 새로운 '미국적 생활 양식'을 집약한 존재였다. 이들의 부상과 함께 미국 사회의 계급 구조가 바뀌고 대중의 일상 경험이 전변했다. 밀스는 이들을 이해하지 않고서는 현대 사회의 본질을 이해할 수 없다고 주장한다.

『화이트칼라』의 출간으로 밀스는 학계에서 확고한 명성을 얻었다. 1951년에 나온 책은 지금까지 한 번도 절판되지 않았고, 각종 서구어는 물론 한국어, 중국어, 일본어 등 10개 이상의 언어로 번역되었다. 책의 영향력은 널리, 오래갔다. 신·구중간계급의 성격과 관계에 대한 논쟁에서부터 관료화, 노동의 소외, 소비자를 향해 성격personality을 파는 '성격 시장'의 대두, 소비주의, 대중매체와 대중문화의 영향력, 노동운동의 체제 내화와 정치적 무관심에 이르기까지 수많은 이론적, 사실적 쟁점들이 조명되었으며, 학계와 사회운동, 일반의 관심으로 확산되었다.

『화이트칼라』 이후 밀스의 명성은 미국 사회 권력구조 최상층의 구성과 성격, 기능을 폭로한 『파워엘리트』(1956), 개인의 삶, 경험을 더 넓은 사회관계에 대한 구조적 인식과 연결 짓는 『사회학적 상상력』(1959)과 같은 저서를 통해 절정에 올랐다. 핵무기 확산과 세계적인 체제 경쟁의 위험을 경고한 『제3차 세계대전의 원인』(1958), 혁명 중의 쿠바에 찾아가 피델 카스트로를 비롯한 혁명가들과 면담하고 집필한 『들어라 양키들아』(1960) 등의 저서는 그의 사유와 실천이 아카데미 너머로 급진화되었음을 보여주었다. 그는 실천적이고 비판적인 지식인의 상징이 되었다. 그에 대한 포괄적인 비평서를 책임 편집한 가이 오크스는 밀스가 "미국 사회학자의 만신전에 오르고 당대 가장 중요한 미국 공공 지성인으로서, 미국의 사회 질서에 대해 가장 타협하지 않고 널리 읽힌 전후의 비판자"가 되었다고 평가한다.[1]

---

1 Guy Oakes, "Introduction: American Faust," Guy Oakes ed., *The Anthem Companion to C. Wright Mills*, New York: Anthem Press, 2016, p.24.

찰스 라이트 밀스, 실천적이고 독립적인 지식인의 생애

밀스는 1916년 8월 28일, 미국 텍사스주의 소도시 웨이코에서 태어났다. 댈러스와 오스틴의 중간쯤에 위치한 이 도시의 이름은 그 지역에 먼저 자리 잡은 원주민 부족의 이름에서 나왔다. 19세기에 개척된 지역에서 태어나고 자란 그의 배경은 이후의 학문과 실천의 이력에 영향을 미쳤다. 뉴욕의 아이비리그 교수가 된 후에도 그는 자신의 개척자적 이미지를 공공연히 드러내곤 했다. 후술하겠지만 할아버지와 아버지대에 걸쳐 일어난 직업적 변천도 그의 연구 관심에 큰 영향을 미쳤다.

밀스는 댈러스의 기술고등학교를 졸업한 후 공학자가 되기 위해 당시에는 군사학교였던 텍사스농업기계대학에 입학했다. 하지만 학교의 군사문화에 반감을 느끼고 1년 만에 오스틴의 텍사스대학으로 옮겼다. 여기서 인류학과 철학, 사회심리학, 사회학을 공부했다. 사회학으로 학사학위를, 철학으로 석사학위를 받았다. 특히 급진적이고 비판적인 경제학자 클래런스 에어스Clarence Ayres로부터 상당한 영향을 받았다. 이후 매디슨의 위스콘신대학에서 사회학 박사과정을 수료하고 학위를 받았다. 여기서 만난 독일 난민 출신의 한스 거스Hans Gerth는 밀스의 스승이자 평생 동료가 되었다. 카를 만하임의 제자였던 거스를 통해 밀스는 독일과 유럽의 사회학 전통과 폭넓게 만났다. 그 속에 카를 마르크스와 막스 베버가 있었고, 밀스의 저작 전반에 이 지적 전통이 깊게 스며들었다. 『화이트칼라』의 페이지 곳곳에는 거스와 협력한 자취를 만날 수 있다.

박사학위를 받은 밀스는 1941년에 칼리지파크의 메릴랜드대학에 교수로 자리 잡았다. 제2차 세계대전 중에 징집 대상이 되지만 고혈압이 발견되어 징집을 면제받았다. 이후 심장 상태는 그의 일생을 함께하는 문젯거리가 되었다. 그는 1946년 뉴욕의 컬럼비아대학 사회학과로 옮기면서 미국 학계의 심장부로 진입했다. 그해에 거스와 함께 막스 베버의 선집 *From Max Weber: Essays in Sociology*를 펴냈다. 1948년에는 새롭게 부상하는 힘으로서 미국의 노동운동과 그 지도자들을 분석한 저서 *The New Men of Power: America's Labor Leaders*를 펴냈다. 『화이트칼라』의 14장에서 이뤄지는 미국 노동운동에 대한 상세한 서술은 이때의 선행연구로부터 도움을 받았다.

『화이트칼라』로 확고한 명성을 얻은 밀스의 입지는 『파워엘리트』와 『사회학적 상상력』을 거치며 최고조에 달했다. 동시에 기성 학계와의 불화도 고조됐다. 그는 당대 사회학의 정통 교리를, 특히 사회과학의 가치 중립성 교리와 과학적 객관성 및 학문적 공정성의 의무를 모두 거부했다. 텔컷 파슨스의 영향 아래 있던 주류 사회과학계에서 사회과학은 엄밀하고 중립적인 태도로 좁은 주제를 다루는 경험과학으로 간주되었다. 그 시선에서 볼 때 밀스는 경계선을 한참 넘어간 인물이었다.

밀스는 주류의 시선에 아랑곳하지 않았다. 1960년, 쿠바를 찾아가 혁명 지도자들을 만난 후 쓴 『들어라 양키들아』의 서문에서 밀스는 명료하게 말한다. "이 책을 쓴 나의 주된 목적은 쿠바 혁명가들의 목소리를 될 수 있는 대로 명료하고 강력하게 독자들에게 전달하는 것"이라고.[2] 책은 미국과 서구가 쿠바를 향해 저지른 제국주의 범죄를 낱낱이 폭로하는 폭탄이 되었다. 그는 이데올로기적 중립을 가장한 평온한 자리를 원하지 않았다. 같은 해에 발간된 『뉴레프트 리뷰』 제5호에 발표한 「신좌파에게 보내는 편지」에서는 이데올로기의

---

2   찰스 라이트 밀스, 김대웅 옮김, 『들어라 양키들아』, 아침, 1994, 10쪽.

종말을 선언하는 서구 지식인들을 신랄하게 비판했다. "혼합경제에 복지국가를 더한 번영"에 만족하면서 이데올로기적 중립을 가장하는 자유주의 지식인들이야말로 실제로는 강렬한 이데올로그들이었다. "이데올로기의 종말은 당연히 그 자체로 이데올로기입니다... 이데올로기의 종말은 실제로는 종말의 이데올로기입니다."[3]

편지의 제목에서 밀스가 사용한 '신좌파'라는 단어가 이 단어의 첫 용례가 되었다. 『뉴레프트 리뷰』의 지식인들은 그가 마르크스주의자도, 전통적인 좌파도 아니라는 걸 알고 있었지만, 아니 어쩌면 바로 그래서 그를 '신좌파의 대부'로 인정했다. 소련을 방문했을 때 밀스는 공산당의 검열 체제를 비판하고, 암살된 트로츠키의 저서가 출판되기를 바란다며 건배를 제안했다.[4] 그에게 신성 불가침한 것은 없었다. 밀스의 사후 30주기가 되던 1992년, 영국 BBC의 리스 강연에 초대받은 에드워드 사이드는 지식인을 주제로 한 여섯 번의 강연 중 첫 강연에서 이렇게 묻고 답한다. "오늘날 지식인은 무엇을 표상하고 있을까요? 미국의 사회학자 찰스 라이트 밀스는 이 물음에 대한 가장 훌륭하고 성실한 답변을 제시했습니다. 열정적인 사회관을 가진 그는 자신의 생각을 솔직하고 설득력 있게 설명한 독립적 지식인이었습니다."[5]

독립적 지식인 밀스는 그의 사후에 미국과 서구에서 불붙은 신좌파운동, 68혁명의 이념적 스승 중 한 명이 되었다. 그의 사상은 미국 68혁명의 기원이 된 1962년의 포트 휴런 선언의 정신적 기초가

---

3   C. Wright Mills, "Letter to the New Left," *New Left Review*, No.5, September-October, 1960.
4   George Ritzer, *Sociological Theory*, Eighth edition, Univeristy of Maryland, 2011, p.217
5   에드워드 사이드, 최유준 옮김, 『지식인의 표상—지식인이란 누구인가』, 마티, 2012, 34쪽.

되었다. 선언의 초안을 쓴 스물세 살의 앤아버대학 사회학도 톰 헤이든은 밀스에 대해 석사논문을 쓰고 있었다.[6] 급진주의자 밀스는 미국 사회학에 대한 엄격한 비판자가 되었다. 그리고 미국 사회학의 주변부로 밀려났다.[7] 그리고 시간이 흘렀다. 1998년 국제사회학협회가 회원들을 대상으로 설문 조사를 진행해 '20세기의 책'을 뽑았을 때 밀스의 『사회학적 상상력』이 2위에 올랐다. 베버의 『경제와 사회』가 1위였다. 파슨스의 주저 『사회체계』는 10위 안에 들지 못했다. 밀스는 20세기 가장 영향력 있는 영어권 사회학자로 기억되고 있다.[8]

밀스는 1962년, 한창 나이인 45세에 심장마비로 세상을 떠났다. 네 번째 찾아온 심장마비였다. 그는 오래 살지 못할 운명이라는 걸 알기라도 하듯 치열하게 일하고 뜨겁게 사랑했다. 12권의 저서를 남겼고, 세 명의 여성과 네 번 결혼했다. 학문도, 삶도 문제적이었다. 1950년대에 그에게서 배웠던 한 학생은 이렇게 그를 회고한다. "신중한 교수들이 회색 플란넬 정장을 입던 시대에… 밀스는 BMW 모터사이클을 타고 컬럼비아대학 강의실에 굉음을 내며 들어왔어요. 체크 셔츠, 낡은 청바지, 작업화를 신고, 넓은 가슴에 끈으로 매단 가방에 책을 넣고 말이죠."[9]

---

6   잉그리드 길혀-홀타이, 정대성 옮김, 『68운동―독일·서유럽·미국』, 들녘, 2006, 30~32쪽.
7   George Ritzer, 앞의 책, p.215. 컬럼비아대학의 사회학과 동료들인 대니얼 벨, 폴 라자스펠드, 로버트 K. 머튼, 세이머 마틴 립셋 중 밀스의 장례식에 참석한 이는 아무도 없었다. 1,000킬로미터 밖에서 날아온 한스 거스가 추도사를 읽었다. Guy Oakes, 앞의 글, p.23
8   Guy Oakes, "Afterword: Mills as Classic?," Guy Oakes ed., 앞의 책, pp.314~315.
9   Rusell Jacoby, "Afterword", C. Wright Mills, *White Collar*, Fiftieth Anniversary edition, New York: Oxford University Press, 2002, pp.366~367.

우리 시대의 우울증에 관한 도덕적 논설

밀스의 할아버지는 텍사스의 목장주였다. 그는 여성의 명예를 둘러싼 다툼으로 총에 맞아 사망했다. 반면 밀스의 아버지는 보험 판매원이었다. 가족은 아버지의 직장을 따라 자주 이사를 다녀야 했다. 강인하고 독립적인 소생산자로부터 의존적인 근로자로의 전환이라는 『화이트칼라』의 핵심 주제는 그 자신의 가족사와도 일치했다. 밀스는 "나는 열 살 때부터 『화이트칼라』를 써왔다"고 말했다. 그는 "흰 셔츠를 입은 아버지가 또 다른 출장을 준비하는 모습을 지켜보"면서 자랐다.[10]

물론 『화이트칼라』가 다루는 주제는 밀스의 가족사 범위를 훨씬 뛰어넘는다. 책을 쓰던 중 부모에게 쓴 편지에서 그는 이 책이 "20세기 큰 세상 속의 새로운 '작은 사람'에 관한 것이며, 그 '작은 사람'이 어떻게 살고 무슨 고통을 겪고 있는지에 관한 것"이라고 설명했다. 그는 이 책이 "모든 사람의 책이 될 것"이라고 믿었다. 그리고 이렇게 반문했다. "진실로, 그 누가 '작은 사람'이 아니겠어요?"

밀스에게 화이트칼라가 직면한 문제들은 20세기를 살아가는 모든 사람의 고민이었다. 이들의 부상과 함께 사회 자체가 광대한 판매장, 방대한 서류철, 통합된 두뇌, 관리와 조작이 이뤄지는 새로운 세계로 변화했다. 그것은 관료제적 합리화의 거대한 흐름이었다. 화이트칼라는 백화점과 산업체, 합리화된 사무실과 정부기관의 계산적인 위계질서 속에서 교환 가능한 부품이 되었다. 『화이트칼라』는 합리화와 관료제에 대한 베버적 비판의 정점을 이룬다.

조직의 인간이 된 이들에게는 자기 삶의 중심을 잡아줄 견고한

---

10   같은 글, p.367.

뿌리도 없고, 충성심을 바칠 공동체도 없다. 노동의 소외가 이들의 삶을 관통한다. 밀스는 자신의 생각을 청년기 마르크스의 사상에 빗대곤 했다. 관료제적 합리화 아래서 일어나는 화이트칼라의 소외된 노동은 카프카적 의미에서 부조리하다. 그들은 누가 어디서 지시를 내리는지 알지 못하고, 자기 노동의 결과물이 어떤 것인지 알지 못한 채 노동한다. 밀스의 비판은 청년 마르크스에게서 러스킨, 모리스 등으로 이어지는 장인 노동에 대한 꿈의 계보와 접속한다. 노동에서 소외된 이들은 자신이 어디로 가는지 알지 못하고, 그들의 불안은 복잡하다. 이들의 유일한 의지처는 대중문화의 산물뿐이다. 화이트칼라의 정치적 의식은 마비 상태에 있으며, 정치적 무관심이 이들을 지배한다. "의지도 없이 현대사회의 전위가 된" 이들은 "역사적 변화의 주도자가 아닌 후위병"으로 남는다.

생산수단을 소유하지 못하고 있다는 점에서 화이트칼라는 임금노동자와 동일한 재산-계급 위치에 속한다. 하지만 대기업의 관리자, 대형 로펌의 변호사, 대학교수, 병원에 소속된 의사에서부터 백화점의 판매원, 기업의 말단 사무원, 병원의 간호사에 이르기까지 다양한 집단을 하나의 신중간계급으로 묶을 수 있을까? 소득의 원천은 같아도 이들이 얻는 소득의 양은 매우 다르다. 권력과 위신의 차이는 말할 것도 없다. 이들은 거대한 위계질서의 피라미드에서 위와 아래에 어지러이 분산되어 있다. 『화이트칼라』의 각 장들은 직업별로, 위신과 권력이라는 범주별로 이들이 처한 서로 다른 상황을 세밀화로 그려나간다. 통상의 사회학 저서와 달리 수많은 문학작품과 대중서, 인터뷰가 인용된다. 밀스의 서술이 빛나는 부분이다.

『화이트칼라』를 쓰기 시작했을 때 밀스는 미국에서 급진적 노동운동이 등장할 것이라고 기대하고 있었다. 책이 완성됐을 때 희망은 사라지고 없었다. "노동조합이 급진적인 사회 변화의 원동력이며 충분히 커지면 그렇게 되리라고, 전투적인 지성과 지성적인 전투성을 발휘하리라고 가정"했던 것은 순진한 믿음이었다. 최상의 경우에도 화이트칼라 노조는 또 다른 압력단체나 특권 계층이 될 것이었다.

급진적 노동조합 운동에 대한 신뢰가 사라졌다고 해서 밀스가 회의주의로 빠진 건 아니다. 오히려 대중매체와 미국 정치의 무관심이라는 조건을 탐구하기 시작했다. 즉 화이트칼라 노동자의 상황을 통해 미국 사회의 전반적인 상태와 운명에 대한 비판적 성찰로 나아간 것이다. "『화이트칼라』는 단순히 화이트칼라 노동자에 대한 사회학적 연구가 아니라 '우리 시대의 우울증'에 대한 도덕적 논설이다. 이 작품은 단순히 '작은' 사람들에 관한 것이 아니라 작은 꿈에 관한 것이다."[11]

평가와 전망—화이트칼라를 넘어서

모든 다산적 저작이 그렇듯이 밀스의 『화이트칼라』도 열광만큼이나 비판을 피할 수 없었다. 『군중 속의 고독』The Lonely Crowd: A Study of the Changing American Character, 1950)의 저자 데이비드 리스먼이 책의 출간 직후에 쓴 서평에서 몇몇 중요한 쟁점들을 제기했다. 리스먼은 밀스가 "우리 시대의 큰 질문들과 현명하게 맞서고 있고... 질문들이 중심적이며 연구 방법이 근본적으로 탄탄하다는 점에 동의한다." 하지만 적어도 세 가지 비판점이 있다.

첫째, 밀스는 화이트칼라 사무원들의 적응력, 일에서 얻는 삶의 기쁨 joie de vivre을 과소평가한다. 밀스는 독자를 조지 오웰의 『1984』와 비슷한 절망적 전망으로 이끌지만, 소설가의 야만적 풍자와는 달

---

11 Russell Jacoby, 앞의 글, p.369.

리 통계와 자료를 제시하는 사회학자의 풍자는 일반화를 주장한다는 점에서 문제가 된다. 둘째, 밀스는 노동에 대한 화이트칼라의 태도에 인종적 특성이 작용한다는 사실을 간과한다. 예컨대 영국계 미국인과 달리 아일랜드계, 이탈리아계에게 하급 사무직이나 교사는 상층으로 오르는 징검다리로 보일 수 있다. 셋째, 대중매체는 밀스의 설명보다 덜 착취적이고 무미건조하며, 반혁명적 효과도 덜하다. 미디어가 대중의 수동성을 낳는다는 주장을 당연시할 수는 없다. 다양한 미디어가 관객의 비판적 지성에 어떤 의미를 지니는지는 탐구해야 할 영역이다.[12]

페미니즘이 부상하면서 이 책에 젠더 관점이 부재하거나 부족하다는 비판도 제기되었다. 책에서는 '화이트칼라 남성과 여성'이라는 표현과 '화이트칼라 남성'이라는 표현이 종종 혼용되며, 밀스에게 화이트칼라의 전형은 곧잘 남성으로 간주됐다. 물론 밀스는 화이트칼라 중 여성의 비중이 41퍼센트에 이른다는 사실을 적시하고, 직업군에 따른 화이트칼라의 성별화도 주목하고 있어 그에게 젠더 관점이 부재하다고 비판하기는 어렵다. 더욱이 그가 천착한 '성격 시장' 개념은 1980년대에 감정 노동과 핑크칼라 개념을 통해 여성주의 관점에서 전유되기도 했다. 밀스가 성격을 판매하는 활동을 주로 시장 교환의 측면에서 바라봤다면, 감정 노동 접근은 이를 감정의 전략적 관리를 통한 일상적 실천으로 접근하면서, 이 측면이 사사화되고 여성화되어 노동으로 인정되지 않는다는 점을 강조한다.[13]

좀 더 근본적인 비판도 제기된다. 『화이트칼라』의 1부는 독립적

---

12 David Rieman, "Book Review: White Collar: The American Middle Classes, by C. Wright Mills," *American Journal of Sociology*, Vol.57, No.5, 1952, pp.514~515.
13 A. R. Hochschild, *The Managed Heart: Commercialization of Human Feeling*, Berkeley: University of California Press, 1983, p.165.

인 소기업가들이 자유롭게 경쟁하던 19세기 구중간계급의 세계에 대한 묘사로 시작한다. 미국에는 유럽과 달리 봉건제의 전통과 잔재가 없었다. 국가의 간섭이 거의 없었고, 소규모 재산을 가진 개인들로 이뤄진 경제와 사회는 상승과 후퇴의 굴곡에도 불구하고 스스로 균형을 잡았다. 그곳은 정치경제학자 애덤 스미스와 정치도덕주의자 토머스 제퍼슨의 아이디어가 실현되는 세상이었다. 그 세상이 무너지면서 20세기의 '작은 사람', 화이트칼라가 등장했다는 것이다.

나히드 아슬란베이기와 가이 오크스는 밀스가 거친 붓질로 그린 이 그림에 대해, "흥미진진한 이야기이자 감동적이며 비극적인 이 이야기는 또한 대부분 거짓으로 보인다"고 비판한다.[14] 밀스는 19세기 구중간계급의 규모를 과대평가했고, 노예제의 영향력을 과소평가했다. 남북전쟁 후의 기업가적 농민이 지녔다고 가정한 안정성은 입증되지 않는다. 거시경제의 부침과 요구 사항들로부터 독립적으로 자신의 농지를 지키고 관리했다는 소규모 자영농은 낭만주의적 역사 서술의 산물인 허구의 존재다.[15]

『화이트칼라』가 그리는 19세기 구중간계급의 상이 과장된 것이라면 20세기에 부상한 신중간계급의 성격에도 의문이 제기된다. 책 전체가 양자의 계급적 상황, 정신적 태도와 생활 방식을 대조하면서 서술되고 있기 때문이다. 어쩌면 구중간계급은 책의 주장보다 덜 독립적이었을 수 있고, 신중간계급은 더 독립적일 수 있다. 책이 보여주는 선명한 대조는 이념형적 출발점으로서 유용할 수 있을 것이다. 역사적 사실 여부는 별개의 문제다.

21세기도 사반세기가 지난 지금 『화이트칼라』를 읽는다는 것은

14　Nahid Aslanbeigui and Guy Oakes, "Mills on the Economics of the Old Middle Class," Guy Oakes ed., 앞의 책, pp.67~69.
15　같은 책, p.87.

어떤 의미일까? 19세기와 20세기 미국의 역사와 문화의 이야기로 가득 찬 이 책은 그 자체로 흥미롭고 유익하다. 밀스의 문장은 과장되지 않으면서도 곧잘 빛난다. 또는 한 명의 위대한 학자가 얼마나 정확히 자기 시대를 진단하고 미래를 예견했는지 평가하는 것도 의미 있는 독서법일 수 있겠다. 하지만 그가 예견한 미래조차 이미 과거가 된 지 오래다. 플랫폼 노동이 지배하고 불안정 노동자, 프레카리아트가 일반화되고 있는 이 시대에 임금노동자와 월급쟁이 근로자의 비교에 대해 훈고학적으로 접근하는 것은 시대착오일 것 같다. 어쩌면 우리가 밀스에게 진정으로 배워야 할 것은 자기 시대의 진정한 과제를 찾아내려는 그의 집요함, 좁은 주제를 넘어 당대의 구조를 직시하려던 담대한 용기가 아닐까?

가이 오크스는 밀스에 대한 비평서의 서문에 '미국의 파우스트'라는 제목을 달았다. 세계의 운명을 자아 속에서 깊이 체험한 뒤 그 모든 것을 짊어지고 사라지기를 원하는 파우스트 같은 비극적 영웅으로 밀스를 묘사한다. 『화이트칼라』 50주년 기념판의 후기에서 러셀 자코비는 때 이르게 죽지 않았다면 밀스의 후일이 어땠을지 상상하며 글을 맺는다. 바라던 대로 대학을 떠나 사회학적인 시각을 가진 작가와 비평가로 생계를 유지하며 살았으리라고. 밀스는 노동의 형이상학을 부정하면서도 장인 노동을 이상화했고, 자유주의를 비판하면서도 독립적인 개인의 쇠퇴를 한탄했다. 뛰어난 학자였지만 그의 글은 종종 모순적이었다. 노동과 삶의 일치를 꿈꾸며, 목공을 하고 자기 집을 짓고 자동차 수리에 열중하던 아마추어 장인이기도 했다. 평생토록 무정부주의적 독립노조인 세계산업노동자연맹IWW의 회원이자 지지자인 '워블리'Wobbly로 살았다. 그는 아는 대로 살고자 한 인간이었다. 종종 실패했지만.

서문

화이트칼라는 현대사회에 조용히 스며들었다. 그들의 역사는 사건이 없는 역사고, 그들의 공통 관심사는 단결로 이어지지 않으며, 그들의 미래는 스스로 만든 것이 아니다. 그들이 열망하는 것이 있다면 중간 경로가 불가능한 시대에 중간 경로를, 즉 상상의imaginary 사회에서 망상의illusory 경로를 지향하는 것이다. 내부적으로는 분열되고 파편화되어 있으며, 외부적으로는 더 큰 힘에 의존한다. 혹시 행동할 의지가 있더라도 조직화되지 않으니, 이들의 행동은 운동이 아니라 서로 연결되지 않은 경쟁이 얽혀 있는 것에 불과하다. 집단으로서는 누구에게도 위협을 가하지 않으며, 개인으로서는 독립적인 삶의 방식을 실천하지 않는다. 그리하여 이들에 대한 적절한 개념이 형성되기도 전에 이들은 도시 대중의 친숙한 행위자로서 그저 당연한 존재로 여겨져왔다.

하지만 바로 이 화이트칼라의 세계에서 20세기 존재의 많은 특징을 찾아야 한다. 화이트칼라의 수적 중요성이 커지면서 사회가 기업가와 임금노동자로 양분되리라는 19세기의 예측이 뒤집어졌다. 이들이 누리는 대중적인 삶의 방식이 미국적 경험의 틀과 느낌을 변화시켰다. 이들은 우리 시대의 특징적인 심리적 주제들을 가장 선명하게 보여주며, 일반 이론이 주요한 흐름을 설명하려면 어떤 식으로든 이들을 고려해야 한다. 무엇보다도 이들은 20세기 사회의 주요한 일상을 연기하는 배우들의 새로운 배역이다.

화이트칼라 세계의 최상층에서는 예전부터 이어져온 개인기업의 지휘관the old captain of industry이 법인기업corporation의 관리자로 바뀌고 있다. 넥타이를 매고 언변이 뛰어난 정치인 못지않게 서류 가방과 계산자를 든 월급쟁이 관료가 정계에 등장한다. 이 최고 관리자들은 이제 익명의 중간 관리자, 매장 지배인, 월급쟁이 현장주임, 카운티 요원, 연방 조사관, 법률 교육을 받은 경찰 수사관으로 구성된 계층을 지휘한다.

기존의 전문직 영역에서 의사, 변호사, 엔지니어는 자기 이름을 걸고 자유롭게 일했지만, 새로운 화이트칼라 세계에서는 병원의 월급쟁이 전문의, 법률사무소의 하위직급 변호사, 기업에 얽매인 엔지니어가 자유로운 전문직 리더십에 대한 도전으로 등장하기 시작했다. 의학과 법률 분야의 기성 전문직은 여전히 직업 세계의 정상에 있지만, 이제 그 주위에는 새로운 기술을 갖춘 남성과 여성이 있다. 온갖 종류의 사회 기술자와 기계 전문가, 여비서, 실험실 조교, 등록 및 미등록 간호사, 제도사, 통계전문가, 사회복지사가 그들이다.

때로는 마치 새로운 사회 전체처럼 보이는 판매장들에는 백화점의 붙박이 여점원, 외부로 돌아다니는 보험 영업사원, 부재하는 영업사원, 즉 다른 사람의 판매를 원격에서 돕는 광고인이 있다. 맨 위에는 "남들보다 조금 더 창의적이긴 하지만 자기도 그저 영업사원일 뿐"이라고 말하는 프리마돈나 부사장이 있고, 맨 아래에는 결혼을 위해 곧 직장을 떠나기를 바라면서 균일가격으로 상품을 판매하는 싸구려 잡화점의 점원이 있다.

사무실의 거대한 서류철 속에서, 모든 계산실 안에서 스스로 계산하던 사람들을 회계원과 구매 담당자가 대체한다. 그리고 화이트칼라 세계의 가장 아래쪽에는 서류 시스템을 채우고 비우면서 기를 쓰며 일하는 사무원들이 있는데, 이를테면 개인 비서와 타자수, 입력 사무원, 청구 사무원, 통신 담당자 같은 사람들이다. 간단한 기계, 사무용 계산기, 구술 녹음기, 주소 인쇄기를 작동하는 직원, 그리고 출입을 허용하거나 금지하는 안내원 등 수천 가지 종류의 사무원이 있다.

화이트칼라라는 인간 유형의 이미지는 이제 모든 주요한 산업 국가에서 문학 세계의 일부가 됐다. 독일 작가 한스 팔라다는 피네베르크 부부라는 사례를 통해 히틀러 시대 이전의 독일에 대해 보여주었다. 인플레이션과 불황, 아이를 임신한 아내에 둘러싸인 경리 사원 요하네스 피네베르크는 "작은 사람, 이제 어쩌지?"라는 질문에 대한 답을 찾지 못한 채 경제적 궁지에 몰린다. 진짜 프롤레타리아인 아내의 지지 외에는 아무것도 없다.[1] 영국의 작가 J. B. 프리스틀리는 런던의 화이트칼라 세계에서 고통받고 불안해하는 사람들의 모습을 『엔젤 페이브먼트』*Angel Pavement* (1930)에 남았다. 여기 삶에 짓눌린 사람들이 있다. 그들의 간절한 소망은 그들이 화이트칼라라는 바로 그 이유로 금지되었다. 조지 오웰의 『숨 쉬러 나가다』*Coming up for Air* (1939)에 등장하는 세일즈맨 볼링 씨는 이렇게 그들을 대변한다. "노동자 계급의 고통을 두고 헛소리가 많아요... 나는 노동자 계급에게 그렇게 미안하지 않아요... 노동자 계급은 육체적으로는 고

---

[1] 한스 팔라다Hans Fallada의 소설 『작은 사람, 이제 어쩌지?』*Kleiner Mann-was nun?* (1932)는 1930년대 몰락하던 독일 중간계급의 좌절감에 대한 생생한 묘사로 큰 반향을 불러일으켰고, 나치 집권 후 나치돌격대를 부정적으로 묘사한 부분이 개작된 다음 널리 보급되었다. '작은 사람'이라는 자의식은 신중간계급의 중요한 특징이 되었다. 이후 할리우드에서도 영화화되었다.

통스럽지만 일하지 않을 때는 자유인이니까요. 하지만 저 작은 회벽 상자 같은 건물들 안에는 불쌍한 자식들이 있죠. 잠자리에 눕자마자 곯아떨어져서 우물 바닥에 상사를 집어던지고 석탄 덩어리를 던지는 꿈을 꾼답니다. 딱 그때만 자유롭거든요. 물론 우리 같은 인간들의 기본적인 문제는 우리 모두가 잃을 것이 있다고 상상한다는 것입니다만."

『키티 포일』Kitty Foyle(1939)은 이런 유럽 소설에 가장 가까운 미국 소설일 것이다. 하지만 그 여주인공은 얼마나 다른가! 미국에서는 유럽과 달리 화이트칼라라는 인간 유형의 운명이 아직 분명하지 않다. 허레이쇼 앨저 식 이야기[2]의 현대화된 여주인공인 키티 포일은 (이전의 앨리스 애덤스처럼) 메인 라인[3]에 대한 열망을 가지고 있다. 불황의 해에 연봉 3,000달러를 받은 키티는 회사 주식을 사려 하고, 결혼하려던 의사가 유대인으로 밝혀지자 결혼을 망설이는 것으로 소설은 끝난다. 독일의 피네베르크는 프롤레타리아 출신의 아내가 자신의 운명이자 정치적 기회라는 사실을 너무 늦게 깨달았다. 그동안에 키티 포일은 미국에서 화장품 사업에서 경력을 쌓기 위해 바쁘게 움직이고 있었다. 그러나 25년 후, 미국의 전후 호황기에 『세일즈맨의 죽음』The Death of a Salesman(1949)의 주인공인 윌리 로먼은 사업에서는 그럭저럭 성공했지만 인생에서는 완전히 실패한 것으로 판명되는 화이트칼라 남성으로 등장한다. 정신과 의사이자 작가인 프레더릭 워섬은 윌리 로먼의 꿈에 대해 이렇게 썼다. "그는 그 꿈과 함께 성공하고, 그 꿈과 함께 실패하며, 그 꿈과 함께 죽는다. 하지만 그는 왜 이런 꿈을 꿨을까? 우리 사회에 살다 보니 그가 잘못된 꿈

---

2   19세기 미국의 작가 허레이쇼 앨저 주니어Horatio Alger Jr.(1832~1899)는 가난한 소년의 성공 서사를 그린 청소년 소설로 잘 알려져 있다.
3   맨해튼을 지나는 뉴욕주의 철도 노선. 여기서는 상류사회를 상징한다.

을 꿔야만 했던 건 아닐까?"

 19세기의 농부와 사업가는 대체로 강인한 개인, 즉 누구 못지않게 빠르게 성장할 수 있는 사람으로 여겨졌다. 20세기의 화이트칼라는 농부처럼 독립적이지도 않고, 사업가처럼 큰 기회를 기대하지도 않는다. 그는 늘 누군가의 사람이어서 기업의 사람이고, 정부의 사람이며, 군대의 사람이다. 미국 사회에서 자유로운 기업가가 쇠퇴하고 종속적인 근로자가 부상하면서, 미국인의 마음속에서도 독립적인 개인은 쇠퇴하고 '작은 사람'이 부상했다.
 거대하고 추악한 힘들로 가득한 세상에서 화이트칼라는 작은 피조물의 미덕을 모두 갖춘 것으로 기꺼이 간주된다. 그는 사회 세계의 밑바닥에 있으면서 동시에 중간계급이라며 만족할 수 있다. 그가 맞닥뜨리는 문제들에 공감하는 것은 쉽고 안전하지만, 그 문제들에 대해 그가 할 수 있는 건 거의 아무것도 없다. 다른 사회 행위자들은 덩치를 키우고 공격적으로 행동하겠다고, 또 이기적인 이해관계에 따라 행동하고 정치에 관여하겠냐고 위협한다. 큰 사업가는 불황과 전쟁, 호황의 정상적인 리듬을 통해 평소처럼 큰 사업을 계속하고, 큰 노동자는 덥수룩한 눈썹을 치켜올리며 자기 요구가 관철될 때까지 국가와 씨름하며, 큰 농부는 자기 몫을 챙기기 위해 상원과 친교를 다진다. 하지만 화이트칼라는 아니다. 그가 맞서 싸우는 상대는 인격적 대상이 아니라 비인격적인 인플레이션이다. 미국 특유의 급속한 상승을 열망하며 느린 참극에서 빠져나오려 애쓰는 그의 모습은 비극이라기보다는 차라리 처량해 보인다. 그는 자신이 통제할 수 없는 힘에 밀려나고, 자신이 이해하지 못하는 움직임에 끌려다니며, 가장 무기력한 위치에 놓인다. 화이트칼라는 희생자로서의 영웅, 행동을 당하지만 행동하지 않는 작은 피조물, 누군가의 사무실이나 매장에서 눈에 띄지 않게 일하며 큰 소리로 말하지도, 반박하지도, 입장을 표명하지도 않는 존재다.

일반화된 '작은 사람'으로부터 대중이 접하는 특정한 화이트칼라 유형으로 초점을 옮기면 그 이미지가 다양해지고 종종 동정심조차 불러일으키지 않게 된다. 동정심 자체는 곧잘 거만한 날카로움을 수반한다. 예를 들어 '사무원'이라는 단어 앞에는 '고작'이라는 단어가 붙을 가능성이 높다. 누가 보험설계사에게 기꺼이 말을 걸고, 수금원에게 문을 열어주겠는가? "여점원이 얼마나 무례하고 불쾌한지 누구나 알고 있다." 학교 교사는 사업가들이 하는 농담의 단골 소재다. 개인 비서에 대한 주부의 의견은 흔히 우호적이지 않으며, 실제로 화이트칼라 소설의 대부분은 '오피스 와이프'에 대한 적대감을 활용한다.

이런 것들은 위에서 내려다본 특정 유형의 사무직 이미지들이다. 하지만 아래에서는 두 세대에 걸쳐 가난한 사람들의 아들딸들이 '고작' 사무원이 되기를 간절히 고대해왔다. 부모들은 자식 중 한 명이라도 고등학교, 실업전문학교, 또는 대학을 마친 다음 경영자를 도와 서류를 정리하고, 편지를 타이핑하며, 학교에서 가르치고, 관공서에서 일하는 등 무언가 기술적 숙련이 필요한 일, 즉 화이트칼라 직업을 가질 수 있도록 희생했다. 진지한 문학에서는 화이트칼라 이미지가 종종 비탄의 대상이 되지만, 대중적인 글에서는 자주 선망의 대상이 된다.

미국인이 어떤 인간인지 그 유형에 대한 이미지는 실제 경험을 조합하여 신중하게 구축된 것이 아니다. 다른 곳과 마찬가지로 여기서도 전통과 교과서, 그리고 산만하고 미숙한 정신적 표류들이 이미지를 만들어냈다. 특히 화이트칼라 시대에 대중 오락과 대중매체의 편집진은 이 이미지들을 강화하고 심지어 창조하기도 했다.

전문적인 이미지 제작자의 조작이 효과적인 이유는, 청중은 자신이 말을 걸고 싶거나 닮고 싶은 모든 사람을 개인적으로는 알지 못하고, 특정 유형을 믿으려는 무의식적 욕구를 지니고 있기 때문이다. 욕구는 있지만 경험은 없는 탓에 이런 청중은 힐끗 본 유형들을 움켜쥐고서 자신들이 세상을 바라보는 언어로 그 유형들에 집착한다. 유형 뒤에 숨은 사람들을 직접 만나더라도 감정과 깊이 연결된 이전의 이미지 탓에 눈앞에 있는 것을 보지 못한다. 때로는 현실이 멜로드라마와 홍보물을 모방하는 것처럼 보일 정도로 경험은 거짓 이미지에 갇혀 있다.

아마도 미국인이 가장 소중히 여기는 국가적 이미지는 한때 존재했을지라도 이제는 더 이상 존재하지 않는 역사적 유형의 감상적인 버전일 것이다. 저명한 역사학자 슐레진저 경A. M. Schlesinger, Sr.의 말을 빌리자면 미국인에 대한 표준 이미지를 뒷받침하는 것은 "대지에 대한 오랜 교육"의 신화로서, 그 교육이 "가장 주요한 구성적 영향력"이 되어 "용기, 창조적 에너지, 그리고 수완"을 낳는다는 것이다. 19세기의 상표가 선명하게 남아 있는 이 관념에 따르면 미국인은 마법 같은 독립성, 소박한 독창성, 뛰어난 업무 능력 등 광활한 대륙을 정복하기 위해 투쟁하면서 얻은 미덕을 모두 갖추고 있다.

인구의 4분의 3이 농부였던 100년 전에는 그런 이미지를 새기고 미국인이라고 불러도 어느 정도 정당화될 수 있었을 것이다. 하지만 그 후 농부는 전체 인구의 10분의 1 이하로 줄어들었고, 새로운 계층의 급여 소득 근로자와 임금노동자가 증가했다. 광범위한 다양성을 초래한 격심한 역사적 변화로 인해, 미국인은 단일한 유형의 독창적인 농부-장인이라고 고집하는 국가주의 역사학자의 믿음은 오래도록 의심의 대상이 되어왔다. 미국적 삶과 성격에서 보편성을 발견할 수 있다면, 그것은 대지의 공통 교육보다는 획일화하는 도시 문명의 영향에 기인하고, 무엇보다도 거대 기술과 대중매체의 표준화에 기인한다.

미국은 말 거래상이나 경제 이론의 대가들의 나라가 아니고, 서부 개척 신화에서처럼 소를 몰고 다니며 소유권 선점을 주장하던 수완 좋은 개척자들의 나라도 아니다. 이런 역사적 유형과 관련된 특성이 현대의 미국인에게 눈에 띄게 이어지지도 않았다. 현대 미국인의 일부만이 경제적 의미에서 자유로운 개인 기업가enterprisers로 구성되어 있으며, 지금은 독립 기업가보다 임금노동자와 급여 소득 노동자가 4배나 더 많다. 윌리엄 딘 하월스[4]는 1890년대에 "삶을 위한 투쟁은 자유로운 투쟁으로부터 훈련된 세력들 사이의 부딪힘으로 바뀌었고, 살아남은 자유로운 투사들은 뿔뿔이 흩어졌다"라고 썼다.

화이트칼라 근로자가 구중간계급 기업가와 어떤 연속성을 보여준다고 가정한다면, 첫째, 지난 100년 동안 중간계급은 그들이 보유한 재산을 천천히 박탈당해왔으며, 둘째, 지난 20년 동안은 실업의 유령에 직면해왔다고 말할 수 있다. 두 주장은 모두 사실에 근거하고 있지만, 중간계급이 이중의 위기를 경험한 것은 아니다. 재산 문제는 현 세대의 신중간계급에게는 이슈가 되지 않기 때문이다. 제1차 세계대전 이전의 구중간계급은 재산 문제에 맞서 싸웠고 패배했다. 소규모 재산의 집중은 거슬러 올라가면 우리의 증조할아버지 세대에 시작해서 몇 세대에 걸쳐 영향을 미친 발전 과정이었으며, 진보의 시대에 절정에 이르렀다.[5] 재산의 집중은 너무 느린 템포의 영

---

4   William Dean Howells(1837~1920). 미국의 작가, 극작가, 외교관. 미국 기업가의 흥망성쇠를 그린 작품으로 유명해졌다. 기독교 사회주의 관점에서 노동을 옹호하고, 필리핀 합병 등 미국의 제국주의적 팽창을 비판했다.
5   미국에서 진보의 시대Progressive Era는 다양한 사회·정치적 개혁의 노력이 집중되었던

속적인 추세였기 때문에 재산보다는 일상의 생필품에 정신이 팔리기 마련인 중간계급의 남성과 여성들은 이를 지속적인 위기로 느낄 수 없었다. 하지만 역사가 항상 의식적으로 만들어지는 것은 아니다. 설혹 신중간계급이 재산의 점진적 박탈을 위기로 느끼지 않는다고 해도, 이들의 삶의 방식과 열망에 대해서는 기본적인 사실이고, 실업의 현실은 화이트칼라 세계를 뒤덮고 있는 공포로 느껴진다.

화이트칼라의 삶을 살펴보면 한때는 개척자 성격이 그랬던 것보다 더 전형적으로 '미국적인' 성격이 되어가고 있는 것에 대해 무언가 배울 수 있다. 사회를 거대한 판매장, 방대한 서류철, 통합된 두뇌, 관리와 조작이 이뤄지는 새로운 세계로 파악해야 한다. 이렇게 다양한 화이트칼라의 세계를 이해하게 되면, 20세기 중반에 분투하고 있는 모든 사람들을 사로잡고 있는 단순한 희망과 복잡한 불안은 물론, 현대사회 전체의 형태와 의미도 더 잘 이해할 수 있다.

화이트칼라가 직면한 문제들은 20세기를 살아가는 모든 사람들의 고민이다. 이 문제들이 새 중간계층new middle strata에게 특히 가혹해 보인다면, 그것은 아마도 잠시나마 이들이 스스로 문제에 면역이 되어 있다고 느꼈기 때문일 것이다.

제1차 세계대전 이전에는 '작은 사람'들의 수가 적었고, 잠시 동안이나마 고등학교 교육을 독점하면서 자본주의의 발전에 따른 첨예한 위협으로부터 사실상 보호받을 수 있었다. 그들은 개인의 능력과 시스템의 집단적 신뢰성에 대한 심원한 환상을 자유롭게 누렸다. 하지만 수가 늘어나면서 점점 더 임금노동자의 조건에 얽매이게 되

1890~1920년대를 가리키는 관용적 표현이다. 1870~1890년대 사이의 도금시대Gilded Age 동안 진행되고 강화된 산업화, 도시화, 정치적 부패와 독점기업의 대두 등에 맞서려는 진보주의자들의 다양한 운동이 전개된 시대였다.

었다. 특히 대공황 이후 화이트칼라는 자본주의 사회의 오래된 모든 문제와 맞닥뜨리게 되었다. 그들은 불황과 전쟁, 심지어 호황에도 시달렸다. 불황기에는 비인간적인 실업에 대해, 전쟁기에는 기술적 폭력에 의한 비인간적인 죽음에 대해 배웠다. 좋은 시절에는 물가가 월급보다 빠르게 오르면서 벌고 있다고 생각했던 돈을 소리 없이 빼앗겼다.

19세기 산업노동자의 물질적 곤경이 20세기 화이트칼라 근로자의 심리적 수준에서 유사하게 나타난다. 새로운 '작은 사람'은 자기 삶을 지탱하고 중심을 잡아줄 견고한 뿌리도, 확고한 충성심도 없는 것처럼 보인다. 보잘것없이 짧은 과거밖에 없는 그는 역사에 대한 지각이 없고, 곤경의 시절에 떠올릴 황금시대를 살아본 적도 없다. 어디로 가는지 몰라서 허둥지둥 서두르고 있으며, 무엇이 그를 두렵게 만드는지 몰라서 두려움에 마비되어 있다. 이것은 특히 그의 정치생활에서 나타나는 특징이며, 이런 마비 상태로 인해 현대의 가장 심오한 무관심이 초래된다.

우리 시대의 불안과 불만은 정치와 경제, 가정생활과 종교 등 우리 존재의 거의 모든 영역에서 18세기와 19세기의 확실성이 해체되거나 파괴되었고, 동시에 우리가 살고 있고 또 살아야 하는 새로운 일상에 대한 새로운 제재나 정당화는 자리 잡지 못했다는 근본적인 사실에서 비롯된다. 따라서 수용도 없고 거부도 없으며, 전면적인 희망도 없고 전면적인 저항도 없다. 삶의 계획도 없다. 화이트칼라 사이에 존재하는 불만이 뿌리 깊은 이유는 어떤 신념의 질서도 부재한 상황에서 개인으로서는 도덕적 무방비 상태에, 집단으로서는 정치적 무기력 상태에 빠져 있기 때문이다. 가혹한 창조의 시대에 새롭게 창조된 화이트칼라에게는 대중사회의 콘텐츠 말고는 의지할 문화가 없다. 그런데 바로 그 콘텐츠야말로 이질적인 목적에 맞춰

이들을 형성하고 조종하는 것이다. 안정을 찾아서 어딘가에 애착을 형성하고자 노력해야 하지만, 그 어떤 공동체나 조직도 온전히 자신의 것으로 보이지 않는다. 이렇게 고립된 위치 탓에 그는 인쇄물, 영화, 라디오, 텔레비전 등 대중문화가 만드는 합성 조형물의 훌륭한 재료가 된다. 그는 대도시 거주자로서 스스로 만들지 않은 세계 속에서 살아가며, 긴박하게 부과되는 모든 조작된 충성심과 오락거리의 집중적인 공격에 노출되어 있다.

임금노동자가 자기 노동의 산물에서 소외되는 것과 마찬가지로 화이트칼라도 소외되지만, 소외의 양상은 카프카적인 것에 한 걸음 더 가깝다. 급여 소득 근로자는 아무리 원해도 가질 수 없는 많은 것을 처리할 수 있지만 스스로 만들어내는 건 아무것도 없다. 창조되는 동안에, 그리고 만들어진 이후에 기쁘게 응시할 장인정신의 산물이 없다. 그는 노동의 산물에서 소외된 채 해마다 똑같은 서류 업무의 일상을 반복하며, 여가를 더욱 열광적으로 **모조품** 사들이기에 쏟고, 자신을 편하게 해주지도 풀어주지도 않는 인조 흥분에 취한다. 일할 때는 지루해하고 놀 때는 안절부절못하며, 이 *끔찍한* 교대가 그를 지치게 한다.

업무 중에 그는 종종 고객이나 상사와 부딪치며, 거의 항상 규격화된 패배자가 되어야 한다. 미소를 짓고 친절해야 하며, 카운터 뒤에 서 있거나 외부 사무실에서 대기해야 한다. 화이트칼라의 여러 계층에서 예의, 도움, 친절과 같은 특성은 한때는 친밀한 것이었지만 이제는 비인격적인 생계수단의 일부일 뿐이다. 따라서 자기소외는 소외된 노동의 동반자다.

화이트칼라는 일자리를 구할 때 자신의 시간과 에너지뿐만 아니라 성격도 함께 판매한다. 그들은 일주일이나 한 달 단위로 미소와 친절한 몸짓을 팔고, 분노와 공격성을 지체없이 억누르는 연습을 해야 한다. 이런 친밀한 특성이 상업적으로 알맞고, 상품과 서비스를 좀 더 효율적이고 수익성 있게 유통하는 데 필요하기 때문이다. 여기 새로운 작은 마키아벨리주의자들이 있는데, 이들은 저 위에 있는 사람들이 부과한 규칙에 따라 자신의 고용을 위해, 그리고 타인의 이윤을 위해 품위 있는 기예를 실행한다.

18세기와 19세기에 합리성은 자유와 동일시되었다. 개인에 대한 프로이트의 생각과 사회에 대한 마르크스의 생각은 자유와 합리성이 일치한다는 가정에 의해 강화되었다. 이제 합리성은 새로운 형태를 취하는 것처럼 보이는데, 즉 개인에게서 자유와 합리성을 빼앗는 관료적 계획과 수학적 예견으로서 사회 제도 속에 자리 잡은 것처럼 보인다. 백화점과 산업체, 합리화된 사무실과 정부기관의 계산적인 위계질서로 인해 회색빛 업무방식이 펼쳐지고, 진취성은 허용되지만 동시에 정형화된다. 그리고 자유와 합리성에 대한 이 모든 관료제적 찬탈을 거치며 화이트칼라는 사회를 하나로 묶는 거대한 권위의 사슬 중에서 교환 가능한 일부분이 된다.

항상 눈에 보이지만 거의 보이지 않는 화이트칼라는 정치적으로 발언권이 없다. 정당 없이 정치판을 떠도는 무소속 정치인들이 사업가, 농민, 임금노동자와 함께 '화이트칼라'를 유권자 호소문에 넣을 때도 있지만, 아직 어떤 주요 정당도 이들을 직접 언급하고 있지 않다. 누가 사무원을 두려워하랴? 앨리스 애덤스도 키티 포일도 "비즈니스의 더스트볼에 갇힌 소작농"을 위한 분노의 포도가 될 수 없을 것이다.[6]

그러나 여전히 19세기의 이데올로기적 공기 속에 살고 있는 현

---

6 더스트볼Dust Bowl은 1930년대에 미국의 농업에 큰 타격을 입힌 극심한 먼지 폭풍을 가리킨다. 이로 인해 1920년대부터 지속되고 있던 농업 공황이 더욱 악화되었다. 존 스타인벡의 소설 『분노의 포도』(1939)의 배경이 된 현상이기도 하다.

실 정치인들은 신중간계급에게 거의 관심을 기울이지 않고 있고, 좌파 이론가들은 급여 소득 근로자가 잠재적인 프롤레타리아라고 열렬히 주장하며, 우파 및 중도 이론가들은 그를 중간계급의 지속적인 규모와 활력의 신호라며 환영했다. 때때로 양 진영의 이단아들은 화이트칼라 상층이 새로운 정치적 시작을 위한 이니셔티브의 중심이 될 수 있다고 생각하기도 했다. 독일에서 '검은 옷을 입은 노동자'는 히틀러가 권력의 길을 걸으며 연주한 하프들 중 하나였다. 영국에서는 노동당이 교외 거주 급여 소득 노동자들의 표심을 사로잡아 선거를 통한 사회주의로의 이행이 시도되었다고 알려져 있다.[7]

화이트칼라가 어떤 정치적 방향을 선택할 것인가라는 질문에는 이론가만큼이나 많은 대답이 있다. 그러나 미국 자료를 관찰하는 사람에게 화이트칼라의 정치적 문제는 그 방향이 무엇인지가 아니라 어떤 것이 되든 그들이 정치적 방향을 선택할지 여부다.

'작은 사람'의 의식과 우리 시대의 이슈들 사이에는 무관심의 베일이 드리워져 있는 것 같다. 그의 의지는 무감각하고 정신은 빈약해 보인다. 다른 계층 사람들도 정치적으로 무관심하지만 선거의 승리는 그들에게 돌아간다. 그들에게는 지칠 줄 모르는 압력집단과 권력의 중심 안팎에서 일하는 결정적인 우두머리들이 있으며, 이들에게 공적 업무에 대한 열정을 위임했다고 상상할 수도 있다. 그러나 화이트칼라들은 마치 부챗살처럼 권력의 주변으로 흩어져 있다. 아

---

[7] '검은 옷을 입은 노동자'라는 표현은 나치 집권에 핵심적 역할을 수행한 친위대SS를 가리킨다. 또 다른 핵심 세력인 돌격대SA는 갈색 제복을, 친위대는 '검은 제복'을 입었고, 돌격대는 집권 직후에 숙청됐다. 친위대 구성원 중 상당수가 하층 화이트칼라, 영세 자영업자, 임금노동자 출신이었다. 한편 나치의 패망 직후에 치러진 영국 총선에서는 전시 총리 처칠이 이끈 보수당이 패배하고 사상 최초로 노동당이 집권에 성공했다. 노동당이 제시한 복지국가 건설의 비전에 대해 전통적 지지층인 임금노동자 계급은 물론 화이트칼라가 적극적으로 호응했다. 런던에서만 23퍼센트의 표가 보수당에서 노동당으로 이동했다.

무도 그들에게 열광하지 않으며, 정치 환관처럼 그들 자신은 힘도 없고 긴급한 정치적 충돌에 대한 열정도 없다.

화이트칼라는 불신과 조작의 맥락 속에서 공동체와 사회로부터 멀어지고, 노동과 성격 시장과 자아로부터 소외되며, 개인적 합리성을 박탈당하고, 정치적으로 냉담하다. 이들은 새로운 '작은 사람'들이며, 의지도 없이 현대사회의 전위가 되었다. 이것이 바로 화이트칼라에 대한 희망에 찬 교육도 그들을 준비시키지 못하는 상황들이다.

사람이 관심을 갖는 바가 항상 자기 이익에 부합하는 것은 아니며, 사람이 인식하는 문제가 항상 자신을 괴롭히는 문제인 것도 아니다. 사람이 자신의 이해관계를 직접적으로 알고 있고, 자기 내부와 사회 속에서 그들을 좌절시키고 노력을 실패하게 만드는 조건들을 분명히 알고 있다고 가정하는 것은 참으로 '민주주의'의 물신 숭배일 것이다. 이해관계에는 지각되는 가치뿐만 아니라 그 가치를 획득할 수 있는 수단도 포함되기 때문이다. 개인이 자신을 들여다보는 것만으로는 자신의 가치를 명확히 할 수 없고, 그 가치를 획득하기 위한 방법을 설정할 수도 없다. 인식을 높이는 것만으로는 충분하지 않은데, 왜냐하면 인간은 자신의 상황에 대해 무의식적일 수 있을 뿐만 아니라 종종 잘못된 의식을 가지고 있기 때문이다. 진정한 의식에 이르려면 화이트칼라는 현대 미국에서 새로운 일과 삶의 방식을 실천하는 새로운 계층의 일원으로서 자신을 인식해야 한다. 자신의 문제에 대해 무엇을 알 수 있는지 알기 위해서, 그들은 진행 중인 틀 안에서 자신이 관심 있는 것과 그들의 이해관계를 연결해야 할 것이다.

신중간계급은 수가 증가하고 있기 때문에 상당한 사회적, 정치적 잠재력이 있지만, 화이트칼라 세계의 다양한 남성과 여성보다 농민, 임금노동자, 흑인, 심지어 범죄자에 대한 정보가 더 체계적이고 많다. 현재 미국의 인구 조사조차 이들을 정확하게 집계하기 매우 어려울 정도다. 한편, 오래된 사실들에 근거한 중간계급 이론은 이미 종말을 고했고, 새로운 사실의 플롯은 심어지지 않았다. 하지만 화이트칼라의 인간적, 정치적 중요성은 갈수록 커지고 있다.

자유주의의 이상은 소규모 재산의 영역에서 제시되었고, 마르크스주의의 전망은 소외된 노동의 영역에서 제시되었다. 노동이 모든 곳에서 소외되고 소규모 재산이 더 이상 자유나 안전의 닻이 되지 못하는 지금, 이 두 철학은 현대사회를 부정적으로만 특징지을 수 있을 뿐 새로운 발전을 그 자체로 설명하지 못한다. 우리는 존 스튜어트 밀과 카를 마르크스가 100년 전에 수행한 작업을 비판해야 한다. 그 이후로 일어난 일들을 19세기 세계의 파괴라고 설명하는 것으로는 충분하지 않다. 이제는 19세기가 알지 못했던 제도에 닻을 내린 새로운 사회의 윤곽이 우리 주위에서 부상하고 있다. 신중간계급에 대한 일반 개념은 여전히 모호하지만, 동시에 그 모든 추세 속에서 사회 구소와 인간 성격의 이토록 새로운 발전을 파악하려는 시도이기도 하다.

사회 철학의 관점에서 이 책은 비어드Beard, 듀이Dewey, 홈즈Holmes 등이 금세기 초반 20년간 발전시킨 자유주의 정신이 이제는 부적절할 때가 많고, 1930년대 미국에서 유행했던 마르크스주의적 관점도 이제 대체로 부적절하다는 가정하에 쓰여졌다. 출발점으로서 중요하고 시사하는 바가 있기는 해도, 양자 모두 우리 시대에 본질적인 것을 이해하는 데는 도움이 못 된다.

20세기 중반의 미국 사회는 좀 더 심리적 측면에서 특징지을 필요가 있는데, 지금 가장 걱정스러운 문제들이 정신의학적 문제와 맞닿아 있기 때문이다. 오늘날 사회 연구의 큰 과제 중 하나는 더 큰 경제적, 정치적 상황이 개인의 내적 삶과 외적 경력의 관점에서 어떤 의미를 갖는지 설명하고, 이를 통해 개인이 어떻게 곧잘 허위의식에 빠지고 맹목적으로 되는지 설명하는 것이다. 개인의 혼란스러운 일상적 경험 속에서 현대사회의 틀을 찾아야 하며, 그 틀 안에서 '작은 사람'의 심리를 정식화해야 한다.

현대사회학의 첫 번째 교훈은 무엇일까? 자기 시대의 흐름과 자기가 속한 사회 계층 속에서 개인에게 부여되는 삶의 기회라는 맥락에서 자신을 바라볼 때만 자신의 경험을 이해하거나 자신의 운명을 가늠할 수 있다는 것이다. 화이트칼라를 자세히 이해하려면 적어도 그들이 속한 사회 구조에 대한 대략적인 스케치를 그릴 필요가 있다. 어떤 계층의 특성은 상당 부분 그 위와 아래 계층과의 관계 또는 관계의 결여로 구성되고, 그 특성들은 다른 계층과의 차이점에 주목함으로써 가장 잘 정의될 수 있기 때문이다. 신중간계급의 상황은 새로운 하층과 새로운 상층 모두의 요소에서 비롯된 삶의 조건들과 스타일을 반영하며, 현대사회 전반의 증상이자 상징으로 볼 수 있다.

1부
구중간계급

미래야 어떻든, 과거가 보여주는 것은 대중이 경작하는 토지와 일하는 도구의 주인이 되어 자랑할 수 있는 사회보다 더 훌륭한 사회 질서는 없었다는 것이다. '자기 힘으로 살면서 후계자를 확실히 알 수 있으면 사람의 마음은 평온해진다.'

— 리처드 헨리 토니*

---

* Richard Henry Tawney(1880~1962). 영국의 경제사학자로서 막스 베버의 프로테스탄트 윤리와 자본주의 정신의 관계에 대한 주장을 역사적으로 심화시킨 저작 『종교와 자본주의의 발흥』(1926)으로 유명하다. 기독교 사회주의자로서 영국 노동당과 깊은 관계를 맺고 활동한 실천적 지식인이다.

1장

소기업가의 세계

**

미국 중간계급의 초기 역사는 구중간계급에 속한 자유인인 소기업가가 어떻게 자신의 시대에 들어왔고, 어떻게 눈에 보이는 적과 싸웠는지, 그리고 어떤 세상을 건설했는지에 대한 이야기다. 이 구중간계급의 이후 역사는 대체로 농장과 도시의 획기적인 변화가 그를 어떻게 변화시켰는지, 그리고 그의 세계가 어떻게 분열되고 낯선 형태로 재구성되었는지에 대한 역사다.

 이 소기업가는 중간계급 자본주의의 고전적인 노선을 따라 자신의 세계를 구축했다. 그 세계는 중앙의 권위는 거의 또는 전혀 필요하지 않고 폭넓은 전통과 재산에 대한 몇 가지 안전장치만 필요한, 자기 균형 원리를 갖춘 놀라운 사회였다. 여기서 정치경제학자 애덤 스미스의 아이디어는 정치도덕주의자 토머스 제퍼슨의 아이디어와 일치하며, 이 둘은 함께 소기업가의 자연스럽고 조화로운 세계에 대한 이데올로기를 형성한다.

1. 구중간계급

유럽과 달리 미국의 중간계급은 소기업가들의 거대한 계층으로 근대사에 등장한다. 여기서 부르주아지는 도시의 바깥에 존재한다. 막스 베버는 유럽의 농촌에 대해서 "생산자가 시장보다 먼저 출현했다"고 말했는데, 생산자인 농민 대중은 고대의 전통에 따라 토지를 굳건히 점유하고 있었기 때문에 후대의 법의 힘으로도 이들을 미국적 의미에서의 농촌 기업가로 만들지는 못했다. 반면 미국에서는 시장이 농촌의 생산자보다 먼저 출현했다.

농민peasant 대중과 분산된 농민farmer의 차이는 유럽과 미국의 사회 구조 사이의 역사적 차이 중 하나이며, 두 대륙 중간계급의 성격에 중대한 영향을 미친다. 유럽에서 중간계급은 도시 중심부의 좁은 계층으로 시작했지만, 여기 미국에서는 자유로운 농민farmer이라는 넓은 계층으로 시작했다. 미합중국의 역사 전체를 통틀어 농민은 독립적인 중간계급의 수적 기반이다.

미국 사회에는 유럽적 의미의 농민도 귀족도 존재한 적이 없다. 전통적인 속박이 없는 절대적인 개인주의를 지니고 봉건 유럽의 유산에 얽매이지 않은 채, 자본주의를 향한 추진력을 실현할 준비가 되어 있으면서 자본주의를 열망하는 사람들이 미국 땅을 차지했다. 그들은 마을에 모여 살지 않고 광활한 땅에 흩어져 살았다. 남부에서조차 대토지를 소유한 사람들은 대개 자작농yeoman 출신이었고, 농촌 자본가의 경제적, 정치적 특징을 지니고 있었다. 미국 독립혁명 이후 북부의 많은 대토지가 몰수되었고 그중 일부는 소농에게 비교적 관대한 조건으로 소량으로 매각되었다. 봉건제에서 벗어나기 위해 500년 동안 투쟁한 유럽은 미국 생산자의 에너지를 흡수하지 못했고, 계약 사회는 거의 **새로운** 자본주의 질서로서 미국에서 시작되었다.

자본주의는 사적 이익을 위해 경제활동을 주도하는 사유재산 소유자를 필요로 한다. 최저 생계를 벗어나기 위해 미국 농민들은 연안수로, 강, 도로, 운하, 철도 등 새로운 교통수단을 통해 이 시스템을 향해 이동했다. 토지 소유자들은 처음부터 세금 납부, 담보대출 상환, 스스로 재배하거나 만들 수 없는 생필품 구입을 위해 현금이 필요했다. 언제나 기업가였던 미국의 농민은 자본 증식을 위해 노력했고, 1835년에 슈발리에가 말했듯이 "모든 사람이 투기를 하고 있으며 면화, 토지, 도시 및 마을 부지, 은행, 철도 등 모든 것이 투기의 대상이 되고 있었다." 소스타인 베블런Thorstein Veblen이 말한 것처럼 미국의 농민은 1920년까지 미국 역사의 특징이 된 토지 투기 붐에 편승했고, "비옥한 토지뿐만 아니라 큰 기회를 좇는" 전문 농부이자 "경작자"임과 동시에 부동산 투기꾼이기도 했다. 여기 농촌에서 소자본가는 어디서든 기회를 찾았다.

남북전쟁 이전에는 사업의 이미지란 주로 농민이 품은 이미지였다. 미국인들의 머릿속에서 사업이란 대부업자와 은행가들로 구성되어 있으며 동부 중심지의 강력한 기득권층이 지배하는 것이었다. 그러나 가이 캘린더Guy Callender가 관찰했듯이 "제조회사의 주식은 대개 기입에 직접 이해관계가 있는 사람들이 소유하고 있었으며 매매가 거의 이루어지지 않았다. 1830년에 존재했던 그런 자본은 주로 큰 수익 기회보다 안전에 더 관심이 많았던 소규모 저축가들의 손에 있었다. 은행과 보험회사 대부분은 자본금 10만 달러 미만의 소규모 회사들이었다." 제조회사는 더 영세했다.

초기의 사업가는 다양한 경제적 유형으로 이뤄졌는데, 상인, 고리대금업자, 투기꾼, 운송업자, '가내'수공업자 등이었다. 19세기 초의 도시에서는 아직 분화되지 않은 상인이 최상층에 있었고, 항구, 기계 공장, 마구간의 노동자가 사회의 최하층에 있었지만, 가장 수가 많았던 것은 작지만 독립적인 수공예업자와 소매상인이었다. 노동자는 공장 근로자가 아니라 자기 가게 갖기를 고대하는 기계공이나 장인journeyman이었고, 그게 아니면 부업 삼아 제조하는 가내수공업으로 생계를 잇는 농민이었다. 산업화와 함께 도시가 성장하면서 기업가와 노동자들은 농민에게 더 큰 시장을 형성했고, 동시에 이들은 농촌에서 팽창하는 시장을 찾았다.

특히 남북전쟁 이후 미국의 산업화는 광범위한 계층의 소규모 사업가가 아니라 개인기업의 지휘관이라는 새로운 계층을 탄생시켰다. 그는 사업가로서의 중간계급에 대한 최초의 국가적인 이미지였으며 아무도 그를 대체하지 못했다. 고전적인 이미지라는 측면에서 보자면 지휘관은 뛰어난 건축가이자 기민한 금융업자였지만 무엇보다 성공한 사람이었다. 그는 자신이 창조하고 경영한 것에 대한 적극적인 소유자였다. 사업체의 경영에 관해서라면 그는 무엇이든 세심한 주의를 기울이고 애정 어린 관심을 쏟았다. 고용주로서 그는 고용한 사람들 중 가장 훌륭한 이들에게 자기 밑에서 일하며 배울 수 있는 기회를 제공했다. 기회를 얻은 이들은 임금의 일부를 저축하고, 소규모의 개인 투자로 이 저축을 불린 다음, 신용으로 좀 더 빌려서 창업할 수 있었다. 지휘관이 이전에 그랬던 것처럼 그의 근로자들도 개인기업의 지휘관이 될 수 있었다.

이 도시 중간계급의 영웅에게 부여된 영광은 기술자이자 산업가로서, 그리고 금융업자이자 사업가로서 거둔 이중의 성공 덕분이었다. 19세기에는 이 두 가지 상이한 활동이 한 인간에게 집중되어 있었기 때문에 뛰어난 건축가이자 모든 새로운 시작의 조직가로서 개인기업의 지휘관이라는 이미지가 생겨났다.

중간계급의 세계는 등급이 매겨지지 않은 소기업가들만 사는 곳이 아니었다. 한편에 소농과 소생산자가 있었고, 다른 한편에 대지주와 상인이 나뉘어 있었다. 재산이 없는 데다 타인의 소유물인 사람들도 있었지만, 미국 혁명의 관대한 이상에서 눈에 띄는 예외인 노예제는 흔히 생각하는 것처럼 그렇게 널리 퍼져 있지 않았다. 노예제는 한 지역에 국한되어 있었고 서부로 거의 퍼지지 않았으며, 세기 중반에 폐지되었다. 1850년의 경우, 노예 보유 주에서조차 백인 가정의 30퍼센트만이 노예를 보유했고, 그중 4분의 3은 10명 미만의 노예를 보유했으며, 평균적인 노예 보유자는 자기 재산인 토지에서 자기 재산인 사람들과 함께 일하는 소규모 독립 자영농이었다.

결국, 소기업가의 세계는 재산을 가진 자와 그렇지 않은 자 사이에 뚜렷한 경계선이 생기기보다는 소규모 재산과 대규모 재산으로 나뉘면서 파괴되었다. 그러나 대기업가의 역사적 성취는 19세기 수십 년 동안 방해받고 지연되었다. 작은 세계는 국제적 거리에 의해 보호받았고, 전성기의 소기업가는 스스로 자신 있게 건설하고 있던 사회에서 싹트는 이 새로운 파괴적 요소들 때문에 불안해하지는 않았다. 초기에는 중상주의와 자급자족 농업 사이에서, 말기에는 독점과 고도금융 사이에서 소기업가 사회가 번성하면서 중간계급의 이상과 열망, 신화의 모태가 되었다.

2. 재산, 자유, 그리고 안전

소기업가 사회에서 가장 중요한 사실 하나는 상당수 사람들이 자기 노동에 요구되는 재산을 소유하고 있었다는 점이다. 여기서 중간계급은 매우 광범위한 계층이었고 경제적 비중이 매우 커서 통계학자의 기준으로도 사회 전체가 중간계급 사회였다. 아마도 일하는 자유인 중 5분의 4가 재산을 소유하고 있었을 것이다. 1830년 토크빌은 "큰 재산은 사라지고 작은 재산이 늘어나는 경향이 있다"고 썼다. 당시로서는 과장된 표현이었을지 모르지만, 그가 글을 쓰던 무렵 사람들의 분위기가 반영된 것이다.

실제로 이 세계에는 재산 없는 사람들이 존재했지만, 소부르주아 수준의 농민들 사이에서는 오랫동안 재산 없는 상태로 지낼 필요가 없어 보일 정도로 많은 변화가 있었다. 19세기의 첫 50년 동안 성인이 된 엘리트 사업가 세대 중 거의 절반이 하층계급 출신이었다. 그 이전의 중상주의 아래서, 또 그 이후의 독점자본주의 아래서 이 비율은 5분의 1에 불과했다. 존 크라우트John Krout와 딕슨 라이언 폭스Dixon Ryan Fox는 "미국에서는 언제든지 다시 시작할 수 있다"면서, "유럽의 경직된 사회에서 파산은 경력의 비극적인 종말이지만, 미국에서는 개인 교육의 한 단계에 불과할 수 있다"고 지적했다.

또한 부자들은 쉽게 용인될 수 있었는데, 그 수가 너무 적었기 때문이다. 보편적인 소규모 재산이라는 이상은 재산이 없는 사람들이 집단으로 뭉치는 것을 억제함과 동시에 개인으로서 그들을 유혹했다. 그들은 이미 재산을 가진 사람들과 함께 싸우며 소규모 소유자small owner의 상승을 방해하는 이전 시대의 잔재를 파괴하는 데 동참했다.

새로운 시민들에게는, 그 이후의 많은 사람들도 그랬던 것처럼 성공으로 가는 길이 순전히 경제적인 것으로 보였다. 한 개인이 농장이나 도시에서 사업을 시작하면, 이 개인은 이를 확장하고 재산을 늘리면서 성공의 규모를 키워나갔다. 농장을 개간하거나 사업을 설립하고, 경작하거나 운영하며, 사업과 경지 면적, 이익을 키워가는 것만 봐도 그 사실은 분명해 보였다. 세기 초에 필수 농기구의 가격은 15달러에서 20달러 정도였지만, 세기 중반에는 400달러에서 500달러에 달했다. 재산의 가치가 팽창하면서 사람들의 지위가 상승했고, 자신의 노동과 오랜 토지 호황기 동안의 부동산 가치 상승으로 인해 재산의 가치는 더욱 높아졌다. 1861년에 링컨이 소기업가라는 말을 사용했을 때만 해도 그 의미는 아직 사라지지 않았다. "분별력 있고 무일푼인 세상의 초심자는 한동안 임금을 받으며 노동하다가, 잉여금을 저축해 도구나 토지를 구입한 다음 또 한동안은 그 자신의 힘으로 노동하고, 마침내 다른 초심자를 고용하여 자신을 돕게 한다." 2년 후 그는 이렇게 말했다. "재산은 노동의 결실이다. 어떤 사람이 부자가 되어야 한다는 것은 다른 사람도 부자가 될 수 있다는 것을 보여주며, 따라서 산업과 기업에 대한 격려일 뿐이다."

개인적 성공의 패턴 아래에는 정치적, 인구학적 조건, 특히 주인 없는masterless 개인에게 경제적 길을 열어준 토지 정책이 있었다. 소규모 재산의 광범위한 분배는 문자 그대로의 자유를 잠시 동안이나마 영원한 원칙처럼 보이게 했다. 한 사람과 다른 사람의 관계는 명령과 복종의 관계가 아니라, 사람과 사람 사이의 흥정 관계였다. 한 사람이 다른 사람에 대해 내리는 어떤 결정도 자유와 평등에 의한 결정이었으며, 한 개인이 시장에 영향을 미치는 계산을 지배할 수도 없었다.

시장 메커니즘이 작동하는 한 소규모 재산은 안정을 의미했고, 불황과 호황은 서로 균형을 이루며 새롭고 더 큰 조화를 이뤘다. 소규모 소유자는 다른 어떤 종류의 보유holding도 제공할 수 없는 하나의 안전장치, 즉 비록 낮은 수준일지라도 시장 기회와 생계 사이를 왕복할 수 있다는 안전장치를 가지고 있었기 때문에 농촌 재산의 광범위한 확산은 특히 중요했다. 시장이 나쁘거나 현금 작물이 실패했을 때 검소하고 현명한 농민이라면 최소한 자기 텃밭의 작물은 먹을 수 있었다.

1787년 노아 웹스터Noah Webster는 폭정은 억압하는 힘에서, 자유는 억압에 저항하는 힘에서 찾을 수 있다고 단언했다. "그렇다면 진정한 권력은 어디에 있을까? 답은 짧고 명료하다. 재산 속에 있다. 전반적이고 그런대로 평등한 토지 재산의 분배는 국가적 자유의 총체적인 기초다. 강력한 가문들의 조합을 파괴하기 위해 끊임없이 작동하는 재산권 이전의 필요성과 함께 재산의 평등은 **공화국**의 **영혼**이다. 이것이 유지되는 한 사람들은 **권력**과 **자유** 모두를 소유할 것이다. 이것이 사라지면 권력은 사라지고 자유는 소멸하며 연방은 어쩔 수 없이 다른 형태를 취하게 될 것이다."

소기업가는 토지를 소유함으로써 단순한 '투자'가 아니라 자신의 사업 영역을 소유하게 됐고, 그렇게 소유했기 때문에 독립적인 존재가 되었다. 휘트니 그리스월드[1]는 제퍼슨의 교의를 "자신을 다스리려는 사람은 자신의 영혼을 소유해야 한다. 자신의 영혼을 소유하려면 경제적 안정의 수단인 재산을 소유해야 한다"라고 해석했다. 자기 관리와 노동, 재산이 일치했고, 이 일치 속에서 원초적 민주주의의 심리적 기반이 마련되었다. 노동과 재산은 하나의 단위로 긴밀하게 결합되었다. 노동의 기술은 자신의 재산을 기반으로 수행되었고, 사회적 지위는 주로 자신이 소유한 재산의 양과 상태에 달려 있었으며, 소득은 자신의 재산으로 노동해서 얻은 이익에서 파생되었다. 따라서 소득, 지위, 노동, 재산은 서로 연결되어 있었다. 그리고 재산이 주는 권력이 재산의 분배 자체처럼 광범위하게 퍼져 있었기 때문에, 그들 사이의 일치는 사회적 균형뿐만 아니라 개인적 인격의 원천이기도 했다.

일할 수 있는 능력보다 더 많은 재산을 소유한 사람이 거의 없었기 때문에 이들 간의 차이는 대부분 개인의 힘과 독창성에서 비롯되었다. 이 사회가 전제하고 강화한 인간의 유형은 시장경제를 구축하고 운영하는 데 필요한 '합리적 이기심'을 가진 기꺼이 경제적인

---

[1] Alfred Whitney Griswold(1906~1963). 미국의 역사가이자 교육가. 『농업과 민주주의』(1948), 『교육에 대한 에세이』(1954) 등의 저작으로 미국 사회에 영향을 끼쳤다. 1950년대에는 예일대 총장으로서 정부의 간섭에 맞서 학문의 자유를 수호하는 데 앞장서기도 했다.

인간이었다. 물론 그는 경제적 인간 그 이상이었지만, 생산의 기술과 경제학은 그가 어떤 사람인지, 어떤 사람이 되고자 하는지에 대해 큰 영향을 미쳤다. 그는 권위주의적 중심이 없는 시스템에 연결된 '절대적 개인'이었지만, 무수히 많은 자유롭고 영리한 거래에 의해 함께 묶여 있었다.

3. 스스로 균형을 잡는 사회

소기업가들의 세계는 스스로 균형을 잡았다. 그 안에서는 어떤 중앙 당국도 물자를 할당하고 특정한 작업을 명령하지 않았으며, 역사의 진로는 흩어진 수많은 의지들이 제각기 자유롭게 행동한 의도하지 않은 결과였다. 사람들이 이것을 신의 섭리라고 불렀을 정도로 놀라운 일이라고 생각한 것은 당연한 일이며, 마치 마술처럼 각자의 손이 미리 정해진 자연스러운 조화로 인도되는 것이었다. 권위 없이 자유를 통해 질서를 제공하는 이 비범한 균형을 설명하려 한 경제학은 아직 그 비법을 완선히 제서하시 못했다.

섭리가 지배하는 사회에도 경제적인 어려움이 있었다. 불황과 호황의 정상적인 리듬에 따라 모든 부문과 계급의 사람들이 겁에 질리기도 하고 들뜨기도 했다. 그러나 광기와 우울증의 순환에 사로잡힐 정도로 심해지는 않았다. 이 리듬은 20세기 사람들에게는 친숙해진 깊은 나락으로 경제를 추락시키지 않았고, 오랜 세월 동안 무시무시한 전쟁이나 전쟁 위협도 없었다. 역사의 주요한 흐름은 주기적이지 않고 선형적이었으며, 기술 및 경제 프로세스는 여전히 확장되고 있었고, 발생했던 주기는 계절적 문제처럼 보였기 때문에 시대의 전체 전망이 어두워지는 일은 없었다. 그 모든 과정을 통해 거대한 대륙을 가로지르는 팽창의 짜릿함이 이어졌다.

사업을 벌이는 개인은 새로운 세계를 건설하면서 동시에 중앙집권적 권력으로부터 자신을 보호해줄 정부도 건설해야 했다. 흔히 그가 "중상주의를 타도했다"고 말하는데, 좁은 의미에서 보면 이는 사실이다. 그는 왕을 쫓아내고 그 자리에 자유시장을 세웠다. 이 시장이 지원 없이 또는 정치적 권위의 행사 없이 군림한 것은 아니지만, 경제적 권위가 지배적이었고, 자동적이고 대체로 눈에 보이지 않았으며, 실제로 권위로 경험된 적이 거의 없었다. 전통적인 사회통합 방식인 정치적 권위는 중앙집권적인 지배의 동력이 아니라 느슨한 보호의 틀이 되었으며, 이 역시 대체로 보이지 않았고 오랜 기간 매우 미미했다. 법적 틀은 소규모 재산의 질서를 보장하고 장려했지만, 정부는 이 질서의 관리자가 아니라 수호자였다. 1850년 인구 조사의 책임자였던 J. D. B. 드보우DeBow는 "지금까지 성취한 결과에 만족하고, 앞으로 더 훌륭한 결과가 나올 것임을 분명히 보여주는 다른 결과들에 만족하자"라고 썼다. "우리 국민의 산업은 모든 가능한 상황에서 최선의 적용 방식에 관해서는 감독이 필요하지 않으며, 무엇보다 우리 정치인들이 늘상 하는 것과 같은 감독은 필요하지 않다. 일반적으로 정보가 대중 전체에 퍼져 있기 때문에 그들은 정보를 인식하고 인지할 것이며, 모든 곳에서 들리는 하나의 외침은 '우리를 내버려둬라'일 것이다."

이렇게 분권화되고 통제되지 않는 경제생활이 군사 질서의 분권화와 병행했다. 소기업가에 의해, 소기업가를 위해 세워진 국가는 폭력 수단을 독점한다고 주장했지만, 군사력 분야에서도 정부를 제한하고 소생산자의, 소생산자를 위한 정치적 민주주의를 만들기 위한 조건들이 도모되었다. 생산수단과 마찬가지로 폭력의 수단도 널리 보급될 수밖에 없었는데, 총이 지역에서 쉽게 생산될 수 있었기 때문이다. 군사 기술은 대포도 제공했지만, 대체로 사람 한 명당 총 한 자루씩은 가졌고, 기본적인 법률은 "무기를 소지하고 보유할 국민의 권리를 침해해서는 안 된다"고 선언했다. 따라서 법률적 필요성만이 아니라 기술적인 필요성 때문에라도 잠재적인 강제 수단이 인구 사이에 분산되었고, 경제력의 분산이 군사력의 분산과 병행했다. 소도둑이 있으면 린치를 가하고, 소유권을 주장하는 사람이 있으면 쫓아내는 등 법의 도움 없이도 질서가 폭력적으로 유지되는 경우가 많았다.

이러한 국가 내부의 분권화된 폭력의 기초에는 아직 기술로 연결되지 못한 지리적 고립이라는 사실도 있었다. 물론 대규모 상비군은 국가 방위를 명분으로 쉽게 정당화될 수 없었다. 자원봉사와 오랜 평화에 의존하는 분권화된 민병대, 정치인이 생도를 임명하는 사관학교, 군사 시설과 정책에 대한 철저한 민간인 통제 등의 군사적 기반이 자율 균형 시장 사회에서 정치적 민주주의를 가능하게 했다.

경쟁은 인간이 흥하고 망하면서 경제 전체가 조화를 이루는 과정이었다. 그러나 고전적 자유주의 시대의 인간에게 경쟁은 단순히 자본주의 경제를 규제하는 비인격적인 메커니즘이나 정치적 자유를 보장하는 수단으로만 여겨진 것이 아니다. 경쟁은 자유로운 개인을 배출하는 수단이자 영웅을 시험하는 장이었고, 사람들은 자립적인 개인의 전설을 꿈꾸며 살았다. 자유주의자들은 경제적 시장만이 아니라 자유로운 계약 결혼, 개신교 교회, 자발적 결사체, 경쟁적 정당 시스템을 갖춘 민주 국가 등 삶의 모든 영역에서 독립적인 개인이 자유롭게 경쟁하여 능력merit이 승리하고 인격이 발전하는 모습을 상상해왔다. 경쟁은 자유주의가 자신의 역사적 시대를 통합하는 방식이었고, 고전적 자유주의자에게는 삶의 양식의 핵심적인 특징이기도 했다.

봉건적 전통과 관료적 국가가 없는 상태에서 스스로 운영되고 인간이 스스로를 만들어가는 것처럼 보이는 이 자유주의 사회에 예외적으로 절대적 개인주의자가 자리 잡았다. 개인의 자유는 사회 질서의 원리처럼 보였고, 그 자체로 안보를 수반했다. 착취당하는 인간이 아니라 자유로운 인간, 전통에 얽매인 인간이 아니라 독립적인 인간이 대륙과 맞서 싸우며 대륙을 수많은 상품으로 만들었다.

2장

재산의 변화

**

소기업가의 세계에 어떤 일이 일어났는지는 그 영웅인 독립적 농민과 소규모 사업가에게 어떤 일이 일어났는지를 살펴보면 가장 잘 알 수 있다. 19세기 중간계급 경제의 주역이었던 이들은 이제 더 이상 미국 사회의 중심이 아니며, 더 강력하거나 인구가 많은 다른 계층 사이에 끼어 있는 두 계층에 불과하다. 그들 위에는 돈과 조직을 통해 다른 사람들에게 큰 권력을 휘두르는 대자산가들이 있고, 그들 아래에는 임금과 급여를 받으며 일하는 무산자인 노동자와 근로자들이 있다. 이전의 기업가와 그 자식 중 다수는 이 하위계층에 속해 있으며, 소수만 대기업가가 됐다. 소기업가로 남아 있는 사람들은 19세기의 원형과 많이 달라졌고, 이제는 더 이상 그들의 이미지로 조직되지 않는 세계에서 활동해야 한다.

구중간계급의 자유 기업가들은 유리한 위치를 점차 상실하면서 감소했다. 그들은 더 이상 과거에 누렸던 사회적 지위를 누리지 못한다. 그들은 더 이상 대중이 선망하는 모델이 아니다. 그들은 더 이상 자신들이 살고 일하는 사회 구조의 통합자라는 고전적인 역할을 수행하지 않는다. 이것이 바로 이들의 쇠퇴를 나타내는 지표다. 이러한 쇠퇴의 원인에는 현대 산업사회의 거대한 소란이 모두 포함되어 있다. 그 결과는 20세기 미국의 세계 속으로 깊숙이 퍼져나갔다.

소기업가 시대의 한가운데에서 존 테일러John Taylor는 이렇게 썼다. "사유재산을 침탈하는 방식에는 두 가지가 있는데, 첫 번째는 가난한 사람이 부자를 약탈하는 것으로 갑작스럽고 폭력적이며, 두 번째는 부자가 가난한 사람을 약탈하는 것으로 느리고 합법적이다. 폭동이 소수의 재산을 다수에게 급속히 분할하든, 법이 다수의 재산을 소수에게 점진적으로 이전하든, 그것은 똑같이 사유재산에 대한 침입이며 우리 헌법에 똑같이 위배된다." 미국 역사의 경로는 이러한 '위헌적' 사유재산 침해의 두 번째 방식, 즉 부자가 빈자를 약탈하는 방식에 대한 일련의 교훈을 담고 있다.

재산의 분포와 유형의 변화는 구중간계급을 변화시켰고, 그 구성원들의 생활방식과 정치적 인간으로서 소망하는 꿈을 변화시켰으며, 자유롭고 독립적이던 인간을 경제 세계의 재산상의 중심으로부터 쫓아냈다. 소유자가 직접 노동하던 민주적 재산은 타인을 고용하여 노동하게 하고 관리하는 계급적 재산으로 바뀌었다. 계급적 재산은 소유자의 노동 조건이라기보다는 노동하지 않아도 되는 조건이다.

민주적 재산을 소유한 개인은 자신의 노동에 대한 권력을 가지며, 자신과 자신의 노동일을 관리할 수 있다. 계급적 재산을 소유한 개인은 그를 위해 일해야 하는 무산자들에 대해 권력을 가지며, 소유자는 소유하지 않은 사람의 노동생활을 관리한다. 민주적 재산은 인간이 경제적 권위로부터 분리되어 있다는 것을 의미하고, 계급적 재산은 인간이 살아가려면 재산이 소유자에게 부여한 권위에 복종해야 한다는 것을 의미한다.

"자유로우며 자기 자신의 노동에 뿌리를 내릴 수 있는" 인간의 권리는 재산의 변화에 의해 부정되고, 노동은 이제 자신의 재산과 결합된 것이 아니라 타인에게 판매되는 일련의 기술이기 때문에 노동에서 자신을 실현할 수도 없다. 에두아르트 하이만[1]의 표현을 빌리자면, 그의 노동은 "자신의 것이 아니라 다른 누군가의 사업 계산에 포함되는 항목"이 된 것이다.

재산이 집중되자 인간의 본질적 자유의 기초인 재산과 노동의 통합이 종식됐고, 개인이 독립적인 생계수단으로부터 분리되면서 그의 인생 계획의 기초와 그 계획의 심리적 리듬도 바뀌었다. 재산에 기반한 기업가의 경제생활은 생애 전체에 걸쳐 이뤄지며 가족이 주고받을 유산 범위 안에서 규정되는 반면, 근로자의 경제생활은 고용 계약과 보수의 기간에 기반한다.

자신의 세계 속에서 안전했던 옛날의 기업가는 자신의 전체 생애를 경제적 측면에서 통합하여 조망할 수 있었고, 기대나 성취를 서두를 필요가 없었다. 그의 세기에는 자신의 노력과 진취성이 직접적이면서도 안전하게, 또 자유롭게 보상받았다고 느낄 수 있는 기회가 있었다. 일부 기업가들이 그 오래된 느낌을 여전히 경험하고 있음은 의심의 여지가 없지만, 부르주아 계급 일반은 거대 자본주의의 모든 '2차적 착취 방식'과의 경쟁에 갇혀 있으며 다수는 실패하고 있다. 일반 대중에게 고용주 없이 일할 수 있다는 생각은 실현 불가능한 신화다. 그럼에도 불구하고 이를 시도하는 사람들에게는 종종 재앙적인 환상이 닥친다.

1. 농촌의 와해

물론 서부로 이주한 자유민은 세계 자본주의 발전의 미국적 단계에서 자신의 여행이 무엇을 의미하는지 알지 못했다. 자신이 해외 시

---

1   Eduard Magnus Mortier Heimann(1889~1967). 독일 출신으로 독일과 미국에서 윤리적 사회주의 프로그램을 옹호한 경제학자이자 사회과학자.

장의 구조에 기반한 안녕과, 미국 산업가들의 대외 부채 상환에 좌우되는 경제적 배치의 일부라는 사실을 이해하지 못했다. 경제사학자들은 "엄청난 농업 잉여" 덕분에 "미국 자본주의가 높은 관세 장벽 뒤에서 성숙할 수 있었는데, 이는 미국의 식량 수출이 미국 산업 발전에 필요한 원자재와 자본의 수입을 가능하게 했기 때문"이라고 설명한다.

남북전쟁 이후 산업가들은 높은 관세를 통해 국내 시장에서 자국 제품과 경쟁할 수 있는 외국 상품을 차단했고, 필요한 외국 상품과 서비스는 잉여 농산물 생산을 통해 구매했다. 19세기 후반에 미국의 제조업용 원자재 수입은 증가했고, 소비자용 공산품 수입은 감소했으며, 수출 식료품의 가치는 밀은 수백만 부셸, 돼지고기는 수백만 파운드 등으로 엄청나게 상승했다.

경제사학자 루이스 해커Louis Hacker가 말하듯 미국 농민은 미국 자본주의 부상의 도구이자 희생자였다. 도구로서 농민의 잉여는 높은 관세 뒤에서 산업의 건설을 가능하게 했고, 희생자로서 농민은 높은 이자율 및 운임 요율뿐만 아니라 보호 상품에 대해 더 높은 가격을 지불했다.

미국 농민에게 자본주의의 위기는 1920년대에 시작됐는데, 이 기간에 9년 동안 궤멸적으로 낮은 가격을 겪었으며, 이후 10년간의 전반적인 침체로 상태는 더욱 악화됐을 뿐이다. 1920년대 내내 농산물 가격은 하락한 반면 다른 상품의 가격은 상승했고, 1929년 이후 모든 소매 가격이 하락하기 시작하자 농산물 가격은 더 빨리 하락했다. 같은 기간에 농장 자산의 평균 가치는 하락하고 총농가소득은 급감했으며, 현금 작물 수입은 약 4분의 1로 줄었고, 1929년에는 농가 인구의 1인당 소득이 나머지 인구에 비해 3분의 2 정도 낮아졌다.

농업이 이토록 가파르게 침체하고 농장 소유의 장기적인 변화와 맞물리자 소유자의 비율은 감소하고 소작인의 비율이 증가했다. 총 농장가치에 대한 담보 제공 부채의 비율은 두 배 이상 증가했다. 부채는 늘었는데 이를 갚을 소유자는 줄어들었다. 1925년 이후 10년 동안 전체 농장의 거의 3분의 1이 강제 매각으로 소유자가 바뀌었다. 1890년에는 전체 농장주의 절반 이상이 담보 제공 없이 농장을 소유하고 있었지만, 1930년에는 이 수치가 4분의 1에 불과했다. 이처럼 농장 소유권이 차지借地 계약으로 몰수되고 저당권에 의해 제한되면서 대부분의 미국 농민은 이제 더 이상 자유롭거나 독립적이지 않게 되었다.

게다가 농민의 총수는 그 상태와 관계없이 오랫동안 감소하고 있었다. 1820년에는 미국 노동력의 거의 4분의 3이 농업 생산에 종사하고 있었다. 그 후 대략 125년이 지나면서 여전히 개척지를 이용할 수 있던 대부분의 시기 동안 모든 인구 조사에서 농민의 비중은 수적으로 감소했다. 1880년에는 전체 인구의 절반을 차지했고, 1949년에는 모든 종류의 농민이 인구의 8분의 1에 그쳤다.

농민 계급 전체에 미친 이 획기적인 변화의 원인은 시스템 전체에 깊이 내재해 있었지만, 농민은 자유시장의 피조물이었고, 그 시장이 농민의 세계를 하나로 묶었기 때문에 시장이야말로 고려해야 할 핵심 사실이다.

I. 20세기가 시작되면서 해외 시장이 축소되거나 사라졌는데, 이는 비용은 더 낮고 수확량은 더 많은 새로운 나라들의 목초지에서 갈수록 더 많은 생산이 이뤄진 탓이었다. 해외 판로와 높은 가격에 대한 희망도 사라져서 1894년부터 1898년까지는 농가총소득 중 거의 5분의 1이 해외 수출에서 나왔지만, 1930년대 중반에는 10분의 1 이하로 떨어졌다. 유럽인들은 미국의 관세 인상에 따라 미국 농산물을 구매할 수 없었다. 유럽에는 금이 없었고, 사지는 않고 팔기만 원

했던 미국은 유럽 상품을 받아들이지 않았다.[2] 그리고 이어진 영구적인 전시 경제의 시대에 세계 각국은 자급자족을 위해 최선을 다했다.

II. 국내 시장이 위축되었다. 미국의 인구 증가율은 정점에 도달한 후 완만하게 하향 곡선을 그리기 시작했다. 더 이상 대규모 이민은 없었으며 인구는 정체되기 시작했다. 게다가 이 시장의 식단이 바뀌면서 조방적 농업粗放的農業에서 나온 생산물의 판매를 위축시켰다. 소득이 증가해도 농산물에 소비하는 비중은 상승하지 않았다. 공산품에 대한 수요와는 달리 농산물에 대한 수요는 심리적으로 제한되었다.

III. 1930년대에 경제의 독점적 성격이 더욱 분명해지기 시작하면서 다른 메커니즘이 농민에게 영향을 미치기 시작했다. 농민의 핵심적인 경제적 관심사는 항상 그가 파는 생산물의 가격과 그가 구입하는 물건에 지불해야 하는 가격 사이의 비율이었다. 농산물 가격이 약 70퍼센트 하락하고 공공 요금은 전혀 떨어지지 않았던 1930년대의 불황기에 농민은 불황 이전에 비해 4분의 1 정도의 전기만 구매할 수 있었다. 농민의 자유시장은 새롭고 더 많은 이익을 낼 수 있는 자유, 즉 생산량을 줄여 가격을 유지할 수 있는 자유를 행사한 도시의 독점기업들에 의해 잠식되고 있었다. 캐럴라인 웨어Caroline Ware와 가디너 민스Gardiner Means는 불황기에 접어들면서 농기구의 도매가격은 15퍼센트만 하락한 반면 농기구 생산량은 80퍼센트나 줄었고, 농산물 가격은 63퍼센트 하락한 반면 농산물 생산량은 겨우 6퍼센트

---

[2] 1930년에 제정된 스무트-홀리법에 따른 미국의 대대적인 관세 인상을 염두에 둔 서술이다. 1929년 10월의 뉴욕 주식시장 폭락에 이어 세계대공황을 촉발한 중요한 사건으로 꼽힌다. 제1차 세계대전 당시 붕괴했던 국제 금본위제가 1920년대에 부활했지만, 미국에 대해 막대한 전쟁 채무를 진 유럽에는 수입 대금을 지불할 금이 부족했다. 반면 미국은 이런 위기 상황에서도 자국 중심주의를 추구하면서 이웃 나라 경제의 붕괴를 촉진하는 근린궁핍화 정책을 폈다. 그 결과는 치명적인 세계대공황과 세계대전이었다.

만 떨어졌다고 관찰했다. 이런 사실은 산업 기업의 관리 가격과 농민의 자유시장 가격 사이의 차이를 명확하게 보여준다.

 IV. 어떤 경제 영역보다도 농업에서 미국 자본주의의 모순이 명백하게 드러났다. 하지만 그런 모순을 뒷받침하는 기술은 이제 막 농촌 경제에 영향을 미치기 시작했다. 미국에서 고전적인 경제적 자유주의의 전망이 실현되는 한, 그것은 가족 농장에서 스스로 작동했다. 그러나 모든 곳의 구중간계급에게 끔찍한 결과를 가져온 기술 혁명은 대부분 농민을 비껴갔으며, 후기에 접어들어 소기업가의 농촌 세계는 기술적 후진성 덕분에 존재했다고 볼 수 있다. 1900년부터 1939년 사이에 제조업 생산량이 267퍼센트 증가했을 때에도 농업 생산량은 겨우 60퍼센트 증가에 그쳤다.

 그럼에도 불구하고 농업 생산량은 너무 많이 증가했던 것이다. 농촌 인구가 수적으로 감소하게 된 기저에는 생산성의 지속적인 증가, 즉 더 적은 사람이 더 짧게 일하면서 더 많이 생산할 수 있게 됐다는 사실이 있었다. 제1차 세계대전으로 촉발된 이러한 대세는 제2차 세계대전 중에 본격적으로 진행됐다. 1910년을 100으로 가정하면 1945년 농장 고용은 82로 감소한 반면, 농업노동자 1인당 생산량은 209로 증가했다. 이 수치 너머로는 제각각 노새 한 마리씩을 따라가고 있는 천 명의 남성과 한 명이 운전하는 대형 트랙터라는 두 가지 이미지가 어렴풋이 떠오른다. 이것은 정확한 이미지다. 1940년 이전의 한 세대가 지나는 동안 농장에서 사용된 트랙터의 수가 무겁고 조잡한 기계 1만 대에서 가볍고 기동성 있으며 고무 타이어를 단 생산 도구 200만 대로 증가했고, 노새와 말의 수는 대략 절반으로 줄었다.

 20세기의 2/4분기에 들어서면서 미국 역사상 처음으로 농장 고용이 실제로 감소하기 시작했다. 제2차 세계대전으로 농장 인구가

15퍼센트 감소하고 45세 미만 남성의 40퍼센트가 일자리를 잃었지만, 농작물은 30퍼센트, 가축 생산량은 40퍼센트 증가했다. 1950년에는 400만 호의 농가가 1940년의 600만 호의 농가에 비해 3분의 1을 더 생산할 수 있었다. 따라서 농가 문제의 근본 원인 중 하나는 간단히 말해 농민이 너무 많다는 것이었다. 농산물에 대한 수요는 비교적 탄력적이지 않은데, 생산 기술은 계속해서 더 생산적으로 발전한다. 그리스월드가 지적하듯이, 그 결과는 "전쟁으로 생생하게 드러난 농업 노동에서의 불완전 고용, 과잉 생산에 따른 가격 하락, 낮은 소득과 그에 따른 열등한 문화적 기회였다."

따라서 한때 개척의 출구로 여겨지던 농업은 농무부 전문가의 건조한 표현을 빌리자면 이제 "농업 생산에서 고용 기회가 확실히 부족하다"는 의미로 완전히 바뀌었다. 그러나 기술 혁명이 미국 농민에게 가져온 결과는 단지 수적 감소라는 사실 이상이다. 이 혁명은 1930년대와 같은 '과잉 생산 위기'가 농민과 농민을 위한 모든 계획에 대해 끊임없는 위협으로 작용하고 있다는 사실을 강조한다.

시장의 역학과 사회 변화의 기술적 원동력에 의해 농촌 대중 속에서 자유 기업가의 비중이 줄어들고 있다. 적어도 지난 50년 동안 가족 단위 농장이라는 미국적 이상은 점점 더 현실에서 멀어지고 있다. 1945년 담보를 잡히지 않은 농장의 완전한 소유자는 미국 민간 노동력의 6퍼센트에 불과했다.

농촌 중간계급은 서서히 양극화되기 시작했고, 이 현상이 지속되면 농업의 전통적인 성격이 파괴되어 한편에서는 생계형 경작자, 임금노동자, 소작농으로, 다른 한편에서는 대형 상업농과 농촌 기업으로 나뉘게 될 것이다. 1945년에는 전체 농가의 2퍼센트가 전체 농지의 40퍼센트를 소유하게 되었다.

이러한 대형화와 집중화의 이면에는 농업을 고도로 자본화된 사업으로 만든 기계가 있다. 트랙터로 운영하는 농장은 말을 이용하는 농장보다 30~50퍼센트 더 많은 자본이 필요하다. 평판이 좋은 비즈니스 잡지에 따르면 1946년에 "전형적인 아이오와 농민"은 약 160에이커의 농지를 소유하고 있으며,[3] 에이커당 100달러에서 300달러, 최소 1만 6,000달러의 땅값이 들 수 있다고 한다. 나아가 "그러한 농민은 자본 자산의 초기 투자에 약 3만 3,000달러가 필요"할 터인데, 건물과 장비에 3만 달러, 운전 자본에 3,000달러가 필요할 것이다.

일반적으로 농기계 사용 비율이 낮다는 점도 이런 추세를 가속화한다. 제조업체는 대형 선반을 1년에 2,000시간 사용하는 반면, 농민은 건초 결속기를 50시간만 사용할 수 있다. 농민은 결속기 살 돈을 지불하기 위해 결속기를 사용할 땅을 더 많이 구입한다. 그리하여 평균 농장 규모는 1910년 138에이커에서 1945년 195에이커로 급증했다. 평범한 소농이 경작지를 확장하지 않고 기계화하면 수리비와 감가상각비를 감당할 수 없게 된다. 그는 기계를 팔아버리거나 이웃에게 빌려주어야 한다.

어떤 농산물이든 제일 큰 몫은 늘 비교적 소수의 대농장에서 생산되어왔지만, 지난 20~30년 동안 그 집중도는 급격히 증가했다. 제2차 세계대전 동안 농산물 가격이 크게 상승했지만, 전체의 10분의 1에도 미치지 못하는 농민이 전체 농가 소득의 절반을 차지했다. 농장이 번영하는 시기에는 부동산 투기꾼인 농민이 집중화를 심화시켜 많은 한계 생산자가 사라지고, 농지가 더욱 집중되면서 농민은 줄어들고 부농은 늘어난다.

---

3   160에이커는 약 65.3정보, 196,000평에 달한다. 참고로 2차 세계대전 이후 한국, 대만, 일본에서 실행된 농지개혁에서 농가 1가구당 분배받은 농지가 3정보, 약 7.4에이커였다.

소작농이나 농촌 임금노동자가 농촌 임금노동자로 시작해서 소작농, 담보 대출 받은 소유자, 완전한 자영농으로 농업의 사다리를 쉽게 오를 수 있는지 여부는 대중의 환상 속에서만 진지하게 취급되는 질문이 되었다. 상승의 기회가 무엇인지, 그 추세가 어떠했는지는 보여주기 어렵다. 그러나 한 가지 확실한 것은 1890년 이후 40년 동안 젊은 농민의 절대적인 수가 감소했고, 여전히 농장에 있는 젊은 남성 중 약 50퍼센트가 소유자가 아니라 소작농으로 시작했다는 사실이다. 이들 중 다수는 계속 소작농이었고, 소유자로서 시작할 수 없거나 완전한 소유자가 될 기회가 보이지 않는 탓에 도시로 떠난 이들도 많았다. 이들 중 상당수에게 사다리는 정말로 쳇바퀴로 보였다. 그들은 농촌 탈출에 동참함으로써 농촌의 삶과 그 기회에 대해 감사를 표했던 것이다.

농업은 아직 합리화되지 않았지만 소기업가의 농촌 세계는 이미 사라졌다. 이제 막 농장에서 시작되고 있던 산업혁명의 영향에 대해 그리스월드는 "우리 시대의 자급자족 농장은 민주주의의 원천이 되기보다는 문맹과 영양실조의 소굴이 될 가능성이 더 높다"고 말했다. 산업혁명은 가족 농장을 자본주의적 기업농의 궤도로 진입시키거나, 그렇지 않으면 구시대적인 자급자족 경제에 발이 묶이게 하는 경향이 있다.

2. 사업의 동학

그럼에도 불구하고 미국의 광범위한 계층으로서 소기업가들은 여전히 주로 농장에서 일하는 사람들이다. 도시로 진출한 남성이 사업체를 인수하여 자유로운 생산자나 상인이 된 경우는 거의 없으며,

반대로 구중간계급의 구성원 또는 잠재적 구성원으로서 그들은 제거되어왔다. 도시의 소기업가는 농촌에서처럼 자유 사회를 형성하는 데 핵심적인 역할을 실행할 수 있는 광범위한 계층을 형성한 적이 없다. 도시는 결코 시골에 필적할 수 없었다. 깔끔하게 늘어선 독립 상점들은 농촌의 토지 구획과 대등한 규모로는 결코 성장하지 못했다. 농장이 소농에게 분배된 것처럼 산업 공장과 소매점이 분배된 적은 없었고, 새로운 사업을 시작하는 데 필요한 자본은 대체로 기술 진보에 비례하여 커졌다. 도시 기업가가 되려는 이들을 위한 홈스테드법4 같은 것은 결코 존재하지 않았다. 제조업자에게는 관세가 농가법과 비슷한 역할을 했지만 말이다. 산업화가 반드시 기업의 사적 집중을 초래하고 그 결과 소기업가들이 어려움을 겪게 되는 것은 아니지만, 미국에서는 그렇게 진행되었다.

이미 남북전쟁 이전부터 새로운 교통망이 각 지역을 전국 시장으로 묶기 시작하면서 지역의 장인들이 상인 자본가들을 위해 일하기 시작했다. 원자재와 자본, 그리고 전국 시장을 향한 판로가 필요해지면서 독립 생산사들은 곧 더 큰 사람들에게 의존하게 됐다. 기술자와 연결된 도시의 사업가는 기술과 노동을 조직하고, 수익성이 나도록 보호받는 시장과 독립 생산자를 연결해주는 것이 자기 역할이라고 생각했다. 그리고 국가가 성장함에 따라 영웅도 부상했다. 비록 종종 다른 이름으로 불리기도 했지만 대농이 아니라 큰 사업가들이 국가적 명성을 얻었다. 1890년대가 되자 윌리엄 딘 하월스의 '상승한 사람'Man Who Had Risen이 월트 휘트먼의 '야외의 사람'Man in the Open Air을 보완하고 있었다.5

4   Homestead Act. 1862년 링컨 대통령이 서명, 공포한 자영농 육성법으로서, 1934년까지 미국 토지의 10퍼센트가 개척민에게 분배되었다. 반면 원주민들은 많은 땅을 잃었다.
5   윌리엄 딘 하월스의 리얼리즘 소설 『사일러스 래펌의 상승』The Rise of Silas Lapham은

20세기에도 기술은 급속도로 발전했지만 시장의 확대는 훨씬 더 디게 진행되었다. 상황을 안정시키기 위해 개인기업의 지휘관들은 힘을 합치기 시작했고, 치열한 경쟁 속에서 비인격적인 독점이 등장했다. 소기업가의 세계에서 질서의 주된 원리인 경쟁의 자유는 새로운 사회를 형성할 자유가 되었다. 사기업이 집중되면서 지배적인 사업가 유형이 바뀌기 시작했고, 개인기업의 지휘관은 연금 수령자, 부재지주, 기업 경영자, 그리고 지금부터 묘사할 새로운 유형인 새로운 기업가New Entrepreneur에게 자리를 내주었다.

그러나 연금 수령자도 부재지주도 대중의 마음속에서 생산적이고 경쟁력 있는 사람은 아니다. 각각은 은밀한 구두쇠거나 사치스러운 소비자인 쿠폰쟁이이자 기생충이며, 그들의 삶은 경쟁하는 사업의 삶이 아니어서 자유주의 경제학자들조차 이들의 경제적 역할을 개탄한다. 경영자는 비인격적인 기업의 일부이며, '작은 사람'들 사이에서 우호적인 평판을 얻기에는 너무 냉정한 탓에 절대로 중간계급의 인기 있는 우상이 되지 못한다. 엔지니어로서 그는 냉혹한 과학의 일부일 뿐 경제 영웅이 아니며, 사업가로서 그는 모든 큰돈이 불가사의하게 굴려지는 숨겨진 금융 세계의 일부다.

이 새로운 유형의 경제인 중 어느 누구도 옛날의 한눈팔지 않는 지휘관이 차지하던 영웅적인 자리를 채우지 못했는데, 그는 시간이 지날수록 조금은 우쭐거리고 약탈적이며 거만한 모습을 취했던 것이다. 그가 점점 더 큰 금융가가 될수록, 그리고 물건 만드는 광경을 누구나 볼 수 있을 정도로 작은 공장의 조직자로서는 점점 창의성을 잃어갈수록 이 약탈적인 이미지는 더욱 사악해졌다. 큰 사업가는 대

미국 기업가의 상승과 몰락을 보여준 대표작이다. 반면 흔히 '미국의 계관시인'으로 불리는 월트 휘트먼Walt Whitman(1819~1892)의 작품 세계에서는 자연 속의 인간이 중심이 된다.

개 금융 거물이 되어, 사회의 합법적인 그늘에 살면서 자기 이익을 위해 다른 사람의 돈을 사용한다. 그러나 흙투성이 농민과 부동산 업자를 구별하기 어려웠던 것처럼, 지휘관의 전성기에도 진정한 개인기업의 지휘관과 고도 금융의 총사령관을 구별하기는 어려웠다. 어쩌면 미국의 도시 사업가는 항상 두 가지 모두였을지도 모른다.

구중간계급이 도시에서 영웅을 찾으려면 그 영웅은 소규모 사업가 계층 출신이어야 했다. 그래서 소규모 사업가는, 특히 농민의 전반적인 몰락과 함께, 비록 기본적으로만 그렇긴 하지만, 옛 지휘관의 전통을 계승한 조금은 슬픈 상속자로 여겨지게 되었다. 투쟁이 힘들어질수록 그의 이미지는 더 동정적이고 영웅적으로 그려지지만, 그는 자신을 위해 마련된 유산에 결코 부응할 수 없다. 그의 눈에 그 이미지는 힘든 시기에 기댈 수 있는 영광이 아니라 영원한 짐이 되어가고 있다. 이미지로서 그는 독점가가 된 지휘관의 소품으로 남아 있고, 실재로서 그는 경제 세력보다는 정치 세력으로 남아 있다.

지난 수십 년 동안 사업가의 비율은 미국 전체 노농력의 약 8퍼센트에 머물렀고, 도시에서는 1870년 17퍼센트에서 1940년 12퍼센트로 감소했다. 그러나 계층으로서 이들의 놀라운 지속성을 개별 기업 및 기업 소유자-경영자의 안녕과 혼동해서는 안 된다. 소기업은 전체적으로 그 명맥을 유지하고 있지만, 그 내부의 구성은 빠르게 변화하고 있고 구성원들의 경제적 안녕도 충격적인 부침을 겪고 있다.

제2차 세계대전 이전 40년 동안 기업의 수는 100만 개에서 200만 개로 증가했지만, 같은 기간 거의 1,600만 개의 기업이 새로 문을 열었고 최소 1,400만 개가 폐업했다. 매년 수십만 개의 기업이 실패하고, 일부는 신참자들이, 일부는 이전의 실패자들이 다시 용감한 모험을 시작하면서 소기업 계층의 안팎에서 기업가와 예비 기업가들의 거대한 흐름이 넘실대고 있다.

대부분의 기업은 오래 지속되지 않는 소규모 사업체들이다. 실제로 1940년 1인기업의 도산율은 전쟁 전 10년 동안 공장 노동자의 연평균 이직률만큼이나 높았다. 경제학자 J. H. 커버Cover는 중소기업의 중요 통계를 검토한 후 "아마도 신규 사업주의 3분의 2가 상황 인식을 넘어 낙관론에 빠지는 듯하다"고 말한다.

이는 두 가지 의미에서 유아 사망률과 같다. 작고 새로운 것들이 대체로 실패한다. 이 두 가지 의미는 연관되어 있다. 새로운 사업을 시작하는 데 필요한 자본이 소기업가에게 터무니없이 큰 산업에서는 종종 안정성이 있다. 자본이 그리 많이 소요되지 않는 산업에서는 자연스레 생존의 문제가 더 크다.

이 모든 실패와 새로운 시작은 정상적인 경쟁 과정에서 부적합자가 적합자에 의해 제거되는 것일 뿐이라고 생각할 수도 있다. 그러나 이런 관점이 간과하는 것은, 파산과 실패가 계속되다보면 부적합자가 곧잘 부적합자에 의해 대체되고, 파산의 흐름이 대체로 상향식인 탓에 종종 부적합자의 수가 늘어난다는 사실이다.

실패의 이면에는 더 많은 수의 소기업이 작은 시장 점유율을 놓고 경쟁하고 있다는 일반적인 사실이 있다. 도시 기업가들의 계층이 좁아지고 있고, 그 안에서 집중이 진행되고 있다. 소기업은 더 작아지고 대기업은 더 커진다.

기업의 세계는 70년 전보다 덜 동질적이다. 이제 사업가들은 길거리 세탁소에서 제너럴모터스 주식회사에 이르기까지 놀라울 정도로 다양한 유형과 규모의 기업에서 일하고 있다. 최하층에는 재정적으로 거의 가치가 없는 수많은 소기업들이 있는데, 이들이 국가의 전체 상품과 서비스 생산 및 판매에서 차지하는 비중은 크지 않고 고용 측면에서도 마찬가지다. 1939년에는 150만 개의 1인기업이 전체 비농업 사업체의 거의 절반을 차지했지만, 종사자는 전체 취업자의 6퍼센트에 그쳤다. 최상층에는 대다수 노동자를 고용하는 소수의 기업이 있는데, 이들은 대부분의 노동자를 고용하고, 취급되는 상품과 서비스의 대부분을 생산 또는 판매하며, 사적으로 사용되는 자본재의 대부분을 보유하고 있다. 1939년에는 미국 전체 기업의 1퍼센트에 해당하는 2만 7,000개의 거대 기업이 전체 노동 인구의 절반 이상을 고용하고 있었다. 약 30년 동안, 그리고 지금도 미국 기업의 4분의 3은 전체 기업 소득의 5퍼센트 정도만 가져가고 있다.

어느 연도를 연구하든, 어떤 기준을 사용하든 기업 집중도가 극심하다는 사실은 분명하다. 그러나 전체적인 측정치는 집중도가 사업 분야별로 크게 다르다는 결정적인 사실을 숨기고 있다. 대략적으로 말하자면, 기업의 세계는 대규모 산업체와 소규모의 소매 또는 서비스 기업이라는 두 가지 유형으로 양극화되어 있다.

제2차 세계대전 이전 세대에서는 제조업 사업체의 소유자 수가 34퍼센트 감소한 반면, 제조업에 종사하는 임금 및 급여 노동자 수는 27퍼센트 증가했다. 제조업은 더 이상 소기업의 세계가 아니라 점점 더 대규모 관료제 구조가 지배하는 세계가 되었다. 전쟁 경제는 이미 극도로 집중된 미국 산업을 더욱 집중시켰다.

종사자 수와 거래액 면에서 기업 세계의 최하층에 있는 소매업은 여전히 소기업이 대부분을 차지하고 있다. 하위 4분의 3에 해당하는 소매점의 매출이 1939년 전체 소매업 매출의 22퍼센트를 차지했으며, 이는 제조업 중 하위 4분의 3의 매출이 제조업에서 차지하는 비중의 거의 두 배에 달했다. 전체 기업 세계에서 지배적인 부문을 차지하고 있는지라는 관점에서 보면, 소기업은 이제 소매업과 서비스업에만 존재하고 금융과 건설업에도 약간 존재한다고 볼 수 있다.

19세기 초에는 도매상이 기업 세계의 큰 중개자였다. 도매상은 소규모 소매상은 물론 소규모 제조업자까지 통제할 수 있었는데, 둘 모두, 특히 소매상은 종종 도매상에게 신용을 의지하는 경우가 많았기 때문이다. 그러나 제조업자는 사업을 확장하여 도매상에게서 독립했고, 종종 도매상의 많은 기능을 인수했다. 시간이 지나면서 소매업자도 도매업자의 사업 영역으로 이동했다. 이윽고 제조업자는 소비자 직판으로 도매상과 소매상 양쪽 모두를 배제하려 했다.

19세기 후반에 생산량이 증가함에 따라 경제 시스템은 자본주의의 독특하고 결정적인 문제에 직면하게 되었다. 거대한 시장이 없다면 거대한 물량으로 이익을 창출할 수 없다는 것이다. 기술 발전으로 생산성이 높아지면서, 제조업자는 극도로 비효율적이고 낭비가 심한 마케팅 시스템에 직면하게 되었다. 도시 구중간계급의 대다수를 이루는 소규모 단위의 도매 및 소매업이 자본주의 발전의 기술적 수레바퀴에 걸림돌이 되고 있었다. 적어도 거대 제조업자는 그렇게 생각했다.

동시에 소매업체도 성장하고 있었다. 백화점은 시장 사회marketing community의 안정적인 구성원이 되었고, 지난 15년 동안 백화점이 취급하는 소매 판매의 비중은 큰 변동이 없었다. 통신판매업체는 이제 백화점과 체인점의 많은 기능을 결합했고, 멀리 떨어진 채로도 시장 이면의 흐름에까지 도달하고 있다. 이 대량 유통업체 시스템이 서서히 등장하기 시작하면서 대량 생산자에게서 소비자에게로 이르는 자체의 도매업을 수행했다. 슈퍼마켓이 대량 유통 기술의 측면에서 체인점을 앞지르며 급격히 확산되자 체인점은 경쟁자인 슈퍼마켓을 모방하기 시작했고, 소매업의 이 두 거인은 서로 경쟁하며 작은 사업가들이 할 수 있던 것보다 훨씬 더 심하게 경쟁을 벌였다.

도매업자가 소매업자에게 자리를 내주자, 중심적 위치를 차지하게 된 소매업자는 제조업자에게 압력을 가하기 시작했다. "우리와 갈라서겠다고? 당신의 낮은 원가는 대량 생산 덕분인데, 우리의 대량 유통이 없다면 대량 생산이 무슨 소용이 있겠는가? 우리를 끼워줘라." 도매업자의 통제를 부분적으로 벗어던진 제조업자는 이제 자기 이익을 탐내는 또 다른 경쟁자와 직면하게 되었고, 브랜드 이름을 전국적으로 홍보하면서 자체 소매점을 운영하는 것으로 대응했다. 이런 도구를 통해 그는 소매업자와 도매업자 모두를 장악하려 해왔다.

시어스 로벅의 부사장 T. V. 하우저Hauser는 현재의 추세를 이렇게 요약한다. "한편으로는 자체 브랜드 라인을 보유한 지배적인 대형 제조업체가 수천 개의 독립 딜러를 통해 제품을 유통하고, 다른 한편으로는 다양하고 많은 브랜드 라인을 보유한 대량 유통업체가 소규모 제조업체로부터 각각의 라인을 구매합니다. 앞의 경우에는 제조업체가... [제품의] 디자인, 품질, 가격 및 생산 일정을 결정하는 반면, 뒤의 경우에는 이런 기능을 대량 유통업체가 맡게 됩니다." 양쪽 모두에서 도매업체는 시장 거래자늘 사이의 경쟁적인 전투의 공세를 받고 결국 양쪽 모두에게서 손해를 입게 된다.

그러나 대기업의 지배가 모두 완전한 합병이나 파산으로 귀결되거나, 집중이라는 사실로 귀결되는 것은 아니다. 대기업의 힘은 많은 소기업이 독립성을 유지하면서도 실제로는 대기업의 대리인이 될 정도로 막강하다. 중요한 점은 소기업가가 예전의 기업가적 기능을 박탈당했다는 것이다.

은행이 신용을 연장하기 전에 경영 개혁을 요구할 때, 은행은 기업가적 안목에 수반되어야 할 진취성과 책임을 집중시키고 있다. 이제는 많은 소기업가가 공급업체로부터 자금을 조달하고, 대형 생산자와 공급업체는 동종업계의 소기업이 따라야 하는 가격을 결정할 뿐 아니라 소기업에 대해 신용을 연장해주는 경우도 많다. 신용을 연장해주던 대기업이 자금 회수에 나서면 많은 소기업가가 파산하는 경우가 발생한다. 이렇게 외상 매입에 의존하다보면 소기업가는 채권자의 대리인으로 전락하는 경향이 있다.

　소매 가격을 정하고 전국적으로 광고를 하는 제조업체가 소매상을 기업가적 위험을 감수하고 수수료를 받는 판매원으로 만드는 '독점 거래 계약'과 '전속 거래 강요'도 소기업가의 독립성을 떨어뜨리는 요인이다. 제조업에서는 소규모 하청업자가 하도급을 통해 위험을 감수하는 지사의 관리자로 전락하는 경우가 많다.

　대기업의 지배로 다양한 영향을 받는 소규모 도매업체, 소매업체, 제조업체가 공동의 적에 맞서 단결하리라고 생각할 수 있지만, 실제로는 어떤 단결도 이뤄지지 않았다. 대신 소기업 중 가장 큰 비중을 차지하는 소규모 소매업체는 대형 제조업체의 전국적 브랜드와 광고주들에게서 경쟁의 피난처를 찾았고, 모든 소매업체가 같은 상품을 같은 가격에 판매해야 한다는 '공정 거래' 법안과 같은 전략을 요구하고 얻어냈다. 이런 종류의 입법은 독점이 잘 발달하지 않은 소매업체 사이에서보다는 해당 분야의 독점력이 큰 다양한 제조업체들 사이에서 그런 경쟁이 이루어지고 있음을 의미한다. 게다가 소규모 제조업체는 소규모 소매업자와 거의 단절되어 있기 때문에 그 역시 대형 사업자, 이 경우에는 대형 소매업자인 체인점이나 백화점의 지배를 받게 되는데, 이들은 대량 구매자로서 종종 그들이 구매하는 물품의 가격을 지배할 수 있다.

　구중간계급의 많은 작은 요소들이 서서히 산산조각 났다. 경쟁의 중심이 생산에서 판매술로 옮겨가면서 많은 소규모 제조업체는 대형 제조업체의 직접적인 위성으로 존재하게 되었고, 많은 소매업체는 사실상 대형 제조업체의 유지보수 대리점이나 유통업체로 전락했다. 소규모 제조업체와 소규모 소매업체는 동맹을 맺기는커녕 시장을 둘러싼 투쟁에 갇혀 있으며, 그 과정에서 둘 다 대기업의 지배를 받게 된다.

유통은 중소기업의 본거지이며, 미국 경제의 낭비적 성격이 가장 심한 분야 중 하나다. 예를 들어, 식품 소매업에서 체인점은 농가와 소비자 가격 사이의 넉넉한 격차를 확실히 줄였다. 소매점은 매장당 적절한 매출액이 없으면 효율적이거나 저렴하게 운영될 수 없다. 체인점은 이런 규모를 갖추고 있으며, 모든 사업 부서에 급여를 받는 전문가를 영입할 수 있다는 추가적인 이점이 있다. 체인점은 더 효율적이고 더 저렴하다. 그 안에서 기업가적 안목은 표준화된 절차로 대체된다. 구매, 진열, 광고, 상품화, 비용 관리가 각각 체인점, 백화점, 슈퍼마켓의 월급쟁이 전문가들에 의해 중앙집중화되고 관리된다. "우리가 경제적 개인주의라고 불리는 것을 얼마라도 지키려면 보통사람의 무능함을 받아들여야 하고, 아니면 중앙집중식 관리의 이점을 얻기 위해 기업가에서 근로자로의 변화를 받아들여야 한다"고 유통 권위자 A. C. 호프먼Hoffman은 말한다.

가공업자의 영향력과 엔지니어의 아이디어가 독립 농민의 기능을 대신하고 있듯이, 대형 제조업체와 유통 엔지니어는 소기업의 본거지인 마케팅 시스템에 눈독을 들이고 있다. 구중간계급은 농장과 도시에서 기술자와 효율성 전문가들이 구상한 진보의 수레바퀴를 막고 있다.

3. 룸펜 부르주아지

지금까지 살펴본 조그만 사업체와 농장의 우울한 상태, 높은 실패율, 그럼에도 불구하고 기이한 생존을 나타내는 통계를 살펴보면, "하찮은 민중은 짓밟을 수 없다. 그들은 발 아래 너무 납작하게 누워 있다"는 발자크의 고약한 발언이 다른 맥락에서 떠오른다. 다른 임금노동자와 구별되는 '룸펜 프롤레타리아트'에 대해 말할 수 있다면, 다른 중간계급 요소들과 구별되는 '룸펜 부르주아지'에 대해서도 말할 수 있을 것이다. 기업가 세계의 최하층은 최상층과 너무 달라서 이 둘을 함께 분류해야 하는지 의문이 들기 때문이다.

도시에서 룸펜 부르주아지는 도산율이 높은 수많은 기업으로 구성되어 있으며, 자기 사업 분야에서 차지하는 비중은 일부에 그칠지라도 그 비중보다 훨씬 더 많은 사람을 고용하고 있다. 10년 전의 경우 절반 이상의 소매점이 전체 매출의 9퍼센트를 차지했지만 소매업 종사자의 21퍼센트를 고용했다. 그러나 진정한 룸펜 부르주아지는 노동자를 전혀 **고용하지** 않으며, 사업주와 그 가족이 종종 밤낮으로 땀 흘리며 일한다. 불황이 극심했을 때 '소유자의 수입'은 매출 1만 달러 미만 상점의 경우 넉넉잡아 주당 9.00달러로 추정되었다. 여기, 20세기 기업 세계의 맨 밑바닥에 고전적인 이미지로 보자면 도시의 독립적 인간인 소유자-운영자가 있다.

그러나 생산수단이 미미한 농장에서는 구중간계급의 한계 상황에 몰린 희생자 중 많은 비중을 차지하고 있는 소기업가가 잔존하고 있다. 20년 전, 기업의 번영이 절정에 달했던 1929년에는 전국 농장의 거의 절반이 가족이 사용하는 생산물을 포함하여 1,000달러 미만의 생산물을 생산했지만, 이 생산성 낮은 절반의 농장이 만든 생산물은 농민이 판매하거나 거래하는 전체 생산물 중 11퍼센트에 불과했다. 농장의 호황이 절정에 달했던 1940년대 중반에도 상대적인 수치는 크게 변하지 않았다. 전체 농장의 40퍼센트는 연소득이 1,000달러 미만이었고, 4분의 1은 600달러 이하였다. 농촌의 영양실조 비율은 도시보다 두 배나 높았으며, 전국에서 가장 높은 출산율과 영유아 사망률을 보이는 곳도 바로 농촌이다. 농민의 3분의 1은 농촌 빈민가에서 사실상 수리가 불가능한 주택에 살고 있고, 3분의 2는 '부적절한 주택'에 살고 있다. 1945년에 미국 농민 10명 중 3명만이 기계식 냉장고를 가지고 있었고, 배수구가 있는 부엌 싱크대를 가진 사람은 10명 중 4명뿐이었다. 소농과 그 가족은 비효율적인 고된 노동에 시달렸고, 다수는 일부 시간만 '독립적'일 뿐 나머지 시간에는 대농에게 고용되어 야만적인 과로와 과소 소비로만 소작을 유지할 수 있었다.

엔지니어들은 "원래 경작 가능한 토지의 5분의 1"이 더 이상 경작할 수 없을 정도로 황폐해졌고, "남은 토지 중 3분의 1도 이미 심하게 훼손"되었으며, "또 다른 3분의 1은 매우 취약하다"고 지적한다. 그 이유 중 하나는 농무부의 서비스 책임자인 H. H. 베넷Bennet이 1946년에 지적한 것처럼 "전통적으로 너무 많은 토지가 교육받지 못한 무능한 사람들의 수중에 있었다"는 데 있다. "농민, 농부, 소박한 사람, 시골 사람이라는 이름 아래서 이들은 여러 세대에 걸쳐 순진하고 교육받지 못한 데다 후진적인 모든 것과 동의어가 되어왔다. 근검절약과 부지런함 같은 미덕을 지닌 이들은 그럼에도 불구하고 교육과 교육받은 사람들에 대해 종종 경멸적인 태도를 취했다. 그리고 농장은 너무나도 자주 다른 분야에서 실패한 사람들이 의지하는 마지막 수단이 되었다."

농장에서든 도시에서든 극소형 기업가는 경제적으로 경기 사이클에 민감하게 반응하며, 불안감도 경기 사이클과 밀접하게 맞물려 있다. 사업 방향이나 물량이 약간만 변화해도 그의 수익률에 급격하게 반영될 수 있다. 그는 매달 극심한 불안감에 시달리며, 통제할 수 없는 사소한 경제적 요인에도 균형을 잃고 심리적인 안정감이 떨어질 수 있다. 한때는 어떤 개인도 시장을 주도할 수 없었지만, 이제 '작은 사람'은 시장이 자신에게 불리하게 고정되어 있다고 종종 정확하게 느낀다.

소유자이자 관리자, 그리고 노동자로서 한계 상황에 몰린 희생자는 대개 가족으로 하여금 상점, 농장, 가게에서 일손을 돕게 한다. 따라서 경제생활은 가족생활과 일치한다. 구멍가게라고도 불리는 영세 기업에서는 부부가 서로와 자식을 계속 지켜볼 수 있다. 가족 기업이 누릴 수 있는 경제적 자유는 흔히 가족 단위 내부에서의 자유 결여의 대가다. 빌헬름 라이히[6]가 지적했듯이 실제로 가부장적 행로 속에서 곧잘 극단적인 억압이 행사되는 것이 이러한 소부르주아적 삶의 특징이다. 아동 노동은 종종 저임금 착취 노동이며 룸펜 부르주아지에게 그 본거지를 두고 있다. 모든 산업 범주 중에서 자유 기업가의 비율이 가장 높고 '무급 가내 종사자'의 비율이 가장 높은 곳이 농장과 소매점이다. 그리하여 사업상의 경쟁과 경제적 불안이 가족 관계 속에서, 그리고 빚지지 않기 위해 요구되는 엄격한 기강에서 드러난다. 가게나 농장 밖으로 감정을 표출할 수 있는 출구가 거의 또는 전혀 없기 때문에 가족 구성원들은 수익에 대한 탐욕이 커질 수 있다. 주의를 빼앗고 인격을 형성하는 사소한 일들에 그들 본성의 온 힘을 쏟아붓는다. 발자크가 말한 것처럼 "사소함의 힘,

---

6 Wilhelm Reich(1897~1957). 오스트리아 출신으로 미국에 망명한 마르크스주의 정신분석학자. 마르크스주의와 정신분석학을 결합한 성정치, 성혁명을 주장했다. 가부장적 가족 질서가 행사하는 성의 억압을 비판했다.

나무껍질 아래 고리를 따라가며 느릅나무를 쓰러뜨리는 땅벌레의 침투력"을 발휘하게 되는 것이다.

가족 집단은 폐쇄적이고 흔히 그 자체 속으로 몰입하기 때문에 강한 친밀감과 폐쇄적인 증오를 조장한다. 이런 가족의 자식들은 부모의 좌절감이 투사되는 대상이 되는 경우가 많다. 자식은 부모의 애정 경쟁에서 비롯된 과잉 보호와, "자식이 무언가를 이루게 해야 한다"는 부모의 충동에 기반한 강력한 훈육을 번갈아가며 받게 된다. 그동안 지속적인 박탈은 자식의 미래 성공이라는 측면에서 정당화되며, 자식은 지금 무언가를 포기해야 하지만 그렇게 함으로써 미래에 큰 존경과 만족의 보상을 정당하게 요구할 수 있다. 룸펜 부르주아의 자식에게 도래하는 사춘기는 부모와 자식에게, 그리고 아마 사회에 대해서도 많은 위기를 초래할 고통스러운 시기라는 증거가 있다.

'무급 가내 종사자'라는 무색무취한 인구 조사 항목 이면에는 청소년의 수많은 고통과 패배가 숨어 있다. 그 또한 구중간계급적 방식의 일부였으며 지금도 마찬가지다. 아마도 19세기에는 아들들 또는 적어도 아들 중 한 명이 아버지의 지위를 물려받고, 딸은 남편을 찾아서 가정을 꾸리는 것이 더 나은 선택이었을 것이다. 그러나 20세기의 구중간계급, 특히 도시 중간계급의 평균 수명은 짧고, 구중간계급 사이에서 가족 단위와 직장 위치가 일치한 것은 산업화 이전의 사실이다. 따라서 재산의 집중이 그들의 '독립성'을 위축시키더라도 그 덕분에 구중간계급의 소기업가 자식들은 자유를 얻는다.

안정적인 생활 계획을 세우는 데 어려움을 겪게 되면서 룸펜 부르주아지의 경쟁 불안과 가족 간 긴장은 더욱 커진다. 한편으로 작은 사람은 대개 소기업보다 오래 살기 때문에 많은 경우 사업이 평생 동안 수입을 제공하지 못한다. 반면 소기업의 늙은 소유 경영인은 자신을 대체하는 데 어려움을 겪는 경우가 많다. 수년 동안 노력과 두려움으로 힘들게 기업을 일궈냈고 은퇴하고 싶지만 누가 그를 대신할 수 있을까? 그는 작은 사업을 일궈왔지만, 그의 임박한 은퇴나 사망은 개인적으로 일체감을 느껴온 기업의 신용 상태에 손상을 입힌다.

룸펜 부르주아지의 경제적 상황은 불안감으로 이어지고 종종 사소한 공격성으로 이어진다. 그들의 위신은 그들의 시선이 향하는 사람들, 즉 더 크고 성공한 기업가들에 비해 낮다고 여겨지기 일쑤다. 그리고 지난 20년 동안 그들은 성공적으로 노동조합을 조직한 노동자와의 관계에서 존중받지 못한다고 느꼈다.

이런 불안과 좌절의 경제적, 사회적 기반에 덧붙여 해럴드 D. 래스웰Harold D. Lasswell이 적절하게 지적한 것처럼 좀 더 개인적인 원인이 추가될 수 있다. 사업체 운영은 종종 다른 사람들에 대한 계산적인 태도를 수반하기 때문에 다소 죄책감을 유발할 수 있다. 한계 상황에 몰린 희생자는 종종 자신의 행동과 충동뿐만 아니라 사업을 돕는 아내와 자녀의 행동과 충동도 계산하고 계획하고 평가해야 한다는 경제적 압박을 받으며, 경제적 목표라는 냉정한 관점에서, 종종 날카로운 경제적 관행을 통해서 이를 수행해야 한다. 그리하여 높은 업무 강도, 가족과 자신을 위한 소비의 연기는 절약과 존경으로 얻는 높은 프리미엄으로 정당화된다.

적어도 업무 시간 동안 그는 항상 고객이 옳을 수 있게 해야 한다. 룸펜 부르주아는 자신보다 높은 사람, 자신이 열망하면서도 하찮게 퇴짜 맞기도 하는 사람에게는 복종하지만, 임금노동자에게는 이론상 곧잘 가혹하게 돌변한다. 혹시라도 고객 속에 노동자가 있다면 그런 공격 목표를 감춰야겠지만 말이다.

베르너 좀바르트Werner Sombart는 자본주의 정신은 모험정신, 이득에 대한 욕망, 존경받는 시민이라는 중간계급적 미덕을 결합한 것이라고 썼다. 이제 소부르주아들 사이에서는 이득에 대한 욕망이 으뜸이 되고 미덕의 초점이 되었다. 모험정신은 확실한 해결책을 찾는 것으로 대체되며, 존경의 규범은 심리적 함정이 되고 죄책감의 근원이 된다. 이득에 대한 계산은 전체 사회생활로 퍼지는데, 이는 룸펜 부르주아 남성이 가족 구성원을 비롯한 자신의 사회 세계를 투쟁의 요소들로, 열망하는 만큼이나 종종 실패하게 되는 투쟁의 요소들로 생각하기 때문이다.

부가 그 자체로 목적이 아니라 자신의 소박한 삶의 방식을 지속하기 위한 수단에 불과했던 옛 부르주아, 고객에게 광분하여 달려들지 않고 마치 자기 영토 안의 군주라도 되는 듯이 울타리 안 자기 몫을 인내심으로 기대하던 사람, 그런 사람은 사라졌다. 구중간계급의 사업 생활에서는 어떤 수준에서도 내면의 여유와 폭넓은 시야가 나오지 않으며, 특히 룸펜 계층에서는 더욱 그렇다. 룸펜 부르주아지에게서는 천박한 스타일과 협소한 아이디어가 나올 가능성이 더 크다. 이제 소기업가들의 특성에 대해서는, 1896년 W. E. H. 렉키Lecky가 썼던 것처럼 "정치적 독립성, 신중함, 견고한 실용적 지성, 꾸준한 근면함, 높은 도덕적 평균으로 다른 모든 이들과 구별된다"고 할 수도 없고, 조르주 소렐Georges Sorel이 묘사했던 것처럼 중앙집권적 관료제 없이 국가를 통치할 에너지와 의지를 갖추고서 스스로 위엄에 가득 찬, 진지한 도덕 습관을 가진 계급이라고 할 수도 없게 되었다. 이제는 구중간계급의 효과적인 권력 의지가 아니라 주변을 둘러싼 경쟁적 위협에 맞서 싸우려는 끈질긴 의지가 존재한다. 이 일련의 작은 비참함들에서 초조한 독단성이 자라고 인간관계가 파괴되며 정치적인 인사치레를 즐기지 않는 성격이 형성된다. 소기업가는 두려움에 질린 탓에 자유로운 사업가와 독립적인 농민의 표준적인 이미지에 꼭 어울리지는 않는 방식으로 위신을 위한 이데올로기와 싸움을 받아들인다.

그러나 희생적인 요소와 높은 이직률에도 불구하고 기업가 계층은 전체적으로 지속되고 있으며, 경제 사이클의 특정 국면에서 일부 구성원은 충분히 번창하기도 한다. 그러나 대부분은 더 이상 기업가적 기능을 수행하지 않으며, 더 이상 독립적인 운영자가 아니다. 이런 측면에서 이들의 쇠퇴는 20세기 경제 질서에서 경쟁의 성격이 변화한 것과 관련된다. 경제적 불안으로 인해 많은 소기업가들이 정치적 안정을 위한 수단을 분연히 찾게 되었고, 그들을 위한 정치를 추구하겠다는 대변인들도 많이 등장했다.

3장

경쟁의 수사학

**

경제적 사실의 측면에서 보면 이 낡은 독립 기업가는 거대한 신세계의 작은 섬에 살고 있지만, 이데올로기적 상상이자 정치적 세력의 측면에서 보면 그는 마치 대륙 전체에 거주하는 것처럼 버텨왔다. 그는 유토피아적 자본주의 이념이 여전히 매력적이라고 동시대인에게 선전하는 사람이 되었다. 지난 100년에 걸쳐 미국은 소자본가의 나라에서 고용된 근로자의 나라로 변모했지만, 마치 그 작은 재산의 세계가 여전히 성업 중이기라도 하듯이 소자본가의 나라에나 어울릴 법한 이데올로기가 지속해왔다. 그 이데올로기는 옹호자와 변승가들의 복주머니가 되었고, 많은 사람의 마음속에서 현실의 최신 모델처럼 보일 정도로 거의 도전받지 않는다.

농촌 세계에 대한 소기업가의 향수는 이제 산업의 역학을 효과적으로 은폐한 나머지 국가 생활의 수호자인 농민이 전쟁 중에 정부 수반을 무시할 정도로 자신의 현금 이익을 추구할 수 있게 되었다. 그리고 경쟁 방식의 전범인 도시의 소기업가가 지쳐가는 동안 미국 여론의 담당자들은 소기업가의 미덕을 찬양할 이유를 점점 더 많이 찾는다. 제임스 머레이James Murray 상원의원은 이렇게 말했다. "우리는 소기업이 자유 기업의 본질을 구성하며, 소기업의 보존이 미국적 이념의 토대라는 것을 깨닫습니다." 소기업가들의 논리는 우리 시대의 논리가 아니다. 하지만 구중간계급이 곧잘 겁에 질리고 늘상 당황하는 방어자로 변모했을지라도 그들은 쉽게 죽지 않았고, 때로 그 에너지가 궁지에 몰린 사람의 에너지처럼 보이기는 해도 그들은 정력적으로 지속한다.

머레이 상원의원으로 하여금 미국 기업가에 대한 맹목적 숭배에 나서게 한 것은 민주주의 문제의 시급성이 아니라 미국의 정치 대의제가 지닌 독특한 구조였고, 소기업의 효율성이 아니라 대기업의 정치적 이익에 대해 소기업의 이미지가 지닌 유용성이었으며, 거대 도시의 급격한 부상이 아니라 50년 전의 소도시 생활이 유발한 근시안이었던 것이다.

1. 경쟁적인 삶의 방식

소기업가들의 경쟁 방식에 대한 공식적인 선언은 이제 소스타인 베블런의 분석이 얼마나 정확한지를 자세히 보여주는 거대한 사실의 요지 위에서 작용하고 있다. 경쟁은 결코 죽지 않았으며, 대체로 "한편의 생산을 통제하는 사업체들과 다른 한편의 소비하는 대중 사이의 경쟁이며, 사업을 닮은 이 경쟁의 주요 방책은 판매 전략과 불매 운동이다"라고 그는 주장했다. 경쟁은 대기업에 의해 축소되기도 하고, 소기업가 집단의 집합 행동으로 방해받기도 한다. 두 집단 모두 대규모 경쟁의 진원지를 분명히 드러냈고, 소기업과 가족농이라는 자유주의 수사의 가면 같은 성격을 드러냈다.

소기업가들의 성격과 이념, 그리고 시장의 현실은 경쟁이라는 개념을 허무맹랑하게 만들고 있다. 자유주의의 영웅인 소기업가와 농민은 자유롭고 개방적인 경쟁을 통해 자신의 인격을 발전시키고 싶어하지 않고, 경쟁을 믿지 않으며, 경쟁에서 벗어나기 위해 최선을 다하는 중이다.

소기업가들에게 자유 경쟁이 대체로 좋은 것이라고 생각하는지 물으면 그들은 확신에 찬 열정적 목소리로 "예, 물론입니다. 무슨 말씀이세요?"라고 대답한다. 이어서 "여기, 이 마을에서라면 어때요?"라고 물으면 그들은 여전히 "예"라고 대답하지만 이제는 조금 머뭇거린다. 끝으로 "여기 이 마을에서 가구상끼리라면 어때요?" 또는 식료품상끼리라면? 그의 분야가 무엇이든 물어본다. 그들의 대답은 두 가지다. "예, 공정한 경쟁만 된다면요." 이 대답은 사실 이런 의미다. "내가 경쟁하게 만들지만 않는다면요." 두 번째 대답은 대중과의 경쟁을 의미한다. "아시다시피 특정 분야에 업체가 너무 많으면 좋지 않습니다. 동업자의 사업을 염두에 두어야 하니까요." 소기업가도 농민도 경쟁 속에서 자신과 같은 다른 사람을 잡아먹는 직접적인 방법이 아니라 자신들의 특별한 영웅들인 기왕의 대기업들이 실행하는 간접적인 방법과 수단을 써서 성장하기를 바란다. 소기업가가 꿈꾸는 삶에서 확실한 해결책은 공개 시장을 대체하는 것이다.

하지만 '작은 사람'이 자신의 지위를 공고히 하기를 바란다면, 주상적인 맥락, 특히 정치적 맥락에서 자유 경쟁에 대해 계속 이야기하는 이유는 무엇일까? 대답은 자유 경쟁의 정치적 기능이 현재 소기업가에게 정말 중요하기 때문이라는 것이다. 하지만 특히 대기업의 대변인에게는 그 정치적 기능이 더욱 중요하다. 이 이데올로기는 한편의 기업과 다른 한편의 유권자, 특히 노동자 사이의 경쟁에서 결정적인 역할을 수행한다. 이는 사회 전반에서 기업의 사회적, 경제적 지위를 정당화하는 수단이다. 왜냐하면 자유 경쟁이 있고 기업이 끊임없이 성쇠한다면, 기존 지위를 지키는 기업가는 "더 나은 사람"이고 "그 자리에 있을 자격이 있다"고 생각되기 때문이다. 하지만 그런 경쟁 대신 성공한 기업가와 근로자 커뮤니티 사이에 강고

한 경계선이 존재한다면, 정상의 자리에 오른 사람이라고 해도 "아버지가 이룬 것에 무임승차"한 것일 수 있고, 어렵게 얻은 위치에 앉을 만한 자격이 없을 수도 있다. 아버지의 가게나 농장을 물려받은 사람들이 자유 기업과 경쟁에 대해, 그리고 경쟁에서 승리한 최고의 인물에 대해 가장 많이 이야기한다. 그리하여 자수성가의 원칙과 경쟁을 통해 얻은 우월한 지위를 정당화하기 위해서는 자유 경쟁의 이념이 요청되고, 이는 다시 그 이념을 뒷받침한다. 추상적인 정치 영역에서는 누구나 경쟁을 믿을 수 있지만, 구체적인 경제 상황에서 경쟁할 수 있는 소기업가는 거의 없다.

자동차가 널리 보급되기 전에는 농촌 지역이 먼 거리에 흩어져 있었기 때문에 소도시의 상인이 소도시 인구와 주변 농촌 지역을 사실상 독점하는 효과를 낼 수 있었다. 따라서 기업가와 농민 사이의 경쟁은 지리와 주거지에 의해 소도시 기업가에게 유리하게 조정되었다. 임시국가경제위원회[1]의 한 경제학자는 말한다. "식료품 소매업에서 우리가 독점해야 했던 가장 가까운 것은 오래된 마을 식료품점이었다. 자동차가 등장하기 전까지 가격은 탄력적이지 않았고 경쟁도 그다지 치열하지 않았다."

소도시 기업가의 이렇게 '자연스러운' 독점이 오늘날 소기업가들이 '불공정 경쟁자'라고 비난하는 바로 그 대량 유통기관에 의해 깨졌다는 것은 역설적이다. 철도, 통신판매점, 체인점, 자동차, 슈퍼마켓 등 시장 영역을 확대하고 오래된 지역 독점을 파괴한 바로 그 힘들이 이제 문어발식 독점처럼 보인다. 정말로 그렇게 될 수도 있

---

[1] Temporary National Economic Committee(1938~1941). 대공황의 지속, 특히 1937년 이래의 경기 침체에 대응하기 위해 미국 의회의 결정으로 설립된 위원회를 가리킨다. 원문에는 'Commission'으로 표기되어 있는데 'Committee'의 오기로 보인다.

지만, 현재로서는 그들이야말로 소매업 분야에서 유일하게 활발한 경쟁자가 되는 경우가 많다. 선택이라고 해봐야 결국 독점기업들 사이에서 이루어지는 것이지만.

경쟁에 대한 소기업가들의 견해가 전국적인 수준에서 명확해진 것은 1930년대였다. 대공황이 닥치자 농민과 마찬가지로 독립 기업가들은 개인주의를 유지하기 위해 투쟁의 초점을 경제 분야에서 정치 분야로 옮기는 전략적 전환을 시도했다.

경제의 붕괴에도 불구하고 소기업가들은 이데올로기적 붕괴를 겪지 않은 채 이데올로기적 행진을 계속했다. 그들은 정치 전선이 없는 고립된 경제인으로 남지 않고, 정교한 조직망에 자신을 결속시키려고 노력했다. 의회 내 소기업위원회는 국가 경제의 취약한 중추를 살리기 위한 입법을 촉구했다. 그들의 입법 노력은 더 효율적인 경쟁자들을 겨냥한 것이었다. 처음에는 과세를 통해 저가 체인점을 죽이려 했고, 다음에는 대량 유통업체의 구매 우위를 없애려 했으며, 마지막으로 소비자에게 더 싸게 물건을 팔 수 있고 또 팔고 있는 업체로부터 자신의 이익을 보호하기 위해 모든 유통업체의 이익을 동결하려 했다.

가격 경쟁에 대한 두려움과 안정에 대한 욕망으로 '공정 경쟁'과 '공정 거래'법을 가장하여 일정 마진을 유지하도록 밀어붙이는 등 자유 기업의 부속물을 위한 운동의 선두에 서 있는 존재가 바로 이 독립 소매업자다. 그는 이제 체인점의 매장 수를 대폭 제한하고 생산과 유통을 분리하라고 정기적으로 요구하고 있다. 물론 이렇게 되면 소매 이익을 최소화해 거의 원가에 가깝게 판매하고 실제 이익은 제조와 포장에서 얻는 A&P[2] 같은 대형 슈퍼마켓이 소비자에게 청구하던 낮은 가격은 사라질 것이다.

소도시의 소매업체들은 어리석게 가격 측면에서 경쟁할 필요 없이 서로 협력하여 고객을 대상으로 더 효과적으로 경쟁할 수 있다. 잘 조직된 작은 도시에 유능한 상공회의소까지 있다면 상인들은 목숨 걸고 경쟁할 이유가 없다. 소도시를 대도시에 연결하는 체인점과 통신판매점, 훌륭한 고속도로, 빠른 자동차를 감안하면 더욱 그렇다. 왜 기업가는 자신이 감수하는 위험에 대해 확실한 안전을 요구하면 안 되는 걸까? 담합이 대중에게 공개되기 전까지 밀약에 확실히 '참여'하는 통찰력을 발휘하면 안 될 이유라도 있을까?

경쟁 정신은 기회가 무한하다고 여겨지는 곳에서만 풍부해지는데, 특히 모든 미덕의 원천으로 여겨지는 윤리 속에 구현될 때에는 더욱 그렇다. 반면 기회가 희소하다고 여겨질 때, 세상이 한정되고 축소된다고 생각될 때 경쟁은 동료에 대한 죄가 된다. 이 집단은 노동조합처럼 내부자를 위한 규칙과 외부자에 대한 규칙을 정하여 그들의 지위를 지키려고 한다. 이것이 바로 소기업가가 실행하고 있는 일이다. 한때는 풍요로움에 대한 의식으로 충만했지만 더는 그렇지 않은 소기업가는 이제 기회가 제한되거나 희소한 세상에 살고 있으며, 다른 사람들은 경쟁의 위협이거나 동맹을 맺어야 할 사람으로 간주된다.

'파괴적인 경쟁'의 위협 아래 많은 주와 도시들에서 경쟁 폐지법이 제정되고 있다. 그런 법률이 통과된 다음에는 가격이 유지되는 상품들이 좀 더 높은 가격으로 판매된다. 가격 유지가 불법인 도시보다 합법인 도시에서 가격은 더 높아진다. 이런 법률은 대형 제조업체들이 자체적으로 정할 수 있는 관리 가격을 소기업 분야로까

---

2   A&P라는 약자로 잘 알려진 미국의 식료품 체인점 Great Atlantic & Pacific Tea Company. 1859년에 설립되었고, 1960년대 중반까지 미국 최대의 소매업체였다. 2015년에 파산으로 사라졌다.

지 확장한다. 그리하여 이전에 대기업과 대농이 자신들에 앞서 그랬던 것처럼 소기업가들도 정부의 지원을 얻어내려고 노력할 뿐이다. 그리고 희소성 의식으로 집단 속에 폐쇄된 기업 세계는 더욱 굳건한 협력을 다지게 된다.

도매업자는 독립 상인의 선의에 의존하는 경우가 많기 때문에 재판매 가격 유지에 매달린다. 그 역시 자신의 이윤을 보장받기 위해 '경쟁적인 가격 인하'를 피할 것이다. 상표가 붙은 상품을 제조하는 제조업체도 기업 세계의 다른 사람들과 마찬가지로 낮은 가격을 좋아하지 않는다. 일단 '파괴적 경쟁'이 시작되면 더 높은 마진을 위해 제조업체에 더 낮은 가격을 요구하는 유통업체와 제조업체 사이로 경쟁이 확산되고, 제조업체는 소매업체의 선의가 필요하므로 자신의 판매선이나 브랜드를 밀어주고, 결국 제조업체는 광고에 돈을 쓰며, 모든 종류의 가격 인하(경쟁)는 낮은 가격 대신 높은 광고비 부담을 낳는다. 따라서 전국적인 광고와 재판매 가격 유지는 서로를 보완하고 기업과 소비자 간의 경쟁을 더욱 촉진한다.

오늘날 많은 소기업가들은 공개 시장에서 독립적인 진로를 개척하는 경쟁 단위가 아니며, 진취성의 중심지나 경제적 혁신의 장소가 아니라 대기업이 확고하게 마련하고 소기업이 굳건히 유지하는 시장 경로와 제한적인 법률 및 거래 관행이 뒤엉킨 더미 안에서 활동한다. 소기업가는 봉건적 수준의 보호를 받는 대가로 대기업에 자신의 이데올로기적 선물을 바친다. 한편, 시장의 영역을 둘러싼 이 둘의 싸움은 계속되고 있지만, 갈수록 자유 경쟁의 기치 아래 불안을 이용하려는 정치 대변인들과, 동일한 기치 아래 유통 경제를 합리화하려는 대자본가들의 싸움이 되어가고 있다.

경쟁이야말로 복잡한 문제들로부터의 구원책이라고 여기는 상원의원들은 자연스레 소기업 소유자들의 오래된 불만에 맞닥뜨리고, 전문가들 역시 확실히 상원의원들과 같은 입장에 서게 된다. 때때로 그들은 낡은 개인기업의 지휘관들이 정부의 산파술에서 충분한 도움을 받아 다시 태어나야 한다고 제안한다. 이런 제안은 공식적인 자유주의자들이 삶의 경제적 사실에 대해 말해야 할 때 제시할 수 있는 최선의 제안이다. 그들은 틀림없이 곤경의 분위기에 빠져 있겠지만, 경쟁이 다시 한번 세상을 지배하게 된다면 소기업가가 상상 속 시스템의 영웅으로 복귀할 수 있으리라는 밝은 이미지를 정립하는 데 성공했던 것이다.

2. 독립 자영농

기업의 사업과 타협하는 과정에서 농업에서의 기업가 정신은 부분적으로는 기업 경영과 비슷해지고 있으며, 또 부분적으로는 정치 권력의 도움과 지원으로 문제를 해결하고 있다. 모든 이해관계자가 정부를 바라보게 되었지만, 독립 자영농은 어떤 측면에서 연방정부를 그의 사적인 경제적 목적을 위한 공적 수단으로 전환하는 데 다른 사람들보다 더 성공했다. 농민의 세계, 특히 상위 3분의 1의 농민은 이제 큰 정부의 세계와 복잡하게 연관되어 있으며, 공적 자금으로 사적 이익이 보장되고 지원되는 사기업과 공기업의 조합을 형성하고 있다. 독립 자영농은 더 이상 단순한 경제적 사실의 세계에 속하지 않으며, 정치적으로 의존하는 존재가 되었다.

위에서 보았듯이 최근 농업은 좋은 사업 기획이 되고 있다. 상위 농가 계층에는 통조림 및 포장업자, 기타 가공업자 및 유통업자뿐만 아니라 땅을 투자 대상으로만 바라보는 사람들도 포함된다. 최상위 수준의 농민들은 호황기에 더 많은 토지를 매입하지만, 사업적 이해관계자들은 호황기뿐만 아니라 불황기에도 토지를 매입하고 다른 방식으로 농가 수익을 얻는다. 생산성의 비약적인 상승, 인구의 급격한 증가, 농산물 수요의 엄청난 확대, 자작농을 위한 여유 토지 등 이 모든 것에도 불구하고 일하는 농민이 소유한 농촌 부동산의 비율은 반세기 이상 감소했다.

중앙집중화가 진행되면서 중앙 관리에 의해 기업처럼 운영되는 통합된 농업 및 농장 체인이 등장했다. 1938년에는 보험회사 한 곳이 뉴욕에서 로스앤젤레스에 걸쳐 너비 1마일에 달하는 농장을 만들 수 있을 만큼 광대한 토지를 소유하고 있었다. 농장 자산에 투자한 산업 및 금융 이해관계자들은 합리적인 생산 및 관리 방법을 위해 적극적으로 활동한다. 그들에게는 기계를 구입하고 엔지니어를 고용할 수 있는 돈이 있다. 직접 투자, 소유, 관리하지 않는 곳에서도 가공과 시장 출하를 맡는다. 1930년대 중반까지 5개의 담배회사가 전체 담배 작물의 절반 이상을 사들였고, 4개의 육류 포장업체가 도축된 모든 육류의 3분의 2를 가공했으며, 13개의 밀가루 공장이 시판되는 모든 밀의 65퍼센트를 가공했다.

따라서 농민은 농산물의 가공과 유통에 밀접하게 관련되는 사업적 이해관계자들과 거래해야 한다. 또한 농민은 그에게 필요한 것들을 판매하는 이들과도 거래해야 한다. 1936년의 경우 농민은 중요한 농기구의 4분의 3 이상을 판매한 4개의 산업 기업 중 하나에서 대부분의 농기구를 사야 했다. 그가 할 수 있는 유일한 방법은 거래가 이루어질 수 있는 한도 안에서 가격을 최대한 높게 유지하는 것이었다. 그리고 그는 자유시장의 명령을 정치적인 정책 포고령으로 대체하고, 수요 공급의 법칙을 중단시켜 안정적인 시장과 최저 가격을 보장할 수 있게 함으로써 그렇게 하려고 시도했다. 정치적 전술로 시장에 대한 효과적인 담합 통제를 형성할 수 있는 한, 농민은 현대적 기업과 동등한 입장에 서서 현대적 생활을 누리며 거래한다는 희망을 가질 수 있었다.

자유로운 사적 기업에 보조금을 지급하는 과정에서 뉴딜 정책은 농촌의 구중간계급에 대해 특별한 관심을 기울였다. 요컨대, 뉴딜 농가 프로그램은 산업 부문의 잘 알려진 관행을 농가 경제 부문으로 이전하려는 시도였으며, 농민들에게 현행 가격을 깨지 않기 위한 감산의 가치를 가르쳤다. 자유 경쟁이라는 악마로부터 "개방된 국가의 자유인이 치르는 경주"를 보호하기 위해 보조금을 지급하거나 감산에 대한 혜택을 제공했다. 연방정부는 농민의 집행위원회가 되었다고 할 수 있다.

1930년대부터 정부는 생산량을 줄인 농부들에게 혜택을 주고, 가격을 위협하는 '잉여' 농산물을 사들였으며, 시장 가격과 최저 가격 설정선 간의 차액을 메우기 위해 직접 보조금을 지급하는 방식으로 생산량을 줄이려고 노력했다. 그리고 1949년 봄, 농무부 장관은 이전의 '좋은 시절'에 기반한 정책인 특정 작물의 가격을 동등하게 유지하는 방안 대신, 정부가 총국민소득에서 차지하는 농민의 총현금소득의 비중을 지원해야 한다고 제안했다. 이는 농민에게 지난 10년간의 호황기 동안 벌어들인 연간 소득에 필적하는 수준의 연간 소득을 보장하는 방식으로 작동할 것이다.

따라서 오늘날 독립 자영농의 역사는 비인격적 시장에 의해 느슨하게 묶인 자유 생산자들의 투쟁이 아니라 농산물 가격을 인상하고 유지하기 위해 정치인과 공무원이 시도한 다양한 시도의 역사다. 그 역사의 한가운데에서 농민의 정치 대리인들은 자유시장의 희생자가 된 이 독립 기업가를 공적 자금으로 보상할 방안을 마련했다.

이러한 조치의 효과는 전쟁 기간 동안의 확장과 함께 충분히 입증되었다. 제2차 세계대전 동안 토지 가치가 제1차 세계대전 때보다 더 많이 상승했다. 1946년의 총농가소득과 농작물 현금 수입은

1932년에 비해 5배나 증가했다. 농민의 1인당 소득은 거의 3배로 증가했다. 1945년에는 전체 농장 운영자의 절반 이상이 자신이 일하는 토지를 담보 제공 없이 소유했고, 소작농의 비율은 약 3분의 1로 감소했으며, 총농장가치 대비 담보 제공 부채는 1935년의 23퍼센트에서 약 12퍼센트로 감소했다.

도시인들은 세금뿐만 아니라 평균 가계 예산의 약 40퍼센트를 차지하는 식량 비용으로 농촌의 번영을 직접 도왔다. 1940년, 농업인에게 지급된 공적 자금의 예산은 국가 전체 식량 비용의 약 10분의 1에 불과했다. 적절한 가격 통제가 없었지만 전쟁으로 인한 시장 확대에 따라 1940년대에 대부분의 농산물 가격이 정부 지원 수준보다 훨씬 높게 유지됐다. 1920년대에 해외 시장의 축소가 농가 붕괴에 기여한 것처럼, 1940년대에는 시장 확장이 농가 회생을 도왔다. 1930년대 중반부터 1940년대 중반까지 농산물 수출의 평균 가치는 3배 이상 증가했다. 그러나 이는 전쟁으로 생긴 '해외 시장'과는 다른 종류의 시장이었으며, 친농민 정부에 의해 운영되고 규제되며 가격 통제가 이루어졌다. 국내 시장 역시 7년간의 내랑 실업이 발생한 후 전쟁 경제로 인해 살이 쪘다.

농민이 정부의 관대한 지원을 얻어낼 수 있었던 것은 세 가지 정치적 이점을 누렸기 때문이다. 첫째, 헌정 체제 안에서 농민은 과대 대표된다. 인구 통계보다는 영역 원칙에 기반한 상원의 지리적 형태로 인해 농장 연합은 공식 정부 안에서 가장 강력한 실체 중 하나가 되었다. 뉴욕의 수백만 명의 근로자와 네브래스카의 수천 명의 농민이 각각 2명의 상원의원을 보유한다. 둘째, 1920년대 초부터 농민들은 아마도 워싱턴에서 가장 강력한 단일 세력이 된 일련의 압력단체들을 구축했으며, 미국농업국연맹American Farm Bureau Federation은 정부 시스템의 구조 자체에 단단히 결합되어 있다. 이는 '나 홀로 개인주의'가 아니라 '경제적 이익을 위해 경쟁하는 힘 있는 조직화된 집단'을 솔직하게 보여준다. 셋째, 농민은 이례적으로 높은 대중의 도덕적 지지를 누리고 있다.

판매량이 상당히 작은 중하위 3분의 1보다 판매량이 많은 상위 3분의 1에 속하는 농민이 가격 상승의 혜택을 받을 가능성이 높다. 호황기에도 장기적인 집중화 추세는 여전히 뚜렷하다. 소기업가들의 세계가 아니라 정치적으로 기민한 소수의 기업가형 상위계층 농민이 번성하고 있는 것이다. 그리고 정치적 가격과 생산성 향상에 기반한 이 호황에는 다수의 새로운 세력뿐만 아니라 낡은 세력도 여전히 활동하고 있다. 그리고 여전히 오래된 모순이 있다. 기술이라는 원동력이 쏟아내고 있는 상품의 홍수를 누가 구매할 것인가? 1948년 가을이 되자 농업 계획은 1930년대부터 안고 있던 모든 의문을 제기하기 시작했다. 상무부 장관은 대량 수출을 요구했고, 농가의 로비와 농무부는 그보다 더 많은 수출을 요구했다. "유럽인들이 생각한 것과 그들이 원한 것은 또 다른 것이었다"라고 『포춘』 Fortune지의 편집자들은 썼다. "단숨에 자유시장을 설교한 다음 곧바로 농업에서 카르텔 시스템과 다름없는 것을 제안한다면 좀 어리석은 일이다."

농업은 (1) 노동자-소유자의 삶을 결정하는 생계의 수단으로, (2) 소유자가 타인의 노동과 정치적 후원을 통해 이익을 획득하는 부동산 투자로, 또는 (3) 영구적인 전쟁 경제의 시대에 효율성의 눈으로 본다면 국가적 효용의 관점에서 조정되어야 하는 천연자원이자 기능으로 간주될 수 있다.

이 세 가지 관점에는 각각 다른 농민의 이미지가 수반된다. 생계 수단으로서의 토지는 소외되지 않은 기업가로서의 '농민'이, 생산적 부동산으로서의 토지는 땅 없는 노동자를 재정적으로 착취하는 대투자자로서의 '농민'이, 그리고 미래의 이미지일 수도 있는 세 번째 이미지는 기능으로서의 토지, 즉 급여를 받는 전문가로서의 '농민'이 대응한다. 오늘날 미국의 토지는 이 세 가지 이미지 모두에서 볼 수 있으며, 실제로 세 유형의 '농민'이 모두 존재한다.

많은 농장 대변인들의 수사 속에서 기업으로서의 농업이 삶의 방식으로서의 농업으로 위장된다. 제2차 세계대전과 그 경제적 결과는 정치적으로 의존적인 농민을 구원했지만, 군사화된 경제의 시대는 그를 파멸시킬 수도 있다. 전쟁에서 가장 중요한 합리적 효율성의 규범은 오늘날의 농업 시스템과 명백히 충돌한다. 군사적, 기술적 필요성이 경제적 탐욕과 정치적 담합보다 우선할 수 있다. 독립 소농과 함께 새로운 부류의 사람들, 즉 주인이었던 적이 없고 앞으로도 주인이 되리라 기대하지 않는 사람들, 공장 근로자처럼 대형 기계를 관리하고 작동하는 사람들이 이 땅에 들어올 수 있다. 그러면 농업은 이전처럼 사회 세계의 중심이나 정치적으로 보장된 자유 기업의 세습 재산이 아니라 복잡하고 합리화된 여러 생산 부문들 사이에서 하나의 국가 산업으로 자리 잡을 것이다.

그사이 농업은 산업보다 도덕적으로 더 우월한 삶의 방식이 아니게 되었고, 가족 농장을 자유인의 세계에서 특별한 미덕을 생산하는 단위로 인정하는 것은 오늘날 망상에 빠진 대도시 사람들의 향수일 뿐이다. 게다가, 그것은 정치적 의존도가 높은 농민을 경제적 동맹자이자 궁극적 희생양으로 삼는 대기업의 이념적 위장막일 뿐이다.

3. 소기업 전선

'작은 사람'에 대한 이미지는 대개 큰 사람들이 그들을 잘 활용하기 때문에 생겨나고 널리 또 오래 지속된다. 사업가는 20세기에 소기업이 대기업의 대항 이미지로 부상하고 나서야 농민과 같이 작은 개인의 모범으로 여겨지게 되었다. 그러자 대기업은 소기업가의 이미지를 홍보하고 활용하기 시작했다. 그러한 대변인들은 소기업의 운명에 대해 심각하게 우려해왔는데, 그들의 수사학에서 그 이유는 소기업이 도시에서 자유 경쟁의 최후의 대표이며 따라서 사적 기업 시스템이 지닌 경쟁적 미덕을 대표하기 때문이라는 것이다.

경제 문제에 대해 상원의 청문회가 열리면 항상 누군가 나서서 소기업가를 이렇게 찬양하곤 한다. 즉 소기업가는 미국 경제의 중추이며, 수천 개의 소도시를 유지하고 있고, 특히 이 도시들에서 소기업가야말로 바로 미국적 길의 꽃이라고 말이다. "이 땅의 수백 개 마을과 도시와 밀접한 관계를 맺어온 소기업가야말로 고향의 성장과 발전의 근간"이라는 것이다. 거대 독점기업이 실제로 존재하고 그 이미지도 확산되고 있지만 결국 그들은 대도시에 속한다. 소기업이 번창하는 곳이야말로 진짜 미국인들의 삶의 터전인 소도시라는 것이다.

소도시의 소기업 계층이 제공하는 더 큰 이익과 그 존재가 불러일으키는 향수와는 별개로, 사람들이 그 이미지를 굳건히 고수하는 데는 확실히 이유가 있다. 이 마을들에서 도시 구중간계급은 시민 정신의 역사적 매개체 역할을 해왔다. 즉 미국의 마을에서 시민 정신이란 주민이 공공사업을 자발적으로 운영함으로써 지역 사안들에 광범위하게 참여하는 것이다. 이런 사업들은 거리 청소부터 공원 개선에 이르기까지 다양하며, 사실 어떤 식으로든 부동산과 관련되는 경우가 많다. 시민 정신의 역사를 살펴보면 구중간계급, 특히 소상인들에게 시민 정신이란 도시 문제에 대해 사업적 관점에서 참여하는 것을 의미했다.

구중간계급 개인은 이 역할에 안성맞춤이었다. 그는 종종 필요한 시간과 돈을 가지고 있었고, 사회적 통념에 따르면 작은 사업에서 성공한 덕분에 주도성과 책임감도 훈련했으며, 도시의 행정가 및 정치인들과 꽤나 지속적으로 접촉할 수 있었고, 당연하게도 시민적 노력과 개선을 통해 곧잘 경제적 이익도 얻었기 때문이다. 한 부유한 상인은 이렇게 말했다. "누군가가 시민적으로 되는 것은 좋은 사업이다."

그러나 경제적 이기심만이 동기의 전부는 아니었다. 시민적 참여에는 위신을 얻기 위한 소기업가들 사이의 경쟁도 포함되었던 것이다. 그들은 기업가로서 경제적으로 경쟁하고, 민주 시민으로서 시민적으로 경쟁한다. 지역 경제에 뿌리내리고 있기 때문에 그들은 진정한 지역 주민이며, 도시에서 유력한 지위를 얻기를 바란다. 일부는 다른 사람들보다 더 큰 기업가이지만, 계층 전체의 폭이 그리 넓지는 않아서 밑바닥에 있는 사람들이 정상을 바라보고 열망할 수 없을 정도는 아니었다.

전통적으로는 하층 계급노 시민석 행복감에 참여했지만, 어디까지나 기업가의 부속물로서였다. 그들은 자신이 도시 자체와 하나라고 느낌으로써 기업가들과 자신도 하나라고 여겼다. 이러한 시민 정신의 이면에는 다음과 같은 맥락이 있다. 첫째, 소규모 공장과 작업장이 노동자와 기업가의 관계를 비공식적으로 만드는 경향이 있었다. 둘째, 규모에 따라 등급이 매겨진 많은 기업의 존재로 인해 기업가 시스템이 적어도 심리적으로는 노동자 계급에게까지 확장될 수 있었다. 셋째, 대기업의 호황과 급속한 대도시 이동성에 종속된 도시들에 비해 소기업 도시에서 인구는 다소 천천히 증가했고, 이주보다는 자연 증가의 결과였다. 이러한 성장 속도와 유형은 소도시와 인접 지역의 많은 사람들이 '함께 자랐고', 더욱 작은 마을에서라면 같은 공립학교에 다녔음을 의미했다. 따라서 도시 성장의 패턴 자체가 계급 사이의 동일시를 쉽게 만들었고, 그리하여 시민적 일체감도 더 커졌다.

특히 제1차 세계대전 이후 소기업가의 경제적 지위와 힘이 쇠퇴하면서 이 구식 유형의 시민적 위신, 즉 시민 정신도 심대하게 변질되었다. 일부 소도시에서 대기업적 방식의 특징이 다른 도시보다 더 뚜렷하게 나타나고는 있지만, 모든 도시에서 새로운 질서가 소기업 공동체의 위신과 힘을 변질시키고 있다.

다양한 소도시의 계급 패턴에서 소기업가가 차지하는 위상은 산업화의 정도와 유형, 그리고 한두 개의 대기업이 도시의 노동시장을 지배하는 정도에 따라 다르다. 그러나 소기업의 전반적인 위상 하락은 이제 상당히 일반적인 현상이다.

직업별 소득 순위의 최상층에는 대기업가와 임원이 있다. 그다음으로 소기업가와 자유전문직 종사자들, 고소득 화이트칼라, 저소득 사무직과 직공장이 뒤를 잇는다. 최하층에는 모든 등급의 노동자가 있다. 그러나 계층화의 객관적인 척도가 각 계층의 다양한 구성원이 누리는 사회적, 시민적 위신과 반드시 일치하는 것은 아니다. 각 계층의 사람들이 다른 계층 사람들에 대해 가지고 있는 이미지를 조사해보면 한 가지 중요한 사실이 드러난다. 소기업(및 화이트칼라) 사람들이 가장 모호한 사회적 위치를 차지하고 있다는 것이다. 마치 도시 인구가 대기업가와 노동자라는 두 집단으로 양극화되고, 나머지 모두는 모호한 '중간계급'으로 묶이기라도 하듯이 말이다.

임금노동자에게는 종종 소기업가가 가장 눈에 띄는 '상류층'이기 때문에 이들은 대체로 소기업가와 상류 계급을 선뜻 구분하지 않는다. 임금노동자 가족은 소기업가가 상류 계급에 비해 어떤 위치에 있는지 제대로 알지도 못한 채 소기업가에게 위신과 힘을 부여한다. 한 하층계급 여성은 이렇게 말한다. "가게 주인은 상류층 사람이에요. 더 높은 데 있으니까요. 가난뱅이들한테 겸손하게 대하지 않지요."

반면에 상류 계급 사람은 소기업가, 특히 소매업자를 대기업가, 특히 산업가보다 훨씬 낮은 위치로 간주한다. 상류 계급은 사업의 규모와 유형 모두를 위신의 기준으로 활용하며, 그중에서도 사회적으로 신흥세력인 대규모 산업 기업가와 그 동료들, 본사가 대도시에 있는 원격경영 기업의 임원들은 활동의 **국지적** 성격을 빌미로 소기업을 다소 낮게 평가한다. 그들은 주로 수행하는 사업의 경제적 범위, 전국적으로 유명한 기업의 구성원과 맺고 있는 사회적 및 사업적 연줄을 통해 위신을 가늠한다. 대개 부동산으로 부유해진 구세대의 임대인들도 소기업을 낮게 평가하는데, 이는 소기업가의 배경과 교육, 즉 '그들이 사는 방식'에 대해 그가 느끼는 방식에서 기인한다. 이 두 부류의 상류 계급은 한 구세대 은행가가 표현한 느낌에 다소 산 동의한다. "산업가는 소매업자에 비해 기업 윤리가 더 높고, 마음이 더 넓으며, 더 안정적이다. 우리 모두는 그것을 알고 있다."

소기업가는 소득만 보면 일반적으로 상위계층에 속하는데 물론 대체로 호황기에만 그렇다. 가족 출신, 혼인 여부, 직업 경력, 학력 등의 측면에서 보면 다른 고소득층보다 하층에 속하는 경우가 더 많다. 이런 측면에서 소기업가 중 상당수는 임금노동자 계층과 밀접한 생애사적 관계를 맺고 있다. 소도시에서는 다른 소득 집단에 비해 계층 이동이 많은 소기업가를 제외하면 최하층과 최상층에 경직성이 존재한다.

이런 사실은 상위계층과 하위계층 구성원들의 소기업가에 대한 서로 다른 이미지를 설명하는 데 도움이 된다. 소기업가를 평가할 때 기존 상위계층은 지위와 '배경'으로, 하위계층은 소득과 겉모습으로 더 많이 판단한다.

한 도시에 대기업이 들어서면 사회적 위신과 시민적 노력의 분배가 변화를 겪게 되고, 대기업이 경제적, 정치적 영향력을 확대하면서 자신의 이미지 속에서 새로운 사회 세계를 창조한다. 소도시의 노동시장이 대기업에 의해 지배되는 것처럼 위신 시장도 마찬가지다. 연봉 1만 달러에서 2만 5,000달러를 받는 기업의 해당 지역 담당 최고 경영진 남성들이 도시의 기존 사회 지도층을 대체하며 사회적으로 최고 지위를 차지한다. 지역의 남성들은 자신의 사회적 지위가 대기업 지사의 주요 임원들과의 관계에 달려 있음을 깨닫기 시작한다. 임원들의 생활방식을 따르고, 그들이 사는 교외로 이사하며, 그들의 사교 모임에 초대받고, 자녀를 이들과 결혼시키려고 분투하게 된다. 사회 세계에 일어난 변화를 완전히 깨닫지 못할 정도로 소득이 충분하지 않거나 그 동학의 인정을 거부하는 사람들은, 새로운 신분제도의 괴상한 난쟁이로 쪼그라들거나, 어쩌면 의식하지도 못한 채 거인의 새로운 생활방식을 호기심 많은 난쟁이들의 축소판 속에서 모방하기 시작한다. 대기업이 작은 도시에 오면 임원진의 아내는 구중간계급 지역 여성들의 모델이 된다. 회사 임원들의 매혹적인 아내들은 소도시 교외에 자기들끼리 모여 살면서 자주 대도시를 방문한다. 그 세계에 초대받지 못하는 소기업가 아내의 눈에는 구중간계급의 몰락이라는 사회적 의미가 보이는 것이다.

구중간계급이 얼마나 또는 어떻게 저항하든 위신의 분배는 당연히 도시의 경제적, 정치적 권력의 분배를 따른다. 이 새로운 위신의 세계에서 소기업가의 모호한 지위는 그들의 사회적 배경만이 아니라 권력 지위와도 관련이 있다. 소도시의 양극화 속에서 지위와 권력은 상층에 집중되고, 대기업가는 이 둘 모두를 독점하게 된다.

지역의 기업 커뮤니티가 가진 이런 권력은 대부분의 소기업가가 소속된 상공회의소 안에 조직되어 있다. 하지만 정치적 식견이 있다고 생각하는 도시의 모든 사람들은 대기업이 '마을을 좌우한다'고 느낀다. 많은 소기업가도 어느 정도 사적인 맥락에서는 그렇게 말할 것이다. 한 약사는 이렇게 말한다. "이 마을에 살고 있다면 그 공장들에 들어가서 일하든 안 하든 [대공장들을] 위해 일하고 있다는 걸 그냥 알 수 있지요."

대기업이 가진 가장 강력한 무기 중 하나는 도시를 떠나겠다는 위협이다. 이 거부권은 도시의 경제생활에 대한 사실상의 생사여탈권이며, 도시의 은행, 상공회의소, 소기업가, 노동자, 공무원 모두에게 영향을 미친다. 많은 소도시에서 이 거부권이 활용된 역사를 보면 이 방법이 얼마나 효과적인지 증명된다. 대기업 임원은 도시의 프로젝트에 대한 반대의사를 표시하기 위해 후원 단체의 활동에서 탈퇴하거나 회의에 불참하고 재정 지원을 보류할 수 있다. 이런 방법들이 활용되고 있고 또 효과적이라고는 해도 흔히 너무 직접적인 것도 사실이다. 대기업은 점차 소기업-소도시 정서를 동원하며 이를 전면에 내세운다. 진짜 권력의 행사로 인해 많은 사람들이 싫어하는 결과를 초래하지 않도록, 소기업이 제공할 수 있는 권력의 시끌벅적한 겉치레 모습이 필요하다. 구중간계급은 시민적 위신의 심리에서 기인한 것이라고는 해도 대기업이 추구하는 결정적 목적을 감추는 역할을 맡는다. "그들(대기업가)은 자기들이 상황을 통제하는 것처럼 보이기를 원하지 않습니다." 한 상공회의소 부회장은 말했다. 그럼에도 불구하고 '그들'은 통제하고 있다.

대기업이 있는 도시에서 이런 방식으로 소기업을 이용하게 되면 중간계급의 시민적 의지는 마비되고 그들의 노력은 혼란에 빠질 수 있다. 전면에 나선 소기업이 온갖 사소한 시민적 프로젝트를 바쁘게 수행하고, 일반 시민들로부터 칭찬과 비난을 동시에 받는다. 반기업적인 하층계급들 사이에서는 소기업인들이 이런저런 이유로 흔히 공격과 비난의 대상이 되지만, 친기업적이거나 중립적인 하층계급들로부터는 "이 도시를 위해 많은 일을 하고 있다"며 높게 평가받기도 한다.

하층계급 구성원이 소기업인에게 부여하는 위신은 주로 그들이 가지고 있다고 생각되는 권력에 기초하지만, 이 위신이나 권력이 항상 주장되는 것은 아니며, 상류 계급 사이에서 실현되는 경우도 많지 않다. 상류 계급 기업가는 실제의 권력 구도를 알고 있지만, 자신이나 자신의 파벌이 어떤 프로젝트에 소기업인을 이용할 경우, 그들을 자기들 사이에 받아들이지 않고도, 또 자신이 간접적으로 통제할 수 있는 한도보다 더 많은 권력을 허용하지 않으면서도 그들에게 공적 위신을 선사할 수 있다.

상공회의소가 잘 운영된다면 그 정치적, 경제적 구성에 힘입어 최상위계층의 위신과 권력을 빌릴 수 있다. 산하의 위원회들은 노동조합을 포함한 거의 모든 자원 단체의 '리더'를 포함하게 되며, 조직 내부는 물론 외부와의 연줄을 통해 도시의 조직과 홍보 인재를 사실상 독점할 수 있다. 그리하여 자신들의 프로그램을 '지역 사회의 이익'이라는 결속의 신화와 일체화함으로써 대기업은 심지어 작은 마을에서도 못된 창녀가 늙은 숭배자를 다루듯 소기업을 농락한다.

그러나 소도시와 대도시권의 소기업가는 "사업은 사업이다"라는 자기정체감에 고집스레 집착하고, 그의 이데올로기는 이렇게 사업과 자신을 동일시하는 데 기초하고 있다. 고위층과의 좋은 관계에서 비롯되는 혜택과 큰 사람을 향한 위신 추구로 인해 이러한 동일시가 강화되는 경향이 있으며, 이 동일시는 소기업가들이 결성하고 지원하는 바로 그 조직에 의해 활기차게 조직되고 적극적으로 조장된다.

어느 유명한 비즈니스 잡지는 소기업에 구애하는 공정거래 정책에 대해, "중소기업을 정의하는 건 매우 유연할 수 있다"라고 쓴다. 트루먼 대통령의 눈에는 대부분의 산업에서 상위권에 있는 빅3 또는 빅4를 제외한 모든 기업이 소기업이다. 다른 꼬리표를 달고서는 정치적으로 수행하기 어려운 경제 관리 및 활성화 정책을 이 소기업이라는 이름 아래 펼칠 수 있다.

사실 소기업은 소기업전국협회small-business national-trade association의 분열과 취약성에서 증명되듯 그 전망이 결코 통일되어 있지 않고 합의된 요구사항도 없다. 이런 단체가 많은데 제일 큰 단체라고 해봐야 회원 수가 5,000명 미만이며, 각 단체는 주로 한 가지 업종에 묶여 있고, 대개 소기업만이 아니라 대기업도 포함한다. 소기업가가 다른 모든 소기업과 공유하고 있는 문제는 집중화 과정에서 발생하지만, 소기업가가 먼저 주목하는 것은 자기 지역 시장에서 자신이 속한 산업의 조건들이다. 그 과정을 있는 그대로 보려면 상당수의 소기업가에게는 불가능한 추상화 행위가 필요하다.

구중간계급 중에서도 소기업 진영은 전국적으로 큰 성공을 거두며 정치적 힘을 발휘하고 있는 농민 진영과 대조를 이룬다. 소기업가는 대기업에 의해 전국에 걸쳐 정치적, 경제적으로 압도당하고 있으며, 지역 및 주 차원의 전선에서는 대기업의 경제적 효과에 맞서 싸우면서도 국가적 차원의 정치 전선에서는 대기업의 성공에 편승하고 그 혜택을 누리려고 애쓴다. 지역의 기업가들은 대개 불공정한 체인점과 괴물 같은 백화점에만 반대할 뿐 전국적인 움직임은 보지 못한다. 이건 이해할 수 있는 일이다. 소기업가의 약 70퍼센트가 소매상인이다. 그들로서는 대형 제조업체를 명확하게 알아채기는 어려운 반면, 새로운 유통 채널은 바로 그들의 눈앞에 있고 즉각적으로 경쟁을 느낄 수 있기 때문에 분노를 자아내는 것이다.

소비 대중과 대비하면 사업은 결국 사업일 뿐이라는 소기업가의 지적에도 일리가 있다. 소기업의 문제는 결국 가용 이윤의 분배를 둘러싼 대자본가와 소자본가 간의 다툼, 즉 가족 간의 다툼이다. 소자본가는 '사업 공동체' 내에서 이익이 보다 '평등하게' 분배되기를 원하며, 이것이 바로 자유로운 사적 경쟁의 회복이 그에게 의미하는 바다. 하지만 소기업은 벼랑 끝으로 내몰리는 바로 그 순간에 자신들이 공공연히 동일시하는 바로 그 대기업에게 이용당하고 있다. 이 사실이 소도시 자본가의 이데올로기와 좌절감의 근간을 이루고 있으며, 그의 공격이 노동자와 정부를 향하는 이유이기도 하다.

사회적 출신과 사업상의 접촉으로 인해 노동과 더 가깝기 때문에 소기업가는 노동의 힘에 대한 분노를 더 쉽게 과장하고 발전시킬 수 있다. 경제적 측면에서 노동자와 더 가깝기 때문에 자신들의 상대적인 경제적 지위 변화를 재빨리 관찰할 수도 있다. 1910년에 루돌프 힐퍼딩[3]은 노동의 고용주로서 소기업가 계층은 "노동자 계급과 더욱 심각한 모순에 빠지게 된다"라고 썼다. 소기업에서는 노동조합의 힘이 크지 않더라도 그 힘의 행사가 더 격렬해 보이며, 소기업은 노동조합이 조합원을 위해 얻어내는 고임금과 노동이 국가의 복지 재원에서 획득하는 사회보장 비용 모두를 충족시킬 능력이 대기업에 비해 떨어진다. 특히 지난 15년 동안 노조가 조직화되고 정치적 압력을 강화하면서, 그리고 제2차 세계대전 중 임금이 상승하면서 소기업가는 깊은 분노를 느꼈고, 그의 반노동 이데올로기에 불이

---

[3] Rudolf Hilferding(1877~1941). 오스트리아의 마르크스주의 경제학자이자 사회주의 이론가로서, 경쟁적이고 다원적인 자유주의적 자본주의가 독점적 금융자본주의로 전환하는 현상과 논리를 분석한 저서 『금융자본론』으로 널리 알려졌다.

붙었다. 그가 항상 말하길 노동자는 좋은 사람이지만 노조는 나쁘고 노조 지도자들은 훨씬 더 나쁘다는 것이다.

'노동'에 대한 소기업가의 태도는 그 힘을 확대하고, 그의 분노는 인신공격의 모양새를 띤다. "일하는 사람한테 주는 엄청난 임금을 생각해봐. 그들이 받을 임금에 비해 과분하게 많다고. 많은 노동자들이 내게 임금 받기가 부끄럽다고 말한다네." 또 다른 사람은 이렇게 말한다. "월요일 저녁에 매장에서 젊은이 하나가 95달러짜리 수표를 현금으로 바꿨는데 말이야, 그 친구는 우리 매장 점원들 반값도 못하거든."

대기업이 소기업을 방패막이로 활용할 수 있는 것은 바로 이런 느낌 때문이다. 대기업가와 큰 노동자가 난투극을 벌일 때 소기업가는 자주 대기업 편에 서는 것 같다. 마치 파산에 가까워질수록 더 미친 듯이 자신의 이상에 집착하는 것 같기도 하다. 하지만 그들은 대기업에 집착하면서도 대기업을 문제 해결사로 여기지 않고 이상하게 정부를 바라본다. 이 작은 기업가는 믿는다. "우리는 상황의 희생자라고 믿습니다. 저의 유일한 희망은 머레이 상원의원에게 있습니다. 그는 자신이 알고 있듯이 이 나라의 기초가 된 작은 기업가를 지키기 위해 모든 힘을 다하리라고 확신합니다(등등). 우리 모두는 어떤 사업도 손해를 보고서는 버틸 수 없다는 걸, 지금 제 경우입니다만 이렇게 커피 생두 가격이 올라서는 살아남을 수 없다는 걸 알고 있습니다."

그는 경제적 지원과 정치적 위안을 얻겠다며 정부를 바라보지만 동시에 정부의 규제와 세금에는 분개하고, 더 큰 힘이 자신에게 불리한 방향으로 정부를 이용하고 있다고 막연하게 느낀다. 정부에 대한 그의 태도는, 인간의 기준은 주류에서의 성공 여부이며 거기서 성공했다는 자신의 미덕에 대한 평가와 섞여 있다. "내가 정말 분개하는 또 다른 점이 있는데요, 이 조직들을 이끄는 사람 대부분이 사생활에서는 성공할 능력도 없으면서 공공사업국[4]에 비집고 들어와서는 우리를 무시하고 이래라저래라 말하는 사람들이라는 사실이지요. 이게 너무 분합니다. 여기 있는 모든 사람들은 이 조직을 이끄는 사람들이 이전에 주류에서 살아남지 못한 사람이라는 걸 알고 있어요."

정부에 대한 소기업인의 태도는 노동자에 대한 태도와 마찬가지로 대기업 이데올로기의 수중에 있다. 둘을 향한 태도 모두에서 소기업가는 노동조합과 정부의 통제에 맞서는 돌격대 역할을 한다.

직접적인 경쟁자들에 더해 큰 정부, 조직된 노동, 대기업이 소기업에게 불안의 토양이 된다. 이러한 불안이 이데올로기로 성장해가는 데는, 종종 잘못되기는 했어도 근거가 없지는 않은 두려움이 저 깊은 근저에 자리 잡고 있다. 대기업은 소기업을 향해 조성한 바로 그 불안감을 자신의 이익을 위해 악용한다.

나치즘이 한 가지 해결책을 제시했던 많은 문제들이 미국에서는 결코 해결되지 않았다. "국가사회주의의 궁극적인 성공은 [소기업] 집단의 좌절감을 자신의 목적을 위해 활용할 수 있었던 능력 덕분이었다"라고 A. R. L. 걸랜드Gurland, O. 키르히하이머Kirchheimer, F. 노이만Neumann은 회고했다. "소기업가는 독립성을 유지하고 적절한 수입을 얻고자 했다. 하지만 바로 그것이 허용되지 않았다. 나치는 노동자와 바이마르 공화국에 대한 소기업가의 분노를 어느 정도는 독일 노동운동의 창설로도 보이는 흐름으로 이끌었다. 소기업인들의 좌절감은 본질적으로 집중화 과정에서 발생했지만, 산업 및 금융 독점

---

[4] 공공사업국은 뉴딜 정책의 일환으로 설립되어 수백만 명의 실업자에게 공공사업 일자리를 제공한 정부기관이다. 1935년부터 1939년까지의 명칭은 Work Progress Administration, 1939년부터 1943년까지의 명칭은 Work Projects Administration이다.

기업이 아니라 소기업의 희생을 대가로 더 많은 안전을 얻은 것처럼 보이는 집단으로 향했다. 그리하여 국가사회주의는 황금시대의 도래를 약속함으로써 소기업가를 조직할 수 있었다. 정부의 조세 정책과 무역 규제로 피해를 입은 소기업가들은 경제를 삼켜버린 인플레이션의 확산으로 치명적인 타격을 입었다. 이로써 공화국 아래서 소기업가가 따라야 할 정치적 방향이 처음부터 결정됐다. 그들은 노동계와 노동계의 영향을 받는 정부에 저항할 수 있는 정당의 지원을 기대했다." 사회 세력 간의 **균형적인 현 상태**를 유지하려는 중간계급의 목표를 강조하고 독립적인 중간계급 구성원들을 발전시키고 보호하기 위한 법적 조치를 약속하는 정책이 바로 이 구성원들로부터 환영받았다. "소기업 지도자들은 나치당을 불신하지 않았다. 나치 지도자 중 다수가 소기업가들이 속한 바로 그 사회 계층 출신이 아니었던가? 소기업가들이 바이마르 공화국 치하의 삶을 견딜 수 없게 만든 바로 그 이유 때문에 많은 사람들이 입당하지 않았던가?"

미국의 소기업가가 자기 대변인을 배신하고 있다고 해도 그를 비난할 수 없는 것이, 그 대변인들 또한 자신도 모르는 사이에 소기업가를 배신하고 있기 때문이다. 이 대변인들은 소기업가의 기회를 법적으로 **보장하려고** 애썼다. 하지만 일단 기회가 보장되고 나면 명목상의 것으로 바뀐다. 자조, 인간다운 경쟁, 물욕이 조장하리라고 생각되는 모든 사적, 공적 미덕이 소기업가에게는 인정되지 않을 것이다. 정부는 정치적 자유와 자유로운 인격의 근간을 빼앗을 것이다. 상원의원들이 자주 주장하는 것처럼 만약 "수요와 공급에 의해 개인의 삶이 통제되는 자본주의 체제 아래서만 민주주의가 존재할 수 있다"면, 민주주의는 끝날 수도 있다. 그러나 이제는 자본주의를 구하기 위해 정부가 "소기업이 무너지고 파괴되는 것을 막아야 한다"는 말이 자주 덧붙여진다. 새로운 구원의 방식은 수요와 공급에 대한 오래된 믿음을 정부의 지원과 법적인 위안에 대한 희망으로 대체한다. 정부가 주요한 기회를 공정하게 분배하도록 설득하는 과정에서 대기업과 소기업은 생활양식에서 경쟁이 갖는 의미를 파괴하고 구중간계급이 자유 사회를 몰락시키는 데 함께 협력하고 있다.

4. 정치적 지속성

구중간계급은 여전히 오랜 미국적 생활양식이 근거하는 주요한 닻이며, 옛 방식은 여전히 강력하다. 그러나 독립적인 인간에게 지난 세기의 미국 역사는 종종 재난의 연속처럼 보인다. 이 사람은 새로운 사회의 주된 흐름에 맞서 싸워왔고, 간혹 승리를 거두기도 했지만 그 승리조차 환상적이거나 일시적인 것으로 판명되었다.

 소기업가의 세계가 파괴되면서 이들의 세계에서 경제적 긴장이 확대되어왔고, 이 긴장은 정치적 형태를 취하게 되었다. 하지만 이 긴장은 유산계급과 무산계급 사이의 갈등은 아니었다. 그 갈등은 미국 정치의 진로를 결정한 또 다른 갈등에 의해 초점이 흐려졌다. 아주 최근까지 정치적 이슈는 주로 농촌을 중심으로 한 소규모 재산 소유자와 주로 산업 및 금융을 중심으로 한 대규모 재산 소유자 간의 싸움이었다. 모든 사람이 재산 소유자인 것도 아니었지만, 자신들이 조만간 재산제도 자체에 맞서 정치적으로 투쟁하게 되리라고 생각하는 사람도 많았다. 정치는 다양한 규모와 유형의 재산 사이의 싸움으로 변질되었고, 점점 더 많은 인구가 규모나 유형에 관계없이 어떤 재산도 없게 되었으며, 재산을 얻을 기회도 점점 더 줄어들었다.

 (1912년 90만 표를 얻은 뎁스Debs를 제외하면) 추종자를 거느린 미국 정치 지도자 중 감히 재산 관계의 전복에 대해 진지하게 논의

하려 한 사람은 없었다. 미국 정치에서는 이런 재산 관계가 당연시되어왔으며, 재산 관계의 힘은 노동이 사람들의 눈앞에서 재산을 창출하고 사적 이득의 추구가 공공선과 가시적으로 조화를 이루는 것처럼 보이는 소기업가의 세계에 뿌리내리고 있었다. "주로 소자본가들로 구성된 국가와 그들의 통제하에 있는 정부는 제퍼슨과 링컨에서부터 루스벨트와 윌슨에 이르기까지 미국 정치가들의 노골적인 이상이었다"라고 진보의 시대의 가장 통찰력 있는 분석가 중 한 명인 윌리엄 월링William Walling은 썼다. 미국의 정치 수사학에서는 이런 사회가 영원한 것으로 간주되며, 소규모의 소유로 분할되는 '사회적 성숙'을 이루기 전까지는 어떤 사회도 진정으로 문명화된 것으로 간주되지 않는다. "소자본가는 특권 계급이어야 하고 국가를 지배해야 하며, 다른 계급은 가능한 한 너무 커지는 것을 막거나 적어도 권력을 갖지 못하게 해야 한다는 생각이다."

구중간계급은 아마도 진보의 시대에 마지막 정치적 입장을 밝혔을 때 정치의식이 절정에 달했을 것이다. 금권 정치와의 투쟁은 농촌과 도시의 소자본가늘이 명분과 이익을 위해 벌인 투쟁이었다. 시어도어 루스벨트와 우드로 윌슨이 그 대표적인 수사학자였다. 전체 기업 시스템을 대표했던 윌슨은 그 시스템을 정부가 사적 독점을 폐지하고 독점이 아닌 대기업을 '제자리에' 두어야 하는 시스템으로 여겼다. 그는 모든 국민이 소기업을 소유할 수 있어야 하며, 각 세대가 "단지 종업원이 아니라 비록 작기는 해도 유망한 기업의 사장이 되기를 기대해야" 한다고 주장했다. 윌슨이 소자본가의 정부가 아닌 미국 정부를 상상할 수 있었을까? 월링에 따르면 루스벨트의 견해로는 새로운 계급들이 "권력을 잡아야 하는데, 단 그들이 소자본가가 된다는 조건 아래서만 그렇다." "오늘날 농민이 그런 것처럼 어디까지나 안전하게 진행된다는 전제 아래 생산수단의 사용자가 부분적으로는 그 수단의 소유자가 될 수 있도록 정부가 그들을 돕기를 근본적으로 바란다." 루스벨트는 "공동체 생활의 복잡성이 증가한다는 것은 개인주의의 파괴가 아니라 개인주의의 구원을 위해 개인주의를 부분적으로 집단주의로 대체하는 것을 의미한다"고 말했다.

다음 두 사람을 필두로 자유주의 이론가들과 구중간계급 정치인들이 취한 두 가지 일반적인 전략 노선은 다음과 같다. (1) 허버트 크롤리Herbert Croly(그리고 시어도어 루스벨트)가 주장한, 재산의 대규모 집중에 대해 간접적으로 맞서야 한다는 견해. 그의 바람은 조세와 정부의 지도를 통해 독점을 정부의 통제하에 둠으로써 독점이 공공의 복리를 위해 기능하도록 유도하고, 소기업처럼 대기업도 정직하고 존경받을 수 있도록 하며, 더 많은 소기업에게 대기업으로 성장할 기회를 제공하는 것이다. (2) 전통적인 제퍼슨주의적 적개심을 따르는 루이스 브랜다이스Louis Brandeis와 우드로 윌슨의 견해인데, 대기업의 독점을 완전히 해체하고 작고 자유로운 개인의 세계를 회복하는 것을 선호한다. 세부적인 내용은 달랐지만 미국의 자유주의는 민주주의에 대한 주요한 희망의 기반을 자기 일을 하거나 자립할 때까지만 타인을 위해 일하는 소자본가가 국가의 부를 통제하게 되리라는 희망에서 찾았다.

따라서 '진보적' 정치운동은 문자 그대로는 기술적으로 반동적이었으며, 대대적인 재산 집중에 맞서 전쟁을 벌이며 작은 재산을 지켜온 사람들에 의해 이어져왔다. 주요 정당들의 분열은 구중간계급 정치인들 사이의 상반된 성향으로 인해 발생했다. 예를 들어 1912년 시어도어 루스벨트가 불 무스 캠페인을 통해 공화당을 탈당했을 때,[5] 그는 한편으로는 독점에 절대적으로 자유로운 지배력을

---

5   전직 대통령이던 시어도어 루스벨트가 공화당 당내 대통령 후보 경선에서 현직 대통령인

부여하려는 사람들과 싸우면서, 다른 한편으로는 라폴레트LaFollette 의 공화당 후보 지명을 저지하고 있었다. 매슈 조셉슨[6]이 밝힌 것처럼, "독점을 두려워하고 증오하며" "소자산 소유자의 생활양식 보장"을 바란 '작은 사람'들은 라폴레트를 지지하고 그에게 지원을 받았으며, 12년 후인 1924년에 미국 역사상 가장 많은 제3당 투표가 이루어진 것은 근본적으로 그 '작은 사람'들 덕분이었다. 하지만 호황기를 지나 불황기에 접어들어서도 독점기업은 계속 성장했다. 지배적인 중간계급 성향들 사이에 벌어진 혼란을 수습하기 위해 등장한 뉴딜 정책은 이러한 집중을 실질적으로 완화하지 못했고, 전쟁은 계속해서 집중을 촉진했다.

하지만 소기업가는 쉽게 포기하지 않았다. 그의 무기는 갈수록 정치적 성격을 띠게 되었는데, 정치적 의지 못지않게 이들의 경제적 힘을 반영하는 까다로운 영역이 되었다. 소기업가의 적들은 기술의 발전을 주도하는 한편 경제적 무기뿐만 아니라 정치적 무기로도 싸웠다. 이 적들은 대중의 지지를 받지 않고도 승리해왔으며, 그들의 힘은 사람이 아니라 기술과 논, 그리고 전쟁이었다. 이들의 투쟁은 은밀하고 끈질기며 성공적이었다.

미국의 '중간계급 급진주의'는 생산이 소규모로 유지될 때만 실현되고 유지될 수 있었기 때문에 실제로는 반동적이었다. 소기업가와 그 옹호자들은 자본주의의 기본 관계를 받아들였지만 어디까지나 초기 단계에 머물렀고, 체제 외부에서 자본주의의 전개에 저항할

윌리엄 하워드 태프트에게 패배한 후 탈당하여 진보당(별명 불 무스당Bull Moose)을 창당한 사건을 말한다. 진보적인 제3당을 표방했지만 1920년에 사라졌다.

6   Mathew Josephson(1899~1978). 미국의 저널리스트이자 작가. 프랑스 문학에 대한 비평에 주력했고, 19세기 미국 자본가들의 불공정한 관행과 독점을 비판한 대공황기의 저서 『강도 남작들: 위대한 미국 자본가들』Robber Barons: The Great American Capitalists(1934)로 큰 명성을 얻었다.

수 있는 지렛대를 얻지 못했다. 대규모 재산에 대항하는 절망의 정치에서 소기업가와 독립 자영농은 국가가 소규모 재산의 존재와 이익을 보장하라고 요구했다.

소규모 공장, 상점, 농장이 지배하는 경제는 자유시장에서 개인 간의 수많은 거래를 통해 통합될 수 있다. 대기업의 확산으로 이런 거래의 수량과 영역이 줄어들었다. 현대사회의 더 큰 영역은 관료적 관리 단위로 통합되었고, 남아 있는 시장의 자유는 관료적 주체들 사이의 담합과 비리의 영역, 그리고 아직 대기업의 손아귀에 들어가지 않은 일부 영역에 국한되어 있다. 그리하여 생계수단의 소유와 통제, 시장에서의 권력 평등에 뿌리를 둔 인간의 독립성이 분포하는 범위가 크게 줄어든다. 소자산 생산자들의 세계를 조정하던 자유시장은 더 이상 조정의 주요 수단이 아니다.

가격은 더 이상 비인격적인 조정 메커니즘도, 생산 과정의 최고의 길잡이도 아니며, 이제 대기업, 큰 농민, 큰 노동자로 구성된 정치 연합들 사이의 강력한 협상 대상이 되었다. 가격 변화는 분산된 생산자와 소비자의 수요와 공급에 대한 신호라기보다는 이러한 이해 관계 연합의 상대적 힘을 나타내는 신호다. 전쟁, 불황, 호황은 기존 자유시장 사회의 자기 균형에 반하는 관리된 힘의 균형을 증가시킨다. 오래된 시장 메커니즘이 여전히 작동하도록 지탱하려면 정말로 다른 통합 수단이 필요하다. 3~4세대가 흐르는 동안 미국은 기업가들이 느슨하게 분산된 구조로부터 갈수록 관료적으로 조율되는 전문화된 직업 구조로 변했다. 미국 경제는 관료제의 새장이 되었다.

재산의 집중으로 만들어지는 사회 구조에서 정치적 자유와 경제적 안정은 서로 다른 의미와 기반을 가지고 있다. 광범위하게 분배된 재산이 독립적인 생계를 위한 지배적인 수단일 때, 사람들은 자기 능력의 한계 안에서, 또 시장이라는 틀 안에서 자유롭고 안전하다. 정치적 자유는 경제적 안정과 모순되지 않으며, 둘 다 소유에 뿌리를 둔다. 이렇게 소유권에 기반한 정치 권력은 정치적 자유를 보장하기에 충분히 균등하게 분배되며, 재산에 기반한 어떤 사람의 경제적 안정은 다른 사람의 불안정의 근거가 되지 않는다. 자신의 노동의 대상이 되는 재산에 대한 통제는 한때 정치적 자유와 경제적 안정을 통합하는 고전적 민주주의 시스템의 주춧돌이었다.

그러나 재산이 집중되면서 경제적 안정의 기반이 재산 소유에서 직업 보유로 바뀌었고, 막대한 재산에 내재된 권력은 정치적 자유에 부여된 오랜 균형을 위태롭게 만들었다. 이제 자신의 재산으로 원하는 대로 할 수 있는 무한한 자유란 자신에게 딸린 근로자 수천 명의 자유와 안정을 두고서 원하는 대로 할 수 있는 자유이기도 하다. 근로자들에게 정치적, 경제적 자유와 안정은 더 이상 과거의 의미에서 개인의 독립성에 의존할 수 없다. 자유롭고 안정되어 있다는 것은 자신이 의존하는 것, 즉 집중된 기업 내에서의 일자리를 효과적으로 통제할 수 있다는 것이다.

고전적 민주주의의 요람인 기업과 재산의 폭넓은 연계는 더 이상 미국에 존재하지 않는다. 이곳은 소기업가의 사회가 아니다. 이제 소기업가는 여러 계층 중 하나일 뿐이다. 그들 위에 대기업이 있고, 그들 아래 소외된 근로자가 있다. 그들 뒤에는 그들이 주도하던 세상이 있고, 그들 앞에는 이제 정치적으로 의존적으로 바뀐 잔재들의 운명이 놓여 있다.

2부
화이트칼라의 세계

4장

신중간계급 I

정확한 수치는 알 수 없지만 19세기 초에는 전체 인구의 5분의 4 정도가 자영업자였다. 1870년에는 3분의 1, 1940년에는 5분의 1 정도만이 여전히 이 구중간계급에 속했다. 생계를 이어가는 나머지 5분의 4 중 대다수는 현재 미국 사유재산의 40~50퍼센트를 소유하고 있는 인구의 2퍼센트 내지 3퍼센트를 위해 일하는 중이다. 이들 노동자 중에는 신중간계급에 속하는 월급쟁이 화이트칼라가 포함된다. 임금노동자와 마찬가지로 그들에게도 미국은 독립적인 재산 소유가 불가능한 근로자의 나라가 되었다. 노동시장의 역할은 재산에 대한 통제가 아니라 소득을 얻고 권력을 행사하며 위신을 누리고 기술을 배우고 활용할 수 있는 기회를 결정하는 데 있다.

1. 직업의 변동

현대사회를 구성하는 세 가지 커다란 계층 중 신중간계급만이 전체 인구 중의 비중이 꾸준히 증가했다. 80년 전에는 중간계급 근로자가 75만 명에 불과했지만, 1940년에는 1,250만 명이 넘었다. 같은 기간 동안 구중간계급은 135퍼센트, 임금근로자는 255퍼센트, 신중간계급은 1,600퍼센트 증가했다.

노동력	1870년	1940년
구중간계급	33	20
신중간계급	6	25
임금노동자	61	55
총계 (단위: 퍼센트)	100	100

신중간계급을 구성하는 근로자들은 단일하고 조밀한 하나의 계층이 아니다. 이들은 하나의 수평적 층위에서 출현한 것이 아니라 현대사회의 여러 층위에서 동시에 뒤섞인 채 출현했으며, 이제 수평적 계층이 아니라 사회 전반의 오래된 피라미드 속에서 예전과 마찬가지로 새로운 피라미드를 형성하고 있다. 신중간계급의 대부분은 중하위 소득 계층에 속하지만, 사회적 평판을 측정하는 방식에 관계없이 여러 유형의 화이트칼라 남성과 여성들이 현대사회의 거의 최상층에서부터 거의 최하층에 이르기까지 폭넓게 분포한다.

신중간계급	1870년	1940년
관리자	14	10
급여 전문직	30	25
판매원	44	25
사무직 노동자	12	40
총계 (단위: 퍼센트)	100	100

관리직 계층은 수십 년 동안 약간의 변동은 있었지만 14퍼센트에서 10퍼센트로 소폭 감소했고, 급여 전문직 계층도 마찬가지로 소폭의 기복을 보이면서 신중간계급에서 차지하는 비중이 30퍼센트에서 25퍼센트로 감소했다. 전체 구성에서 가장 큰 변화는 1900년 전

후로 가장 급격하게 감소한 판매직 집단의 상대적 감소(전체 신중간계급의 44퍼센트에서 25퍼센트로)와 사무직 노동자의 꾸준한 증가(12퍼센트에서 40퍼센트로)였다. 오늘날 화이트칼라 계층에서 가장 큰 세 가지 직업군은 학교 교사, 매장 안팎의 판매원, 다양한 사무직 노동자다. 이 세 집단이 화이트칼라 대중을 구성한다.

현재 미국 중간계급 전체의 절반 이상이 화이트칼라 직종에 종사하고 있다. 1870년에서 1940년 사이에 화이트칼라 노동자는 중간계층의 15퍼센트에서 56퍼센트로 증가한 반면, 구중간계급은 85퍼센트에서 44퍼센트로 감소했다.

중간계급	1870년	1940년
구중간계급	85	44
농민	62	23
사업가	21	19
자유 전문직	2	2
신중간계급	15	56
관리직	2	6
급여 전문직	4	14
판매원	7	14
사무직 노동자	2	22
전체 중간계급 (단위: 퍼센트)	100	100

중간계급의 변화는 부정적으로 보면 유산자에서 무산자로의 전환이며, 긍정적으로 보면 재산으로부터 새로운 계층화의 축인 직업으로의 전환이다. 구중간계급의 성격과 복지는 기업가적 재산의 상태 속에서, 신중간계급의 성격과 복지는 직업의 경제학 및 사회학에

서 가장 잘 탐색할 수 있다. 오래된 독립적 중간계급 부문이 수치상 감소한 것은 재산의 집중에서 발생한 사건이며, 새로운 급여 근로자의 수적 증가는 신중간계급을 구성하는 직업들이 부상한 산업의 동학에 기인한다.

2. 산업의 동학

현대사회에서 직업은 노동의 사회적 분업 안에서 수행되는 특정 기능이며, 노동시장에서 소득을 얻기 위해 판매되는 기술이기도 하다. 현대의 노동분업은 시간당 1,000달러를 받는 추상적인 상징의 배열에서부터 연간 1,000달러를 받는 삽질에 이르기까지, 지금까지 알려지지 않았던 기술의 전문화를 수반한다. 남북전쟁 이후 직업에서 나타난 주요한 변화는 이러한 산업상의 흐름을 반영한 것으로서, 전체 노동력에서 **사물을 조작하는 사람은 줄어들고 사람과 상징을 다루는 사람은 늘어났다.**

이렇게 필요한 기술이 변했다는 사실은 화이트칼라 노동자의 부상을 설명하는 또 다른 방식인데, 왜냐하면 이들이 가진 특유의 기술이야말로 서류와 돈, 그리고 사람을 다루는 것이기 때문이다. 이들은 일시적이고 비인격적으로 사람을 대하는 데 전문가이며 상업적, 직업적, 기술적 관계의 달인이다. 이들이 하지 않는 것 중 하나가 바로 사물을 제작하여 생계를 유지하는 것이다. 대신 그들은 사물을 제작하는 사람들을 조직하고 조정하는 사회적 기계로서 기식한다. 화이트칼라는 다른 사람이 만든 것을 다시 다른 사람을 위한 이윤으로 전환하는 일을 돕고, 그중 일부는 생산수단 더 가까이에서 실제의 제조 작업을 감독하며 수행된 작업을 기록한다. 그들은 제품 유통에 필요한 서류 작업을 담당하며, 생산된 제품을 추적하는 사람들이다. 이들은 기술 및 개인 서비스를 제공하고, 자신이 직접 실행하는 기술만이 아니라 교습으로 전수되는 다른 모든 기술을 가르친다.

	1870년	1940년
생산	77	46
서비스	13	20
유통	7	23
조정	3	11
총고용 (단위: 퍼센트)	100	100

원료 채굴과 물품 생산에 필요한 노동자의 비중은 감소하는 반면 서비스, 유통, 조정에 필요한 노동자의 비중은 증가한다. 1870년에는 4분의 3 이상이, 1940년에는 전체 취업자 중 절반이 조금 못 미치는 인원이 물품 생산에 종사했다.

1940년의 경우 주로 물품의 생산과 관련된 산업에서는 종사자 중 화이트칼라 노동자의 비율이 11퍼센트, 서비스 부문에서는 이 비율이 32퍼센트, 유통 부문에서는 44퍼센트, 조정 부문에서는 60퍼센트에 달했다. 화이트칼라 산업 자체가 성장했고, 각 산업 내에서도 화이트칼라 직종이 성장했다. 이처럼 화이트칼라 지위가 현대의 직업군 중 가장 빠르게 성장한 배경에는 제조에 사용되는 기계의 생산성 향상, 유통의 대형화, 조정의 규모 증가라는 세 가지 흐름이 있다.

대량 생산 기술의 엄청난 생산성과 기술적 합리성의 적용 증가는 현대의 직업 변화에서 드러나는 1급 비밀이다. 요컨대 더 적은 인원으로 더 많은 물건을 더 짧은 시간에 생산할 수 있게 된 것이다. J. F. 듀허스트Dewhurst와 동료들이 계산한 바에 따르면 19세기 중반에는 미국 산업에서 약 176억 마력 시간이 소비되었는데 그중 6퍼센트만이 기계 동력 몫이었다. 반면 20세기 중반에는 4,104억 마력 시간이 소비되고 그중 94퍼센트가 기계 동력 몫이 되리라고 예상된다. 이 산업혁명은 영구적인 것으로 보이며 전쟁과 호황과 불황을 거치면서도 계속될 듯하고, 따라서 "생산이 감소하면 고용은 비례 이상으로 감소하고, 생산이 증가하면 고용은 비례 이하로 증가한다."

그리하여 기술은 일정한 생산량에 필요한 노동자의 층을 좁혀왔고, 생산 과정에서 필요한 기술의 종류와 비중도 변화시켰다. 한때 노동자 대중의 속성이었던 노하우는 이제 기계와 기계를 설계하는 엔지니어링 엘리트의 속성이 됐다. 기계는 저숙련 노동자를 대체하고 수공예 기술을 불필요하게 만들며 기계의 자동 동작을 전면에 내세운다. 새로운 하층 계급을 구성하는 노동자는 주로 반숙련 노동자로서, 도시 임금노동자 계층에서 이들의 비중은 1910년 31퍼센트에서 1940년 41퍼센트로 증가했다.

기계와 노동력의 대대적 합리화가 가져온 인적자원 경제는 생산과 채굴에서 뚜렷하게 나타났지만 유통-운송, 통신, 금융, 무역에서는 아직까지 광범위하게 적용되지 않고 있다. 그러나 이러한 유통 수단의 정교화 없이는 흩어진 다수의 공장에 대한 생산자들의 운영이 통합될 수도 없고, 생산물이 유통될 수도 없다. 그리하여 유통 종사자의 비중이 엄청나게 증가한 결과 오늘날에는 전체 노동력의 약 4분의 1이 유통에 종사한다. 유통이 생산보다 더 확대된 것은 이 분야에서 기술 적용이 늦었고, 시장이 확대되고 마케팅의 필요성이 심화되면서도 동시에 개인 및 소규모 기업 단위가 지속되었기 때문이다.

유통 직종의 이러한 확장 이면에는 현대 자본주의의 핵심 문제인 생산한 상품을 누구에게 판매할 수 있는가라는 문제가 자리 잡고 있다. 물량이 팽창함에 따라 시장에 대한 탐색이 강화되고 있고, 더 많은 노동자들이 거래, 판촉, 광고와 같은 유통 직종으로 몰리고 있다. 멀리 떨어진 복잡한 시장이 생겨나고 더 많은 시장을 찾고 만들어야 할 필요성이 절실해지면서 상품의 이동, 보관, 금융, 홍보, 판매에 관여하는 '중개자'가 방대한 기업 및 직종 네트워크로 엮이게 된다.

유통의 물리적 측면에는 넓고 빠른 운송망이, 마케팅의 조정에는 커뮤니케이션이, 시장 탐색과 상품 판매에는 도매 및 소매점은 물론 상품과 자본시장을 위한 금융기관을 포괄하는 거래가 수반된다. 이 각각의 활동에는 더 많은 사람들이 참여하지만, 그중 육체노동 작업은 화이트칼라 업무만큼 빠르게 증가하지 않는다.

남북전쟁 이후 급속도로 성장한 운수업은 1930년 이전에 종사자 수가 감소하기 시작했지만, 이러한 감소는 임금노동자들 사이에서 일어난 일이었고 운수업에 종사하는 화이트칼라 노동자의 비중은 계속 증가했다. 1940년에는 운수업 종사자의 약 23퍼센트가 화이트칼라 근로자였다. 미국 경제에서 새로운 산업 부문인 통신 산업은 다수의 자유 기업가들에 의해 운영된 적이 없었다. 그 때문에 초기부터 많은 수의 기술직 및 기타 화이트칼라 노동자가 필요했다. 1940년에는 운송업 종사 인구의 약 77퍼센트가 신중간계급 직종에 종사했다.

이제 매매업은 농업과 제조업에 이어 세 번째로 큰 직업 구조로 자리 잡았다. 남북전쟁 몇 년 후만 해도 100명 중 5명 미만이 매매업에 종사했지만, 1940년에는 100명 중 거의 12명이 매매업에 종사하게 되었다. 그러나 1870년에는 도매 및 소매업 종사자의 70퍼센트가 자유 기업가였고 화이트칼라는 3퍼센트 미만이었지만, 1940년에는 소매업 종사자 중 27퍼센트가 자유 기업가, 41퍼센트가 화이트칼라 근로자였다.

신용 대부와 같은 새로운 판매 방식이 등장하면서 유통업에서 '상업적' 대리인보다 '금융적' 대리인의 비중이 훨씬 더 높아졌다. 은행이 지점을 갖추고 늘림에 따라 많은 은행 근로자의 지위가 점원 수준으로 떨어졌고 임원 직책의 수도 줄었다. 1940년에는 금융 및 부동산 분야의 전체 근로자 중 70퍼센트가 신중간계급의 화이트칼라 노동자였다.

화이트칼라 직업이 확대된 조직적 이유는 대기업과 큰 정부의 부상, 그리고 그에 따른 현대사회 구조의 추세, 즉 관료제의 꾸준한 성장에 있다. 모든 경제 부문에서 기업이 합병되고 법인기업corporation이 지배하게 되면서 자유 기업가는 근로자가 되고, 이 기업들의 회계사, 통계전문가, 경리, 사무원이 수행하는 계산이 경제 시스템의 조정자로서 자유로운 '가격의 운동'을 대체하게 된다. 수천 개의 크고 작은 관료조직이 생겨나고 시스템 전체가 정교하게 전문화되면서, 다른 사람들을 위해 새로운 일과를 계획하고 조정하고 관리해야 할 많은 사람들이 필요하게 됐다. 경제활동의 단위가 소규모에서 더 크고 정교한 단위로 바뀌면서 조정과 관리에 투입되는 직원의 비율이 증가했다. 관리직 및 전문직 근로자와 다양한 종류의 사무직 노동자(매장 지배인, 현장 주임foreman,[1] 사무 관리자)가 필요하다. 부하 직원이 상사에게 보고하고, 상사는 다시 부하 직원에게 알리며, 이들은 다른 직업적 경험, 기능, 기술을 조정하고 감독하면서 권력과 복종의 사슬을 잇는 고리 역할을 한다. 그리고 경제 전반에

---

1   화이트칼라인 경우는 현장 주임으로, 임금노동자인 경우는 직공장으로 옮겼다.

걸쳐 모든 종류의 사무원의 비율이 1870년에는 전체 유급 노동자의 1~2퍼센트에서 1940년에는 10~11퍼센트로 증가했다.

기업의 세계가 이런 변화를 겪고, 모든 면에서 정부의 업무가 증가함에 따라 더 많은 사람들이 재산과 사람을 규제하고 서비스하는 직종으로 몰리게 되었다. 기업의 대형화와 약탈적 복잡성, 불황의 위기, 농촌 경제와 시골 소도시 시장의 국유화, 이민자의 홍수, 전쟁의 긴급성, 사회생활을 혼란스럽게 하는 기술의 진전에 대응하여 정부는 조정 및 규제 업무를 늘린다. 공공 규제, 사회 서비스, 사업 세금으로 인해 더 많은 사람들이 대량의 기록을 작성하고 정부 내부는 물론 사업과 사생활의 다양한 부문에서 사람, 기업, 상품을 통합해야 한다. 모든 정부 부처가 성장했지만, 경제 조정의 필요성이 가장 많이 요구되는 연방정부의 집행 부서들에서 가장 현저한 증가가 이뤄졌다.

판매할 수 있는 활동으로서 직업이 변화하게 되는 이유는, (1) 기술과 합리화가 경제 전반에 불균능하게 적용됨에 따라 필요한 기술이 바뀌고, (2) 상품시장과 자본시장 모두에서 마케팅 운영이 확대되고 강화되며, (3) 확대된 조직이 조정, 관리 및 기록을 요구하게 되면서 업무 분장 조직이 변동하게 되는 것 등을 꼽을 수 있다. 이 세 가지 추세와 관련된 역학관계에 따라 화이트칼라 근로자가 수적으로 증가했다.

직업 구조가 형성되는 데는 이와는 별도의, 덜 분명한 경로도 있다. 예를 들어 높은 농업 관세는 농업 관련 직업의 쇠퇴를 지연시킨다. 아르헨티나산 쇠고기에 대해 관세가 없어지면 국내 육류 생산업체의 수가 줄어들 수 있다. 도시의 조례 및 지구 단위 구획 법률은 행상인을 없애고 건설 노동자의 고용 형태에 영향을 미친다. 대부분의 주에는 전문직과 준전문직으로의 진입을 제한하는 기준을 담당하는 부서가 있으며, 동시에 이런 직종의 구성원들은 '자신의' 시장에 대한 진입을 통제하기 위해 협회를 결성한다. 대부분의 노동조합보다 더 성공한 미국의사협회와 같은 전문직 협회는 수십 년 동안 내과의사와 외과의사의 안정적 비율을 적절히 관리해왔다. 불황-전쟁-호황 주기의 모든 단계는 다양한 직업의 수적 중요도에 영향을 미친다. 예를 들어 누군가가 '건설 노동자'와 소규모 '하청업자' 사이를 오가는 것은 건설 경기의 불황과 호황 주기에 동조된다.

직업의 세계 중에서 이렇게 느슨하게 조직된 부분에서 유래하는 압력으로 인해 의식적으로 관리하려는 행위자가 무대에 등장한다. 하지만 직업의 변화를 직간접적으로 관리하려는 시도는 정부가 일자리 이동을 금지하거나, 기존 직업 유지나 새로운 직업으로의 전환에 인센티브와 강압을 부여하는 전쟁 시기를 제외하고는 아직 크지 않다. 그러나 국가의 계급 수준과 직업 구성은 점점 더 관리되고 있으며, 미국의 직업 구조는 거대한 기업 집단으로 서서히 재편되고 있다. 이런 변화는 자율적인 시장과 기술 사이에 벌어지는 밀고 당기기뿐만 아니라 중앙의 통제 지점에서 유래하는 '인원 할당'에도 영향을 받는다. 따라서 직업의 변화는 적어도 앞으로 그 일을 맡게 될 사람들에게는 더욱 의식적인 것으로 다가온다.

3. 화이트칼라 피라미드

우리가 신중간계급의 경계를 긋는 데 사용한 직업은 사람을 분류하는 여러 가지 방법을 포함한다. 특정한 활동으로서 직업은 다양한 유형과 수준의 숙련을 수반하며, 그 기술을 실행함으로써 산업상의 노동분업 안에서 특정한 기능을 수행한다. 이것이 우리가 통계적으로 조사해온 기술과 기능이다. 직업은 소득의 원천으로서 계급 위치와 연결되며, 대개 그 직업의 안팎에서 기대되는 몫의 위신을 동반하기 때문에 지위와도 관련된다. 또한 직업은 직접적으로는 직업 그 자체의 측면에서, 간접적으로는 다른 사회적 영역에서 타인에 대한 어느 정도의 권력을 수반한다. 따라서 직업은 기술과 기능뿐만 아니라 계급, 지위, 권력과도 연관되어 있으며, 신중간계급을 구성하는 직업을 이해하려면 이들 각각의 차원에서 직업을 고려해야 한다.[2]

가장 단순한 객관적 의미의 '계급 상황'은 소득의 양 및 원천과 관련된다. 오늘날 직접 소득을 얻는 대부분의 사람들에게는 재산이 아니라 직업이 소득의 원천이다. 즉, 재산의 매매와 그에 따른 수익보다는 노동시장에서 자신의 서비스를 판매할 수 있는 가능성이 대부분의 중간계급에게서 삶의 기회를 결정한다. 돈으로 살 수 있는 모든 것, 그리고 인간이 꿈꾸는 많은 것들이 직업 소득으로 획득된다. 신중간계급의 직업들에서 사람들은 타인의 재산 위에서 타인을 위해 일한다. 이것은 구중산계급과 신중간계급 사이의 많은 차이점을 설명하는 단서이자, 소규모 재산을 가진 기업가의 구세계와 새로운 사회의 직업 구조 사이에 존재하는 대조를 설명하는 단서다. 구중간계급이 소규모의 자유 재산이라는 이름으로 대재산 구조와 싸웠다면, 신중간계급은 후기 자본주의의 임금노동자와 마찬가지로 처음부터 고용 안정을 위해 대재산에 의존해왔다.

공장과 농장의 임금노동자는 타인이 소유한 장비에 의존하여 일한 시간만큼 임금을 받는 무산자로서 직업 구조에서 최하층에 속한

---

2   이하는 화이트칼라 직업들의 계급, 위신, 권력에 대한 상세한 논의가 아니라, 정의를 위한 예비적 논의로서 서술되었다. 지위에 대해서는 11장을, 계급에 대해서는 12장을, 권력에 대해서는 15장을 참조하라. 【원주】

다. 재산의 측면에서 화이트칼라는 '자본과 노동의 중간'에 있는 것이 아니라, 임금노동자와 똑같은 재산-계급 지위에 있다. 이들은 생산수단과 직접적인 재정적 연계가 없으며, 재산에서 나오는 수익에 대한 우선 청구권도 없다. 공장 노동자나 일용직 노동자와 마찬가지로 이들은 그런 생계수단을 소유한 사람들을 위해 일한다.

그러나 경리와 탄광 노동자, 보험 설계사와 농장 노동자, 진료소의 의사와 노천 갱도의 크레인 기사가 이런 공통점을 가지고 있다고 해도 분명히 계급적 상황은 같지 않다. 그들의 계급적 위치를 이해하려면 소득의 원천이라는 공통의 사실을 넘어 소득의 양을 고려해야 한다.

1890년 화이트칼라 직업군의 평균 소득은 임금노동자의 약 두 배에 달했다. 제1차 세계대전 이전에는 화이트칼라의 급여가 임금노동자의 임금처럼 경기 침체의 영향을 크게 받지 않았고 오히려 꾸준히 상승했다. 제1차 세계대전 이후에는 급여도 갈수록 임금과 비슷하게 경기 주기의 전환에 반응하고 있지만 여전히 임금만큼은 아니다. 전쟁이 임금의 유연성 덕분에 임금에 더 유리하게 작용한다면, 경기 침체는 급여의 경직성 때문에 급여에 더 유리하게 작용한다. 그러나 두 차례의 세계대전 시대가 끝난 후에도 급여는 임금에 대한 예전의 우위를 되찾지 못했다. 경기 순환의 각 단계는 물론 모든 소득 계층의 점진적인 상승으로 인해 임금노동자와 화이트칼라 근로자 간의 소득 격차는 좁혀졌다.

1930년대 중반에는 기업가, 화이트칼라, 임금노동자 등 도시의 세 계층이 가족 중위소득과 관련하여 뚜렷한 척도를 형성했는데, 화이트칼라 근로자의 중위소득은 1,896달러, 기업가는 1,464달러, 도시 임금노동자는 1,175달러였다. 비록 화이트칼라 노동자의 중위소득이 기업가보다 높았지만 기업가 중에는 고소득과 저소득의 비율도 더 높았다. 이들의 소득 분포는 화이트칼라보다 더 넓게 퍼져 있었다.

사실 전시 호황으로 인한 소득 상승은 모든 직업군에 걸쳐 확산됐지만 고르게 확산되지는 않았다. 차이는 주로 도시의 기업가 사이에서 발생했다. 소득 수준에서 도시의 구중간계급은 균등한 소득 집단이 아니라 매우 낮은 소득을 버는 높은 비중의 룸펜 부르주아지와 매우 높은 소득을 버는 소수의 부유한 부르주아지를 포함한 상이한 계층들의 집합이 되고 있다.

1940년대 후반(1948년, 중위 가구 소득)에 전체 화이트칼라 노동자의 소득은 4,000달러, 전체 도시 임금노동자의 소득은 3,300달러였다. 그러나 이러한 평균이 각 계층 내 특정 집단들의 중첩을 가려서는 안 된다. 하위 화이트칼라(판매직 근로자와 사무직 노동자)는 숙련 노동자나 직공장foreman과 거의 같은 소득을, 반숙련 도시 임금노동자보다는 높은 소득을 올렸다.[3]

생산의 측면에서 화이트칼라는 임금노동자와 같은 위치에 있지만, 직업 소득의 측면에서는 '중간 어딘가'에 있다. 한때는 임금노동자보다 상당히 우위에 있었지만, 지금은 그렇지 않으며, 여전히 우위에 있지만 전반적인 소득 증가로 인해 신중간계급은 좀 더 동질적인 소득 집단이 되고 있다.

소득과 마찬가지로 위신 측면에서도 그렇다. 화이트칼라 집단은 아마도 임금노동자나 기업가보다 더욱 확실하게 사회적으로 분화되

---

3   이 숫자들을 통해 도시 숙련노동자 중에서 월급쟁이 직공장을 별도로 식별하는 것은 불가능하다. 만약 식별이 가능하다면(그래서 직공장의 높은 소득을 빼고 비교하게 된다면-옮긴이) 하위 화이트칼라 노동자의 소득은 반숙련 노동자에 가까울 것이다.【원주】

어 있을 것이다. 임금노동자는 기업가나 금리 생활자와 마찬가지로 소득 피라미드와 위신 등급을 형성하고 있지만, 신중간계급은 소득과 위신 측면에서 거의 최하층 임금노동자 수준에서부터 거의 최상층의 기업가, 금리 생활자 수준까지 포괄하는 중첩된 피라미드를 형성한다.

화이트칼라 직종에 종사하는 이들은 임금노동자보다 위신이 높다고 주장하며, 임금노동자뿐만 아니라 익명의 대중에게도 이런 주장을 대체로 관철할 수 있다. 이런 사실은 화이트칼라 계층의 결정적인 특징이라고 강력히 정당화되었으며, 미국에서 화이트칼라의 위신이 하락하고 있다는 뚜렷한 징후가 있다고는 해도, 전국적으로 볼 때는 여전히 사무직 노동자와 판매직 등 하위 화이트칼라조차 대다수는 중간 정도의 위신을 누리고 있다.

화이트칼라 근로자가 누리는 위신의 역사적 기반에는 소득의 우월함과는 별도로 그들이 일하는 장소와 업무 유형이 구중간계급과 유사하여 그 위신을 차용할 수 있었다는 점도 포함된다. 기업가 및 명망 높은 고객과의 관계가 갈수록 비인격적으로 변하면서 이들은 기업 자체에서 위신을 빌려왔다. 특히 대부분의 화이트칼라 일자리에서 근무 중 평상복 착용이 허용된다는 사실처럼 외관상의 스타일이 이들이 위신을 주장하는 데 영향을 미쳤으며, 대부분의 화이트칼라 일자리에서 요구되는 기술과 수행되는 다양한 작업 및 업무 절차를 결정하는 자율성의 정도 역시 이들이 위신을 주장하는 데 영향을 미쳤다. 나아가 이런 기술을 배우는 데 걸리는 시간과 정규 교육 및 담당 상급자와의 긴밀한 접촉을 통해 기술을 습득하는 방식도 중요해졌다. 화이트칼라 근로자들은 고등학교 교육을 독점해왔으며, 1940년만 해도 임금노동자와 기업가들이 8학년을 이수할 때 그들은 12학년을 수료했다. 인종적으로 보아도 흑인 화이트칼라 근로자는 극히 소수의 사례에 그친다. 더 중요한 것은 출생으로서 1930년에 화이트칼라 노동자의 약 9퍼센트만이 외국 태생이었던 반면 자유 기업가는 16퍼센트, 임금노동자는 21퍼센트가 외국 태생이었다는 점이다. 마지막으로 기초적인 사실로서, 임금노동자에 비해 화이트칼라 집단의 규모가 제한되어 있었기 때문에 위신이 더 높다고 주장하는 데 성공할 수 있었다.

집단과 개인이 권력과 관련하여 차지하는 위치, 즉 권력 위치는 일반적으로 계급, 지위, 직업이라는 요인들에 달려 있으며, 이들은 종종 복잡한 상호 관계 속에 있다. 직업은 실제 업무 과정에서 타인에 대한 특정한 권력을 수반하지만, 직업이 제공하는 소득만이 아니라 재산제도와의 관계로 인해 일자리 영역 밖에서도 직업에 권력이 부여된다. 일부 화이트칼라 직업은 다른 화이트칼라 및 임금노동자에 대해 직접적인 감독권을 행사하며, 더 많은 직종이 관리직 간부와 밀접하게 연관되어 있다. 화이트칼라 근로자는 권위의 조력자이며 그들이 행사하는 권력은 파생된 권력이지만, 그들이야말로 바로 그 권력을 실행하는 사람인 것이다.

게다가 화이트칼라 피라미드 내에는 나이와 성별에 따라 특징적인 권한 패턴이 존재한다. 화이트칼라 계층에는 여성이 많이 포함되어 있다. 전체 화이트칼라 근로자의 약 41퍼센트가 여성인 데 비해 자유 기업가는 10퍼센트, 임금노동자는 21퍼센트가 여성이다. 성별과 마찬가지로 연령에서도 자유 기업가는 평균(중앙값) 약 45세, 화이트칼라와 임금노동자는 약 34세인데, 자유 기업가와 임금노동자 중 남성은 여성보다 2, 3세 정도 나이가 많으며, 화이트칼라 노동자 중에서는 6, 7세 정도 차이가 난다. 화이트칼라 피라미드에서 권위는 대략 나이와 성별에 따라 등급이 매겨지며, 젊은 여성이 나이 든 남성에게 종속되는 경향이 있다.

화이트칼라 피라미드를 구성하는 직업군 사이에는 서로 다른 면도 있지만, 기업가나 임금노동자와 중첩되는 일반적인 피라미드로서 신중간계급의 성격에 핵심이 되는 몇 가지 공통된 특징이 있다. 화이트칼라는 기술, 기능, 계급, 지위, 권력 등 어느 한 가지 계층화 차원으로는 적절하게 정의할 수 없다. 이들은 이런 각 차원과 모든 설명적 속성의 측면에서 볼 때 일반적으로 중간 범위에 속한다. 이들의 위치는 절대적인 기준보다는 다른 계층과의 상대적인 차이로 더 명확하게 정의할 수 있다.

어떻게 정의하든 화이트칼라가 하나의 조밀한 수평적 계층이 아니라는 점만은 기억해야 한다. 그들의 기능이 대체로 구중간계급과 유사하다고 해도, 화이트칼라는 정의 가능한 하나의 중심적이고 긍정적인 기능을 수행하지 않는다. 그들은 상징을 다루고 다른 사람들을 상대하며 조정하고 기록하고 분배한다. 하지만 종속적 근로자로서 이런 기능을 수행하는 것이며, 따라서 그들이 사용하는 기술은 때때로 그 형태와 요구되는 심성의 측면에서 대다수 임금노동자의 기술과 비슷하다.

재산의 측면에서 이들은 임금노동자와 동등하며 구중간계급과 구별된다. 재산 없는 의존적 존재로서 출발한 이들은 재산상의 독립을 진지하게 기대하지 않는다. 소득의 측면에서 이들의 계급적 위치는 평균적으로 임금노동자보다 다소 높다. 겹치는 부분이 크고 그 차이가 줄어드는 추세도 분명하지만 오늘날까지도 그 차이는 상당하다.

아마도 심리적으로 더 중요한 것은 화이트칼라 집단이 임금노동자보다 더 높은 위신을 얻는 데 성공했고, 지금도 그 상황이 대체로 지속되고 있다는 사실일 것이다. 오늘날 그 위신의 기반이 견고하지 않을 수 있고 확실히 영원할 것 같지도 않지만, 비록 모호하고 취약하다고 해도 위신은 화이트칼라를 임금노동자와 계속 구별짓는다.

화이트칼라 직종의 구성원들은 업무 과정에서 파생된 권위를 행사하며, 더욱이 옛 위계질서들에 비해 화이트칼라 피라미드는 젊고 여성친화적인 관료제 조직으로서, 젊음, 교육, 미국 출생이 폭넓게 강조된다. 그곳에서 수백만 명의 사무직 노동자들이 신중간계급과 다른 직업 집단 간의 이런 차이들을 가장 명확하게 유형화하고 있다. 이어서 화이트칼라 대중은 자유 기업가가 지닌 많은 사회적 특징들을 가진(독립성은 빼고), 구중간계급과 매우 유사한 사람들에 의해 관리된다.

5장

경영 관료조직

*

경영administration 수단이 확대되고 집중됨에 따라 현대사회의 모든 영역에서 관리자manager가 많아지고, 전체 사회 구조 속에서 관리자 유형의 인간이 더욱 중요해졌다.[1]

100년 동안 일어난 변화의 산물인 최상층의 이 새로운 관리자, 경영자들은 새로운 관료제 속에서 활동하며, 관료제는 이들을 선발하고 이들의 성격을 형성한다. 관료제 속에서 수행하는 이들의 역할과 사회 구조 속에서 관료제가 수행하는 역할이, 경영 관료조직의 범위와 속도를 결정한다. 이 관료제적 삶의 형태가 워낙 널리 퍼져 있고 비중도 크기 때문에, 시간이 지나면 기존 유형의 상위계층 구성원들은 자신의 성격과 성과를 변화시켜 관리직 추세에 합류하거나 아니면 상위계층 구성원의 아래로 몰락하게 된다.

기업과 정부의 경영 관리자들은 하위계층을 다루려는 공통된 시도를 하는 과정에서 위원회와 압력단체, 정당과 직능단체 등으로 서로 얽히게 된다. 경기 순환과 노동조합 역사의 특정 국면에 이르러 노동조합 지도자들이 매우 천천히, 내키지는 않지만 호기심을 느끼

---

1   'manager'는 관리자, 경영자, 지배인 등으로 번역할 수 있다. 중간 및 하위층을 포함하여 집단 전체를 지칭할 때는 '관리자'로, 최고 경영진을 지칭할 때는 '경영자'로, 특정한 맥락에서는 '지배인'으로 번역한다.

면서 거기에 합류한다. 경영 관료조직의 성장은 단순히 기업, 정부, 그리고 노동 관료제의 규칙에 따라 일하고 생활하는 사람들의 비율이 증가하는 것 이상을 의미한다. 즉 사회의 최상층에서는 사적 위계와 공적 위계가 불안하게 맞물려 있고, 최하층에서는 점점 더 많은 영역이 관리와 조작의 대상이 된다는 것을 의미하는 것이다. 미국의 관료화는 결코 총체적이지 않다. 그것은 부분적이고 분절적으로 확산되어 있으며, 개인은 동시에 여러 구조에 얽혀 있다. 하지만 전반적으로는 자유주의 사회의 느슨한 통합이 특히 전쟁 국면을 거치면서 기업형 사회의 좀 더 관리된 통합으로 대체되고 있다.

1. 관료제

정부의 낭비와 형식주의의 대명사인 '관료제'라는 통칭은 중간계급 기업가가 중상주의적 기업과 전제 군주제 왕조에 맞서 저항하던 자본주의의 영웅적 시대로부터 이어져온 말이다. 이제 그 시대는 오래전이지만, 이 통칭은 여전히 다양한 목적을 위해 사용되고 있다.

오늘날의 공통된 의미에서 '관료제'는 세 가지 주요한 이유로 부정확하고 오해의 소지가 있다. (1) 기업 임원이 '관료제'에 반대할 때 그것은 당연히 연방정부의 프로그램에 반대한다는 뜻이며, 그것도 자신들의 사기업 관료제의 이익에 반하는 것으로 보일 때에만 반대한다는 뜻이다. (2) 대중적인 이미지 속에서 '관료제'와 관련된 낭비와 비효율로 보이는 것은 사실 대부분 엄격하고 완전한 관료화의 부족에서 비롯된다. 미 육군의 '엉망진창', 그리고 확실한 부정부패는 관료제 성향 그 자체보다는 구성원들이 기업가적 관점을 고수한 결과인 경우가 더 많다. 설명하자면 관료제는 각각 업무 영역이 할당되어 있고 전문 자격을 갖춘 직원을 고용하는 실offices 또는

국bureaus의 계층 구조를 가리킨다. 이렇게 정의된 관료제는 지금까지 고안된 것 중에서 가장 효율적인 유형의 사회 조직이다. (3) 정부 관료제는 대체로 사적 관료제 발전의 공적 결과물이며, 재산과 장비를 집중함으로써 관료제 추세의 속도를 결정짓는 역할을 해왔다. 기술적 동력과 재정적 결정권을 제공하는 현대 산업의 거대한 규모 그 자체로 인해 사회의 모든 부문, 특히 정부에서 공식적인 규칙과 합리적인 하위 부서를 갖춘 중앙집권적 조직이 부상하게 되었다.

기업에서는 제조 공장의 규모가 커짐에 따라 기업의 관리 범위 안으로 더 많은 인력을 끌어들인다. 소수의 공장들이 제조업 임금소득자 다수를 고용하고 있다. 제2차 세계대전 이전에도 전체 공장의 1퍼센트가 전체 노동자의 절반 이상을 고용하고 있었다. 이런 대공장은 중앙의 사무실이나 여러 개의 공장을 가진 기업 속에서 서로 연결되어 있다. 6,000개 미만의 이런 기업들이 전체 노동자의 약 절반을 고용하는 공장들을 관리하고 있으며, 독립 공장들보다 생산량은 760퍼센트, 임금노동자 1인당 생산량은 19.5퍼센트 더 높다. 독립 공장뿐만 아니라 여러 개의 공장을 가진 기업도 다양한 기업 형태로 합병되어 대공황 당시에는 200대 산업 기업이 미국 내 전체 산업상의 부 중에서 약 절반을 소유했다. 이런 대기업들은 이사회와 직능단체를 통해 서로 연결되어 있다. 경영상의 결정은 서로 연동된 이사직의 견제와 균형에 의해 이루어졌다. 1930년대 중반에는 약 400명의 남성이 250대 기업의 최고위직 3,544개 중 3분의 1을 차지했다. 초기업적 직능단체는 로버트 브래디Robert Brady가 관찰한 것처럼 "새로운 독점을 위한 통로"가 되었으며, 경쟁하는 경영을 경제적으로 안정화 및 합리화하고, 사적 부의 전체 경영 관료조직을 위한 정치적 도구로 봉사한다.

불황-전쟁-호황의 리듬은 기업의 관료조직을 성장시킨다. 위기

동안에는 단일 사업을 수행하는 기업이 대기업과 정부의 관계를 관리하는 기업 간 세계와 연결된다. 기업이 더 커지고 관료화될수록 연방정부는 통제를 시도하기 위해 더 정교해지고, 기업은 더 합리적인 조직으로 대응한다. 기업의 관료제는 연방정부의 규제 기관을 복제하고, 정부의 위원회와 기관에 구성원을 배치하며, 퇴직 공무원을 고용하고, 기업 운영의 공식 비밀을 은폐하는 정교한 미로를 개발하는 경향이 있다. 권력의 협상 테이블을 사이에 두고 기업과 정부의 관료제는 서로 마주보고 있으며, 그 테이블 아래서는 무수히 많은 문어발들이 놀랍도록 복잡하게 얽혀 있다.

미국의 통치기구는 행정 수단과 필요한 직원 양자 모두의 관점에서 확대되고 중앙집권화되고 전문화되었다. 대통령과 주지사, 시장과 도시 경영자들은 행정 수단과 임명 및 감독 권한을 장악하게 되었다. 이 공무원들은 더 이상 주로 입법부를 상대하는 단순한 정치인이 아니라 주로 관료적 위계질서 속에서 부하 직원을 상대하는 책임자가 되었다. 현대 정부의 행정부는 입법부와 사법부를 희생시키면서 그 기능을 강화하고 인원을 확대하는 등 역동적으로 변했다. 1929년에는 전체 공무원 중 18퍼센트가 연방정부의 행정부에 고용되었는데, 제2차 세계대전 이후 1947년에는 절정에 달해 그 비율이 37퍼센트에 달했다.

경영 관료조직의 배후에는 누가 있을까?

아래에서 보면 관리management는 '누구'Who가 아니라 일련의 '그들'Theys이며, 심지어 '그것들'Its이다. 관리는 어떤 사무실, 어쩌면 노동조합을 포함한 모든 사무실에서 공표하는 존재이며, 인쇄된 지시문이자 게시판 위의 표지고, 확성기를 통해 나오는 목소리이며, 신문에 나오는 이름이고, 밑에 인쇄되어 있지 않으면 절대 알아챌 수 없는 서명이며, 당신이 아는 가까운 사람 어느 누구보다 우월한 명령을 내리는 시스템이고, 당신의 직장생활과 상사의 직장생활을 상세하게 명시한 청사진을 그리는 존재다. 관리는 중앙집권적인 결정권을 가진다.

중간층에서 보면 관리는 일부는 당신을 향해 고개를 끄덕이는 사람들이고, 일부는 시스템이며, 일부는 당신 자신이다. 화이트칼라는 흔히 말하듯 관리의 일부라고 할 수도 있지만, 관리는 많은 것을 포함하며 그 전부가 관리는 아니다. 당신은 권위를 행사하지만 그 권위의 원천은 아니다. 위에서 보면 당신은 관리되는 대상 중 한 명으로서 위협으로 보일 수도 있다. 아래에서 보면 관리자 중 한 명으로서 도구로 보일 수도 있다. 당신은 관료제 기구 자체의 톱니바퀴이자 피대皮帶며, 결정을 내리는 사람과 이행하는 사람을 하나로 묶는 명령, 설득, 통지, 청구서 등으로 이뤄진 사슬의 연결 고리다. 당신이 없으면 경영 관료조직은 존재할 수 없다. 그러나 당신의 권한은 엄격하게 규정된 직무 행위의 궤도 안에 한정되어 있으며, 당신이 휘두르는 권력은 빌린 것이다. 당신에게는 부하의 표식이 붙어 있고, 당신의 말은 평범하다. 당신이 다루는 돈은 타인의 돈이고, 당신이 분류하고 섞는 서류에는 이미 타인의 표지가 남아 있다. 당신은 결정의 하수인, 권위의 조력자, 관리의 앞잡이다. 당신은 임금노동자보다는 관리에 더 가깝지만, 당신이 내리는 결정이 최종 결정인 경우는 거의 없다.

최상층 가까이에서 보면 관리는 상위집단의 정신ethos이다. 권력은 집중하되 당신의 직원은 늘려라. 아래로 내려가서 직원들이 당신과 함께 일하고 있다고 느끼게 하라. 관리자를 위한 학교를 설립하고 관리자가 배우는 내용을 관리하며 양방향 커뮤니케이션 채널을 열어 명령이 내려가고 정보가 올라오게 하라. 확고한 통제권을 유지하되 상사처럼 군림하지 말고 그들의 경험을 지배하라. 당신이 말하지 않은 것을 배우도록 내버려두지 마라. 결정과 실행 사이에서, 명령과 순종 사이에서 성찰하게 해야 한다. 침착하고 신중하며 이성적이어야 한다. 인격을 도야하고 외모를 관리하라. 사업을 전문직업으로 삼고 자신을 계발하라. 메모를 작성하고 당신 같은 사람들과 회의를 하라. 이 모든 과정에서 자연스럽고 인간적으로 행동하라. 사무실의 여직원들에게 진지하게 고개를 숙이고 남자 직원들에게 인사를 건네며 윗사람의 말에 항상 귀를 기울여라. "당신이 금요일에 특별히 친절하게 알려주신 정보에 대해 지난 주말 동안 많이 생각했습니다."

2. 정상에서 밑바닥으로

최근 대통령 경제자문위원회 의장을 지낸 에드윈 G. 너스Edwin G. Nourse에 따르면, "오늘날 국가의 경제생활에서 방향을 결정하고 대중에게 기회와 인센티브를 제공할 책임은 1~2퍼센트의 고소득 피고용인에게 집중되어 있다." 기업의 간부인 관리자는 권한에 따라 등급이 매겨진 위계질서를 형성하는데, 그 권한은 업무를 시작하고 자기 업무를 계획하고 실행하며 타인의 업무를 자유롭게 계획하고 지시하는 것으로 이루어진다. 간부 위계질서의 각 레벨은 상위 레벨에 종속된다. 관리자는 관리자와 대화하고, 각각의 관리자는 자신을 돕는 관리자와 근로자, 즉 업무를 계획하거나 의사 결정을 내리지는 않고 주어진 업무를 수행하는 근로자와 대화한다. 관리자 위계질서의 아래로 내려갈수록 비관리직 직원과의 접촉이 증가한다. 최상층 관리자, 즉 경영자는 비서나 다른 관리자 외에는 거의 대화하지 않으며, 최하층 관리자는 비관리직 근로자와의 접촉이 90퍼센트를 차지할 수 있다. 직원들의 용어법에서 '상사'The Boss는 실제로 명령을 내리는 사람을 가리키는 경우가 많고, 주변의 몇몇 사람을 제외하면 가까이 할 수 없는 최고위층은 '윗분들'The Higher Ups로 지칭된다.

관리자는 일반적으로 사업상의 의사 결정에 관여하는 관리자와 산업상의 작업 운영에 관여하는 관리자, 이 두 가지 유형으로 나뉜다. 두 유형은 중요도에 따라 다양한 등급으로 세분화되며, 종종 휘하에 거느린 인원수가 중요도를 반영한다. 두 유형 모두 할당된 임무와 확정된 자격이 있고, 집단으로서 합리화되어왔다. 사업상의 관리자는 회사 전체를 대표하고 대리하는 최고 경영자에서부터 사무원과 사무 기계 조작자 등이 근무하는 부서의 관리자와 그 보조자까지 다양하다. 산업상의 관리자는 최상층의 생산 엔지니어와 디자이너에서부터 노동자 바로 위의 최하층 직공장까지 다양하다. 엔지니어링 관리자와 기술자는 일반적으로 사업 및 재무 관리자에게 종속되어 있으며, 현대 기업에서 기술 및 인적 숙련이 활용되는 경우에는 사업상의 관리자가 판단하는 기업의 사업상 요구에 따르게 된다. 대학을 통해 재용되는 중상위 소득층 출신의 엔지니어링 관리자는 얼마간의 기술 교육을 받고 오랜 현장 경험을 가진 중하위 소득층 출신자의 도움을 받는다.

기업에서 관리직 간부의 최상층에 있는 사람들은 형식적으로 주주에게 책임을 지며, 정부의 최상위 공무원은 선출된 정치인을 통해 국민에게 책임을 진다. 그러나 다른 공무원이나 관리자에게 책임을 지는 것은 아니며, 이것이 바로 최고위 관리직, 즉 경영자의 의미다. '총지배인'general manager이라는 이름이 잘 보여주듯 이들은 종종 상사들 중에서 가장 전문성이 떨어지는 사람들이다. 많은 기업이 재무 지식이 전부이고, 최고 엔지니어는커녕 공장 감독직도 맡을 수 없는 사람에 의해 운영된다.

결정 내릴 근거는 없는데 조직이 명령을 내리라고 요구할 때에는, 마치 톨스토이 작품 속의 장군들처럼 이 문제 저 문제 닥치는 대로 결정을 내리면서도 지휘관 스스로 확신이 없다는 걸 부하가 꿈속에서조차 의심하지 못하게 해야 한다. 하지만 이는 혼자서 문제를 해결하고 완수한다는 이야기와는 다르다. 우선, 조직의 작동에 의해 어느 정도 설정되는 지위상의 일정이 경영자의 시간의 내용과 리듬을, 사실상 그의 삶을 결정하기 때문이다. 또 다른 이유도 있다. 그는 타인을 쓰면서 그들의 두뇌가 자신에게 속한다고 느끼고 있음에 틀림없는데, 이는 그가 타인을 다루는 법을 알고 있기 때문이다. 그래서 스콧 피츠제럴드Scott Fitzgerald의 미완성 유작 『라스트 타이쿤』Last Tycoon(1941)에서 주인공 먼로 스타Monroe Stahr는 처음에 일에서 최고가 되고 싶었지만, 즉 "모든 것이 어디에 있는지 아는 사람"이 되고 싶었지만 막상 최고가 되고 보니 "어디에 있는지 아는 사람이 아무도 없다는 것을 알게 되었다."

행정부의 담당자와 대기업 및 노동조합 간부는 흔히 긴밀한 관계를 맺는다. 이들의 협력은 각자가 자기 위계질서에 속해 있는 동안 진행되기도 하고, 개인적인 직위 이동으로 이루어지기도 한다. 노동계 지도자가 정부 직책을 맡거나 기업의 인사 담당자가 되고, 대기업 간부가 사실상 무보수로 일하는 공무원이 되며, 정부의 전문가가 자신의 기관이 규제하려는 기업의 직책을 맡기도 한다. 정부 관료와 기업 임원이 얼마나 닮았는지는 이들이 한 위계질서에서 다른 위계질서로 얼마나 쉽게, 또 자주 이동하는지를 보면 알 수 있다. 개인의 경력에서는 이런 변화가 단순한 사건으로 보일 수 있지만, 관리층 엘리트가 이렇게 상호 침투한다는 사실이 지니는 의미는 개인적 차원을 넘어 상위계층의 의미와 여러 대규모 조직의 객관적 기능의 변경을 수반한다.

독일 사회학자 라인하르트 벤딕스Reinhard Bendix가 제시한 것처럼 고위 공무원은 대부분 농촌과 중소도시, 중간계급, 하위 중간계급 출신이며, 대학이나 그 이상의 학위를 취득한 사람들이다. 공무원으로 일하기 전에는 주로 법조계, 기업, 언론, 대학교수 등의 직업을 거쳤다. 전반적인 직업의 변화와 함께 지난 세대 동안 농촌 출신 공무원은 줄어들고 전문직 출신이 늘어나는 추세다. 아마 최고위직이 아니라면 이들은 기업 임원과 비교했을 때 인센티브가 부족하다고 불만을 느끼지는 않을 것이다. 하지만 동급의 대기업 임원이 누리는 소득, 위신, 안정성 등의 특권을 누리지 못한다며 불만을 품는 경향이 있다.

기업 임원은 동급의 정부 공무원보다 다소 나이가 많다. 대기업은 아직 효율적인 관료제 전문가들이 인정할 만한 적절한 관리직 채용 시스템을 갖추지 못했다. 연방정부기관보다 기업 위계질서의 임명에 '정치'가 너 많이 삭용할 수 있다. 예를 들어, 1938년까지 워싱턴의 국장급 중 순수한 정치인 출신은 약 10퍼센트에 불과했다.

물론 연공서열은 두 위계질서 모두에서 관리자 직책으로 승진하는 데 큰 역할을 하는 경우가 많다. 대표적인 기업 관료 그룹의 재임 기간은 약 20년이었으며, 대기업 최고 경영진의 이직률은 일반적으로 낮다. 그러나 맥마흔A. W. MacMahon과 밀레J. D. Millet가 관찰한 바에 따르면 연방정부에서 국장의 평균 재임 기간은 약 11년이다. 물론 연방정부 위계질서의 다음 단계인 각 부처의 장관과 차관은 평균 3~5년 정도에 불과하다.

미국 기업의 고위 경영자는 다음과 같은 사람들 사이에서 채용된다. (1) 관리 부문 위계질서의 내부자, (2) 재무 부문이나 족벌 집단의 내부자, (3) 소규모 기업을 관리하면서 능력을 입증하여 관리자 시장에서 유망한 인물로 여겨지는 외부자, (4) 기술 또는 경영 교육을 막 마친 후 직급에 구애받지 않고 빨리 승진되리라는 기대 속에 대체로 낮은 직급으로 발탁되는 젊은 외부자.

뒤의 세 가지 채용 방식을 따르게 되면 중상위 간부들의 승진 기회가 줄어들기 때문에 일반적으로는 첫 번째 방식을 정책적으로 선호하며, 대부분의 인사 자문역들이 이 방식을 선호한다. 중상위층은 관리 분야의 엄격한 관료화, 즉 공정하고 평등한 기회 보장을 통해 집단적으로 개인적 안정과 승진을 도모할 수 있다.

기업가 정신에서 관료제 기업으로의 전환을 상징적으로 보여주는 것이 바로 임원에 대한 보상 방식이다. 소유자와 경영자가 하나였던 소규모 기업가의 세계에서는 순이익이 보상의 방식이었다. 화이트칼라의 세계에서 최고 경영자는 연봉 2만 5,000달러에서 5만 달러를 받는 월급쟁이 근로자다. 관료화가 진전되면서 연금, 퇴직금, 퇴직 계획이 등장하고 이익 분배에 따른 보너스는 점차 사라지고 있다.

기업가적 방식과 관료적 방식 사이에는 인센티브를 극대화하고 연방세를 피하기 위해 고안된 다양한 중간적 보수 지급 형태가 존재한다. 지난 사반세기 동안 세금이 점차 많아졌다. 예를 들어 1947년에 연봉 2만 5,000달러를 받는 사람의 실수령액은 약 1만 7,000달러, 연봉 5만 달러는 약 2만 6,000달러, 연봉 15만 달러는 약 4만 5,000달러였는데, 이는 재산에서 나오는 수익은 포함하지 않고 급여만 기준으로 한 것이다. 일정 수준 이상이 되면 돈은 인센티브로서의 가치를 잃고, 위신 가치와 성공의 경험이 인센티브로서 가치를 얻게 된다. 더 많이 벌수록 더 많은 돈이 필요하고, 계속 돈을 벌지 못하면 실패를 경험하게 된다. 이 게임에는 한계가 없으며 탈출구도 없다. 그리고 그 불안정성은 무한하다. 한 경영 컨설턴트가 공들여 진행한 연구 뒤에 단언한 것처럼, 고소득층으로 올라갈수록 안정성에 대한 꿈이 더 커져서 마치 임금노동자나 월급쟁이처럼 고액 연봉을 받는 경영진이 꿈꾸는 삶의 중심에는 안정성이 있다는 것이다. 엘모 로퍼Elmo Roper의 조사에 따르면 경영자에게 안정성이란 (1) 존엄성이 있는 지위, (2) 성과에 대한 관대하고도 신속한 인정, (3) 업무와 회사에서 재량대로 할 수 있는 자유, (4) 많은 여가를 의미한다. 이것이 고액 연봉자가 꿈꾸는 안정성의 내용인데, 기업활동의 과도기에 걸맞게 기업가적 자유와 리스크 없는 관료제적 정년보장을 결합한 것이다.

충성스러운 관리 직원을 채용하는 것은 이제 대기업의 주요 관심사이며, 단일 대기업은 물론 전체 산업의 상당 부분을 위해 '공채 시스템'을 개발하는 경향이 있다. 이런 관료제적 절차의 실행이 늦어지면 좀 더 '진보적인' 기업 관계자들은 이를 촉구하는 경우가 많다.

제2차 세계대전 중 관리 인력의 부족과 그에 따른 관리 업무의 과중, 그리고 호황으로 인해 많은 공식적인 채용 및 교육 계획이 수립되었다. 선발된 사람들은 경영대학원의 경영학 과정으로 보내진다. 핵심적인 관리 인력을 위한 순환 교육 시스템도 자주 사용되는데, 관리자들이 짧은 기간 동안 다양한 업무를 맡게 함으로써 관리의 전체적 영역과 세분화된 영역을 모두 경험하도록 하는 시스템이다. 이런 방식으로 관리직 간부는 전체 운영을 상세히 파악함으로써 확실한 가능성에 대한 기회를 합리적으로 확대하고, 명확한 일정을 통해 간부 개개인의 경험을 유도할 수 있으며, 승진을 위한 간부의 준비를 통제할 수 있다. 관리 간부 자체가 군대와 같은 형태로 합리화되고 있으며, 실제로 기업 경영에 대한 최고의 아이디어 중 일부는 군대 경험이 많은 남성, 즉 전쟁 중에 기업인들이 그렇게 불평했던 '관료'에게서 나왔다.

그러나 관료제적 교육, 채용, 승진이 이렇게 늘어난다고 해도 기업 위계질서의 최하층이나 최상층까지 확대되지는 않는다. 특히 기업과 정부를 운영하는 최상층에서는 관료제의 색채가 가장 낮은데, 일정 수준 이상에서는 '정치적', '재산적', '인격적' 자격 요건이 전체 위계질서의 정책을 결정하기 때문이다. 관료제적 절차와 스타일이 가장 잘 드러나는 것은 중간 관리자들이다.

이들 중간 관리자는 제한된 업무 영역만 계획할 수 있으며, 위에서 내려온 명령을 전달하고 일부는 직원들과 함께 실행하며 일부는 아래 직원들에게 전달하여 실행하게 한다.

중간 관리자는 흔히 기업에서 기술적으로 가장 전문화된 사람들로 구성되어 있지만, 그들의 기술은 점점 더 물질적 기술이 아닌 사람 관리로 바뀌고 있다. 이는 감독 업무가 강화되고 다양화되었음에도 불구하고, 또 인사 업무의 상당 부분을 새로운 인사 전문가에게 빼앗겼음에도 불구하고 사실이다. 엔지니어가 공장의 새 기계에 대한 유지보수를 맡는 동안 중간 관리자와 직공장은 노동자에 대한 더 많은 '인사' 통제를 맡으며 엔지니어링 본부보다 인사 부서에 더 신경을 쓴다.

중간 관리자의 존재는 노동자와 소유자 또는 최고 경영자의 분리가 진전되었다는 사실을 가리킨다. 그러나 중간 관리자의 역할이 창출되었음에도 불구하고 그의 권한은 오히려 박탈당했다. 한편으로는 관리 자체가 합리화됨에 따라, 다른 한편으로는 직공장과 같은 하위 관리자가 더 전문화되고 권한은 적은 역할을 맡게 되면서 권한이 사라진 것이다.

중간 관리자는 개별적인 관료제 조직을 넘어서는 더 큰 세계에서는 그다지 중요하지 않다. 사회 및 경제 변화와 관련된 권력으로 보면 관리자 계층 내에서 중요한 집단은 최고 경영자이며, 숫자로만 보면 중요한 집단은 (전체 노동력 중에서는 1퍼센트 미만이지만) 전체 관리자의 절반 정도인 직공장이다. 다른 '중간' 집단과 마찬가지로 중간 관리자에게 일어나는 일은 그 위와 아래에 있는 사람들, 즉 최고 경영진과 직공장에게 일어나는 일에 크게 좌우된다. 중간 관리자의 업무 속도와 성격은 점점 더 관리 위계질서의 하위계층과 비슷해지고 있다.

3. 직공장의 사례

관리의 최하층을 대표하는 직공장은 한때 노동자의 '삶과 미래'를 쥐고 있는 자, 즉 모든 것이었다. 노사 분규는 종종 불만을 품은 노동자와 채찍질하는 직공장 사이의 분쟁으로 보였지만, 직공장 자리는 여전히 노동자들이 선망하는 자리였다. 직공장은 관리의 최전선에 서 있음에도 불구하고, 소규모 공장과 마을에서는 노동자들과의 친밀한 관계가 만족스러운 결과를 낳는 데 도움이 됐다. 직공장은 일에서의 만족감을 독차지하면서 부하 직원들의 노동이 가져오는 성취감을 곧잘 자기 것처럼 느꼈고, 자기 밑에서 일하는 사람들을 위해 문제를 해결하고 장애물을 극복했다. 그는 장인의 우두머리였고, 자신이 지휘하는 어느 누구보다 작업 과정에 대해 더 많이 알고 있었다. 대량 생산이 시작되기 전에는 직공장이 작업 관리자이자 감독자, 생산 계획자, 인사 임원으로서 모든 역할이 하나로 통합되었다.

지금도 많은 소규모 공장이나 기술직이 없고 사무직 노동자가 거의 없는 특정 산업에서는 여전히 직공장이 이 모든 것을 하고 있다. 하지만 역사적으로 보면 이런 공장들은 뒤처진 것으로 볼 수 있고, 직공장은 현대의 기술 및 감독 인력의 선구자로 볼 수 있다.

사실 모든 직업 계층 중에서 산업계의 직공장만큼 장비와 조직의 합리화로 인해 심각한 영향을 받은 직업은 없었다. 기업이 대형화하면서 직공장의 기능은 위로는 새로운 기술 및 인적 대리인과 상위 경영진의 지시에 의해 약화되었고, 아래로는 강력한 노동조합의 성장으로 인해 그 권위가 훼손되었기 때문이다.

수많은 감독 보조자 및 새로운 종류의 상급자와 함께 많은 산업에서 장인은 아니지만 고도로 훈련된 기술자의 서비스가 요구되는 반자동 기계가 개발되었다. 한스 슈파이어[2]가 관찰하듯이 이러한 기계로 인해 직공장의 기술 역량이 관할하는 영역이 줄어들었고, 그의 기술은 장인의 기예와 작업 지휘자보다는 인사 담당자나 인간 채찍에 더 가까워졌다. 엔지니어와 대학에서 교육을 받은 기술자들이 그의 자리를 서서히 대신하면서, 직공장은 기술적인 문제에 관해 위로부터 명령받는 법을 배워야 했다. 많은 기업에서 노동자 무리의 우두머리 노릇을 하는 사람보다는 반자동 기계를 돌볼 수 있는 사람이 작업장의 중요 인물이 되었다.

원래 직공장 계층이 획득하고 전달했던 경험은 체계화되고 집중되어 합리적으로 재분배된다. 오랫동안 직공장이 수행하던 역할은 더 이상 한 사람의 경험이 아니라 팀과 규칙집 속에 구현된다. 인사 전문가, 안전 전문가, 시간 연구 엔지니어 등 각 직원이 수행하는 혁신으로 직공장의 권한은 줄어들고 부하 직원의 존경과 규율도 약해진다. 직공장은 더 이상 노동자와 고위 경영진 사이의 유일한 연결

---

2   Hans Speier(1905~1990). 독일 출신 미국 사회학자로서 유대인인 아내와 함께 나치를 피해 미국으로 이주했다. 스승이던 에밀 레더러와 함께 일했다. 독일 화이트칼라와 나치의 부상의 관계에 대해 연구하였다.

고리가 아니다. 비록 양자 모두 여전히 직공장이 수뇌부와 작업장 사이에서 정교하게 이뤄지는 지휘와 기술의 위계질서에서 가장 분명한 연결 고리라고 여긴다고 해도 말이다.

어니스트 데일Ernest Dale은 "이제 많은 직공장들이 수많은 다른 책임자들과 협의해야만 권한을 행사할 수 있으며, 그 결과로 나타나는 상호 관계는 종종 잘 정의되지 못하고 불안정하다"고 말한다. 직공장은 생산 시점에 권한을 행사하지만 그 권한의 궁극적인 원천은 아니다. 그들은 종종 뛰어난 기술적 능력 없이 사회적 지배력을 행사하기도 한다. 권한 공유와 그에 따른 권한 축소는 심각한 수준이다. 한 표본 조사에 따르면 응답한 기업 중 10퍼센트만이 직공장에게 완전한 해고 권한을, 14퍼센트만이 부서 내 승진에 대한 절대적인 권한을, 10퍼센트만이 완전한 징계권을 부여하고 있다. 20퍼센트의 기업만이 직공장 회의를 개최하거나 어떤 형태로든 적극적인 협의를 실시한다. 전국전쟁노동위원회의 슬리히터 위원단은 "직공장은 관리하기보다는 관리받는 쪽이고, 갈수록 다른 사람의 결정을 집행하게 되면서 스스로 결정하는 경우는 점점 줄어들고 있다"고 결론을 내린다.[3]

아래에서 보면 노동조합에서 권력을 쥔 이들에 대한 직공장의 권위가 상실되었다. 예전에는 불만을 가지고 직공장에게 가던 이들이 이제는 노동조합을 찾는다. 직공장들은 부하 직원을 위해 자신이 할 수 있는 것보다 더 많은 일을 해내는 노조 간부들에 대해 불평한

---

3 National War Labor Board(1942~1945)는 제2차 세계대전 수행을 위해 설립된 미국의 독립기관으로서 노사 분쟁에 대한 대응 등 노사 관계 전반에 개입했다. 자동차, 해운, 철도, 항공, 통신, 광산 등 주요 산업에 대한 임금 통제도 실행했다. 슬리히터 위원단Slichter panel은 1944년, 이 위원회 산하에 설립된 기구로서 경제학자 섬너 슬리히터Sumner Slichter 교수가 이끌었으며 직공장 문제를 집중적으로 다뤘다.

다. 직공장들은 노조 간부들이 독립적이라고 말한다. "우리는 노조 간부들에게 아무것도 시킬 수 없어요. 심지어 그들은 우리의 제한된 권한에 도전합니다." 노조는 평사원의 문제들에 대해 무언가 할 수 있으며, 실제로 일부 공장에서는 노조가 고용 안정성을 높이는 등 과거에는 직공장들만 누렸던 혜택을 평사원들에게도 가져다주었다. 대체로 노동자 계층에서 출발한 직공장은 사회적으로나 정치적으로나 더 이상 거기 속하지 않는다. 노조의 야유회나 파티를 질투할 수도 있고, 고위 경영진으로부터는 소외된다.

직공장의 불안은 노동자는 노동조합이 돌보고 고용주는 자신을 돌볼 수 있지만 직공장은 누가 돌볼 것인가라는 사실에서 비롯된다.

노동 계층에서 올라온 직공장은 대학 교육을 받지 않았기 때문에 더 높은 곳을 기대할 수 없는 경우가 많다. 1910년 무렵 경영학 문헌에는 관리자가 신뢰할 수 있는 부하 직원을 찾다가 "이전의 부하 직원이나 동료 노동자 쪽으로 눈을 돌리면 그들이 예전 방식에 너무 집착하고 일을 잘못한다는 걸 알게 된다"는 지적이 있었다. 이 딜레마 때문에 관리자는 기술 교육을 받은 젊은이를 찾게 된다. 기술 교육을 받지 못한 고용주는 이들에게 냉소적이면서도 존중한다. 오늘날 40세 미만의 직공장 중 21퍼센트, 40세 이상의 직공장 중 17퍼센트만이 자신이 직공장 직급을 넘을 수 있을 것이라고 믿는다. 직공장은 더 이상 노동조합에 속하지 않고 '조합의 친구 중 한 명'도 아니며, 사회적으로나 교육적으로는 물론 관리의 측면에서도 안정적이지 않다. "경영진의 속물근성은 그의 혐오 대상이자 불평의 주요 원인이다." 직공장은 그 밑의 평범한 노동자들보다 나이도 더 먹었고 정착한 경우가 많으며 가족도 많다. 이런 사실은 그들의 기동성을 제한하고 어느 정도는 용기마저 제한한다. 한스 슈파이어는 이런 요인들을 근거로 "정치적 기회주의"가 "직공장의 두드러진 특징"

이라고 주장하기까지 했다.

　1930년대 후반과 전쟁 기간 동안, 노사 관계의 교통 경찰로서 중간에 서서 양측 모두 그가 신호를 보내주기를 기대했을 때, 직공장은 노동조합과 경영진 모두에게 선전의 대상이 되었다. 직공장은 더 이상 예전처럼 장인이자 작업 지휘자가 아니다. 하지만 작업 공정에서의 기술적 역할이 아니라 공장 내 사회 조직에서의 역할로 인해 경영진은 여전히 직공장을 핵심 인물로 간주한다. 경영 관료조직에 맞추고, 직공장의 변화한 성격에 맞추면서 그의 조종 방식도 바뀐다. 그는 자신의 성격을 설득의 주요한 도구로 활용하여 노동자들 사이에서 규율과 충성심을 개발해야 한다.

　그는 관리자가 승인하는 견해를 구현하는 충성스러운 리더로 훈련받아야 한다. "오늘날 직공장은 근속 기간이나 담당 업무에 대한 숙련도보다는 인력을 다루는 그의 기술에 따라 선택된다. 사람들과 잘 어울리는 것이 현대 직공장 업무의 80퍼센트를 차지한다." 채용 담당자와 인사 책임자는 정식 교육 및 작업장 업무 능력과 함께 직공장의 장래 가정 및 사회생활도 고려해야 한다. 가장 중요한 요건은 원만하고 잘 조정된 성격으로서, 직공장은 사람들과의 관계에서 "항상 한결같아야" 하며, 이는 "자신의 개인적인 문제는 집에 두고 좋은 날은 물론 '나쁜 날'에도 친근하고 다정하게 다가가는 것"을 의미한다.

　직공장에게는 모든 종류의 개인적인 특성과 행동방식이 필수 불가결한 조건으로 요구된다. "친절함의 근본 자질은 **성실함**이다. 그들은 인사 기록에서 자기 부서의 모든 구성원에 대해 다음 사항을 외워야 한다. 이름, 기혼자일 경우 남편이나 아내가 그 공장에서 일하는지 여부, 자식의 대략적인 나이와 학년 등등." 지역 신문에서는 "사고, 출생, 사망, 어린이 활동, 적십자나 YMCA 가입, 결혼기념일,

파티, 리사이틀" 등에 대한 정보를 얻을 수 있다. "신입사원 오리엔테이션은 신입 노동자의 우정과 충성심을 얻을 수 있는 진정한 기회를 제공한다." "사소한 대화 중에도 직공장의 말투는 그가 말하는 내용보다 더 중요할 수 있다. 경청하는 습관은 필수다. 그는 은총을 잊고 타락할 때마다 스스로 10센트의 벌금을 내야 한다. 상냥하고 명확한 목소리가 필요하다(시험삼아 녹음해보기를 권한다). '확실히'와 '절대로'라는 단어는 금기다. 편견은 공장 밖에 '놓아두어야' 한다." 아직도 요점을 파악하지 못하는 고위 경영자는 이런 인간 공학을 활용하여 "항공기 제작시에 1파운드당 소요되는 1.2시간의 시간당 비용 또는 직접 인건비를 18개월 이내에 0.7시간으로 줄일 수 있다"는 것을 깨달아야 한다.

경영진은 직공장의 충성심을 확보하기 위해 그에게 많은 관심을 쏟았다. 그 대가로 경영진은 직공장을 위해 규칙집에 이렇게 썼다. "중간 관리 집단인 자기 계급과의 연대라는 측면에서 모든 직공장은 동료들에게 빚지고 있다", "경영진과 감독 관리자는 하나라는 것을 보여줄 필요가 있다. 그들의 이해관계가 나뉘어서는 안 되며, 그들의 유일한 차이점은 경영진 내에서 역할의 차이일 뿐이다."

노동조합 의식이 있는 젊은 직공장들은 경영진이 자신들의 불안정성을 활용한다는 사실을 깨닫게 된 후 노동자들과 다시 합류하려고 애쓰면서, 노동조합 결성을 시도하기도 했다. 1940년대에 와그너법에 따라 출발한 노동조합은 곧 조직 노동의 적대감과 경영진의 무관심 사이에 놓이게 되었다. 와그너법에 따라 노동조합에 직접 가입한 직공장은 10만 명을 넘지 않았을 것이다. 제2차 세계대전 중 약 800만 명의 저숙련 노동자를 훈련시켜야 했던 직공장들이 자신들의 기개를 느끼고 이를 주장할 수 있는 수단을 찾기 시작하면서 직공장 노동조합 설립이 탄력을 받기 시작했다. 그러나 1941년 디트로이트에서 설립된 직공장협회는 전성기에도 100만~150만 명으로 추정된 미국의 직공장 중 5퍼센트인 5만 명 정도에 불과했다. 이 작은 시작조차도 법적 혼란에 시달렸고 해결책을 찾지 못했다.

4. 새로운 기업가

발자크는 관료제를 "피그미들이 휘두르는 거대한 권력"이라고 불렀지만, 실제로 관료적 통제권을 행사하는 모든 사람을 그렇게 부르는 것은 적절하지 않다. 관료제를 직접적으로, 또는 섬세하게 경험하지 못한 현대의 관찰자들은 첫째, 대기업과 중앙집권화된 정부의 실국에 대한 다양한 실질적 적용을 검토하기보다는 관료제에 대한 이념형적 정의로부터 관료의 유형을 유추하는 경향이 있다. 둘째, 대기업이 엄격하게 관료제 형태를 띤다고 가정하는 경향이 있다. 실제로 이런 기업들은 대개 여러 요소의 혼합물이며, 특히 인사와 관련해서는 관료제적, 가산제적家産制的, 기업가적 조직 형태가 혼합되어 있다. 이는 간단히 말해 관리자의 유형을 선택하고 형성하는 데 (경영만이 아니라) '정치'가 매우 많이 작용한다는 것을 의미한다.

현대 기업에는 관료제의 공식에 딱 맞는 사람들이 있는데, 이들의 외양과 행동방식을 간단히 설명하면 다음과 같다.

이들은 명확하게 정의된 권한의 선을 따르며, 각각의 선들은 다른 선들과 연관되어 있고 모두 기업의 지속적 관심사로 인정되는 목적들과 관련된다. 그들의 활동과 감정은 그들 자신이 지닌 '전문 지식'에 의한 의무와 요구사항이 설정하는 한정된 행동 영역 안에 있다. 그들의 권력은 그들이 점유하고 있는 사무실에 반듯하게 자리 잡고 있으며, 오직 그 사무실에서만 나온다. 따라서 기업 내의 모든 관계는 비인격적이고 공식적인 위계 구조에 의해 설정된다. 이들의 기대치는 철저하게 계산 가능한 기준에 따라 정해지며, 운영 규칙과 명시적인 제재를 통해 실행되고, 임용은 시험을 통해 이루어지거나 적어도 훈련된 역량을 기반으로 하며, 정년이 보장되고 정기적인 승진 체계가 있는 직업적 안정을 누리고 있다.

관찰을 위한 지침으로서는 유용하다고 해도 이런 설명 자체는 이론적인 풍자일 뿐이다. 실제로 '관료제' 유형에 가장 가까운 두 가지 유형의 관리자가 있다. 일부 위계질서의 최상층에서는 차분하고 냉정하며 서두르지 않지만 자신감 부족을 드러내는 성격을 종종 발견할 수 있다. 이들은 흔히 매너를 대단히 중요시하고, 할 일이 별로 없어 보이며, 천천히 심사숙고하면서 행동하는 침울한 사람들이다. 이들은 신중하게 규칙을 따름으로써 개인적인 결정의 위험을 줄이고, 전례의 규칙이 없는 결정을 내려야 할 때는 불안감에 큰 부담을 느낀다. 이들은 곁에서 일하는 부하 직원이나 비서 덕분에 세상사로부터 세심하게 보호받으며, 자신을 위해 일을 처리한다. 그들은 권위의 장신구라도 되는 듯이 항상 고용주나 다른 상급자의 목표를 따르고, 조직의 목적이 그들의 사적 목적이 된다. 왜냐하면 그들은 실현 가능하고 계산 가능한 경력 범위 안에 조심스레 머물면서 온건한 야망을 가진 안전하고 건전한 인물이며, 소유자나 정치적 보스에 의해 선택되고 그들을 위해 행동하기 때문이다. 기업의 공식적인 이익과 조직의 무결성을 대변하기 위해 신중하게 선발되어 조직에 봉사하고, 그렇게 함으로써 자신의 개인적인 이익에도 봉사한다는 점이 바로 그들이 정상에 있는 이유이자 그들에 대해 말하고자 하는 요점이다. 그들은 모든 기구들 사이에 조심스레 앉아서 무겁게 숙고하는 모습을 보인 후 대개 아니오라고 말한다.

곧잘 이 관료제 유형과 동일하지만 안전의 위계질서에서는 대개

한 단계 아래인 '고참들'이 있다. 이들은 기업이 작을 때부터 시작했다거나, 지금은 그 큰 기업체의 한 부서가 된 다른 소기업에서 일을 시작했다고 말하는 사람들이다. 이들은 지시대로 일하지만 명시적인 명령의 범위 밖에서는 불안감을 느끼며 각광받은 적도 없고 책임을 전가한다. 대체로 자신의 능력과 경험 사이에서 불균형을 느끼고 경쟁은 무익하다고 느끼게 되며 존경에 대한 열망으로 인해 아는 체하기 일쑤다. 동료 노동자 및 일반인과의 사이에서 조심스레 격식을 지키고 규칙에 순종함으로써 더 많은 존경을 받으려고 노력한다. 이들은 업무의 공식적인 측면에 감상적으로 접근하며, 현재의 환경에서 벗어나게 되면 개인의 안전이 위협받는다고 느낀다.

그러나 관료적 생활에 적응했음에도 불구하고 결코 통상적 이미지의 관료는 아닌 다른 유형의 관리자가 있다. 관료적 정신만이 관리자가 지닌 성격의 유일한 내용은 아닌 것이다. 특히 오늘날 미국의 관료제는 여전히 기업가 정신과 이데올로기가 지배하는 문화에서 선구적인 삶의 형태다. 젊은 관리자 중에는 기업가적 특성과 관료적 특성이 혼합된 두 가지 유형이 있다. 하나는 보통 영업이나 홍보 쪽에서 올라오는 '수완가'로서, 위계질서에서 그 위에 있는 사람들, 즉 침울한 사람들에게도 때로 위협이 되곤 하지만 특히 나이 많은 고참들에게 위협이 된다. 시간이 지나면 수완가가 자리를 잡을 수도 있고, 때로는 자리를 잡고서 누군가의 '영리한 부하'가 될 수도, 즉 모시는 사람들이 좋아하고 호감을 갖는 누군가의 수완가가 될 수도 있다. 충성심에 의심의 여지가 없고 지나친 영리함으로 불안감을 불러일으키지 않도록 조심한다면 그는 정상으로 오르는 길을 걷고 있는 것이다.

그러나 일부 수완가는 쉽사리 누군가의 똑똑한 부하가 되지 않는다. 그들은 우리가 새로운 기업가New Entrepreneurs라고 부르는 유형이며 자세한 논의가 필요한 유형이다.

새로운 사업 환경에서 지배적인 사실은 기업 관료제와 경영이 소유-운영자를 보완하거나 심지어 대체한다는 것이다. 그러나 관료화가 경쟁 정신을 완전히 대체하지는 못했다. 새로운 스타일의 경쟁 주체는 정확히 구시대적인 영웅이 아니며, 구시대적인 조건들도 아니다. 진취성은 전례 없는 시험대에 오르고 있다.

소기업가의 시대로부터 최근에야 벗어났고 여전히 그 시대의 이데올로기에 부합하는 성공 모델의 영향을 받는 미국 사회에서, 냉정한 관료제 유형이 쉽사리 지배적인 유형이 될 것 같지는 않다. 그러나 사회 구조는 개인적 부를 축적하는 전통적인 방식을 허용하지 않을 것이다. 19세기의 경쟁 현장은 상대적으로 평등한 세력 간의 경쟁이었고, 개별 사업가 또는 기업 간의 경쟁이었다. 20세기에는 거대하고 강력한 단위들이 서로 경쟁하는 것이 아니라 소비자 대중, 때로는 정부의 특정 부문과 총체적으로 경쟁한다. 새로운 기업가는 새로운 환경에서 옛날처럼 발로 뛰는 경쟁을 대표한다.

이 새로운 유형의 기업가가 처한 전반적인 환경은 아직 불확실하고 일상화되지 않은 영역이다. 새로운 기업가는 광고 리서치 및 홍보, 광고 대행사, 노사 관계, 매스 커뮤니케이션 및 엔터테인먼트 산업 등 '기업 서비스' 중 덜 가시적인 영역에 매우 익숙하다. 그의 직함은 '사장 특별 보좌역', '총수의 고문', '경영 상담가 및 엔지니어링 고문'이 될 가능성이 높다. 젊고 똑똑하며 교육받은 사람에게 이 분야는 추진력과 노하우만 있다면, 그리고 관료제 수장들의 불안만 견뎌낸다면 무한한 기회를 제공한다. 시간이 흐르면 새로운 기업가는 이런 분야를 일상 업무로 만들 수 있겠지만, 바로 그렇게 하는 사이에 그 분야에서 활동하는 것이다.

새로운 기업가에게 열려 있는 영역은 이런저런 방식으로 겹치며, 대체로 불확실성이 크고 새롭게 시작되는 영역이다. (1) 다양한 기업 관료제 조직 간, 기업과 정부 간의 조정, (2) 새로운 권력에 대한 해석적 정당성을 외부인에게 알리는 홍보, (3) 지난 사반세기 동안 생겨난 새로운 산업, 특히 광고와 같이 다소간 무형의 서비스를 판매하는 산업이 이에 해당한다.

예전의 기업가는 새로운 관심사를 찾아내고 이를 확장함으로써 성공했다. 관료는 전망 좋은 직업을 얻은 다음 미리 정해진 위계질서 속에서 사다리를 타고 올라간다. 새로운 기업가는 기존의 관료제 조직 안에서 그리고 그사이에서 지그재그 패턴으로 위로 올라간다. 껍데기 벌린 굴 무더기를 제힘으로 딸 수 있던 세상에서 활동한 고전적인 소기업가와는 달리, 새로운 기업가는 이미 모든 진주가 채취되어 면밀하게 지켜지고 있는 세상에서 활동해야 한다. 그가 자신의 진취성을 표현할 수 있는 유일한 방법은 자기 몫을 얻기 위해 권력자에 봉사하는 것이다. 그는 대기업과 대기업 사이에서, 그리고 기업 전체와 대중 사이에서 '일을 해결하는' 방식으로 그들을 섬긴다.

그가 성공할 수 있는 이유는, (1) 권력을 가진 사람들이 합법적으로 일을 처리할 수 있다고 기대하지 않고, (2) 이들이 두려움과 법적 책임을 알고 있으며, (3) 또한 개인적으로 그다지 똑똑하지 않은 경우가 많기 때문이다. 새로운 기업가가 자신의 지혜 덕에 살아가는지, 아니면 다른 사람의 지혜 결여 덕에 살아가는지는 확실하게 말하기 어려운 경우가 많다. 하지만 불안에 관해서라면, 비록 그 자신이 불안에 쫓길지라도 힘센 고객들에게 불안이 널리 퍼져 있지 않았다면 그가 성공하지 못했으리라는 것은 틀림없다.

19세기의 첫 사반세기 동안 프랑스에서 벌어진 정치적 사건의 파도에 휩쓸리면서 '권력은 청소부를 필요로 한다'는 사실을 알게 되는 발자크 소설의 등장인물 '데 뤼포'처럼,[4] 미국의 새로운 기업가는 "능숙한 등반가여서… 유용한 도움과 중개자라는 자기 직업의 역할에 세 번째를 추가했다—그는 권력 내부의 질병에 대해 무상으로 조언을 건넸다. 상사가 절망이나 분노를 터뜨리면 맨 처음 받아내는 사람이었고, 상사와 함께 웃고 슬퍼했다. 아첨하고 조언하는 것, 즉 아첨을 가장해서 조언하고, 조언을 가장해서 아첨하는 것이 그의 임무였다."

새로운 기업가 정신에 어울리는 재능과 지능은 새로운 사회에서 종종 위험하다. 재능과 지능은 있으되 권력이 없는 사람은 권력자가 마치 그런 능력을 가지기라도 한 듯이 행동해야 한다. 좋은 아이디어에 대해서는 상사에게 공을 돌리고 나쁜 아이디어에 대해서는 질타를 감수해야 한다. 판단하는 경영진과 창조하는 지성 사이의 분열이 뚜렷한데, 이는 곧 정당화된다. 새로운 기업가들의 불행에 대한 최근의 이야기 중 한 편에서 어느 회계 담당 임원은 "그래서 제가 쇼를 쓸까요? 아니면 쇼를 제작할까요?"라고 묻는다. "그리고 나는 그걸 스폰서에게 가져갔죠. 그가 내게 묻더군요. 당신이 만든 이 쇼에 1년에 100만 달러를 써야겠냐고 말이죠. 이봐요, 아티? 사실 나는 판단할 수 없어요. 평론하는 자리에는 가지 않을 거예요. 한마디로 나는 경영자가 되지 않을 거예요."

경쟁자로서 새로운 기업가는 그가 봉사하는 관료제의 대리인이며, 그가 얻으려는 것은 시스템을 운영하는 사람들의 선의와 호의고, 복잡하게 얽혀 있는 공적이면서도 사적인 **여러 관료제 시스템**이 존재하기 때문에 그에게는 기회가 있다. 미미한 화이트칼라와는 달

---

4 발자크의 연작소설 『인간 희극』 중 『관료제』 제2장의 주인공.

리, 그는 하나의 기업 관료제 조직에 머무르지 않고 관료제 조직 내부와 관료제 조직들 사이를 오가며 불안하지만 계산된 모종의 리듬으로 움직인다. 그는 대기업과 연방정부의 규제 기관들, 특히 군부 조직과 정당들 사이에 진부한 길을 놓는다.

고위 관리자 직급에서는 회사에 대한 충성심과 다른 기업이나 정부가 알고 싶어하는 내밀한 비밀에 대한 지식이 민감하게 혼합되며, 이를 바탕으로 권력, 보안, 승진 간의 미묘한 균형이 유지된다. 물론 단순한 변절도 있지만 극비라는 의미에서의 '비밀'이 아니라 해당 업무를 수행하지 않는 사람은 접근할 수 없다는 의미에서의 비밀을 의미한다. 관료제의 세계에서는 개인의 경험이 대개 통제되며, 명석한 경영진은 공식적인 권력 지위를 이용하여 중요한 고객과의 접촉을 독점함으로써 기업가적 성향을 억누른다. 통제받지 않고 경험을 쌓을 수 있다는 것이 새로운 기업가의 특징이다.

경력의 관점에서 보면 충성을 바치는 대상이라고 볼 수 없는 정부 규제 기관의 비밀과 절차를 알게 되는 사람들에 관한 사례가 많나. 이들의 충성심은 오히려 그들이 놀아가고자 하는 기업 위계질서로 향한다. 이것이 20세기 기회 구조의 한 유형이다. 이러한 '정부 내 기업가'의 경력 코스는 친숙한데, 이들은 1933년의 국가산업회복법NIRA 시절부터 워싱턴을 드나들면서 상무부의 각종 위원회와 전쟁생산위원회[5]의 자문기구에서 활동하며 중견기업이나 대기업과 접촉을 유지해왔다. 지난 15년 동안 이렇게 서로 연결된 세계에서 큰 성공을 거둘 수 있는 진짜 기회가 있었다.

모든 직급에 걸쳐 기회가 열려 있었다. 하위 수준에서는 가격관

---

5   War Production Board(1942~1945). 제2차 세계대전 수행에 필요한 물자와 서비스의 생산과 분배를 총괄한 미국 정부의 기관. 이 기관이 총괄한 군수품의 양이 제2차 세계대전 중에 생산된 전 세계 군수품의 40퍼센트를 차지했다.

리국[6] 위원회의 수석 위원이 가격관리국과 거래하는 기업을 위한 사업 서비스, 즉 가격관리국 조정센터를 설립하고 서서히 경영 상담 서비스로 성장시킬 수 있다. 하지만 상황은 전쟁 기간과 전쟁 후에 중심부에서 크게 진척되었다. 예를 들어 잉여 재산 처분은 너무 복잡해져서 '정부'는 무엇이 진행되는지 확인할 수 없었다. 단지 표면만 건드렸을 뿐인데도 수천 달러를 투자해서 수백만 달러를 벌어들이고, 원료 공급 담당자가 정부로부터 잉여 공구를 사들인 다음 정부에 되팔고, 해군에서 사서 곧바로 육군에 판매하는 등의 증거가 드러났다. 피라미 몇몇이 적발됐지만, 큰 해결사들은 전시에도 정부를 상대로 평소처럼 사업을 계속하고 있었기 때문에 앞으로도 적발되지 않을 것이다.

아마도 새로운 기업가의 짧은 역사에서 최고의 인물은 두 번의 임기 동안 루스벨트 대통령의 "수석 고문이자... 문제 해결사"였던 토머스 가디너 코코런('토미 더 코크'Tommy-the-Cork)[7]이었을 것이다. 그는 연방정부 안팎에서 워싱턴 조직의 복잡다단한 메커니즘을 꿰뚫어볼 수 있는 보기 드문 재능을 소유하고 있었다. 행정부의 자유로운 인재 스카우터였던 그는 『뉴욕타임스』의 존 H. 크리더John H. Crider가 말한 것처럼 "연방 조직 전체에 걸쳐 말 그대로 수많은 사람을 요직에 앉히는 역할을 하고 있었다. 그는 외부의 다른 어떤 개인보다 정부에 더 많은 파이프라인을 가지고 있다. 항상 막후에서 대통령을 위해 일했으며, 정부에서 일하는 동안 고문... 보좌관... 특별

---

6   OPA(Office of Price Administration, 1941~1947). 제2차 세계대전 수행 중 가격 통제를 위해 설립된 정부기관이다.

7   Thomas Gardiner Corcoran(1900~1981). 뉴딜 정책 당시 루스벨트 대통령의 중요한 자문위원 중 한 명이었으며, 정부 인사에 막강한 영향력을 행사하여 현대적 의미에서 로비스트의 시초로 간주된다. 루스벨트는 그에게 '토미 더 코크'라는 별명을 붙였다. 원문에서는 Gardner라고 표기되어 있으나 Gardiner의 오기로 보인다.

보좌관 등 여러 직함을 지녔다." 연봉이 1만 달러에 불과한 공직을 그만둔 후에는 변호사이자 해결사로서 연간 10만 달러 이상의 수입을 올렸다.

관료제 세계에서 합법적인 경로를 통해서는 일을 빨리 처리할 수 없다는 예상에 기대어 살아가는 이들이 바로 '해결사'다. 이들이 가진 협상력과 수입원은 유형의 자산이 아니라 무형의 인맥과 '파이 프라인'으로 구성된다. 하지만 그는 정신spirit과 운영방식이라는 면에서 소규모 재산가가 아니라 기업가이며, 자신의 진취성과 재치, 교활함을 이용해 이전에 없던 것을 만들어내고 있다. 물론, 그는 한때 재산 소유가 제공했던 안정감을 가지고 있지 않으며, 이것이 그를 달리게 하는 한 가지 이유다. 하지만 성공한 사람들에게는 수익에 상응하는 위험이 따르기 마련이다.

물론 때때로 새로운 기업가가 재산 부자의 일원이 되기도 한다. 그는 위험을 분산하고 성공의 기회에 집중하기 위해 재산을 여러 유가증권에 분산시킬 수 있다. 자본 투자를 하지 않는다면 그의 성공은 진정 창의성으로만 이룬 것이라는 의미이기 때문에, 그의 내재적 가치를 훨씬 잘 보여주는 확실한 척도가 된다. 마치 옛날의 영웅적인 기업가들처럼 그는 거의 아무것도 없이 무언가를 성취한다. 그리고 그들과 마찬가지로 내기에서 지는 법이 없다.

예전 개인기업의 지휘관의 힘은 그의 엔지니어링 능력과 빈틈없는 재정적 거래에 있었다고들 한다. 이상적인 관료의 힘은 그가 맡고 있는 직책에 부여된 권한에서 비롯된다. 우두머리 관리자, 즉 경영자의 힘은 옛 관리자들이 쌓아놓은 부를 통제하는 데서 나오며, 배당을 보장하는 합리적인 시스템에 의해 강화된다. 새로운 기업가의 힘은 적어도 첫 단계에는 그의 성격과 그 성격을 이용하여 우두머리의 걱정거리를 다루는 솜씨에 달려 있다. 힘이 집중됨에 따라 경쟁의 성격과 의미도 바뀌었다. 새로운 기업가의 성공과 실패는 비인격적인 시장의 '수요와 공급'에 의해 결정되는 것이 아니라, 친밀하게 아는 사이인 독점기업의 우두머리가 지닌 개인적 불안과 결심에 의해 결정된다.

새로운 기업가와 평범한 화이트칼라 노동자의 경력 모두 강력한 타인에 의해 관리된다. 그러나 이런 차이가 있다. 화이트칼라 근로자의 아첨은 사소한 것들이며 상상력이 풍부하지도 않다. 그는 관료제 군단의 안정적인 일원이며 그의 삶에서 진취성은 엄격히 절제된다. 부패에 익숙한 새로운 기업가는 일부 관료제의 경계에서 교활하게 활동한다.

새로운 기업가는 흥청망청 돈을 쓰면서 때로는 존경받는 기업가와 함께 해결사로서, 또는 벼락부자이자 사기꾼으로서 대중의 주목을 받기도 한다. 진취성을 우상화하는 바로 그 대중이 단순하고 순수하게 진취성만으로 크게 성공한 모델을 발견하면 격분하기 때문이다. 군납 사기꾼 머레이 가슨[8] 한 명이 잡혔을 뿐이지만 그런 사례가 얼마나 많을 것인가? 가슨 형제가 전쟁부에 보낸 편지지 상단에 적힌 유령 회사의 이름으로 전쟁 계약을 따내 7,800만 달러의 수익을 올렸을 때, 노력과 성공을, 허레이쇼 앨저의 이야기를 존경하는 대중은 분노했다. 팽창하는 시스템에서는 이익이 모두의 복지와 일치하는 것처럼 보이지만, 이미 폐쇄된 시스템에서는 누군가를 끌어들여야 이익이 창출된다. 새로운 상황에 대한 규칙이 정해지지 않았기 때문에 합법적인 것과 불법적인 것 사이에 경계를 긋기도 어렵

---

8   Murray Wolf Garsson(1890~1957). 군수업자로서 제2차 세계대전 중 동생 헨리 가슨과 함께 미국 정부를 대상으로 사기를 벌여 미국 역사상 최대 부패 스캔들 중 하나의 주인공이 된 인물. 하원군사위원장 앤드루 메이와의 결탁으로 이뤄진 사기 행각이 드러난 후 동생과 함께 징역형에 처해졌다.

다. 더욱이 이런 도덕적 문제와 관련해서는 기업의 규모와 거래관계의 견고함과 신뢰성이 결정적인 영향을 미친다.

새로운 기업가가 격앙하게 되는 이유 중 일부는 아마도 자신의 역할이 사라질지도 모른다는 불안감 때문일 것이다. 최고 책임자를 위해 그가 해오던 많은 업무는 이제 기업에서 표준화된 업무가 되어 더 이상 기업가적 직감이 필요하지 않으며, 더 값싸고 신뢰할 만한 화이트칼라가 처리할 수 있다. 점점 더 많은 대기업들이 새로운 기업가들이 개척한 분야에서 자체적으로 인재를 고용하고 있다. 사정이 이렇게 되면 새로운 기업가들은 똑똑한 부하가 되고 샐러리맨으로서 관리직 간부의 고정 멤버가 된다.

좀 더 엄격한 관료제적 환경에서는 특정한 관리자가 가진 인맥의 가치와 그가 알고 있는 비밀의 가치가 확실히 줄어든다. 관리의 위계질서가 합리화되면 하급자로 내려갈수록 전체를 파악할 수 있는 기회가 줄어든다. 명확한 관료적 역할이 없는 토미 코코런은 전체를 파악하고 선택된 일부에게 이를 알려줌으로써 최고 책임자를 보좌하며, 이윽고 때가 되면 자신에게 봉사한다. 서머벨 장군[9] 유형의 관리 방식에서는 경영진의 통제 부서가 전체 상황을 파악할 기회를 독점하고 매달 한 번씩 모든 임원에게 그 결과를 알려준다.

합리화는 총체적인 조망을 할 수 없게 만든다. 순환 보직제와 통제 부서를 통해 조직을 합리화함으로써 최상위 관료는 하급자에게 비전을 제시할 수 있다. 협력하지 않는 '기업가형' 인물은 내부 정보에서 배제될 수 있다. 이전의 상품시장과 마찬가지로, 성격 시장

---

[9] Brehon Burke Somervell(1892~1955). 제2차 세계대전 당시 미 육군 군수지원사령관으로서 물류를 담당했다. 유능함으로 인정받았으며, 그의 대표적 프로젝트 중 하나가 펜타곤 건설이었다.

personality market의 최상층은 교묘한 재치와 전례 없는 진취성이 발휘되는 자유로운 힘의 유희가 아니라 행정적 관리의 대상이 될 가능성이 높다.

5. 경영자의 힘

현대 자본주의에서는 대기업의 경영자manager가 표면적 중심이 되는 인물로서 개인기업의 지휘관을 대체했다는 데 의심의 여지가 없다. 그들은 새로운 사회의 경제 엘리트이며, 가질 만한 것은 다 가진 사람들이고, 큰 계획을 세우고서 다른 사람들과 일을 책임지는 사람들이다. 그들은 고위직 상사이며 큰돈, 큰 권한을 가진 사람들이다. 그러나 사실 현대 기업의 '최상층'은 복잡하다. 기업의 최고 경영진과 함께 수많은 소유자가 흩어져 있고, 그 아래에는 관리직 근로자로 이루어진 상위의 위계질서가 있다.

현대 기업의 규모가 커지면서 특정 기업의 소유권이 확대되고 '소유자'의 직접 운영 권한은 감소했다.[10] 공장, 기업, 정치경제 내에서 재산의 힘은 종종 간접적으로 작용하며 수많은 새로운 대리인을 통해 작동한다. 재산 소유자가 직접 노동자에게 명령을 내리지 않는 이유는 노동자는 너무 많은 반면, 소유자는 충분히 집중되어 있지 않기 때문이다. 게다가 개인적 명령이 기술적으로 가능하다고 해도 다른 사람을 고용하는 쪽이 더 편리하다. 애덤 스미스는 '소유자의 책임'이 제한되기 전에도 이렇게 주장했다. "대부분의 소유자는 회사의 사업에 대해 아는 척하는 경우가 거의 없고… 아무 문제도 일

10　**소유자**owners란 법적으로 이익의 공유를 요구하며 기업의 운영자가 이들의 이익을 위해 최선을 다하리라 기대하는 사람들이다. **경영자**managers란 기업에 대한 통제를 실행하는 사람, 기업을 운영하는 사람들이다. 【원주】

으키지 않으며 중역들이 적절하다고 생각하는 대로 반기별 또는 연간 배당금을 만족스럽게 받는다"라고 말이다.

경영자와 소유자의 분리, 그리고 소유자의 간접적 권한은 잘 알려진 사실이다. 그러나 이러한 사실은 적어도 금세기 초부터 '경영 혁명'이 일어나 진행 중이며, 대재산가를 대체하는 대경영자가 이후의 지배계급이 되리라는 의미로 널리 잘못 받아들여져왔다.

소유자와 경영자는 더 이상 같은 인물이 아니지만, 경영자가 소유자의 소유권을 전유한 것도 아니고 노동자와 시장에 대한 기업 소유권의 힘이 쇠퇴한 것도 아니다. 권력이 재산에서 분리된 것이 아니라 오히려 재산의 힘이 소유권보다 더 집중된 것이다. 이것이 비민주적으로 보인다면, 민주주의의 부재는 소유계급 내부에 있다. 밴 스웨링겐 형제가 단 2,000만 달러로 20억 달러 상당의 철도 8개 노선을 통제했다 하더라도, 그들이 행사한 힘은 20억 달러가 있었기 때문에 가능했던 힘이다.[11]

재산 소유의 힘은 비개인화되고 간접화되며 감춰진다. 하지만 그 힘은 최소화되지도 감소하지도 않았다. 사유재산제도의 합법화와 관련하여 경영 혁명이나 그외 다른 혁명 같은 것이 일어났다고 보기는 어렵다. 재산 소유자 아래 거대하고 복잡한 기업 및 산업 관료제가 존재하게 되었다. 그러나 이 명령의 사슬을 지배할 권리, 즉 이 관료제가 향하는 권한의 지위에 합법적으로 접근할 수 있는 권리는 바로 재산 소유권이다. 주주는 자신의 소유권에 대한 운영 통제

---

11 오하이오주 클리블랜드에서 부동산 투자로 성공한 밴 스웨링겐Van Sweringen 형제는 1913년에 노면전차 회사를 설립하고, 이어서 뉴욕과 세인트루이스 간 철도회사의 지분 51퍼센트를 인수했다. 이후 여러 철도회사를 인수하면서 전성기인 1920년대에는 약 5만킬로미터의 철도 노선을 지배했다. 인수 자금 대부분은 투자자의 자금을 이용한 신용 대출로 이루어졌다. 대공황 이후 몰락했다.

권을 행사할 의지도, 능력도 없다. 이는 사실이다. 그리고 경영자의 권한은 자신의 개인적 소유권에 의존하지 않는다. 이것도 사실이다. 그러나 대기업의 소유와 통제 사이에 기능적 관계가 없다고 결론내릴 수는 없다. 그러한 추론은 법과 제도가 아닌 인사 문제에 초점을 맞추고 있다.

계속 기업going concern으로서의 재산은 그 소유자가 소유하지 않은 채 사용하려는 사람들에게 필요하다면 폭력적 강압도 가할 수 있음을 의미한다. 법적 소유권을 가진 사람은 경찰력을 빌려 비소유자는 물론이고 이전의 소유자나 경영자 등 재산을 장악하려는 사람을 축출하고 처벌할 수 있다. 설혹 '소유자'의 권한이 경영자에 의해 전유된 것이 사실이라고 해도 소유자의 재산이 전유된 것은 아니다. 관리자에 의한 재산 '전유' 사례를 입증할 수 있다면 소유자는 경영자를 기소하고 감옥으로 보낼 수 있다.

확실히 소유자와 경영자 사이에 발생한 이 권력 분배의 변화로 인해 유산계급이 파괴되지도 않았고, 그 힘이 약화되지도 않았다. '경영 혁명'이라는 개념의 근거가 되는 모든 구조적 변화는 (1) 유산계급 전체의 운영 권력 분배의 변화로서, (2) 재산 관계의 전반적인 관료화로서 더 정확하게 이해할 수 있다.

산업적 유산계급 내에서 실제적인 권력 행사는 위계질서에 위임되었고, 기업가적 기능은 관료화되는 방식으로 변화가 일어났다. 그러나 관료제의 최고 책임자는 소유계급의 강력한 구성원이다. 그는 재산제도에서 행동할 권리를 얻으며, 가능한 한 사유재산제도의 이익에 부합한다고 믿는 방식으로 행동하고, 경제적으로는 물론 정치적, 신분적으로도 자신의 계급 및 그 부의 원천과 일체감을 느낀다.

재산이 주는 직접적인 권력이 고위직 근로자와 소유자 중 소수 파벌에게 위임되거나 특정 상황에서는 뺏길 수도 있다는 사실에 충격을 받은 관찰자들은 거대하고 복잡한 관료제적 대기업의 형태를 바라보면서 권력의 원천과 재산의 의미를 간과하는 경우가 많다. 재산의 '소유'와 '통제'를 구분한다고 해서 재산의 힘이 줄어드는 것은 아니며, 오히려 더 커질 수도 있다. 하지만 그로 인해 그 권력을 좀 더 직접적으로 행사하는 사람들의 인력, 기구 및 재산 상태는 바뀐다.

미국 기업의 권력자들이 공장 안에서 구시대적인 소유자처럼 행동하지 않고, 그들의 힘을 개인적인 소유권에서 얻지 않는다고 해도, 그들의 힘은 역시 재산에 대한 통제에서 나온다. 그들은 사유재산의 관리자이며, 만약 사유재산이 '폐지'된다면 그들의 힘은 다른 근거에 의존하게 될 것이고, 다른 힘의 원천을 찾아야 할 것이다. 동일한 사람들 대다수가 공장과 광산의 경영자로 계속 일할 수도 있겠지만, 그것은 새로운 정치적 문제다.

경영자가 사유재산의 관리자라는 말은 첫째, 그들이 따르려는 원칙이 공공 재산을 관리하는 사람들이 그렇듯이 예산상의 고려가 아니라 이윤 극대화를 위해 자기 힘을 사용한다는 것을 의미한다. 둘째, 이는 경영자가 누구에게 책임을 져야 할지 결정하는 것이 재산제도임을 의미한다. 임시국가경제위원회의 경제학자들은 "경영자는 유효한 소유자 집단에 대해, 일반적으로는 대재산 계급에 대해 책임을 진다"고 결론지었다. 경영자들은 대주주의 재산상의 이익에 의도적으로 반하는 행동을 하지 않는다고 알려져 있다. 그들은 재산의 이익에 맞춰 행동한다. 공장 노동자와의 관계에서든, 경쟁 기업과의 관계에서든, 정부에 대한 관계에서든, 자사 제품의 소비자와의 관계에서든 마찬가지다. 물론 주식과 채권 등을 소유한 많은 사람들이 이제 권력 분배에 변화를 가져올 수 있을 만큼 충분한 생산 시설을 소유하고 있다. 하지만 이는 경영자가 대재산 소유자의 대리인이라는 걸 의미할 뿐, 소재산 소유자의 대리인이라는 의미는 아니다. 기업의 경영자는 가장 많은 재산을 가진 소유자의 대리인이며, 그들은 재산을 기반으로 하는 조직으로부터 권력을 얻는다.

'경영자'The Manager는 흔히 자율적인 목표를 가진 과학 기술자나 행정 전문가로 여겨지기 쉽다. 하지만 그들은 기술을 담당하는 전문가가 아니라 재산의 집행자다. 그들의 주된 관심사는 소유자의 주요 관심사인 재무와 수익이다. 소유자의 역할을 빼앗아간 것으로 여겨지는 경영자들은 실제로는 소유자 못지않게, 혹은 그 이상으로 그 역할에 헌신한다. 물론 대주주와 대경영자 사이의 개인적 관계는 소유자와 이사회가 수익성 있는 대차대조표에 관심을 갖고 그에 따라 경영자를 판단하는 한에서만 '권위적'이며, 경영자가 스스로 판단하는 것은 아니다. 대리인이 권위를 내재화하게 되면 외부의 권위는 필요하지 않다.

산업 및 재무 경영자의 활동이 '독립적인' 목표가 아니라 재산상의 이익을 따른다는 것은 거대 기업의 합병 및 대형화의 동기를 보면 알 수 있다. 19세기 말이 되면 미국의 기업 결합consolidation은 많은 분야에서 대량 생산의 주요한 기술적 이점을 실현할 수 있을 만큼 충분히 진행되었다. 제1차 세계대전 이전의 기업 합동trust을 향한 움직임을 낳은 주된 동기는 기술적 효율성이 아니라 '재정적, 전략적 이점'에 대한 욕구였다. 기업의 규모를 키움으로써 경쟁을 억제하고 홍보와 보험상의 이익을 얻었음은 물론이지만, 기업의 내부자와 금융 조달을 맡은 외부자들은 자신들의 부를 위해 자금과 권한을 다룰 수 있게 되었다. 산업에서 생산성을 높이는 기능의 결합은 주로 여러 공장들 사이에서가 아니라 물리적으로 단일한 공장 안에서 이루어진다.

문제는 소유자가 수행하던 방식을 바꿀 정도로 경영자가 기업가적 기능을 수행하는지 여부다. 하지만 사유재산제도, 재산의 힘, 기업가의 기능이 그대로인데 어떻게 그럴 수 있겠는가? 에드윈 너스가 관찰한 것처럼, 경영자는 여전히 "자신의 경영하는 동안 회사 운영의 수익성을 근거로 평가받는다." 경영자가 자신이 경영하는 재산을 개인적으로 소유하지 않는 것은 사실이다. 그렇다고 해서 그들이 개인적으로 재산가 계급이 아니라고 주장할 수는 없다. 반대로 전체 인구와 비교했을 때 이들은 분명 많은 재산을 소유한 소수 집단의 일부다. 기업 경영자의 연소득 7만 5,000달러 이상 중 최소한 3분의 2는 재산 보유에서 비롯된다. 최고 수준의 경영자(아마도 가장 '권한이 큰')는 사회적, 정치적으로 다른 대재산 보유자들과 조화를 이룬다. 그들의 상승 이미지에는 대재산 집단에 더 깊이 진입하는 것이 포함된다. 과거에는 회사를 창업하고 키우면서 회사의 확장에 따라 계급적 지위가 상승하는 것이 재산가로 가는 길이었지만, 이제 그 길은 거의 모든 사람에게 닫혔다. 관리직이나 어울리는 결혼을 통해 재산가 집단에 진입하는 길은 대재산 관료조직 안에서 이루어질 가능성이 더 높다.

기업 간 투자에 더해 '경영자'들이 여러 기업의 이사직을 겸직함으로써 재산 계급은 하나의 계층으로 더욱 통일된다. 한 줌도 못 되는 AT&T의 임원 및 이사들이 다른 기업들에서 171개의 이사직이나 직책을 맡고 있는데, 이것이 단지 '명예직'은 아니다. 이사직을 겸직하는 기업들이 서로 연계된 사업을 하는 경우 이들은 거기에 관심을 기울이고, 이런 방식으로 첨예한 경쟁 갈등을 해소하는 재산 이익 공동체가 형성될 수 있다. 기업 결합은 "소유권에는 더 많은 통일성을 부여했지만 자회사 공장들의 생산 공정에는 통일성을 부여하지 않았다." 그들의 목표는 전국 시장에 대한 독점을 더욱 진전시키고, 자산의 결합으로 수익성을 높이는 것이었다.

옛 개인기업의 지휘관들이 이미 지적했듯이, 대기업 경영자가 뛰어난 건축가master-builder이자 이윤의 창출자라는 이미지는 더 이상 유효하지 않다. 최고 경영자가 생산적 노동과 엔지니어링에 대해 취하는 관계는 재무적이다. 권력의 측면에서 보면 그가 산업 관리자와 맺는 관계는 정치인과 정부 관료, 또는 선출된 노동조합 지도자와 그가 임명한 참모 전문가와의 관계와 다르지 않다. 기업의 임원이 최종 결정권을 갖는 이유는, 재산의 힘이 관료화되는 과정에서 대자본을 대변하고 대주주들과의 관계에서 동등한 지위로 대우받으며 그들의 클럽에 소속되어 그들을 대신해서 행동하기 때문이다.

정치권에서 사유재산제도의 이익에 반하는 입장을 취한 미국 경영자는 없었다. 경영자는 수사적으로나 실질적으로나 사유재산제도의 최고 수호자이며, 그에게 권력을 부여한 대주주와 비슷한 정치적 심성을 가지고 있고, 그가 취하고 있는 현재의 모습은 변할지라도 제도로서의 재산은 오래 지속될 것이다. 따라서 재산의 관료화에 따라 많은 부하 직원들 사이에 권력 분배가 일어난다고 해도, 현대 미국 기업의 경영진은 업무를 관리하고 전체 대재산 계급의 공동 이익을 추진하는, 전폭적으로 믿을 만한 위원회를 구성하고 있는 셈이다.

자신이 소유한 재산이나 소유자 대신 관리하는 재산을 원하는 대로 다룰 수 있다면 그는 타인에 대한 권력을 가지고 있는 것이다. 재산의 크기와 분포의 변화로 인해 일부 사람들의 권력은 커지고, 그에 상응하여 다른 사람들에게는 무력감이 생겼다. 이는 광범위한 기업가적 재산에서 협소한 계급적 재산으로의 전환을 뜻한다. 이제 재산의 소유는 소유한 사물에 대한 권력 그 이상을 의미하며, 그 사물을 소유하지 않은 사람에 대한 권력을 의미한다. 그로 인해 명령할 수 있는 사람과 복종해야 하는 사람이 선별된다.

6. 세 가지 흐름

경영 관리 조직에 점점 더 많은 의미와 형태를 부여하는 세 가지 흐름이 있다. 경영 관리 조직이 확산됨에 따라 (I) 위계질서의 하위 기능뿐만 아니라 상위 기능도 합리화되고, (II) 그에 따라 기업과 관청이 물신화되며, (III) 위아래로 행사되는 권력의 형태가 명시적 권한으로부터 조작으로 바뀌는 것이다.

I. 기업 구조의 합리화는 최상층에서조차 자연인 한 명의 머릿속에 있는 것이 아니며, 어느 누구도 합리화가 무엇인지, 무엇을 의미하는지 알지 못한 채 수십 명의 관리자, 사무원, 전문가가 제공하는 계산 시스템 속에 묻혀 있을 수 있다. 기업이라는 것을 시작한 사람이 있었다고 해도 이미 오래전에 세상을 떠났으리라. 프란츠 카프카는 "우리 행정기관의 특이한 성격"에 대해 이렇게 썼다. "그 기관은 정밀할 뿐만 아니라 매우 민감하기도 하다. 갑자기 예상하지 못한 곳에서, 심지어 이후에 더는 찾지도 못할 곳에서, 대부분의 경우 정당하게, 하지만 또 자의적으로 문제를 해결하는 결정이 순식간에 내려진다. 마치 그 자체로는 사소하기 짝이 없는 하나의 사안이 1년 동안이나 초래한 긴장과 짜증을 견딜 수 없게 된 행정기관이 공무원의 도움없이 스스로 결정을 내린 것처럼 보이는 것이다. 물론 그런 기적이 일어난 건 아니며, 분명 어떤 사무원이 해결책을 냈거나 관례에 따라 결정을 내렸겠지만, 어쨌든 적어도 여기 있는 우리가, 심지어 본청도 어떤 사무원이 어떤 근거로 이 사안을 결정했는지 알 수 없었고, 결코 알지도 못할 것이다. 게다가 그때쯤이면 누구도 관심을 갖지 않을 것이다."

모든 관리자가 집단적 책임을 질 수 있도록 조직되지 않은 '중간'

관리자인 경우가 점점 더 늘어나고 있는 것 같다. 에드먼드 윌슨[12]이 '미국의 자본주의 사회'에 대해 관찰한 것처럼, 중간 관리자들은 '책임을 전가하는 방대한 시스템'을 형성한다.

거래에서는 매장 지배인과 주임, 판매원이 상인을 대체하고, 산업에서는 공장 엔지니어와 직공장 직원이 제조업자를 대체하며, 거의 모든 경제 계층에서 최종 책임과 결정권이 없는 중간 관리자가 일상적으로 일반 직원이 된다. 경영진 사이의 사회적, 기술적 분업에 따라 독립적인 주도권이 차단된다. 의사 결정이 분할되고 공유되며, 경영의 전체 기능이 확장됨에 따라 서류 상자를 든 직원들이 의사 결정권자와 그의 실행 수단 사이에 끼어든다.

경영 간부들을 대상으로 일종의 '재고 관리'가 실행되며, 미국 해군연구소가 하는 것처럼 '회사에서 감독 직책을 맡고 있는 모든 사람들에 대한 상세한 개인별 분석'이 이뤄진다. '당사자와 상급자, 하급자와의 인터뷰, 그리고 과학적인 테스트 절차'를 기초로 각각의 사람을 '승진 가능, 만족, 불만족'으로 분류한다. '승진 가능한 사람'과 '뽑아버려야 할 썩은 나무'에 대해서는 구체적인 시간표를 작성한다. 최고 경영자는 시장에 적절히 대응하면서 동시에 '거대한 관료제'도 관리할 수는 없기에, 상층부를 합리화하여 이사회, 전문평의원회, 자문단, 위원회, 부서 등으로 나눈다. 그리고 조직 관리의 전문가가 경영 간부진의 핵심 인물이 되는데, 이는 간부진이 기업 외부의 개방된 직업시장에서 선발되지 않고, 조직 관리 전문가에 의해 내부적으로 선발되고 통제받게 된 결과다. 다른 인원들뿐만 아니라

---

12   Edmund Wilson Jr.(1895~1972). 미국의 작가, 문학가, 저널리스트로서 주요한 잡지에 실은 많은 평론을 통해 미국 사회에 영향력을 행사했다. 나중에 『보그』*Vogue*와 합병되는 『베니티 페어』*Vanity Fair* 같은 유명 대중잡지의 편집장도 역임했다. 좌파 성향으로서 매카시즘과 베트남전쟁에도 반대했다.

관리자들의 관리자라고 해야 할 이 관리 책임자 역시 또다시 합리화되며, 기술적 숙련은 물론 개인적 특성과 습관까지 다루는 산업 심리학자와 인간관계 연구자들을 직원으로 확보한다. 이들 책임자와 기술자들은 현대 조직의 대중생활에서 '인적 방정식'이 가지는 진정한 의미, 즉 모든 상위 기능의 합리화를 구현한다.

II. 경영 관료조직 속에서 자본주의 정신 자체가 관료화되고 기업은 물신화되었다. 헨리 포드는 "대기업에는 신성한 무언가가 있다"라고 말했다. 1908년 발터 라테나우[13]는 다음과 같이 썼다. "사업가의 일, 즉 사업가의 걱정, 자부심, 그리고 열망의 대상은 바로 기업이다. 기업은 형식과 실체를 갖추고서 장부, 조직, 지점들을 통해 독립적인 경제적 존재로서 항상 그와 함께 있는 것처럼 보인다. 사업가는 자기 사업을 번성하고 건강하며 살아 있는 유기체로 만드는 데 전적으로 헌신한다." 이것이 그의 활동이 지닌 내면적이고 물신 숭배적인 의미다.

베르너 좀바르트는 조기 자본수의 단계에 기업가가 인격적으로 배양했던 절제의 미덕을 거대 기업은 비인격적으로 받아들인다고 말한다. 근검절약과 정직은 경영 기업가에게 더 이상 필요하지 않게 되었다. 한때 이런 덕목은 개인의 의지력이 발휘되는 영역에 속해 있었지만, 이제는 사업 메커니즘의 일부가 되어 "사업적 관심사로 이전되었다." "인간의 특성"이었던 덕목은 이제 "사업 방법의 객관적 원칙"이 되었다. "부지런한 상인이 의식적인 자기 숙달 속에서 하

---

13   Walter Rathenau(1867~1922). 독일의 산업가, 작가, 정치인이다. 엔지니어 출신으로서 기업의 수직 통합과 공급망 관리 등에 대한 전문 지식을 개발했다. 제1차 세계대전 때는 전쟁 경제 조직에서 핵심 역할을 수행했고, 패전 후 수립된 바이마르 공화국에서는 재건장관과 외무장관으로 재직하다가 극우 민족주의자들에게 암살당했다.

루의 일을 처리할 때면" 인간의 의식에 "의무의 견고한 토대를 심는 것"이 필요했다. 하지만 이제 "사업가는 경제활동의 스트레스가 자신도 모르게 그를 따라 다니기 때문에 높은 압력 속에서 일한다." 기업가의 사적인 '살림살이'와 사업상의 '살림살이'가 동일했을 때는 검소함이 필요했지만, 이제 살림살이는 엄격하게 분리되었고 검소한 기업에서도 기업 관리자가 사치스럽기를 원한다면 그럴 수 있다. 그래서 "한 명의 인간으로서 기업가의 행동은 상인으로서의 행동과 크게 다를 수 있다." 중요한 것은 회사의 이름이며, 이 이름은 우두머리의 기업가적 재능이라는 개인적인 자질에 의존하는 것이 아니라, 사업상의 일상 업무와 적절한 평판에 대한 신중한 관리에 의존한다.

소유자와 경영자, 사무원, 노동자 개인들의 동기가 무엇이든 간에, 대문자로 시작하는 기업Enterprise 자체는 이윤을 창출하기 위해 세상을 조작한다는 나름의 동기를 가진 자율적 존재로 보일 때가 있다. 그러나 이 동기는 우연한 거래보다는 안정적이고 꾸준한 수익을 추구하는 합리화된 기업 속에서 구체화된다.

노동하는 사람이 더 이상 기계를 소유하지 않고 기계의 지배를 받는 것처럼, 중간계급도 더 이상 기업을 소유하지 않고 기업의 지배를 받는다. 옛 기업가의 미덕뿐만 아니라 악덕도 "사업상의 관심사 속으로 이전되었다." 허먼 멜빌이 팽창하던 19세기 사회의 첨단에서 탐욕스럽고 비뚤어진 존재로 보았던 공격적인 사업가 유형이, 20세기 사회에서는 인간으로서는 탐욕스럽지도 공격적이지도 않지만 종종 "탐욕스럽고 공격적인" 방식으로 작동하는 기계를 다루는 화이트칼라 관리자와 사무원으로 대체되었다. 이들은 탐욕을 일상화하고 공격성을 조직의 비인격적 원칙으로 만든 사업 기계의 톱니바퀴와 같은 존재다.

노동자의 움직임이 기계의 점프와 감독의 명령에 맞춰져 있기 때문에, 관료적 기업 자체가 기업과 정부의 관료, 사무원과 회계원의 세계에 대한 결정과 복종의 속도를 규정한다. 각 활동의 목표는 그 안에 있는 지배적인 목적과 관련되어야 하기 때문에, 기업의 목적이 조만간 인간의 동기가 되고 그 반대도 마찬가지다. 규칙 안에서 유지되는 이들의 행동방식은 기업의 방식이다. 권위는 개인이 아니라 직책에서 비롯된 것이어서 그들의 권위는 기업에 속한다. 그들의 지위, 즉 위계질서 내 타인과의 관계는 문에 붙은 직책명에 깃들어 있다. 이사회가 있는 기업에서는 이사회가 모든 명예와 권위의 원천이다. 위로부터의 안전과 아래로부터의 권위는 모두 회사의 규칙과 규정에서 비롯된다. 당연히 그들의 자아상, 즉 그들이 하는 일과 그들이 어떤 사람인지에 대한 이미지도 기업에서 파생된다. 그들은 기업의 비밀을 전부는 몰라도 일부 알고 있으며, 그들의 경력은 기업의 규칙에 따라, 등급이 매겨진 경로 안에서 진행된다. 이런 규칙 안에서만 다른 사람들과 비인격적으로 경쟁해야 한다.

III. 권력의 궁극적인 유형인 강압은 권력의 보유자가 물리적인 힘을 사용하는 것이며, 다른 방식으로는 움직이지 않는 사람들을 물리적으로, 또는 그들의 의지에 반하는 어떤 방식으로 다룬다. 권위는 어느 정도는 힘 약한 사람들의 자발적인 복종을 포함하며, 권위의 문제는 누가 누구에게 언제, 어떤 이유로 복종하는지를 파악하는 것이다. 조작은 은밀하거나 비인격적인 권력 행사이며, 이에 좌우되는 사람은 명시적으로 무엇을 하라는 지시를 받지 않지만 그럼에도 불구하고 타인의 의지에 따르게 된다.

현대사회에서는 민주주의 국가가 독점하고 있는 강압이 지속적으로 필요한 경우는 거의 없다. 그러나 권력을 가진 사람들은 종종 은밀한 방식으로 권력을 행사하게 되었고, 권위에서 조작으로 옮겨 가고 있다. 현대사회의 거대한 관료적 구조는 그 자체가 권위만이 아니라 조작의 수단이며, 덧붙여 대중 커뮤니케이션 수단도 이런 변화에 관여하고 있다. 경영 관료조직은 주어진 행위에 대한 의견과 감정, 분위기로까지 활동 영역을 확장한다.

단단한 원형圓形을 취한 19세기의 권위 체제 아래서 희생자는 자신이 희생당하고 있다는 것을 알았고, 힘없는 사람들의 불행과 불만은 명백했다. 무정형의 20세기 세계에서는 조작이 권위를 대체하며, 희생자는 자신이 희생자인 줄도 모른다. 최신의 심리 장비에 의해 구현된 공식적인 목표는 사람들이 자신의 동기를 알지 못하면서도 경영 간부들이 시키는 것을 내면화하게 만드는 것이다. 그들의 내면에는 많은 채찍이 있는 것이어서, 그는 자신이 어떻게 거기에 왔는지도 모르거나 혹은 실제로 거기에 있다는 사실조차 모른다. 권위에서 조작으로 이동하는 과정에서 권력은 가시적인 것에서 비가시적인 것으로, 알려진 것에서 익명의 것으로 이동한다. 그리고 물질적 기준이 높아짐에 따라 착취는 물질적인 것이 아니라 심리적인 것으로 바뀌고 있다.

더 이상 권력의 문제를 강압의 과정을 동의의 과정으로 바꾸는 단순한 문제로 규정할 수 없다. 권력에 대한 동의의 공학은 이제 권력자가 익명으로 존재하는 조작의 영역으로 옮겨가고 있다. 비인격적 조작은 적을 찾아내어 선전포고할 수 없다는 점에서 강압보다 더 교묘하다. 공격의 대상을 찾을 수 없고 인간은 확실성을 박탈당한다.

거대한 추상 시스템이 지배하는 세상에서 경영자는 원칙에 냉철해지고, 인간에 대한 국지적이고 직접적인 지배자master는 결코 해낼 수 없던 일을 할 수 있게 된다. 사회적으로 고립된 결과 이들은 "하위계층의 빈곤과 상위집단 내부의 무기력" 앞에서도 감정이 메말라 있다. 우리는 단순히 관료제와 커뮤니케이션 기관의 경영자들이 계략을 꾸민다고 주장하는 것이 아니라(실제로는 계략이 존재하며 그들의 노골적인 이데올로기도 그런 조작의 하나이기는 하지만), 시스템의 사회적 통제를 통해 시스템 속에 무책임이 조직화된다고 주장하는 것이다.

이러한 비인격적 의미의 조직화된 무책임은 현대 산업사회의 모든 곳에서 나타나는 주요한 특징이다. 개인은 외견상 멀게 보이던 조직과 모든 곳에서 마주치게 되고, 경영 간부들은 물론 그들에게 조작당하면서 동시에 조작에 가담하는 하수인들 앞에서도 왜소하고 무력하다고 느끼게 된다.

기업에서 재산의 힘이 관료화되었다고 해서 재산의 힘이 줄어드는 것은 아니며, 오히려 관료제 덕분에 재산의 힘이 더욱 강력하게 발휘되고 보호받는다. 국가는 힘의 균형을 유지한다고들 하지만, 국가가 행사하는 힘의 원천을 이해하려면 지도적 인물의 선발 과정은 물론 무엇보다도 다양한 계급에 대한 정책의 실제 효과를 검토해야 한다.

관료제는 계급 위에 놓여 있을 뿐만 아니라 계급의 권력 투쟁을 조직한다. 기업 내부의 인사 담당 부서는 만약 노동조합이 존재했다면 노조가 다뤘을 고용 조건을 규제하며, 관료제 내부에서는 누가 어떤 일을 얼마나 많이 할 것인가를 놓고 투쟁이 벌어진다. 이런 투쟁은 정부기관에서 점점 더 많이 채택되고 있다. 일반적으로 정부는 세금, 물가, 임금 통제를 통해 전체적인 계급 수준을 관리하며 누가 언제, 무엇을, 어떻게 받을 수 있는지를 관리한다. 아버지로부터 아들로 이어지는 전통적인 상속이나 공개 시장에서의 자유로운 직업 선택보다는, 교육기관과 직업 지도 전문가가 다양한 능력과 계급 수준을 가진 개인을 기존의 위계질서에 맞게 훈련시키고 적응시키는 경우가 많아진다. 회사 내에서도 대중 민주주의의 관료제적 관리의 일환으로서 등급화된 위계질서가 계급 상황을 파편화하는데, 이는 미세한 등급화에 따라 피라미드의 바닥에 있는 수많은 동질적 대중이 세분되는 것과 마찬가지다. 기존 기업의 전통적이고 종종 가부장적인 유대는 새로운 기업에서 합리적이고 계획된 연결로 대체되며, 합리적 시스템은 아무도 권위의 원천을 보거나 그들의 계산을 알지 못하도록 그 힘을 숨긴다. 마르크스는 1842년에 관료제에 대해 이렇게 썼다. 세계는 조작해야 할 대상이다.

6장

오래된 전문직과 새로운 기술

＊＊

전문직 계층은 미국에서 지적 능력자들이 소득을 얻기 위해 이용하는 자리다. 전문적이고 체계적이며 흔히 오랜 기간의 훈련이 요구되며, 이 직종 안팎으로는 예술과 과학의 최고 기술이 사회적으로 조직되고 적용된다. 이 직종은 서구 문명이 자신의 특징이자 근본적인 영광이라며 자부심을 가져온 합리주의 정신을 가장 명확하게 보여 준다. 따라서 전문직의 사회적 기반과 구성이 변화하면 어떤 식으로든 서구 사회의 기술, 예술, 지적 감수성 수준에 반영될 것이다.

20세기 사회에서 전문직만큼 구중간계급에서 신중간세급으로의 전환이 뚜렷하고 그 파급력이 넓고 깊은 분야는 없었다. 대부분의 전문직 종사자는 이제 급여를 받는 근로자가 되었고, 많은 전문직 업무가 분업화되고 표준화되어 교육받은 기술과 서비스의 새로운 위계 조직에 끼워 맞춰졌으며, 집중적이고 좁은 전문화가 자기수양과 광범위한 지식을 대체하고, 조수와 하위 전문직은 곧잘 복잡하지만 일상적인 업무를 수행하는 반면, 성공한 전문직 종사자는 점점 더 경영자 유형으로 바뀌고 있다. 일부 영역에서는 이러한 변화가 매우 결정적이어서 마치 개인이 합리성 자체를 박탈당하고, 합리성이라는 새로운 형태의 두뇌 능력이 독창적인 관료제 자체에 자리 잡은 것처럼 느껴질 정도다.

하지만 전문직 구중간계급은 여전히 강력하게 유지되고 있다. 많은 월급쟁이 전문가들이 관료적 존재 방식을 극명하게 보여주는 반면, 특히 의료와 법률 분야에서처럼 자유를 누리는 다른 전문가들은 신기한 방식으로 민간 기업활동 속에서 새로운 자리를 차지하게 되었다.

관료제와 상업화라는 두 가지 공존하는 주제가 오늘날 미국의 전문직 세계를 이해하는 데 도움이 된다.

1. 전문직과 관료제

대부분의 기존 전문직은 오랫동안 자유 개업자로 활동해왔지만, 새로 등장한 전문직은 대부분 처음부터 급여 생활자였다. 그러나 의학과 법률과 같은 오래된 전문직도 경영 관료조직의 침입을 받아 하위 전문직 종사자와 조수들에게 둘러싸여 있다. 그리하여 개업자의 옛 사무실은 의료 클리닉과 법률 공장으로 대체되고, 엔지니어링이나 광고 같은 새로운 전문직종과 기술은 월급쟁이 두뇌 집단으로 구성된 새로운 사회 조직이 직접 담당하게 된다.

구중간계급의 자유 직업인들은 새로운 집단에 둘러싸이고 보완되기는 했지만, 그 정도로 새로운 사회에서 대체되지는 않았다. 실제로 지난 두 세대 동안 자유 개업자는 전체 노동력에서 비교적 일정한 비율(약 1퍼센트)을 유지해왔고, 중간계급 전체에서는 약 2퍼센트의 비율을 유지해왔다. 그러나 그사이 월급쟁이 전문직 종사자는 전체 노동 인구의 1퍼센트에서 6퍼센트로, 중간계급 중에서는 약 4퍼센트에서 14퍼센트로 팽창했다. 전문직 계층의 확장은 확실히 신중간계급의 확장이라고 할 수 있다. 1870년의 구중간계급 세계에서조차 월급쟁이 전문직(주로 간호사와 학교 교사)이 전문직에서 지배적인 부분을 차지했고, 자유 전문직은 35퍼센트에 불과했다. 그러나 1940년에는 이 수치가 16퍼센트에 불과했다.

새로운 전문 기술의 확산은 기술 혁명과 과학이 경제생활 영역에 폭넓게 관여한 결과였으며, 복잡한 기술 환경에 대처하기 위해 개발된 복잡한 제도적 장치를 처리할 전문가에 대한 수요의 결과였다. 이렇게 성장한 새로운 전문 기술은 한편으로는 경영 행정 기구와 커뮤니케이션, 조작 및 엔터테인먼트를 다루는 대중매체를 중심으로, 다른 한편으로는 산업 공정, 엔지니어링 회사 및 과학 실험실을 중심으로 성장했다. 기술적 측면과 인간적 측면 모두에서 TV, 영화, 라디오, 대중 잡지, 그리고 사회 및 기술 유기체의 구석구석에 대한 사실을 수집하는 조사 조직의 부상에 따라 많은 새로운 전문직이 등장했고, 하위 직업은 더 많이 생겼다.

구 전문직 중간계급은 재산을 소유할 필요는 결코 없었지만, 생계수단을 소유하든 말든 그들이 일하던 작업 단위는 작고 개인적으로 관리할 수 있었으며 일상적인 결정에서 고도의 독립성을 가지고 일해왔다. 이들은 급료나 기타 보수를 스스로 책정하고, 시장 상황과 개인적 성향에 따라 근무 시간과 조건도 스스로 조절한다.

구 전문직 직종과 새로운 기술이 신중간계급의 조건에 포함되면서 전문직 종사자들은 새로운 기술 기구에 의존하게 되었고, 그 기구가 속한 거대한 제도에도 의존하게 되었다. 이들은 어떤 부서에서 어떤 종류의 관리자 밑에서 일하며, 흔히 높은 급여를 받지만 그래 봐야 급여일 뿐이고, 작업 조건은 규칙으로 정해져 있다. 그들이 하는 일은 타인이 결정하며, 심지어는 수많은 하급 조수들이 일하는 방법을 결정할 때조차 그렇다. 따라서 그들 자신도 경영 관료조직의 일부가 된다.

신구 중간계급의 전문직 종사자들이 제도에 밀착하게 되면서,

이전의 전문직 도제만큼은 아니지만 대개 자율적인 전문가가 되기 위해 훈련 중인 보조 직원을 두게 된다. 예컨대, 의사는 자신의 업무 중 일부를 숙련된 간호사, 실험실 기술자, 물리 치료사에게 넘긴다. 목회자는 자의반 타의반으로 사회복지사, 정신의료 사회사업가, 교사에게 자신의 기존 업무 중 몇 가지를 넘겨준다. 법률사무소의 파트너 변호사는 덜 까다로운 업무를 사무원과 월급쟁이 보조 법률가에게 넘긴다. 대학 내의 개별 학자는 전문적인 역할을 담당하는 직원들을 거느리고서 연구 책임자가 되는 반면, 나머지 학자들은 전문적이고 좁은 영역을 관리하는 이 전문가를 향한 경외심과 환영의 분위기에 편승한다. 대학원생 제자 옆에는 이제 개인 학자가 될 생각이 없는 연구 기술자가 있는데, 그녀를 기구와 조직에서 떼어내면 그녀는 일을 그만두게 된다. 개인 음악 작곡가와 청중 사이에는 대형 교향악단, 라디오 체인, 점점 더 고가가 되어가는 공연 및 전시 수단을 관리하는 예술계의 소유 경영자가 있다. 거의 모든 전문직종에서 경영 관료조직은 지적 능력을 갖춘 독창적인 관료제를 구축하기 위해 노력한다.

관료제는 모든 전문직을 침범하고 있으며 많은 전문가들이 이제 경영 관료조직의 일부로 작동하고 있다. 그렇다고 해서 전문가가 더 이상 기업가가 아니라는 의미는 아니다. 사실, 새로운 기술 집단 중 다수는 관료적 관리자라기보다는 새로운 기업가와 더 비슷하고, 기존의 자유 전문직에서 일하는 많은 사람들은 여전히 자유 개업자다. 관료적 방식이 기업가를 대체한 것이 아니며, 오늘날 전문직 계층은 양자의 다양한 조합으로 이뤄진다. 최하층 극단에서는 저숙련, 신규 계층의 구성원들이 관료화를 시작하고 유지하며, 최상층에서는 자유롭거나 월급쟁이인 전문가들이 자신의 업무 영역을 지배하는 새로운 조건들에 대해 나름대로 호기심 어린 적응을 하고 있다.

2. 의료계

화이트칼라 의료계는 여전히 기업가로서의 의사가 주도하고 있으며, 존스L. W. Jones가 관찰했듯이 "그의 이데올로기가 여전히 지배적이다." 그러나 기업가적 의사의 자족적 상태는 경제적 이념적 측면에서만 온전하다. 한편으로는 공식적으로 집중화된 기술 장비에 대한 의존에 의해, 다른 한편으로는 자신의 진료를 보호하고 유지하는 비공식 조직에 대한 의존에 의해 자족 상태가 훼손되었기 때문이다.

병원과 의원에서 의료 기술이 중앙집중화되는 것은 필연적 추세였고, 개인 의사는 값비싼 장비뿐만 아니라 진단과 치료를 위해 전문가와 기술자에게 의존해야 한다. 또한 개업의는 진료를 시작하고 고객을 유지하기 위해 의료 계층 구조에 따라 다양한 위치에 있는 다른 의사들과의 관계에 의존해야 한다. 의학이 기술적으로 전문화됨에 따라 아픈 사람들을 도와줄 수 있는 사람들과 접촉할 수 있는 방법이 필요하기 때문이다. 공식적인 의뢰 수단이 없는 상황에서는 병원 안팎의 비공식적인 의사 파벌들이 이 기능을 수행하게 된다.[1]

의료계의 관료화 경향은 광범위하고 교묘한 방식으로 나타나고 있지만, 오늘날 나이 든 일반의는 소도시의 구식 가정의이거나 돈,

---

[1] 이 부분을 이해하려면 한국과 미국의 의사 양성 체계의 차이를 이해할 필요가 있다. 한국에서는 대부분의 의사가 전문의 자격을 얻고, 그중 상당수가 곧바로, 단기간에 개업의가 된다. 경쟁적으로 비싼 장비를 갖추고 과잉 진료를 하게 되는 이유로 꼽힌다. 반면 20세기 전반기 동안 전문의 제도를 선도적으로 발전시킨 미국에서 전문의는 상당 기간 개업이 금지되며 전문성이 더욱 요구되는 2차, 3차 병원에 근무하게 된다. 1차 의료기관인 의원에서 일하는 개업의 상당수는 의대만 졸업한 일반의로 구성된다. 즉 의료의 수직적 분업구조가 강하고, 1차 의료기관이 2, 3차 의료기관에 환자를 의뢰하고 적절한 협력을 구하는 의료전달체계가 중시되는 것이다. 전문의 제도의 취지에 비춰보면 미국식 제도가 바람직하지만, 전 국민 건강보험이 부재하고 사보험이 이를 대신하는 미국적 상황과 맞물리면서 빈곤층이 전문적 진료를 받기 어려운 문제를 낳고 있다.

기술, 인맥을 성공적으로 갖추지 못한 젊은 의사라는 통념에 대해서는 무언가 말할 가치가 있다. 대중매체에서 늙은 시골 의사를 미화하는 것은 향수를 불러일으킨다. 시골 의사는 물론이지만 모든 유형의 개인 일반의가 과학적 의학의 발전에 의해 뒤처졌으며, 전문의 또한 자신이 경제적으로 활용하면서도 인정하지는 않는 제도적 맥락 속에서 기업가가 되어 있다.

의료의 중앙집중화는 의사들 간의 개별 파트너십이나 '집단 진료'가 아니라, 병원이 의료행위의 중심으로 확실히 바뀐 것과 관련된다. 현재 의료 및 보건 종사자의 5분의 1에 불과한 내과의사와 외과의사는 새로운 종류의 기업가를 대표하게 되었다.[2] 이들은 특권을 누리는 기업가로서 관료제적인 병원에 소속되어 있기 때문이다. 의사 아래로는 숙련도가 떨어지는 급여직의 성격이 뚜렷해지고, 하위 의료 전문직은 병원 제도에 밀착되어 있다.

사회인류학자 버나드 스턴Bernhard Stern과 다른 사람들이 분명히 말했듯이 병원은 이제 의료와 교육에서 '전략적 요소'이며, 과학과 기술의 발전에 따라 그 경향은 더욱 강화되고 있다. 병원에서 전문의들은 진단과 실험을 위한 장비를 다룰 수 있고, 다른 전문의들과의 접촉을 통해 과학적 발전과 학습에 매우 중요한 정보를 얻을 수도 있다. 병원이 경제적 중심에 서게 되면서 "사람들의 의료비 지출이 증가하고 현재와 같이 조직화된 적절한 의료 서비스가 저소득층의 손이 닿지 않는 곳으로 멀어지게 되었다."

과학의 발전과 병원과 의원의 협력에 따라 기술적으로 쓸모없어진 늙은 일반의는 마치 구중간계급 기업가가 대규모 기술 우위와 싸

---

2 여기서 내과의사physician와 외과의사surgeon는 전체 의사를 두 가지 범주로 구별하는 표현이기 때문에, 결국 전체 의사 집단을 가리킨다.

우듯이 병원과 싸운다. 새로운 전문의는 제도의 '안'에 있으면 자신의 지위를 경제적으로 이용할 수 있지만, 제도의 '바깥'에 있으면 훈련된 무능력으로 인해 일반 의료행위밖에 할 수 없다.

전문의는 의료계에서 일반의보다 더 높은 명성을 누리고 더 많은 소득을 얻으면서도 반드시 일반의에 의존해야 한다. 이 전문의의 비율이 증가하고 있다. 전문의는 도시에 집중되어 있고, 대개 부유한 계급들 사이에서 일하며, 일반의보다 두 배쯤 더 번다. 대부분의 도시에서 이들은 오즈월드 홀Oswald Hall이 마침맞게 의료계의 '내부 형제회'³라고 불렀던 단체들을 만들며, 홀 교수가 지적하듯이 의료기관의 자리를 통제하고, 침입자를 제재하며, 자신과 다른 의사들 사이에서 환자를 분배하는 등 한마디로 말해서 각 단계에서 경쟁과 의료활동을 통제하려고 애쓴다. 이들은 기술적 분업과 확고하게 제도화된 의료시장 조직방식을 통해 긴밀하게 조직된 내부 집단을 형성한다. 젊은 의사들은 피라미드가 형성되는 방식을 보면서 나이 든 일반의의 경험을 완전히 무시하는 경향이 있다.

그러나 전문화 여부와는 별개로 의사의 비중은 줄어들고 다른 모든 의료 인력의 비중은 확대되었으며, 의사를 제외한 모든 의료 인력이 어떤 형태로든 급여를 받는 직원이 되는 추세인 반면, 대부분의 의사는 여전히 독립 개업의다. 의사 계층의 비중이 갈수록 줄어들고 있는 것은 정확히 전문 보조 인력과 일반 보조 인력이 엄청나게 증가했기 때문이다. 1900년에는 대졸 간호사 1명당 의사 11명이었지만, 1940년에는 의사 1명당 대졸 간호사가 2명이었다. 일반의 위에는 전문의가 있는데 이들은 비공식적으로 내부 형제회에 속하

---

3   inner fraternity. 형제회나 우애조합fraternal order 등으로 번역되는 조직으로서, 미국 역사에서 중요한 역할을 수행한 사교 친목 조직. 미국에서 노동조합과 좌파 정당이 유럽만큼 성장하지 못한 원인 중 하나로 이들 비계급적 친교 조직의 번성이 꼽히기도 한다.

며, 그 아래에는 내부 형제회의 첫 번째 요청으로 대개 병원에 소속되는 보조 및 하위 전문가가 있는데 이들의 수는 점점 더 늘어나고 있다.

간호사는 병원이라는 이 복잡한 기관에 가장 흥미롭게 관여한다. 대부분의 '양성학교'는 병원이 소유하고 운영하며, 교실에서의 교육, 병원에서의 도제식 훈련, 숙식, 세탁, 무료 진료 등을 받은 대가로 이들 학생 간호사는 병원에 서비스를 기꺼이 제공하리라고 기대된다. 가장 최근에 뉴욕주 병원 연구의 책임자인 엘리 긴즈버그Eli Ginzberg는 이렇게 많은 병원 학교에서 '교육'은 주된 목적이 아니라 단지 저렴한 노동력을 얻기 위한 수단이 되고 있으며, 이는 대졸 간호사를 고용하는 것보다 학생들을 훈련시키는 것이 비용이 덜 들기 때문이라고 주장했다.

독립 개업의가 여전히 존속한다는 것은 오늘날 의료계에서 가장 결정적인 사실 중 하나다. 모든 직종을 통틀어 내과의사, 외과의사, 정골사, 치과의사의 독립 개업 비율이 80~90퍼센트로 가장 높다. 이들 직종은 여전히 개인 개업으로 분산되어 있지만, 대규모 제도의 발전에 따라 무리를 짓고 있다. 약사의 46퍼센트, 단일 직군으로는 가장 큰 규모인 간호사의 8퍼센트만이 자유 개업자이며, 많은 신생 하위 전문직과 의료 기술자들도 뚜렷한 예외 없이 급여를 받는 지위에 있다. 하위 전문직과 보조 인력은 의사가 개인 개업의로서 활용하는 제도적 중심에 집중되어 있다.

병원은 관료제가 덜 진전되었던 과거의 전통적 관행이 많이 남아 있는 관료제 조직이며, 많은 직원을 자체적으로 교육하고 있고 그중 일부는 다시 자유를 얻을 수도 있지만 이들은 여전히 병원에 의존하고 있다. 병원이 의료계의 중심이 되어 의사의 개인 진료실을 대체하게 되자 젊은 의사는 더 이상 1840년대까지처럼 다른 의사에게서 도제 교육을 받는 것이 아니라 병원 제도의 도제인 인턴이 된다. 나중에 개인 개업의로서 운이 좋으면 환자를 위해 병원의 시설을 이용하게 된다. 나아가 경력 내내 병원 보직에 임명되는 것은 그의 의료활동에 매우 중요하다. 오즈월드 홀은 "더 중요한 병원 보직은 고도로 전문화된 진료와 관련이 있으며 일반적으로 가장 수익성이 높은 유형과 관련이 있다"고 결론을 내렸다. 이 두 가지가 상호 연관된 시스템을 형성한다. 이 시스템은 일반의의 시장을 축소시키고, 일반의가 여러 유형의 질병을 처리할 능력이 없다는 것을 (올바르게) 암시한다.

전문화되고 급여를 받는 직원을 갖춘 대규모 의료기관은 기업가로서 서로 협력하는 내부 의사 집단에 의해 통제된다. 이런 상황에서는 파벌에 속해 있는 경영 능력을 갖춘 사람이 선택된다는 것을 의심할 여지가 없다. 누가 병원장, 진료소장, 거대 산업의 의료 사무실의 수장이 될까? 의료 관료와 과학 실험실 중심의 전문가, 무엇보다도 의료 관료를 통해 일하는 기업가적 자질을 갖춘 인물이, 한때는 소규모라고는 해도 이 모두였던 예전의 일반의를 눌러싸고 있다. 그러나 의학의 전문화에서 중요한 것은 전문화가 엄격하게 관료제적인 방식으로 발생하지는 않았다는 것이다. 이러한 경향은 다른 경향과 마찬가지로 모두 상업적 동기에 의해 제한되며 심지어 상업적 동기에 의해 형성되기도 했다.

두 차례의 세계대전을 거치면서 엄청난 의료 수요가 발생하고 의료 수요가 전반적으로 증가했음에도 불구하고 의료 전문직이 상대적으로 팽창하지 않은 것은 미국 직업 구조에서 가장 주목할 만한 사실 중 하나다. 1900년에는 미국 인구 578명당 1명의 면허를 가진 의사가 있었고, 1940년에는 750명당 1명의 의사가 있었다. 게다가 면허를 취득한 모든 의사가 진료를 하는 것은 아니어서 1940년에는 인구 935명당 활동 중인 의사가 1명이었다. 의사 계층의 이런 폐쇄성은 (1) 기업가 의사가 접근할 수 있는 의료 조직에서 의료 보조자 및 하위 전문직의 확대, (2) 고가의 교육 과정으로 인해 상승을 위한 난이도의 증가, (3) 미국의사협회와 일부 주요 의과대학장의 의도적인 정책으로 인해 가능했다.

의사들이 소기업가적 정체성을 갖고서 참여하는 직능단체인 미국의사협회American Medical Association는 연방 및 주 정부, 의과대학, 병원 경영진은 물론 일반 대중에게도 의사를 대표한다. 주요 의과대학 내에서도 큰 비중을 차지하고 있다. 의료와 보건이라는 공공의 문제에 대해 의사들의 의견이 서로 다를 수 있고, 심지어 많은 의사들이 혼란에 빠져 있을 수도 있지만, 미국의사협회가 내세우는 관점은 복잡하고 긴요한 세상에서 의학에 적용되어야 할 국립의학아카데미 National Academy of Medicine의 관점이라도 되는 듯 여겨진다. 그 관점은 '획일화의 악'과 국민 건강법에 대해 소리 높여 반대를 외친다. 이 분야에서 일하는 학자 대다수는 "의료 서비스가 가장 절실한 곳에서 오히려 만족도가 가장 낮다"는 데 동의하고 있지만, 미국의사협회가 설명하는 원칙은 모든 의사의 자유이며, 전문직이든 아니든 정확히 모든 구중간계급의 이익을 대변하는 주장이다. 의사라는 직업은 전체적으로 볼 때 정치적으로 무관심하거나 무지하며, 자유란 엄격한 국가 면허 시스템만 제외하고 국가의 간섭이 없는 상태를 의미한다는 미국 기업가의 개인주의 심리학을 받아들인다. 그리하여 의사는 이 심리학의 준비된 옹호자이자 손쉬운 희생자가 된다.

이 이익집단이 사업 동기를 윤색하기 위해 내세우는 직업윤리는 낡은 신화이지만, 약탈적인 방식에 적응하면서 의사 계층의 개방성을 폐쇄하고 의사들 사이의 지위 불평등과 전체 인구의 의료 불평등을 유지하려는 사람들에게는 큰 도움이 되었다. 심지어 제2차 세계대전 중에도 유수의 의과대학 학장은 "의사의 공급이 적정하다"고 주장하며 "의사 부족에 대한 경고"에 대해 개탄했다.

의료계 안의 다른 직종들도 미국의사협회의 선례를 따랐다. 의료계에서 기업가적 조합주의 정책이 실행된 데는 상향 이동이 전반적으로 어려워지고 있는 상황에서 의대 교육이 점점 더 비싸진다는 사정도 있었다. 의대에는 피부색, 종교, 출신 국가 외에도 의사 지망생의 부모가 어떤 계급과 직업상 지위인지에 따라 할당제가 있다는 것이 정설로 받아들여지고 있다.

의대를 졸업한 젊은 의사들은 병원에 들어가면 부서, 위계, 등급으로 나뉘어 있는 병원을 마주하게 된다. 동부 도시의 한 병원 관리자는 오즈월드 홀에게 인턴을 선발하는 방법에 대해 이렇게 말했다. "제가 볼 때 가장 중요한 자격 요건은 '인성'입니다. 인성이란 건 이제 불분명한 것이지요. 그건 부분적으로는 잘 어울릴 수 있는 능력이고, 나이 든 의사에게 적당히 겸손할 수 있는 능력이며, 환자에게 알맞은 정도로 우월감을 가질 수 있는 능력 같은 걸 의미합니다. 시금 모든 의과대학이 A등급이라서 경쟁 시험을 치를 필요는 없어요. 인턴십 경쟁 시험을 치르지 않는 또 다른 이유는 의학계에 유대인이 많기 때문입니다. 알고 계셨습니까?" 또 다른 병원 관리자는 이렇게 말했다. "나이 든 좋은 의사 중에는 시험을 치르면 통과하지 못할 전문의들이 있겠지만, 그분들은 병원에서 자기 자리를 지킬 자격이 있지요." 이 의사는 수련 기간이 길어지고 가난한 사람들이 의사가 되는 것을 가로막는 여러 변화에 대해 논한 다음 자기 직업의 윤리에 대해 말했다. "전문의는 지역 사회의 오래된 기득권 가족들에서 선발됩니다. 가족과 지역 사회의 유대가 전문의가 규칙code을 준수하는 데 상당히 중요한 영향을 미칩니다."

규칙을 준수하는 이 내부 핵심 집단은 병원의 주요 직책뿐만 아니라 도시의 의료행위를 사실상 통제하며, 보일러 제조업체나 자동차 노동자가 자기 분야에서 일과 보수를 통제하는 것보다 훨씬 더 효과적으로 보인다. 이렇게 고도로 협력적인 기업가 유형 의사들을 전범으로 삼아 개별적인 개업의는 자신의 의학적 역할을 찾고 실천해야 한다. 재능 있고 공개적으로 경쟁하는 사람들이 정상에 오르는 구중간계급 세계의 프리랜서처럼 해서는 이제 성공할 수 없다.

3. 변호사

19세기 초의 토크빌과 19세기 말의 브라이스 모두 미국 변호사의 위신이 매우 높다고 생각했다. 사실 그들은 윌라드 허스트Willard Hurst가 말한 것처럼 미국에서는 변호사가 유럽의 귀족을 대신하고 있다고 믿었다. 하지만 변호사에 대한 대중의 이미지에는 모호함이 있어서, 변호사는 명예롭지만 동시에 교활하게 보이기도 한다. 미국변호사협회가 1908년이 되어서야 직업윤리 강령을 채택했으며, 그때도 변호사의 사회적 책임은 제대로 다루지 않았다는 사실을 상기해야 한다.

대기업이 등장하기 전이던 19세기에 변호사는 기술과 웅변력에 상응해 업계의 지도자로 부상했고, 자신이 지휘관인 법정에서 명성과 부를 창출하고 유지했다. 그는 법의 대리인이었고, 법에서 정하고 허용하는 대로 사회의 일반적인 이해관계를 처리했으며, 그의 하루 업무는 인간의 활동과 경험만큼이나 다양했다. 변호사는 여론의 지도자이자 공동체에 대해 중요한 권고를 건네는 사람이었으며, 친밀한 가족의 의무와 권리, 인생 문제를 다루고, 모든 사람의 자유와 재산에 대해 다루는 한편, 개인적으로는 법의 운용을 지적하면서 불법의 함정에 대해 의뢰인에게 조언했다. 그는 의뢰인의 요청에 따라 자신이 구현하려는 존엄성을 세심하게 보여주었다. 변호사는 투철한 정직성으로 보상받고 윤리적 후광을 지녔으며 고위 정치인이 될 만한 인재로 안성맞춤이라고 간주되었으며, 공공 서비스를 옹호하고 사업적 동기보다는 직업적 동기를 우선시했다.

하지만 외부적으로는 고객의 이해관계의 성격이 변화함에 따라, 내부적으로는 새로운 종류의 성공에 대해 직업적 보상이 주어짐에 따라 이 직업의 기술과 성격도 변화한다. 법의 기능은 소유와 지배가 분리되고 경제력 독점이 강화되는 새로운 대기업 경제에 대한 법적 틀을 형성하는 것이었다. 이 새로운 기업 시스템의 틀은 소기업가의 토지 재산에 근거한 법률 시스템에서 형성되었으며, 상업, 산업, 그리고 투자 경제에 맞게 조정되었다. 이런 변화 속에서 대중은 의무의 대상이 아니라 이윤의 대상으로서 변호사의 주요 고객이 되었다.

미국에는 대략 750명당 1명꼴로 변호사가 있지만, 이 변호사가 750명 모두에게 균등하게 서비스를 제공하지는 않는다. 시골 지역과 소도시에는 약 1200명당 1명, 대도시에는 400명 내지 500명당 1명꼴로 변호사가 있다. 좀 더 직접적으로 말하자면 돈이 거의 없거나 전혀 없는 사람들은 변호사를 고용할 수 없는 경우가 대부분이다. 소액 투자자, 재산이 없는 노동자, 소비자로 구성된 미조직 대중이 아니라 소수의 상류층과 금전적 이익이야말로 변호사가 봉사하는 대상이다. 오늘날 의사를 제외한 다른 어떤 전문직 집단보다 더 높은 변호사의 수입은 극소수의 상위 소득층과 기관들에서 나온다.

성공한 변호사는 직무를 수행하면서 자신이 봉사하고 변호하게 된 기업의 이미지에 맞춰 자신의 사무실을 만들어왔다. 법률 비즈니스의 업무량이 증가하고 성공 사례가 집중되면서 19세기 변호사는 꿈도 꿀 수 없었을 정도로 법률사무소의 규모가 커졌다. 법률 인재의 집중은 법률의 핵심 기능에 더 밀착하기 위한 것이지만, 많은 개인 변호사들이 주변부에 머무는 반면, 다른 변호사들은 최상층 인물들의 월급쟁이 대리인이 되고 있음을 의미하기도 한다. 새로운 사업 시스템이 고유한 영역과 특정한 법률 문제들을 동반하며 전문화됨에 따라 변호사 역시 고유한 영역과 특정한 문제들에 대한 전문가가 되고, 사업 시스템의 외부에 머물기보다는 이 영역들의 이해관계를 좇으며 사회 각 부분을 조정하는 법률에 봉사하게 된다.

대기업의 영향력 아래 확실한 해결과 손쉬운 법정 밖 합의에 능숙한 자들이 최고의 변호사로 선택된다. 변호사는 단정한 인물이 되는데 그 이유는 그의 직업적 성공이 법률사무소와 연결되고, 그리하여 대기업이 겪는 곤란과 법률사무소 밖 인물들과의 접촉와 연결되어 있기 때문이다. 그는 고도 금융의 수익성을 높이는 데 봉사하는 고도의 법률적 전략가이며, 가능한 한 가장 저렴한 방법으로 은행 집단과 그 영역에 속한 기업들의 업무를 처리하고, 전화로 자신을 호출하는 대기업 경영진의 조력자로서 최대한 외부의 기회를 만든다. 금융가들에게 법의 테두리 안에서 원하는 것을 수행하는 방법을 냉철하게 가르치고, 그들이 가진 기회와 스스로를 보호할 최선의 방법에 대해 조언한다. 아돌프 벌 2세A. A. Berle Jr.가 훌륭하게 보여주었듯이 현대 기업활동의 복잡성과 현대사회에서의 지배력으로 인해 변호사는 모든 종류의 "기업활동 문제에서 지적 거간꾼이자 청부업자"가 되었다. 변호사는 대기업의 컨설턴트이자 자문역을 넘어 기업의 하인이자 옹호자, 준비된 변론자가 되었으며, 기업의 감성으로 가득 차 있다. 현대 기업을 옹위하며 변호사는 경영 관료조직을 위한 법적 틀을 구축했다.

거대 자본주의 기업이 사회경제적 지배력을 갖게 되면서 큰 초기 자본 없이 최상층으로 올라갈 수 있는 기회는 줄어들었다. 하지만 법은 "출발할 때 자본이 없어도 영향력과 부를 얻을 수 있는 직업 중 하나로 남아 있었다." 법률을 배경에 둔 변호사는 곧잘 스스로 사업가가 되고, 높은 통찰력, 좋은 훈련, 많은 인맥, 건전한 판단력을 갖춘 소유자가 되었다. 그는 하버드, 예일, 컬럼비아에서 훈련받은 40명의 변호사와 200명의 사무원, 비서, 조사관들을 거느린 법률 공장의 소유자이자 총지배인이 되었다. 그는 금전적 기술과 비인격적 충성심으로 무장한 채 다른 법률 공장들과 경쟁하는데, 알고 보면 그것들은 대량 생산 기반 위에서 생산한 표준화된 문서와 미묘한 수정들인 것이다. 이런 사무실을 운영하려면 막대한 간접비가 들어가기 때문에 꾸준한 사업 흐름을 확보해야 하며, 따라서 사무실은 '거대한 상업 및 투자 은행의 부속 기관'이 된다. 그들은 법정에 서기보다는 '금융 전문가이자 금융 서류의 초안 작성자'로서 더 많이 등장한다.

법률 분야의 큰돈은 기업법을 전문으로 하고 기업 시스템의 두뇌 역할을 하는 약 300~400개의 대도시 법률 공장으로 들어간다. 퍼디낸드 룬드버그Ferdinand Lundberg가 말한 대로 이 법률 공장은 중간 규모의 관료제 조직이다. 가장 큰 법률 공장은 약 75명의 변호사와 그에 걸맞는 사무직 직원으로 구성되어 있다.

최고위직은 영화계의 스타처럼 화려함으로 선발된다. 그들 뒤에는 마치 할리우드에서처럼 입담 좋은 사회자가 기술 역량을 갖춘 사람들과 함께 서 있다. 이들은 큰 기회를 찾다가 때로 그 기회를 잡기도 하지만, 막상 받는 급여는 보잘것없다. 파트너 변호사 아래에는 월급쟁이 초급 변호사들이 있어서 대체로 일반 업무, 소송, 신탁, 유언 검인, 부동산, 세무 등 전문 부서에서 일한다. 그 아래에는 법률 사무 견습생, 조사관, 경리사원, 속기사, 사무원 등이 있다. 특별한 경우에는 공인 회계사와 투자 컨설턴트, 세무 전문가, 엔지니어, 로비스트도 포괄된다. 모든 파트너 변호사에게는 2명의 월급쟁이 초급 변호사가 붙을 수 있고, 이들 변호사 1명당 또 두세 명의 사무직원이 딸려 있을 법하다. 따라서 20명의 변호사로 구성된 법률사무소에는 약 40명의 초급 변호사와 120명의 사무직원이 있게 될 것이다. 이런 사무실은 자문의 양과 속도에 맞춰 고도로 조직화되고 비인격적으로 관리되어야 한다. 오리엔트풍 카펫과 고풍스러운 책상, 장식 달린 벽, 가죽으로 장식된 거대한 서재 등을 갖추는 데 들어가는 높은 경상비가 수임료의 30퍼센트를 차지하는 경우가 흔하다. 사무실은 꾸준히 수익을 창출해야 하고 어디서나 경영 관료조직의 지시에 따라 체계적으로 업무를 처리해야 한다. 파트너 변호사 중 한 명은 사무소의 관리자로서 법률 업무는 거의 하지 않으면서 생산 라인과 조직이 원활하게 운영되는지 살펴야 한다. 업무에 가장 효과적인 운영방식을 검토하기 위해 효율성 전문가가 투입되기도 한다. 일부 사무소에서는 대형 자동차 정비소의 정비사처럼 각각의 월급쟁이 변호사들이 주어진 사건에 수임료를 할당하고 업무가 계속 진행될 수 있도록 자신의 시간을 계산해야 한다.

각 부서는 다시 하위 부서로 나뉜다. 이렇게 전문화가 심화되는 경우가 흔하다. 보통 1명의 파트너 변호사를 포함하여 3명 정도의 변호사로 구성된 팀이 1명의 중요한 고객 또는 한 가지 유형의 문제를 전담한다. 어떤 변호사는 서류 작성에만 전념하고, 어떤 변호사는 헌법 관련 질문에만 답변하며, 어떤 변호사는 연방거래위원회 소송만 다루고, 어떤 변호사는 주간州間통상위원회Interstate Commerce Commission의 판정만 다루기도 한다.

대부분의 업무가 비인격적으로 이뤄지는 탓에 변호사와 의뢰인은 인격적인 관계를 유지해야 한다는 직업적 계율이 무색해진다. 직업 구성원 사이의, 또 변호사와 고객 사이의 인격적인 교류, 서로 간의 업무 관련 요청은 당면한 업무에 국한된 급한 전화 통화로 대체되어 인격적인 면이 완전히 사라졌다. 상대방은 전화 통화를 제외하고는 전혀 모르는 사람일 수 있다. 목소리는 알지만 길거리에서 만나게 된다면 그를 알아볼 수 없을 것이다. 초기에는 상대방과도 비교적 친밀한 친분이 형성되었을 수 있다. 변호사 사무실에서 의뢰인과 만나면 상냥해질 뿐만 아니라 인격적인 관계를 시작하고 공고히 하는 경향이 있었다. 이제는 변호사가 고객을 위해 적극적으로 고용되지만 인격적인 관계는 발생하지 않는 경우가 흔하다.

이런 전문화 아래서 젊은 월급쟁이 변호사는 자기 경험만으로는 모든 법률 분야에 능숙해질 수 없고, 실제 그의 경험은 전반적인 업무에 적합하지 않을 수도 있다. 변호사들 사이에서는 대형 법률사무소가 명문 로스쿨을 졸업한 젊은이들에게서 아이디어를 얻는 경우가 많다는 이야기가 있는데, 대형 법률사무소들은 마치 맹세를 하면 형제회의 일원이 되기라도 하듯이 이들에게 '달려든다.' 물론 대부분의 업무는 이 유능한 젊은이들이 담당하지만, 그 결과물은 시니어 파트너 변호사의 이름을 걸고 나온다.

로스쿨을 갓 졸업하고 법학 교수 및 변호사 시험 준비생들과 머리를 맞대고 있는 젊은 변호사에게 성공적인 업무에 중요한 한 가지, 바로 인맥이 부족하다. 영업 비밀에 대한 지식뿐만 아니라 인맥의 정도야말로 현대의 비즈니스 전문직에서 경험이라고 불리는 결실이다. 젊은 변호사는 열심히 일하면서 고참 변호사의 이름으로 나가는 생산물에 많은 아이디어를 제공하지만, 계약을 따내는 건 고참 변호사다. 칼 르웰린Karl Llewellyn은 자기 인맥을 통하면 자신과 비슷한 20명이 따낼 수 있는 것보다 더 많은 주문을 받아올 수 있다고 보았다. 그런 사람이 사용하는 척도는 자신이 산출할 수 있는 비즈니스의 양이며, 그는 젊은 월급쟁이 변호사들을 위해 일자리를 창출한 다음 결과물에 자기 상표를 붙인다. 그는 젊은 변호사들의 성공을 통해 법률사무소 밖에서 자신의 평판을 올린다. 젊은 변호사 스스로는 파트너 변호사로 인정받기 위해 노력하는데, 그건 그가 월급쟁이로 남아 있기에는 너무 크고 위험할 정도로 충분히 인맥을 쌓은 다음에야 가능하다. 그가 땀을 흘리는 동안 매년 새로운 로스쿨 졸업생이 쏟아져 나오면서 시장의 연봉은 하락하고, 나아가 최고 수준의 가치를 지닌 가문의 이름을 물려받은 신참자들에 의해 문이 닫히고 있다. 강력한 인맥, 정략결혼, 화려한 사교계 생활이야말로 성공의 확실한 수단이다.

법률 공장은 기업 시스템에 봉사하지만, 그 공장의 변호사들도 이 시스템에 침투한다. 그들은 은행과 철도, 제조업, 주요 교육기관의 이사회에서 최고위직을 맡고 있다. 가장 큰 법률 공장 중 하나인 설리번 앤 크롬웰 로펌은 65개의 최고 경영자 직을 보유하고 있다. 최고 경영자 아래로는 간부 변호사가 기업의 부사장이 될 수 있고, 다른 변호사는 연봉 계약직이 될 수 있으며, 기업은 변호사에게 도덕적 대리인으로서 독점권을 부여한다. 이렇게 기업의, 기업을 위한, 기업에 의한 일들이 진행된다. 어디에나 존재하는 이 법률적 사고의 소유자이자 법정의 관료인 변호사는, 모든 주요 이사회 회의에 참석하고 모든 문제에 대해 공개적으로 성명을 발표하면서, 기업을 돕고 기업을 보호하며 기업의 이해관계를 돌본다.

법률 공장은 거대 금융의 부속물이며 전국적 수준에서 보면 정계 속에 있지만, 정치에 대한 그들의 관심은 대개 고객의 경제적 이익을 실현하는 수단일 뿐이다. 그러나 자기 힘으로 정계에서 성공한 변호사는 더욱 중요하고 유용한데, 왜냐하면 정치로 외유한 후에 종종 다시 돌아오기 때문이다. 기업형 로펌에서는 전직 상원의원과 하원의원, 내각 관료, 연방 검사, 주 및 연방 세무 공무원, 대사 및 장관 등 정부 고위층의 내부 사정을 잘 알고 있는 사람들을 찾는다. 파트너 변호사들이 국가를 위해 봉사할 기회를 환영하는 기업형 로펌은 고위 공무원, 내각 관료, 대사, 판사 등을 직접 영입하는 경우가 많다. 남북전쟁 이후 기업형 로펌은 미국 대법원에 많은 판사를 배출했으며, 현재 대부분의 대법원 구성원이 기업형 로펌 변호사 출신이다. 변호사들은 헌법 제정 시기부터 정치에 참여했지만, 오늘날 법률 공장 출신 변호사들은 양지에서 정치 영웅으로 활약하기보다는 음지에서 해결사나 로비스트로 활동한다. 임시국가경제위원회에 대한 수사가 진행 중일 때는 대기업 변호사들이 워싱턴 D.C.의 한 호텔을 통째로 차지하기도 했다.

물론 법률 공장보다 규모가 작은 정치 로펌도 있는데, 이들은 정계에서 고객을 유치하고 정기적으로 그 세계로 직접 진출한다. 정치를 통해 변호사가 고위직에 오를 수 있기 때문이다. 일반적으로 이러한 정치 법률사무소는 지역 수준에서만 정치적 이해관계를 갖는다. 기업형 법률 공장은 대체로 잉글랜드나 스코틀랜드 출신이 대표를 맡는 반면, 이민자 중심으로 정치가 이뤄지는 북동부와 대도시의 정치 법률 사무실에는 아일랜드, 폴란드, 유대인, 이탈리아계 미국인이 주로 근무하는 경우가 흔하다. 이 소형 로펌들은 그 기회주의로 인해 관용적이고 진보적인 것처럼 보일 수 있으며, 실제로 그들 중 다수의 파트너 변호사들은 확실히 계급이 높은 사람들이다

변호사는 법조 경력의 연결 고리로 정무직을 이용하고, 정치가는 정치 경력의 연결 고리로 법률적 훈련과 실무 경력을 활용한다. 변론과 협상 기술은 정치로 이전할 수 있으며, 나아가 변호사로서 이를 실행하면 정치적으로 관련된 홍보를 할 기회도 된다. 변호사는 직업적으로나 재정적으로나 움직이기 쉽다. 변호사는 대부분의 다

른 사람보다 쉽게 생계를 유지하면서도 정치에 시간을 할애할 수 있다. 따라서 1914년, 1920년, 1926년 국회의원 중 42퍼센트, 1920년과 1924년 주지사 중 42퍼센트가 검사 출신이었으며, 이 중 94퍼센트가 정치 경력 중 첫 번째 또는 두 번째로 검사직을 맡았다고 레이먼드 몰리Raymond Moley가 계산한 것은 놀랍지 않다. 윌라드 허스트의 계산에 따르면 1790년부터 1930년까지 미국 대통령과 상원의원의 3분의 2, 하원의원의 약 절반이 변호사 출신이었다.

    기업형 로펌과 정치 로펌 아래에는 3~20명의 파트너 변호사와 소수의 초급 변호사가 있는 중간 규모의 법률사무소가 있다. 특히 소도시에 위치한 이런 법률사무소는 소도시 사업 커뮤니티의 지역적 문제에 뿌리를 내리고 있으며, 지역 정치와 지역 소송 업무에 시간을 나누어 할애한다. 마지막으로 법률 피라미드의 맨 아래에는 진짜 법률 사업가가 있으니, 개인과 소기업의 법률 업무를 처리하는 개별적인 개업 법률가들이다. 이 계층의 아래쪽에는, 특히 대도시라면 더욱 분명히 '범죄자 계급과 위험할 정도로 가까운' 변호사들이 있다. 그러므로 법조계의 위계 구조는 대형 사무소 내부에 국한된 것이 아니라 다양한 도시와 전국에 걸쳐 나타나는 전반적 특징이다.

    대부분의 도시에서 은행과 지역 산업, 대재산가와 부유한 가문의 법률 업무는 몇몇 주요 로펌이 나눠 맡고 있으며, 이 로펌의 구성원들은 지역 은행과 기업의 이사회에 참여하고 교회, 대학, 자선단체를 이끌고 있다. 이들은 가장 유망한 젊은이들을 주도면밀하게 선발하고, 낯선 사람보다는 정실에 기대어 친지, 파트너 변호사, 큰 고객의 아들을 선호하며, 다른 로스쿨보다 지역 로스쿨의 졸업생을 선호함으로써 스스로를 영속화한다. 예를 들어, 미네소타주 세인트폴에서는 프린스턴이나 예일대 졸업생들이, 강사로 활동하는 지역 변호사들과 안면을 트려고 미네소타 대학이 아닌 세인트폴 로스쿨에서 법률 업무를 시작하는 경우가 많다. 이들 주요 로펌 아래에는 소형 로펌과 개업 변호사가 그들에게 남겨진 업무들을 맡는데, 부유한 시민을 위한 간헐적인 사건, 원고의 손해배상 소송, 형사 변호 사건, 이혼 업무 등이다. 이 모든 집단 아래에 법조계의 룸펜 부르주아지가 있다. 대개 지방 로스쿨 출신인 이들은 수임을 위해 법정에 출몰한다. 이들은 숫자는 많고 수입은 적으며 법조계 시스템의 틈새에 살면서 일거리를 위해 대형 로펌을 포위하고 서로 경쟁하며, 때때로 중간 규모 로펌에 자극적으로 끼어들고, 사건을 수임하여 호의를 베푸는 대신 수임료 경쟁을 벌여 법조계 높은 분들의 품위를 떨어뜨린다. 최상층 변호사들이 대기업 총수에게 아부하는 동안에도 이 밑바닥 변호사들은 부지런히 구급차를 쫓아다니며 부상자에게 감언이설을 늘어놓는다.

1929년 이후 변호사에게 닥친 어려움 중 하나는 오랫동안 변호사의 영역으로 여겨지던 많은 분야에 일반인이 침범하고 있다는 사실이다. 증서 작성과 저당권 설정은 부동산 전문가들이, 세무 문제와 자동차 사고, 조건부 매매는 각종 서비스 단체들이, 많은 산재 사고는 산재 보험이 처리하고 있다. 또한 신속한 합의를 원하는 대중의 욕구로 인해 분쟁을 해결하기 위한 법원과 소송의 이용률도 감소하고 있다. 전통적인 소송은 변호사가 일반인과 동등한 지위를 갖는 행정 심판 제도에 자리를 내주고 있다. 법조계 구성원은 경제학 등의 분야에서 훈련받은 사람들이 고위 공직에 점점 더 많이 진출하면서 정치 경력에 대한 독점을 서서히 상실하고 있다.

하지만 법률 공장이 개별적인 개업 변호사를 대체하고 있음에도 불구하고 법은 여전히 많은 젊은이에게 매력적인 분야다. 매년 수천 명이 로스쿨을 졸업한다. 전쟁은 일시적으로 '과밀화' 문제를 해결했다. 징병제로 인해 로스쿨 입학생이 급격히 줄면서 20세기 초반 이후 처음으로 졸업생 모두가 일자리를 찾을 수 있게 되었다. 그러나 연고가 없는 젊은 변호사와 미국 사회의 문제라는 측면에서 그 근원은 여전히 남아 있다.

4. 교수

학교 교사, 특히 초등학교와 중고등학교의 교사는 전문직의 경제적 프롤레타리아다. 외곽에 존재하는 이 학문의 하인들은 직업 피라미드에서 가장 큰 직업군을 형성하고 있으며, 전체 전문직 종사자의 약 31퍼센트가 어떤 종류든 학교의 교사다. 다른 화이트칼라 집단과 마찬가지로 이들의 수는 엄청나게 늘어났으며, 교육을 통해 다른 많은 화이트칼라 집단의 탄생과 성장에 중요한 역할을 해왔다.

대학 등록자 수가 증가하고 그에 따라 교육이 대량 생산 방식으로 바뀜에 따라 대학교수의 위상은 예전보다 약화됐다. 물론 큰 중심지에서 이들의 위신은 공립학교 교사보다 꽤 높지만 일반적으로 교양 있는 상류 계급 가정의 아들을 끌어들일 만큼 매력적이지는 않다. 대학의 교수 요원으로 선발되어 대학원 교육을 통해 양성되는 이들은 유형상 평민적 성향이 강할 가능성이 매우 높다. 그의 문화는 일반적으로 좁고 상상력도 제한되는 경우가 많다. 우아한 심성, 문화의 유연성이나 폭, 상상력의 범위 측면에서 훌륭한 환경이 못 되는 중하층 계급 출신이라도 이 분야에서는 지위를 얻을 수 있다. 따라서 이 직업에는 계급과 지위가 뚜렷하게 상승한 경험이 있는 사람들이 많이 포함되며, 이들은 로건 윌슨 Logan Wilson이 말한 것처럼 상승의 과정에서 "사회적 은총보다는 지적 은총"을 받았을 확률이 높다. 또한 "전문 분야 외에는 평민적인 문화적 관심사를 갖고 있으며, 대개 속물적인 삶의 스타일을 가진" 사람들도 포함된다.

명석하고 에너지가 넘치며 상상력이 풍부한 사람은 대학교수직에 매력을 느끼지 못하는 경우가 많다. 하버드대 총장이 지적했듯이 예술 및 과학 대학원은 "최고의 두뇌와 잘 발달된 강인한 인격들"이 받아야 할 마땅할 몫을 받지 못한다. 법학대학원과 의학대학원은 훨씬 더 잘 해왔다. 교수가 되기가 더 쉽고, 관성에서 벗어나 계속 일하기도 쉽다. 법학과 의학 같은 전문직은 연구 장학금을 통한 재정 지원은 거의 제공하지 않지만, 고등교육을 가르치는 전문직으로서는 많은 것을 제공한다.

대학원은 종종 '봉건적' 시스템으로 조직되어 있어서 학생은 한 교수에 대해 충성함으로써 다른 교수로부터 보호받는다. 다른 사람의 사고방식을 재빨리 배우려는 단정한 젊은이는 쉽게 성공할 수 있으며, 심지어 학문의 세계에 진력하면서 진정으로 독창적인 심성을 가진 사람보다 더 쉽게 성공할 수도 있다. 교수에게는 기꺼이 자기 도제가 되겠다는 사람이 더 유용하다.

높은 학위에 대한 대중의 수요가 늘어나면서 대학원은 엄청나게 확장되었고, 종종 기계적으로 수여되는 박사학위를 개발했다. 특성학과의 인력과 예산이 커지면서 학과 사이의 장벽은 더욱 높아졌다. 주로 대학 교원을 양성하는 대학원은 학생들이 특별한 틈새 시장을 충족할 수 있도록 준비시킨다. 이는 교육이 전체적으로 직업 교육화되어가는 과정의 일부로서, 이제 교육은 직업에 즉시 적응할 수 있는 기술적 요구사항과 숙련을 충족할 수 있도록 사람들을 준비시킨다.

대학교수로서 성공적으로 활동하기 위해 필요한 전문성은 현대 사회에서 더 높은 문화를 이해하려는 경향을 죽이는 경우가 많다. 화이트헤드가 지적했듯이 이제 지성의 금욕주의가 존재한다. 교수가 스스로 허용하는 유일한 '일반화'는 자신이 연구하는 분야에서 집필하는 교과서일 뿐인 경우가 많다. 그가 관여하는 진지한 사유는 하나의 전문 분야, 하나의 궤도 안에만 존재하며, 나머지 영역은 피상적으로 취급된다. 예를 들어, 사회과학 교수는 일류 저널리스트만큼 균형 잡힌 지성을 가질 가능성이 높지 않다. 일반적으로 학계 내부에서는 자기 분야가 아닌 다른 분야의 책을 저술하는 것을 저급한 취향으로 간주한다. 그리하여 지식의 전문화는 교수 개인의 시야를 좁혔고, 성공의 수단은 이런 경향을 더욱 심화시켰으며, 사회 연구와 인문학에서 정확한 과학을 모방하려는 시도는 인간과 사회 전체를 포용하도록 정신을 확장하기보다는 미시적 탐구 분야로 좁혀버렸다. 두각을 나타내려면 전문화해야 하고, 그렇게 믿도록 고취된다. 그래서 150명으로 구성된 대학교수진은 30~40개 학과로 나뉘고, 각 학과는 자율적으로 운영되며, 더 나쁜 경우에는 자기 전문 분야가 침해되거나 통합될까 두려워하는 기성의 교수진에 의해 보호받는다.

교수가 되어 대학에 자리를 잡은 후에는 교수의 환경과 자원이 마음의 독립을 촉진하기는커녕 오히려 방해가 될 가능성이 높다. 그가 구성원이 된 이 작은 위계질서는 중간계급 환경에 의해, 또 지식인과 사회생활의 분리에 의해 거의 완전히 폐쇄되어 있다. 이런 위계질서 속에서는 평범함이 규칙이 되고 성공의 이미지를 만든다. 그리고 상승의 길 자체는 창의적인 작업을 요구하는 만큼이나 행정적인 과업이 될 것이다.

그러나 학계 내부의 힘에 의한 교수의 형성은 이야기의 일부일 뿐이다. 미국 교육 시스템은 자율적이지 않으며, 그 안에서 일어나는 일은 사회의 다른 영역에서 일어나는 변화에 꽤나 의존한다. 학교는 주도적인 중심이기보다는 외부의 변화에 적응하는 유기체인 경우가 흔하고, 교사는 저임금 직원보다 심성이 독립적이지 못한 것이 보통이다.

외부 환경과 요구는 고등학교와 대학교의 입학 및 커리큘럼은 물론 교사의 유형과 학교 안팎에서 수행하는 역할에도 영향을 미쳤다. 지식의 세계와 경제 시스템을 비유함으로써 미국 고등교육기관에 종사하는 학자 유형에 대한 전체적인 그림을 얻을 수 있다.

생산자는 아이디어를 창조하고 처음으로 공표하며 검증하고, 어쨌든 그 아이디어를 이해할 수 있는 시장에 글을 제공하여 이용할 수 있게 해주는 사람이다. 생산자 중에는 개인 기업가(여전히 지배적인 유형)와 다양한 종류의 연구 기관에서 사실상 생산 부서를 관리하는 기업 임원이 있다. 그다음에는 **도매업자**가 있는데, 이들은 아이디어를 생산하지는 않지만 다른 학자들에게 교과서로 배포하고, 이 학자들은 다시 학생 소비자에게 아이디어를 직접 판매한다. 가르치기만 하는 이들은 아이디어와 자료의 소매상이며, 그중 나은 부류는 원생산자에게서, 나쁜 부류는 도매업자에게서 서비스를 제공받는다. 모든 학계 인물은 유형에 관계없이 책을 통해서 생산자 및 도매입자가 만든 생산물의 **소비자**가 되기도 하며, 어느 정도는 현지 시장에서의 개인적인 대화를 통해 소매업자의 상품을 소비하기도 한다. 그러나 일부는 소비를 전문으로 하는 경우도 있는데, 이들은 책의 사용자라기보다는 훌륭한 이해자가 되며 참고문헌에 정통하다.

대부분의 단과대학과 종합대학에서 이 모든 유형을 볼 수 있고 모두 번성할 수 있지만, 생산자(아마도 교과서 도매업자와 함께)가 가장 큰 영예를 누리고 있다.

학문적 지위의 일반적인 위계는 가르치는 것은 거의 없고 연구만 많이 하는 대학원의 정교수부터 가르치는 것은 많고 연구는 거의 또는 전혀 하지 않는 학부의 강사까지 이어진다. 학문적으로 앞서 나간다는 것은 학생들을 끌어들이는 동시에 연구활동을 추구해야 한다는 의미이며, 결국, 특히 젊은이에게는 교육에서의 성공보다 출판이 더 큰 비중을 차지할 수 있다. 통상 학계의 경력은 교육기관 내에서의 위계질서와 관련되지만, 교육기관 내에서의 성공은 외부에서의 성공에 크게 의존한다. 지역에서의 교육, 연구 출판, 다른 기관의 제안 사이에는 밀접한 상호 작용이 있다.

20세기에 미국의 학계생활은 대체로 야심 찬 사람들이 단순한 학문적 경력에 만족하게 만들지 못했다. 학자라는 직업은 종종 금전적으로 희생해야 하지만 지위는 보잘것없고, 급여와 그에 따른 생활방식이 상대적으로 열악하며, 일부 학자들은 자신의 지력이 다른 분야에서 권력과 위신을 얻은 이들보다 훨씬 뛰어나다는 생각에 불만이 고조된다. 이렇게 불운한 교수들에게 만족스러운 기회가 제공되었으니, 연구와 행정 분야의 새로운 발전에 따라 학장이 되지 않고서도 임원이 될 수 있게 되었다.

학계 내부의 힘이 일부 교수를 소매상이나 관리자로 만드는 반면, 외부의 힘은 특히 대형 대학에서 다른 교수를 새로운 기업가 유형의 경력으로 이끈다.

전쟁 경험은 교수가 군대뿐만 아니라 정부 프로그램에서도 유용할 수 있음을 보여준다. 그러나 그를 학계에서 벗어나 다른 삶의 상황으로 이끌 가능성이 가장 높은 것은 조사연구다. 또한 교수로 하여금 거대한 경영 관료조직의 부속물이 되게 하고, 그들의 전문적 지위를 이용하여 그 조직에 기술적으로 봉사할 뿐만 아니라 축성하게끔 하는 것은 조사연구와 그에 수반되는 돈이다. 지식은 직접 판매할 수 있는 상품이기 때문에, 다른 사람이 지식을 창조한 후에 지식을 판매하는 것을 전문으로 하는 교수도 있을 수 있고, 또 다른 교수가 그들의 지적 작업을 시장에 맞게 직접 구체화하는 것이 불가피한 일일 수도 있다. 보통의 상점 주인보다 더 큰 권위를 가지고 포장된 약을 파는 약사처럼, 교수는 일반인보다 더 나은 효과를 가졌다고 포장된 지식을 판매한다. 그는 대학에서의 지위와 공평무사함이라는 고대의 학문적 전통이 부여하는 위신을 시장에 가져온다. 이 공평무사함의 후광은 교수의 지식과 그가 속한 대학의 이름을 구매하는 기업의 이익으로 다시 한 번 바뀐다.

물론 경제학이 '기득권을 지키는 스위스 경비병'이라는 사실은 오래전부터 알려져왔지만, 대체로 어느 정도의 거리는 유지하고 있었다. 하지만 이제는 많은 최고의 전문 경제학자들이 기업의 직접적인 대행자 노릇을 하고 있다. 기업의 자문에 가장 많이 활용되는 전문가인 엔지니어와 변호사에 이어 학자들이 정책 문제 해결을 위해 경영진과 협력하고, 상품시장을 측정하며, 기업이나 사업 전반에 대한 의견을 분석하는 역할을 맡고 있다. 이런 필요성은 기업과 직능 단체의 규모가 커지고 전체 경제를 위한 경제적 정치가의 역할을 맡게 되면서 더욱 커졌다. 이런 조직들은 새로운 역할을 위해 대변인의 필요성을 느꼈고, 홍보가 경영진의 최우선 관심사가 되면서 단순한 허풍으로는 내부 및 외부용으로 신중하게 준비된 조사연구를 대신할 수 없게 되었다. 이로 인해 일부 유능한 연구원들을 유지해야 할 뿐 아니라, 연구 결과에 대학의 인장을 찍는 여러 대학의 교수들도 유지해야 했다.

예를 들어, 사회 연구에서 새로운 학문적 실용주의는 불량소년, 정숙하지 않은 여성, 미국화되지 않은 이민자 등 사회적 과정에서 상처 입은 인간적 결과에는 관심이 없다. 그와는 반대로 사회의 최상위층, 특히 계몽된 기업 경영진과 밀접한 관계를 맺는다. 예를 들어, 이 학문의 역사상 처음으로 사회학자들은 사회사업기관의 수준을 훨씬 뛰어넘는 전문 업무를 맡게 되었고, 사적 및 공적 권력과 사회적 접촉으로 연결되었다. 이제 오래된 실행자들 옆에, 불안하고 사기가 꺾인 노동자와 인간관계 관리 기술을 이해하지 못하는 관리자를 연구하는 새로운 실행자가 등장했다.

서너 군데 대형 대학의 사회과학 및 경영학 교수들 사이에서 새로운 기업가적 성공 패턴이 잘 진행되고 있다. 이런 중심들에서는 "교수는 가르치는 것 빼고 다 한다"는 이야기를 곧잘 듣게 된다. 그는 대기업, 부동산 기관, 노사 위원회의 상담역이면서, 자기 연구소를 차려 연구 용역과 대학의 전통적 공평함이라는 위신을 팔고 있다. 그는 직원을 거느리게 되고, 그에 따르는 경상비도 들게 된다. 그가 사업가처럼 광기에 휩싸이게 되는 이유는 업무에 대한 보수 체계에서 발생하는 높은 경상비 때문이다. 이 학자 기업가가 대체로 돈을 좇지는 않는다는 사실로 인해 외부인은 흔히 교수가 자신의 기행과 낮은 개인적 소득 때문에 사업을 연기하면서play-acting 위신을 얻고 있다는 인상을 받는다. 그러나 동기나 결과에 관계없이 학계 경력 중의 일정 부분은 점점 더 사업상의 수완가와 기업 관리자의 특성에 의존하고 있다.

이 모든 것이 여전히 예외적이라는 것을 이해해야 하며, 확실히 이런 교수의 수는 얼마 되지 않는다. 한편으로는 이 과정이 막간의 촌극으로 보일 수도 있는데, 왜냐하면 교수 기업가가 성공하면 대학은 그가 쌓은 업적을 인수하여 기부된 시설의 한 부서로 전환하고, 그 평판을 더 많은 존경과 안정적인 수익 만들기에 활용하기 때문이다. 다른 한편으로는 방향성과 기술을 배운 도제들이 이를 바탕으로 기업이나 정부기관에 전문직으로 진출할 수도 있다.

사업가나 다른 일반인들과는 달리 교수들은 자신들의 실용성을 금전이나 경영 목적으로, 또는 정치적으로 활용하는 데 그다지 관심이 없다. 그들에게 그런 결과는 주로 자신의 '경력'이라는 다른 목적을 위한 수단일 뿐이다. 교수들이 연구활동으로 인한 약간의 급여 인상을 환영하는 것은 분명히 사실이다. 경영자가 더 적은 수고로 더 수익성 있게 공장을 운영할 수 있도록 돕는다는 만족감을 느낄 수도 있고, 기성의 권력을 위해 새롭고 지적으로 더욱 수용 가능한 이념을 구축함으로써 힘을 얻을 수도 있고 그렇지 않을 수도 있다. 그러나 그들이 학자로 남아 있는 한, 그들의 학문 외적인 목표는 자신의 경력을 진작시키는 데 무게가 있다.

이런 관점에서 볼 때, 교수들이 새로운 이념 및 실용 연구에 참여하는 것은 부분적으로는 현대 기업과 정부의 규모가 커지고 관료제적 성격이 강화되며, 기업과 지역 사회 간의 관계가 제도화됨에 따라 발생하는 새로운 일자리 기회에 대한 대응이다. 관료화는 전문가에 대한 수요를 증가시키고 새로운 경력 패턴을 낳는다. 이런 수요에 부응하는 사회과학자들은 정도 차이는 있어도 기꺼이 고위나 하위의 기업 임원 및 정부 관료가 된다. 고등교육의 중심인 대학은 학자에 대한 이러한 외부 수요를 반영하면서 자유로운 지식인이 아니라 비정치적인 기술자를 배출하는 경향이 점점 더 커지고 있다. 따라서 대학에서 훈련받은 노동 관계 학자들은 급진적이거나 보수적인 대중을 향해, 이론적 아이디어의 대중적 확산을 위해 글을 쓰고 싸우기보다는 '전문가'가 되어 전국전쟁노동위원회에서 활동한다. 이런 점에서 현대의 전쟁은 전문가, 특히 자유주의적 정당화에 정통한 수사학의 전문가가 활력을 얻는 기회다.

학계에 남아 있는 사람들에게는 새로운 기업가의 경력이 가능해졌다. 이런 유형의 사람은 대학 밖에서 위신과 작은 권력을 확보함으로써 대학에서 경력을 쌓을 수 있다. 무엇보다도 그는 상당한 재정적 지원을 받는 연구소를 캠퍼스에 설립할 수 있고, 연구소는 학계 인사들과 업계의 관련자들이 접촉하는 통로가 되기 때문에 폐쇄적인 동료들의 선망의 대상이 된다. 그 결과 동료들로부터 대학 업무에서 리더십을 발휘하리라는 기대를 받는 경우도 흔하다.

하지만 이런 새로운 경력이 그들을 학계의 관례적 틀에서 벗어나게 해주면서도, 자칫 불만족스러운 어딘가로 추락시킬 수도 있다는 증거가 도처에, 심지어 성급히 경력을 쌓으려는 젊은이들 사이에도 널려 있다. 어쨌든 새로운 학문적 기업가들은 자기 목표가 무엇인지도 모르는 경우가 흔하고, 실제로 가능한 성공이란 어떻게 정의할 수 있는지 그 조건도 분명하게 생각하지 않는 것처럼 보인다.

미국 교수들은 집단적으로 정치에 참여한 적이 거의 없다. 기술자로서의 역할을 지향하는 경향이 강해지면서 비정치적인 전문직 이념이 강화되어 정치적 참여도 줄어들었고, 종종 정치적 문제를 파악하는 능력조차 위축되었다. 그렇기 때문에 일류 사회학자나 경제학자, 정치학자보다 정치적으로 더 각성한 중간급 저널리스트를 자주 접하게 된다.

미국의 대학 시스템은 정치 교육, 즉 현대사회의 일반적인 권력 투쟁에서 어떤 일이 벌어지고 있는지 파악하는 방법을 거의 제공하지 않는다. 사회과학자들은 지역 사회의 저항적인 부분과 실제 접촉한 적이 거의 없거나 전혀 없으며, 평범한 학자가 경력을 쌓는 과정에서 접할 수 있는 좌파 언론도 없고, 정치 지식인에게 일자리는 말할 것도 없고 명성을 주거나 지지하는 운동도 없으며, 학계는 노동계에 거의 뿌리를 내리지 못하고 있다. 이러한 진공 상태는 미국 학자가 정치적 이념의 변화 없이, 그리고 정치적 죄책감 없이 새로운 실용성, 즉 정치적 도구가 되는 것을 받아들일 수 있는 상황을 의미한다.

5. 기업과 전문직

미국 사회는 교육받은 기술의 행사를 존중하고 전문적으로 훈련된 사람들을 존경한다. 또한 돈을 사실과 상징으로서 존중하고 돈 많은 사람을 존경한다. 따라서 많은 전문직 종사자가 이 두 가지 가치 체계의 교차점에 있으며, 많은 사업가들은 금전적 가치에 전문성을 더하기 위해 애쓴다. 전문직의 상업화 또는 경영의 전문직화에 대해 말할 때 우리는 기술과 돈의 충돌 또는 결합을 가리킨다. 이러한 결합으로 인해 전문직은 기업처럼, 기업은 전문직처럼 변해가고 있다. 특히 기업의 규모가 커지고 기존 전문직 종사자들을 고용하게 되면서 많은 곳에서 그 경계가 모호해졌다.

하지만 기업과 전문직이 모두 관료제 구조로 조직되어 있는 한 개별 실무자 간의 현재적인 차이는 크지 않다. 경영 관료조직은 기업과 전문직을 모두 포괄하며, 개인은 특정 사무실에서 업무를 수행하며 조직을 위해 돈을 벌지만 스스로는 급여를 받을 뿐이다. 월급쟁이 대리인이 기업에서 내린 결정의 결과는 자신의 은행 계좌에는 직접적으로 영향을 미치지 않고 근무하는 회사의 이윤에 영향을 미친다.

미국에서 점점 더 많은 기업과 직종이 전문직이라고 불리거나 그 종사자들이 전문직처럼 행동하려고 한다면, 이는 해럴드 라스키 Harold Laski가 주장한 것처럼 국가 전체의 입장에서든 기존 전문직의 입장에서든 '평등주의적' 열망 때문은 결코 아니다. 가장 결정적인 이유는 기업이 대형화되고 복잡해지면서 운영에 필요한 기술을 도제 생활을 통해 습득하기가 어려워졌기 때문이다. 사람들은 더 고도로 훈련되고 종종 매우 전문화되어야 했다. 따라서 기업은 교육받은 노동력을 위한 시장이 되었으며, 기존 전문직은 물론 새로운 전문직까지 포함하여 업무 과정에서 자체 교육이 이루어지게 되었다.

오늘날과 같이 선별된 기업 관리자를 위한 특별 교육이 도입되고 그러한 교육이 채용의 전제 조건이 될 때, 우리는 경영을 의학이나 법률과 같은 전문직이라고 말할 수 있다. 오늘날 상황은 상당히 복잡하지만 대기업은 이 방향으로 나아가고 있다.

의사와 변호사를 위한 '경영 실무' 과정과 마찬가지로 학교에서 '경영 과학'이 생겨날 정도로 기업과 전문직이 점점 더 합리적으로 조직되고 있다. 사업가와 전문직 모두 자신이 일하는 사회 메커니즘의 합리성을 위해 노력하며, 이를 달성하면 영광을 얻는다. 둘 다 특정 역량이라는 좁은 영역 내에서 전문가로 인정받고 그렇게 평가받기 위해 노력한다. 둘 다 추상화된 인간관계에 정통해서, 기업인은 소비자를, 전문직은 고객이나 사건을 그 관점에서 대한다.

사업가와 전문직이 속한 관료제 조직 양자 모두에서 나타나는 주된 추세는 특성화된 사무실과 전문화된 업무를 수행하는 전문적인 직업인으로, 즉 관료로 바뀌는 것이다. 확실히 기업과 전문직을 '금전적 동기 대 봉사의 동기'라는 측면으로 구분할 수는 없다.

사업가는 이기적으로 자신의 이익을 추구하는 반면, 전문직 종사자는 이타적으로 타인의 이익을 위해 봉사한다고들 한다. 이런 구분이 퍼져 있는 것은 사실이지만, 탤컷 파슨스Talcott Parsons가 정확하게 관찰한 것처럼 이는 이기주의적 자기 이익과 이타주의 사이의 차이가 아니다. 오히려 전문 교육을 받아야 하는 진입 요건의 차이, 전문직과 기업인 집단이 사회적으로 조직되고 통제되는 방식의 차이, 각 집단 구성원의 대내외 관계를 규정하는 규칙의 차이에서 비롯된 것이다.

전문직 종사자가 광고를 할 수 없고(일부는 광고를 하지만), 의료나 법률 분야에서처럼 고객의 신용등급에 관계없이 사건을 수임해야 하며(이 점에서는 정도 차이가 크지만), 비용 측면에서 고객을 놓고 서로 경쟁하는 것이 금지되어 있다면(일부는 경쟁하지만), 이는 그들이 기업인보다 이기심이 적어서가 아니라 길드 같은 시스템으로 조직되어 장기적인 자기 이익 증진을 최선으로 삼기 때문이다. 이들이 개인으로서 이런 상황을 사회적 사실로 인식하든, 단지 윤리적 문제로만 이해하든 아무 상관이 없다.

이타적 서비스라는 직업적 이데올로기가 매우 효과적이기 때문에 사업가, 특히 특정 유형의 소상인들은 비경쟁적이며 길드형으로 폐쇄적인 관행을 확립하는 데 열성적으로 참여하고 있다. 현대 기업관료제의 기술에 직접적으로 관련이 없는 사업가 사이에서도 전문적으로 보이고 싶어하고 전문가로서의 특권을 누리고 싶은 열망이 있다. 이는 무엇보다도 지위에 대한 열망, 즉 '프로'라면 위신의 배지를 달아야 한다는 열망에 기반한다. '책임감 있고 안정적'이며 무엇보다 위신을 지닌 직책이라면 무엇이든 그 구성원에 의해 전문직으로 알려지거나 그렇게 홍보된다. 부동산업자는 부동산 중개인이 되고, 엄장이는 상의사가 된다. 광고인과 홍보 담당자, 라디오 해설자와 개그맨, 인테리어 디자이너와 특수효과 전문가 모두 '전문직'으로 보이고 행동하려고 애쓴다. 이런 경향이 허용되고 장려되는 이유는 기업활동이라는 기능, 즉 사업가가 종종 다른 직업에 고착된 지위를 '빌릴' 수 있을 만큼 높은 지위를 부여받기 때문이다. 전문직이 명예로운 것이라면 기업활동도 전문직이어야 한다고 사업가는 추론한다.

수입을 늘리고 경쟁을 피하면서 이런 지위도 얻는 한 가지 방법은 직능조합의 결성 없이 계층을 폐쇄하고, 이윤과 보수를 얻는 분야에 대한 진입을 제한하는 전문가협회를 구성하는 것이다. 1870년에 접어든 후에야 최초의 주 변호사 시험이 실시되고 의료 면허제도가 시작됐으며, 회계사, 건축가 및 엔지니어는 20세기 초에 들어서야 면허제도가 생겼다. 그러나 1930년대에 윌라드 허스트가 18개의 표본 주에서 집계한 바에 따르면, 약 210개의 직업 또는 기업활동이 일종의 법적 진입 장벽을 가지고 있었다.

예를 들어 소기업가로서 약사의 가장 큰 관심은 아무리 변칙적이라고 해도 전문직업인으로서의 지위다. 약사의 전문적 주장과 위신은 그들이 판매하는 상품에 대한 소비자의 신뢰를 높이고, 한 비즈니스 잡지가 주장한 것처럼 "건강 제품의 전문 조제사라는 법적 특권 덕분에 다른 상점이 문을 닫는 일요일, 휴일, 야간 등에도 문을 열고 비의약품을 판매할 수 있다." 하지만 일반의약품 판매는 증가한 반면 처방전 판매는 감소하는 등 약사의 직업적 기반은 약화되고 있다.

약사가 전문직 지위를 가져야 한다는 주장의 경제적 의미는 무엇일까? 의약품 판매를 등록 약사만 할 수 있도록 법률로 제한하지 않으면 약사들의 의약품 판매가 현저하게 줄어들 것이라는 점이다. 약사의 직업적 외침은 적어도 부분적으로는 더 많은 판매처를 원하는 제약업체에 대한 소기업가의 경제적 절규다. 소규모 약사들은 종종 의사와 마찬가지로 소매가격이 유지되는 상품을 두고 가격 경쟁을 벌이는 상황을 매우 비윤리적인 것으로 본다. 그들도 직업적 폐쇄와 '전문직 지위'를 좋아할 것이다. 극단적인 경우에는 이윤 획득과 보장의 논리가 지배하는 협회의 길드 규칙을 유지하기 위해 추방과 제명 같은 방법이 사용된다. 현명한 절제와 상업적 이익 사이의 균형은 불안정하며, 그 경계를 그리기는 어렵다.

전문직 종사자와 사업가가 결합된 유형의 인물은 특별한 특권을 누릴 수 있는 기업가가 되고자 하며, 종종 그렇게 되기도 한다. 이 특권에는 기업적 관료제와 전문직업적 관료제 모두를 활용하는 것이 포함된다. 교수는 연구 단위를 설립하기 위해 대학의 위신을 팔아 시장 조사 일자리를 확보하고, 대학과의 연계로 상업적 기관에 비해 특혜를 누린다. 병원과 연계된 의사는 그 연계 덕분에 환자 확보는 물론 장비 사용권도 확보한다. 변호사는 이 기업 저 기업 사이를, 또 기업과 정부 사이를 오가며 양쪽 모두로부터 명성을 빌린다.

다른 특권 집단과 마찬가지로 전문적 기업가와 기업가적 전문가는 법률과 엄격한 교육 및 입학 규칙을 통해 자신의 지위를 독점하려고 노력하며, 이를 위해 계층을 폐쇄한다. 기회가 줄어들고 있다는 느낌이 들 때마다 직업 집단은 이런 폐쇄를 추구한다. 이런 전략은 현재 전문직 협회뿐만 아니라 전문직 지위를 주장하려는 기업가들이 채택한 많은 규칙과 정책의 배경이 되고 있다.

전문가들 사이의 기발한 관료주의, 그로 인해 요구되는 업무량의 증가, 경영 관료조직과 상업적 열의의 일치, 그리고 자신들의 계층을 폐쇄하려는 전문가와 기업가 집단 측의 모든 정책과 시도 등의 상황 전개로 인해 많은 개인적이고 자유로운 지성이 화이트칼라 전문가들로부터 소외되고 있다. 개인적인 성찰은 때로는 최상층에, 좀 더 흔하게는 최상층 바로 아래 집중되는데, 왜냐하면 그런 성찰을 요구하고 독점하는 일자리가 있는 반면, 화이트칼라의 위계를 따라 내려갈수록 성찰이 요구되지도 허용되지도 않기 때문이다.

계획적 성찰 기능이 중앙으로 집중되면서 개인의 합리성이 몰수되는 상황은, 화이트칼라 위계질서 전체의 관점에서 보면 합리화가 진전되는 것이라고 볼 수 있다. 한 명의 개인이 하던 일을 이제는 결정과 연구, 지시와 점검의 기능으로 세분화하여 각각 별도의 집단이 수행한다. 따라서 많은 경영 기능이 자율성이 낮아지면서 주도권도 줄어들고 있다. 성찰 기능이 중앙에 집중될수록 대다수는 주도권을 빼앗기고, 결정하는 대신 정해진 규칙을 적용하는 일만 하게 된다. 하지만 이러한 발전이 꼭 **최상층 인물**의 지적 업무가 줄어든다는 것을 의미하는 것은 아니다. 오히려 앙리 드 만Henri de Man이 관찰한 것처럼 덜 지적인 업무는 세분화되어 위계질서 아래쪽의 반숙련 화이트칼라 근로자에게로 이전되는 반면, 관리직 상층부는 지적 역량이 더 많이 요구됨에 따라 그 지적 단위가 전문화된 간부로 구성된다는 것을 의미한다. 하위 직급이 업무에서 지적 내용을 박탈당할수록 상위 직급에는 더 많은 지적 역량이 요구되거나 적어도 지적으로 숙련된 인원에게 더 많이 의존하게 된다.

이 과정에서 일부 전문직이 아래로 밀려난다면, 새로운 하위 지적 업무를 맡는 사람들은 사회적으로 더 낮은 계층에서 더 많이 생겨날 것이다. 전문 기술의 중앙집중과 많은 지적 기능의 산업화로 인해 완전한 전문직 계층이 축소되었다기보다는 준전문직과 유사 지식인이 확산됐으며, 이들과 완전한 전문직 사이에는 분리가 더욱 뚜렷해졌다. 이 확산 과정이 매우 광범위하여 임금노동자와 사무원의 자녀가 곧잘 준전문직으로 성장하는가 하면, 전문직 세계의 최상층 인물들은 기업과 결합하여 경영 관료조직의 전문 기업가가 되고 있다.

7장

지식인 주식회사

**

모든 중간계급 집단 중에서 지식인은 가장 멀리 떨어져 있고 이질적이다. 소기업가, 공장 노동자, 서류 정리 사무원과 달리 지식인은 상대적으로 계급이 없다. 그들은 공통의 출신이 없고 공통의 사회적 운명을 공유하지도 않는다. 이들은 소득과 지위도 매우 다양하다. 일부는 교외의 빈민가에서 주거 및 지적 생활을 하는가 하면, 일부는 대륙 규모의 전국을 관할하는 선전 부서에서 일한다. 많은 지식인은 구중간계급에 속하며, 이들은 편집자나 기업 관리자로 구성된 전문 시상에서 자신의 교육과 언어 능력을 자본으로 삼아 기업가로 활동한다. 다른 사람들은 주로 신중간계급이며, 다양한 화이트칼라 피라미드에 속한 월급쟁이로서 직급에 따라 생활양식과 업무방식이 정해진다.

많은 전문직 종사자들은 교육과 여가 덕분에 지식인이 될 수 있는 좋은 기회를 가지며, 많은 지식인들은 어떤 전문직을 통해 생계를 유지한다. 게다가 전문 기술을 가진 사람들이 지식인 대중의 상당 부분을 차지한다. 따라서 전문직 및 기술자 집단에 어떤 일이 일어나는지는 지식인의 일과 삶의 조건에도 영향을 미친다.

지식인은 하나의 사회적 단위로 정의할 수 없으며, 오히려 흩어져 있는 여러 소집단으로 정의할 수 있다. 지식인은 사회적 지위보다는 그들의 기능과 주관적 특성에 따라 정의되어야 한다. 상징을 전문으로 다루는 사람들로서 지식인은 독특한 형태의 의식을 생산, 유통, 보존한다. 그들은 예술과 아이디어의 직접적인 전달자다. 그들은 어떤 실천에 대해 직접적인 책임이 없을 수도 있고, 제도적 역할에 종사하기 때문에 기존 기관에 확고한 애착을 가질 수도 있다. 그들은 구경꾼이자 외부인일 수도 있고, 감독자이자 내부자일 수도 있다. 하지만 그들이 무엇이든 간에 지식인으로서 그들은 사상idea을 위해 사는 사람들이며, 사상 없이는 살 수 없는 사람들이다.

개인적인 정신 감각을 기르기 위해 그들은 대중의 가치와 고정 관념으로부터 초연하다는 자기 이미지를 구축하고, 자신의 신념을 고수하기 위해 의식적으로 누구에게도 종속되어 있지 않았다. 윌리엄 필립스William Phillips가 현대 문학에 대해 한 말은 지식인에게도 똑같이 적용된다. 그들은 "도덕적 만족이든, 육체적 만족이든, 아니면 역사적 만족이든 간에 어떤 형태의 자기만족을 향해 사회의 관행과 가치에 대해 반발해왔으며, 새로운 운동이 스스로 소진될 때마다 보헤미안적 전위집단으로서 새로운 출발을 반복했다"는 것이다. 따라서 그들은 "유용성과 순응의 체제에 대한 일종의 영구 반란 상태에 있다." 이 모든 '자유'의 요소는 예술적 지식인뿐만 아니라 정치적 지식인에게도 적용된다. 사실 모든 지적 작업은 권위와 그 행사를 정당화하거나 반박하거나 주의를 돌리는 상징이라는 작용에 초점을 맞춘다는 점에서 관련성이 있다. 정치적 지식인은 그러한 상징과 정치의식 상태를 전문적으로 다루는 사람들이다. 이들은 지배적인 계급, 제도 및 정책을 지지하거나 공격하는 신념과 사상을 만들고 촉진하며 비판한다. 또는 이런 권력구조와 이를 지휘하고 혜택을 누리는 사람들로부터 관심을 돌리는 역할을 한다.

서구 역사에서 짧은 자유주의 시기 동안 많은 지식인은 앞서 언급한 의미에서 자유로웠다. 소기업가의 상황이 독특했던 것처럼, 고도로 조직화된 두 단계 사이에 하나의 역사적 단계가 끼어 있는 다소 독특한 역사적 상황에 처해 있었다. 18세기의 지식인은 부르주아 기업가와 공통의 기반 위에 서 있었다. 둘 다 봉건적 지배의 잔재에 맞서 각자의 방식으로 싸우고 있었으며, 작가는 지위가 높은 후원자로부터 자유로워지려 애썼고, 기업가는 독점권을 가진 특허 회사의 구속을 끊으려 애썼다. 양자 모두 새로운 종류의 자유를 위해 싸웠으니, 작가는 익명의 대중을 위해, 사업가는 익명의 구속 없는 시장을 위해 싸웠다. 필립 라브Philip Rahv가 "부르주아 시대의 대부분 동안... [예술가는] 자신으로부터의 소외보다 공동체로부터의 소외를 더 선호했다"고 말한 것처럼 그들은 승리했다. 그러나 기업가나 지식인에게 더 이상 그런 자유의 조건은 존재하지 않으며, 20세기 미국만큼 지식인에게 자유의 붕괴가 명백하게 드러난 곳도 없다.

1. 네 단계

자유로운 지적 생활의 실천은 금세기 동안 몇 가지 변화를 겪으며 여러 가지 뚜렷한 상황에 직면하게 되었다. 이런 변화를 따라가려면 변화하는 사고와 분위기의 모델을 살펴보고 무형의 영향을 추적할 필요가 있다. 금세기 내내 자유 지식인을 위한 새로운 종류의 후원 시스템이 성장했으며, 이것이 세기 중반에 정치적 의지와 도덕적 희망의 상실에 영향을 미친 것으로 보인다.

    자유롭고 정치적인 미국 지식인의 역사를 거칠게 단순화하면 그들의 주요 관심 분야와 중추적인 가치에 따라 크게 네 단계로 구분할 수 있다.

I. 제1차 세계대전 이전에는 개별적으로 사실이나 불의와 부패를 찾아내 중간계급에게 알리는 추문 폭로자들이 있었고 이들 사이에 실용주의적 사조의 자유주의가 널리 퍼져 있었다. 세기의 첫 15년 동안 추문 폭로자로서의 지식인은 대중에게 확고한 기반을 가지고 있었고, 『맥클루어』 같은 잡지에서는 특정 도시와 특정 기업에 초점을 맞춘 프리랜서 저널리스트가 활동할 수 있었다.¹ 새로운 관행과 집단이 생겨나며 팽창하는 사회에서 이런 종류의 지식인은 때때로 치밀한 묘사에 과도하게 집착하기도 했지만, 구중간계급 세계를 위한 일종의 윤리 장부를 작성하면서 기득권의 부패를 공격하는 데 특권을 가진 비판적 저널리스트였다.

사실, 이런 폭로 공격이 매우 효과적이라고 여기고 두려워한 탓에 권력자들은 자신의 권위와 대중적 이미지를 방어하기 위해 반사적으로 홍보 에이전트를 고용했다. 이런 홍보 에이전트 중 일부는 적어도 초기에는 지식인이었다. 사실 지식인의 특징은 거의 모든 사회적 이해관계를 방어하고 정교하게 설명하는 데 전념할 수 있다는 점이다. 제1차 세계대전이 발발하자 이전에는 추문 폭로자였던 이들 중 다수가 기득권층을 위해 만들어진 새로운 잡탕 신앙을 옹호하는 데 앞장섰다. 윌리엄 밀러William Miller에 따르면 추문 폭로자가 글을 썼던 바로 그 잡지들이 시간이 지나면서 엄청난 부수를 자랑하는 신중한 광고 매체로 변모했다.

물론 추문 폭로자가 지성계를 독점한 것은 아니다. 워싱턴 D.C.에 있는 헨리 애덤스의 집을 중심으로, 시어도어 루스벨트 같은 격렬한 사상가의 동아리에, 귀족적 연금수령자의 입장에서 신사적

---

1 『맥클루어』McClure's는 1893년에서 1929년 사이에 발간된 미국의 월간 잡지이며, 미국에서 폭로 저널리즘의 전통을 시작한 매체로 꼽힌다.

인 태도로 천박한 자본주의를 비판하는 보수주의 엘리트가 있었다. 추문 폭로자와 보수주의자는 자유로운 상태를 오래 유지하지 못했고 단결을 유지하지도 못했다. 출신과 이해관계가 다양하고 사회적 이질성도 컸던 탓에 손쉽게 서로 다른 방향을 취하고 다른 계급이나 정당에 참여했기 때문이다.

 II. 1920년대의 지식인이 "브로커의 세계와 자신을 화해시키려고 시도하면서" 취할 수 있었던 다양한 스타일은 에드먼드 윌슨이 잘 묘사한 바 있다. "주로 브로커보다 우월하다는 느낌 속에서 방탕한 미국적 생활을 선정적인 희가극처럼 즐기는 데 만족하는, (헨리 루이스) 멩켄의 작품 속 신사 같은, 아이러니하고 맥주를 좋아하며 '문명화된' 태도, 아메리카 대륙 초기 정착민의 후손이 지니는 자부심 같은 태도... 드와이트 모로Dwight Morrow와 오웬 D. 영Owen D. Young에게 큰 관심을 갖고서 미국 자본주의가 점진적이고 편안하게 스스로를 사회화함으로써 세계에 새로운 경이로움을 보여줄 것이며 그동안 우리는 그것을 존중하고 좋아해야 한다고 믿는 자유주의적 태도, 미국 기업의 진정한 에너지와 규모가 지향하는 것이 무엇이든 간에 거기서 벗어나려는 태도, 당당하게 물러나 세련된 감성을 키우는 태도, 재즈의 열광적인 유쾌함과 비극에 자신을 맡기고 오직 밤의 흥겨움을 위해 사는 태도" 등이 그것이다.

 이 모든 태도의 공통점은 비정치적인 어조, 즉 정치적 긴장을 완화하고 정치적 인식을 둔화시키는 부드러운 자유주의로의 이완이다. 지식인은 문화적, 사회적 우상을 깨뜨리면서까지 주요한 정치적 상징으로부터 대중의 관심을 돌렸다. 많은 사람들이 동부 도시들을 위해 중서부 미국을 거부하고 사실상 유럽을 위해 미국 전체를 거부했지만, 그들의 반란은 명시적으로 정치적이기보다는 심미적이고 문학적이었다. 그것은 '지방의' 지역적 열망에 맞서고, 사회적·이데올로기적 속성에 맞서며, 모든 형태의 온정주의에 맞선 열정적인 반란이었다.

Ⅲ. 1930년대 한동안에는 정치적 주체로서의 지식인 모델이 널리 퍼져 있었다. 가장 재능 있는 자유 지식인 중 일부는 레닌주의자로 활동했다. 그들은 처음에는 제3인터내셔널, 다음에는 제4인터내셔널과 같은 분파 정당에 가입하거나 함께하면서 이들 집단의 일반적인 사상과 정책을 지지하는 글을 썼다.

금세기 초반 수십 년 동안 실용주의pragmatism는 좌파적 사고의 활력이 되었다. 1930년대에 이르자 실용주의는 자유주의의 공통분모로서는 쇠퇴하기 시작했지만, 실용주의의 주요 주제는 마르크스주의의 유행으로 새로운 생명을 얻게 되었다. 두 이데올로기를 관통하는 한 가지 사상은 인간의 합리성에 대한 낙관적인 믿음이었다. 실용주의에서 이 합리성은 형식적으로는 개인에게, 마르크스주의에서는 계급적 인간에게 위치했지만, 두 사상 모두에서 이 합리성은 일반적인 분위기를 조성할 만큼 지배적인 주제였다.

레닌에 의해 수정된 마르크스의 역사 변동론에서 지식인은 프롤레타리아트를 보완했다. 이 사상을 품은 개혁주의자들이 영웅적인 선봉으로 운동에 합류해야만 노동자가 새로운 세상을 만들 수 있다고 생각했다. 혹은 적어도 많은 미국 지식인이 레닌주의를 그렇게 해석했다.

몇몇은 노동조합 조직에 합류하여 기자나 홍보 요원으로서 때가 무르익었는지 가늠했지만, 지식인인 채로 노동운동에 확고한 애착을 가진 사람은 아무도 없었다. 하지만 학계와 프리랜서 양쪽 모두에서 소설가, 비평가, 시인, 역사학자 등 지도적인 지식인들이 역시 좌파가 되었다. 당원이나 동료로서는 공산당을 떠나더라도 여전히 트로츠키주의 지식인이나 독립 좌파로서 급진적 성향을 유지했다. 한동안 모든 살아 있는 지식인의 작업은 좌파 서클에서 파생되었거나 좌파적 견해로부터 자신을 방어하는 데 에너지를 소비했다.

IV. 전쟁과 함께 숙고의 시기가 찾아왔다. 지식인은 낡은 급진주의와 결별하고 어떤 식으로든 자유주의자나 애국자가 되거나 정치를 아예 포기했다. 드와이트 맥도널드Dwight McDonald는 전 자본주의적 가치로 돌아간 '종교적 반계몽주의자'와 합리화 과정을 받아들이고 이를 긍정적인 것으로 만들려는 '전체주의적 자유주의자'가 등장하여 모든 면에서 전쟁을 탈정치화하려고 격렬히 애쓰는 과정을 관찰했다. 그리고 제임스 패럴James Farrell이 지적하듯이 '전쟁의 형이상학'이 필요했고, 전쟁 이데올로기의 공식 대변인인 브룩스Brooks, 맥리시MacLeish, 멈포드Mumford 같은 사람들이 미국의 과거라는 명분으로 이를 제공했다. 자유로운 존재로 계속 남은 지식인은 새로운 형이상학을 경멸하면서도 이 형이상학의 주도권 탓에, 세나가 내기업이 전쟁 기구에서 주도권을 잡은 탓에 영향을 받았다. 공공사업국은 많은 기업가와 지식인에게 전쟁생산위원회가 되었다.

전쟁 중인 현대사회의 무책임과 지속되는 기만에 맞서지는 않으면서 어쨌거나 이를 논하기 위해 시사 평론가들은 미래에 대한 이미지를 불러냈다. 그러나 유토피아의 생산물조차도 대기업의 하수인이 통제하고 독점하는 것처럼 보였고, 이들은 그 상품이 어떻게 널리 유통될지는 말하지 않은 채 대중 앞에 겉만 번지르르한 싸구려 상품을 내밀면서 기술적 덫을 놓았다. 정치적 작가는 현재로부터 눈을 돌려 몇 가지 미래 모델에 대한 계획에 관심을 기울였으며, 그 모델들은 통합과 의욕의 원천으로 그려졌다. 다가오는 기술적 경이로

움에 중점을 둔 '전후 계획'은 미국에서 전쟁 선전의 주요한 지적 형태였다.

정치적이거나 도덕적인 이유로 전쟁에 반대하는 지식인은 거의 없었고, 지식인이 함께 누린 전후의 번영은 그들로서는 도덕적 침체의 시기이기도 했다. 그들은 정계로 복귀하지도 않았고, 다시 좌파로 돌아서지도 않았으며, 새로운 세대가 그들의 옛 자리로 들어오지도 않았다. 이러한 붕괴와 함께 정치적 의지는 사라지고 그 자리에 절망이 자리 잡았다. 라이오넬 트릴링[2]은 세상 모두와 마찬가지로 미국 지식인 사이에서 "정치적 정신은 행동과 사건 앞에 수동적이며... 우리는 해설자의 손에 달려 있다"고 말한 바 있다.

전쟁의 시절 이래 낙관적이고 이성적인 믿음은 정치적, 개인적 삶에 대한 비극적인 견해와의 경쟁에서 분명히 패배하고 있다. 얼마 전까지만 해도 듀이나 마르크스를 만족스럽게 읽던 많은 사람들이 쇠렌 키르케고르와 같은 개인적 비극의 분석가나 카프카와 같은 절망적 당혹감의 거울상에 더 큰 관심을 갖게 되었다. 자신의 운명을 통제하는 인간 지성의 힘에 대한 오래된 강조를 회복하려는 시도는, 새로운 근심에 쫓기고 새로운 신들을 좇는 미국 지식인에게 받아들여지지 않았다. 패배에 직면한 인간의 떨림을 겪으면서 그들은 걱정하고 혼란스러워하며, 일부는 자신의 상태를 절반만 인식하고 다른 일부는 그러한 자기 인식이 너무 고통스러운 나머지 합리주의적인 격무와 여러 형태의 자기기만으로 자신의 지식을 가려야 한다.

그들은 철학자의 역할은 세계를 해석하는 것이 아니라 세계를 바꾸는 것이라는 마르크스의 생각은 물론이고, "모든 사상가는 겉보

---

[2] Lionel Trilling(1905~1975). 영문학자이자 문학평론가로서 뉴욕의 자유주의적, 반스탈린주의적 좌파 비평 진영 안에서 오랫동안 활약한 지식인이다.

기에 안정된 세계의 일부를 위험에 빠뜨린다"는 듀이의 용감한 말이나, "사상은 지옥의 얼굴을 들여다보면서도 두려워하지 않는다"는 버트런드 러셀의 말도 웃음이나 비통함 없이는 읽을 수 없게 되었다. 이제 그들은 샤를 페기의 말을 듣는다. "우리 스스로에게 이 사실을 숨길 필요가 없다. 우리는 패배했다. 10년 동안, 15년 동안 우리는 아무것도 하지 않았고 기반을 잃었다. 오늘날, 정치적이고 사적인 도덕의 쇠퇴와 붕괴 속에서 우리는 말 그대로 포위당하고 있다. 우리는 포위되고 봉쇄당했으며 모든 저지대 나라가 적의 수중에 있다." 미국적 삶을 받아들이는 조건이 암울하고 피상적인 것으로 바뀌는 동시에 반란의 조건은 천박하고 부적절해졌다. 따라서 미국 지식인의 불쾌감은 영적 공허함의 불쾌감이다.

지적 활력이 정치적으로 실패한 것은 단지 이성의 후퇴가 아니다. 지식인 사이에서 유행하는 사상은 단순히 세계대전과 불황 같은 한 시대의 유행이 아니다. 사상과 분위기의 생성과 확산은 사회적, 역사적 현상으로 이해해야 한다. 그러나 지금 일어나고 있는 일은 급진적 정당의 정치적 패배와 내부 붕괴만으로는 완전히 설명되지 않는다. 지식인 사이에서 의지의 상실, 심지어 사상의 상실이라는 현상은 무엇보다도 사회 운동과 정치 흐름에 뿌리내리고 있는 그들의 자기 이미지 측면에서 살펴보아야 한다. 미국의 지적 삶에 무슨 일이 일어나고 있는지 이해하려면 급진적 운동과 지적 선택의 묶음으로서 마르크스주의의 쇠퇴를 넘어 현대사회 및 이데올로기 조직의 어떤 뿌리 깊은 장기적 경향이 지적 삶의 전달자에게 미치는 영향을 깨달아야 한다.

2. 관료제적 맥락

관료제는 갈수록 지적 생활의 조건을 강하게 규정하고 주요한 지적 생산물 시장을 통제한다. 국가와 기업, 정당과 자발적 협회로 이뤄지는 새로운 관료제는 지식인의 주요 고용주이자 그들의 주요 고객이다. 모든 종류의 기술적·이데올로기적 지식인에 대한 수요가 너무 커져서 복잡하면서도 때로는 간접적으로 작동하는 새로운 후원 시스템이 생겨났다고 말할 수도 있다. 뉴딜, 할리우드, (『타임』, 『라이프』 같은) 헨리 R. 루스의 기업뿐만 아니라 매우 다양한 유형의 비즈니스 관심과 스탈린주의 주위에 모여 있는 기이한 기관들이 지식인의 문화 및 마케팅 생활에서 중요한 역할을 맡게 되었다. 광고회사 영 앤 루비캠의 정신은 영 앤 루비캠에만 국한되지 않았다.[3] 마케터들의 부속물이 되어 체계적으로 영업하는 사람들의 경영 정신과 스타일을 보여주는 더 많은 집단이 존재한다.

엘리엇 코언Elliot Cohen이 관찰한 것처럼 "여론을 형성하는 전문직"은 "라디오 시티[4]를 중심으로 가로 네 블록, 세로 열 블록 정도의 작은 지역에 거주하며, 할리우드와 시카고에서도 동일하게 좁은 지리적 차원의 비즈니스 교외 지역에 있는 작은 공동체다." 하지만 그 포괄 범위가 광범위해서 최상층에는 커뮤니케이션 지식인(아이디어 맨, 기술자, 관리자)이 좀 더 구체적인 기업활동을 하면서 경영 관료 조직과 섞여 있다. 실제로 지식인과 관리자의 업무 스타일과 생활방

---

3 영 앤 루비캠Young and Rubicam, 즉 Y&R은 존 오어 영John Orr Young과 레이먼드 루비캠Raymond Rubicam이 1923년에 설립한 미국의 광고회사다. 광고 슬로건과 CM송 등의 도입으로 광고시장을 개척한 기업으로 유명하다. 2020년에 VML과 합병하여 VMLY&R이 되었고, 세계적인 다국적 광고 및 마케팅 기업으로 여전히 큰 영향을 미치고 있다.
4 미국 뉴욕 록펠러 센터의 음악홀. 1932년 개관 당시 세계 최대의 음악홀이었다.

식, 주된 관심사는 많은 부분에서 일치한다. 이렇게 관리되는 구조의 안팎에, 현대의 지배구조를 고려할 때 이제는 저항자로 간주되어야 할 지식인이 있다. 그리고 이 둘 사이에는 많은 거래가 발생한다.

자유로운 존재로 남으려 하면서도 여전히 대중을 좇는 지식인에게 이런 전반적인 경향이 더욱 뚜렷해지는 이유는, 조직화된 무책임이 만연한 관료주의 세계에서는 반대 의견을 말하기가 더 어려워졌다는 사실 때문이다. 지식인과 그의 잠재적 대중 사이에는 다른 사람들이 소유하고 운영하는 기술, 경제, 사회 구조가 존재한다. 팸플릿이라는 매체는 톰 페인[5]에게 독자와의 직접적인 통로를 제공했으며, 이는 대중 광고로 유지되는 출판물의 세계가 반대자에게 제공할 수 없었던 것이다. 지식인이 정보 산업에 고용된다면, 그의 일반적인 목표는 당연히 자신의 진실성보다는 타인의 결정에 의해 규정된다. 그가 그런 산업에서 '선대제'를 기반으로 일하고 있다면, 물론 고용인의 지위에서 딱 한 걸음 더 나아간 것이긴 하다.[6] 그의 경우에는 권위보다는 조작이 행해지겠지만 말이다. 프리랜서의 자유는 시장에 나갈 때 최소화되며, 시장에 나가더라도 그의 사유에는 공적 가치가 없다.

지적·예술적 만족의 핵심인 장인정신조차 점점 더 많은 지식노동자에게서 좌절되고 있어, 이들은 할리우드 작가와 같은 곤경에 처해 있다. 매니저, 연출가, 출연진에게 대본이 넘어가더라도 자신의

---

5   Thomas Paine(1737~1809). 잉글랜드 출신으로 미국으로 이주하여 미국 독립전쟁에 큰 영향을 미치고, 이후 프랑스로 건너가 프랑스대혁명에도 참여해 영향을 준 사상가다. 프랑스대혁명을 비판한 에드먼드 버크의 보수주의를 비판하였다. 이후 미국으로 돌아왔으나 기독교를 비판한 이신론적 견해로 고립되었다.

6   선대제putting-outs는 초기 자본주의 단계에서 상인이 도시 장인과 직공의 길드 시스템을 회피하는 과정에서 농촌의 노동자·장인에게 원료와 자금을 제공하고 납품하게 하던 하청 생산 시스템을 가리킨다. 현대 기업의 노동자와는 달리 노동 과정에서 자율성을 갖지만, 상인 자본에게 주문받은 하청 생산이라는 본질은 바뀌지 않는다.

극에 대해 어느 정도 통제권을 갖는 브로드웨이의 극작가와 달리, 할리우드의 대본 작가는 자신이 쓴 작품이 알아볼 수 있는 형태로 제작되리라고 확신할 수 없다. 로버트 E. 셔우드Robert E. Sherwood가 말하듯이, 그의 작품은 대중 시장에 팔기 위한 대중 효과를 향해 굴절되어 있으며, 그의 가장 큰 불만은 보수가 적다는 것이 아니라 작품에 대한 책임만 있을 뿐 실질적인 권한은 없다는 것이다.

이렇듯 대중 문학과 오락, 선정적인 싸구려 잡지들, 라디오 드라마와 텔레비전 대본의 주제는 편집자나 감독이 정한다. 작가는 단지 주문서를 채울 뿐이며, 내용, 경향 및 공간 제한을 특정하는 주문이 있을 때까지 전혀 글을 쓰지 않는 경우가 흔하다. 대중 잡지의 편집자, 라디오 드라마의 연출자 역시 출판과 오락의 비인격화에서 벗어나지 못했으며, 그 역시 한 기업의 직원이지 그 자체로서 인격체는 아니다. 대중 잡지와 라디오쇼는 교묘한 공식에 의해 규제되는 만큼 인격에 의해 편집되지 않는다.

책 출판의 성격도 문학 산업의 전반적인 속도 향상과 출판계에서의 수완가의 출현으로 바뀌었다. 작가는 늘 독자의 취향과 심성에 의해 다소 제약을 받았지만, 출판 산업이 실행되는 다양성과 수준에 따라 꽤 큰 자유도 누릴 수 있었다. 최근 도서의 대중 유통에서 일어난 변화에 따라, 마치 영화의 제작과 유통이 그렇듯이, 좀 더 용의주도하게 준비되고 표준화된 생산물이 필요하게 되었다. 출판사가 줄어들수록 원고가 대규모 유통 채널을 통해 대중에게 도달할 가능성은 높아진다.

문학의 합리화와 예술의 상업화는 유통 영역에서 시작되었다. 이제 그것은 생산 영역으로 점점 더 깊숙이 파고들고 있다. 1933년 헨리 세이델 캔비Henry Seidel Canby는 "문학이 산업이 된 것이 얼마나 이상한 일인지 우리는 계속 생각한다. 모든 것이... 출판사와 에이전시의 광범위한 세부 조직에서 처리되고 있다. [작가의] 이름은 내려가고... 교섭 부서는 그들에게 밝고 젊은 사절을 자꾸 파견한다. 그들은 이제 조직의 일부다." 책 편집자도 헌신적인 전문직 종사자라기보다는 공식에 의해 지배되는 절반쯤은 익명인 직원 중 한 명이 되어가고 있다.

편집자는 저명한 이름을 찾고, 그런 이름을 가진 사람들은 더 저명해지기를 갈망한다. 수완가형 편집자와 야심 찬 저명인사가 존재한다면, 이 전문화의 시대에 전문가에 대한 의존으로서 대필이 크게 확대될 수밖에 없다. 저명하지만 문학을 전공하지 않은 사람의 책이 실제로는 다른 사람이 쓴 책일 확률은 반반이다. 하지만 유령작가는 아마도 정직한 문학가 중 한 명일 것이다. 그에게서 노동의 소외는 최종점에 도달하며, 공적 책임은 완전히 사라져버린다.

대형 대학은 여전히 비교적 자유롭게 일할 수 있는 곳이지만 지성의 독립성을 제한하는 경향도 없지 않다. 교수도 결국은 직원이며, 제도적 요인에 따라 사람을 선발하고 그들이 언제, 어떤 일을 할 것인지에 대해서도 얼마간 영향을 미친다. 그러나 교육자의 자유에 대한 가장 깊은 문제는 간헐적인 교수 축출이 아니라 '재량'과 '좋은 판단'이라고 불리는 막연하고 일반적인 두려움이 자기 위협으로 이어진 결과 마침내 학자 자신도 인식하지 못할 정도로 관습화되는 것이다. 진정한 제약은 외적 금지가 아니라 학계 신사들의 합의에 의해 수행되는 반란군에 대한 교묘한 통제다. 물론 이러한 통제는 해치법,[7] 교수에 대한 정치와 기업의 공격, 육군의 대학 프로그램에 필연적으로 수반되는 제약, 특정 학문의 교육 내용과 효과를 표준화하려는 직능단체의 위원회 설치에 의해 더욱 강화되고 있다. 사회과학

---

7   해치법Hatch Acts은 1939년에 제정된 미국 공무원의 정치 활동 제한법이다.

연구는 점점 더 재단들의 자금에 의존하고 있으며, 재단들은 인기 없는 '비건설적인' 논문을 쓰는 학자를 특히 싫어한다.

미국이 국제적으로 연루되는 일이 점점 많아지면서 미국 지식인에게 또 다른 미묘한 효과가 초래된다. 라틴아메리카, 아시아 또는 유럽에 대해 가르치고 글을 쓰는 젊은이에게, 그리고 수용 가능한 사실과 정책에서 벗어나지 않는 젊은이에게 이러한 국제적 연루는 일종의 자발적 검열로 이어진다. 그는 연구, 여행, 재단 보조금 등의 기회를 희망한다. 학계 지식인은 암묵적 침묵으로 또는 명시적 활동으로 권위에 반대하는 목소리를 내기보다는 권위를 옹호하는 환상을 용인하는 경우가 많다. 순수 과학이라는 이름으로 안전한 문제만을 엄선하여 가르치거나, 자신의 학문적 위신을 다른 목적을 위해 팔아넘김으로써 스스로를 검열할 수도 있다.

점점 더 많은 사람들이, 그중에서도 지식인이 인생에서 가장 기민한 시간 동안 누군가의 지시를 받는 의존적인 월급쟁이 노동자가 되어가고 있다. 신속한 행동의 필요성이 지배하는 우리 시대에 자유로운 지식인을 포함한 개인은 위험할 정도로 상실감을 느낀다. 그런 감정이야말로 현대인이 삶에서 느끼는 일반적인 좌절감이다. 하지만 이런 좌절감은 지식인의 세계에는 직접적으로, 또 수없이 간접적이면서도 매우 예리하게 반영된다. 지식인은 소통을 통해 살아가는데, 효과적인 소통 수단이 지식노동자에게서 박탈되고 있기 때문이다.

소통되지 않는 지식은 마음을 불쾌하고 모호하게 만들다가 이윽고 잊혀지게 만든다. 발견자의 진실성을 위해서라도 발견은 효과적으로 전달되어야 한다. 이러한 소통은 자기 자신에 대한 이해를 포함하여 명확한 이해를 추구하는 데에도 필수적인 요소다. 충분한 능력을 갖추었다고 믿을 만한 타인들이 사회적 확인을 해줄 때만 사람은 자기 인식이 안전하게 보증받는다고 느낄 수 있다. 억압이 최소화된 의사소통을 위시한 활동을 통해서만 진실성의 기초를 얻거나 갱신할 수 있다. 사람이 다른 사람의 거짓말을 팔게 되면 자신도 팔게 된다. 자신을 판다는 것은 자신을 상품으로 만드는 것이다. 상품은 시장을 통제하지 않으며, 그 명목 가치는 시장이 제공하는 것에 의해 결정된다.

3. 이데올로기적 수요

이 시장은 의심할 여지없이 구매자의 시장이지만, 좋은 성과를 거두고 있다. 관료제의 수요는 새로운 기술, 편집, 커뮤니케이션 기구를 운영할 지적 인력뿐만 아니라 이 관료제가 대표하는 새로우면서도 대체로 사적인 성격의 권력을 위해 새로운 상징적 요새를 만들고 확산하는 것이다. 우리 시대에는 어떤 조직의 수준이 아무리 낮더라도 모든 관심사, 증오, 열정이 지적으로 조직화될 가능성이 높다. "의식적인 공식화의 증가"가 현저하다. 라이오넬 트릴링은 "공식화에 의한 특정 종류의 의식의 증가"에 대해 말한다. 각각의 이해관계를 중심으로 과학에 기반한 시스템이 구성된다. 연구 카르텔이 만들어지거나 없다면 만들어져야 하고, 그 속에서 신중한 연구자가 정교한 연구와 정확한 시기의 발표를 통해 이해관계를 뒷받침하며, 다른 혐오와 경쟁하고, 경건함을 신학으로, 열정을 이데올로기로 바꾼다. 관심과 신뢰를 확보하려는 이 모든 시도의 과정에서, 이 모든 정당화와 부정의 과정에서 지식인이 필요하다. 새로운 정당화에 대한 엄청난 수요는 네 가지 상호 연관되고 누적된 과정을 통해 촉진되었다.

I. 현대에 접어들면서 전통적인 신성화는 해체되었고, 더 이상 그 근본적인 의미가 암묵적으로 받아들여지지 않는다. 새롭고 다양하

며 확대된 커뮤니케이션 수단으로 인해 전통적인 상징은 뿌리째 뽑히고 경쟁에 노출되었다. 도시 사회가 새로운 영웅과 의미를 요구하면서 이를 발견하고 대중에게 전파한 것은 지식인이었으며, 이러한 해체 과정에서 지식인이 중요한 역할을 했다.

II. 모든 이해관계가 자신의 이데올로기적 장치를 갖게 되었고, 새로운 커뮤니케이션 수단이 등장하면서 다양한 대중의 관심을 끌기 위해 정당화와 전환의 상징이 증식하고 서로 경쟁했다. 상징은 관심을 끌고 붙잡아두기 위한 새로운 장치로서 끊임없이 요구되고, 세상에 나오자마자 곧 진부해지며, 따라서 매력적인 상징의 회전율을 높여야 한다. 아무리 정교한 연구라도 다음 달에 새로운 연구가 나오면 구식이 된다. 따라서 새로운 아이디어, 즉 수용 가능한 아이디어, 이해관계, 열정, 증오를 표현하는 매력적인 방식에 대한 수요가 끊임없이 발생하는 것이다.

III. 새로 출현한 사적 권력의 규모가 커짐에 따라 그 행사에 대한 새로운 정당성을 찾아야 할 필요성이 커졌다. 확실히 현대 기업의 권력은 18세기와 19세기로부터 계승된 단순한 민주주의 주권 이론의 관점으로 쉽게 정당화할 수 있는 것이 아니다. 많은 지식인이 이 사실 때문에 상당한 수입을 얻고 있다. 이데올로기 활동이 전반적으로 성장하는 이유는, 새로운 권력의 중심에 자리 잡은 기득권이 관료제 내부의 이익에 봉사하는 사람들과 그 외부 영역에 있는 사람들에게 부드럽고 결백하며 흐릿하게, 그렇게 잘못 해석되어야 할 필요성이 있기 때문이다. 자금이 뒷받침된 부와 중앙에 집중된 권력 때문에, 의견들은 자금을 제공받아야 하며 선의로 집중되어야 하고, 지속적으로 관리되고 유지되어야 한다. 관리 장치를 지배하는 사람들은 관료제에서 자존감을 얻는다. 따라서 자신들과 관료제에 대한 적절한 신화를 구성할 지식인이 필요하다. 관리자와의 관계에서 다양한 유형의 새로운 기업가가 주요한 기회를 가졌으며, 이들 중에는 그런 기회를 알아보고 얻어낸 전직 지식인이 많다.

소기업가의 세계에서는 권력이 분산되어 있고 익명적이어서 체계적인 이데올로기적 공고화가 필요하지 않았다. 새로운 관리 사회에서 권력은 집중되어 있고 조작이 가능할 때만 익명으로 작동한다. 그 관리자의 주요 임무 중 하나는 이데올로기적인 것이다. 그들의 문제는 쉽지 않은 것이어서, 새롭고 설득력 있는 정당성을 찾기는 어려울 것이다.

IV. 전통적인 제재의 해체, 상징 경쟁의 가속화, 신성화되지 않는 새로운 세력의 부상과 함께 현대사회를 강타한 전쟁의 반복과 불황의 위기로 인해 깊은 공포와 불안이 확산되고 있다. 직접적으로 관련된 모든 사람들을 위해 적절한 설명을 찾는 것이 새로운 급선무가 되었다. 새로운 세력의 보루로 여겨지던 신구의 중간계급은 불안에 빠졌고, 자신을 찾을 수 있는 새로운 세계에 대한 새로운 의견을 찾거나 그 세계로부터 벗어나려는 욕구로 가득 차 있었다. 지식인의 역할은 이런 중간계층의 불안을 해소하고 적절한 방향으로 유도하는 것이었다.

무책임한 결정이 만연하고 가치가 비례적으로 분배되지 않을 때, 결정을 내리고 가치를 가장 많이 가진 사람들에 의해 그리고 그들을 위해 보편적인 속임수가 실행되어야 한다. 강력한 관료제 속에서 점점 더 많은 수의 지적으로 무장한 사람들이 상대적으로 소수인 의사 결정권자를 위해 일하고 있다. 지식인이 이런 조직에 직접 고용되지 않은 경우, 그는 자신이 공표한 의견이 조직과 직접 고용된 사람들이 설정한 한계에 부합하도록 의식적인 방법뿐만 아니라 자기기만적인 방법으로도 한 걸음씩 노력한다. 두 경우 모두 지식인은 대변인이 된다. '노골적인 반항과 비굴한 궤변' 사이에는 곧잘 경계가 없는 것처럼 보인다.

어쩌면 당연하게도 지식인은 대중의 사고방식이나 지배계급과 거리를 두려는 충동에서 벗어나 그들과 늘 한 줄에 서왔다. 그러나 20세기 중반에 접어든 지금, 거리두기와 줄서기에 대한 반발은 더 조직화되고, 현대사회 전반의 권력집중화와 합리화에 더 단단히 뿌리를 내린 것처럼 보인다. 이전과는 달리 지식인이 비인격적인 권위 기구 속에서 자신의 주인을 찾기가 어렵다면, 그로 인해 때때로 불안감을 느낄 수는 있겠지만 객관성과 진실성의 자세를 계속 상상할 가능성은 더 커진다.

4. 기술자의 부상

관료제의 부상을 비롯한 사회적 발전과, 새로운 정당화에 대한 끊임없는 요구를 중심으로 한 이데올로기적 발전은 일치하며, 양자가 함께 지식인의 사회적 지위와 이데올로기적 자세를 점점 더 강하게 결정하게 된다.

이데올로기적 속도전에 바빠진 지식인은 시민의 책임을 기꺼이 떠맡았다. 많은 경우, 그는 어떤 의미에서든 자유로운 지식인이기를 그치고 행정가, 아이디어맨, 선의의 기술자가 되었고, 아이디어로 살아가는 사람들의 넓은 세계에 합류했다. 계급, 지위, 자기 이미지의 측면에서 그는 더욱 확고한 중간계급, 책상에 앉는 사람, 결혼하고 자녀를 둔 사람, 괜찮은 교외에 사는 사람, 아이디어 판매가 경력의 중심인 사람, 빡빡한 일상을 사는 사람, 자신의 삶과 세계에 대한 직접 경험을 중산층과 대중문화로 대체하는 사람, 무엇보다 돈이 최고인 사회에서 일자리를 가진 사람이 되었다.

이런 분위기에서 기성의 돈이나 권력과 관련이 없는 지적 활동은 높게 평가받지 못할 가능성이 크다. 지외르지 루카치George Lukács의 말처럼 '정신의 자본화'에서는 재능과 이데올로기가 상품이 된다. 다른 사람에게 무엇을 해야 하는지 알려주는 메모를 쓰는 일이 다른 사람에게 그것이 어떤 것인지를 알려주는 책을 쓰는 일을 대체한다. 문화 및 지적 상품은 장식품으로서 가치가 있을 수 있지만 그 생산자에게는 장식적인 가치조차 가져다주지 못한다. 새로운 패턴은 경제적 가치와 사회적 명예에 대한 불안한 기준을 규정하고 있고, 그런 사람이 경영 관료조직의 일상적인 이데올로기적 혼란에서 벗어나기는 점점 더 어려워지고 있다.

이러한 새로운 발전의 범위와 에너지, 관리 커뮤니케이션의 확산, 관료제의 지배력으로 인해 미국에서 많은 지식인의 사회적 지위가 변화했다. 일부 유럽 국가, 특히 중부 및 동유럽 국가와 달리 미국은 지식인이나 전문직 종사자 중 상당수가 오랫동안 실업 상태에 있거나 좌절감을 느낄 만큼의 조건에 처한 적이 많지 않았다. 미국 지식인의 실업은 유럽의 일부 지역처럼 영구적인 상태가 아니라 주기적인 현상으로 경험되어왔다. 자유주의 국가의 행정적 확장과 사적 이해관계와 커뮤니케이션 관료제의 엄청난 성장에 힘입어 경력의 기회가 실제로 배가됐다. 아직까지는 지식인이 경제에 대해 우려할 만한 이유가 있다고 말할 수 없다. 실제로 그들 사이에서는 놀라운 경력이 전설이 되었다. 구별되는 하나의 집단으로서 미국 지식인에게는 두 차례 세계대전 사이에 유럽 지식인에게 생겨난 분노와 적대감이 거의 없거나 전혀 없었고, 정치적으로 불만을 인식하게 된 대중 계층의 지도자가 되지도 못했다. 그들은 때때로 방향을 잃고 소원해졌을지 모르지만, 단절감을 느끼지는 않았다.

미국에서 지식인에 대한 기술자의 우위는 점점 더 분명해지고 있으며 큰 충격없이 진행되고 있는 듯하다. 미국의 소설가, 예술가, 정치적 작가는 자신이 고용된 일자리에 참으로 능숙하다. 에드먼드 윌슨은 "미국 작가에게 치명적인 사실은 수치스럽거나 이류 격인 일자리에서 뛰어나다는 것이다. 교육을 전혀 받지 못한 미국 작가라도 일단 할리우드나 헨리 R. 루스가 그를 잡으면 당신은 아무 말도 할 수 없다"고 썼다. 매슈 조셉슨의 표현을 빌리자면, 더 이상 "눈앞의 이익을 좇는 정신에서 벗어나지" 않고, 더 이상 "공평무사함의 감각"을 갖지 않게 된 지식인은, 환경에 저항하고 개인의 유형을 보존하며 적응에 따른 죽음으로부터 자신을 지켜내는 사람이 아니라 기술자, 아이디어맨이 되어가고 있다.

자유로운 지식인으로 남아 있는 사람은 현대사회에 대해 점점 더 많은 것을 배울 수 있지만, 그가 정치적 주도권의 중심에 접근하기는 갈수록 어려워진다. 이는 자신의 생각이 변화를 가져올 것이라고 믿었던 지식인에게 특히 심각한 병을 일으킨다. 오늘날의 세계에서는 정세에 대한 지식이 늘어날수록 그의 생각이 미치는 영향력은 줄어드는 것처럼 보인다. 지식이 늘어날수록 좌절감이 커진다면 지식은 무력감으로 이어지는 것 같다. 예측할 수는 있지만 통제할 수는 없다는 근본적인 의미에서 그는 무력감을 느끼게 된다. 이는 행동하려는 그의 시도에 대해서 진실일 뿐 아니라 그가 관찰하는 권력자의 행동에 대해서도 진실이다.

물론 이러한 좌절감은 행동해야 한다는 강박을 느끼는 사람에게

만 발생한다. '무관심한 관중'은 무력감을 극복하려고 노력하지 않기 때문에 무력감을 느끼지 않는다. 그러나 정치인은 사건이 자기 손에 달려 있지 않은 동안에는 그 결과를 감수해야 한다는 것을 항상 알고 있다. 그는 자신을 표현하는 것조차 점점 더 어려워진다. 그가 공공의 문제를 본 그대로 말한다면, 집권 가능성이 있는 정당들이 활용하는 구호와 혼란을 진지하게 받아들일 수는 없다. 따라서 그는 정치적으로 무의미하다고 느낀다. 하지만 그가 공공 문제에 '현실적으로', 즉 주요 정당의 관점에서 접근한다면, 이 정당들의 중요한 주장들에 대해 어쩔 수 없이 너무 타협하게 되는 탓에 정치적 행동과 사유에 대한 열정을 유지할 수 없게 된다.

그리하여 정치적 활력의 시도가 실패하면 삶에 대한 비극적 감각을 발전시키는 개인적인 대응이 따르는 법인데, 이는 개인적인 발견과 개인적인 부담으로 느껴질 수도 있지만, 또한 객관적인 상황의 반영이기도 하다. 그것은 공공적 결정의 근저에 스스로는 자신의 결정이 초래하는 폭력적 결과를 겪지 않는 권력자가 존재한다는 사실에서 비롯된다. 내규모 소식의 세계에서는 강력한 결정과 풀뿌리 민주주의적 통제 사이의 경계가 모호해지고 희미해지며, 최고위층의 무책임해 보이는 행동이 조장된다. 행동의 필요성은 그들이 스스로 결정을 내리도록 촉구하는 반면, 대기업이나 다른 조직의 일부로서 행동한다는 사실은 개인의 책임에 대한 식별을 모호하게 만든다. 그들의 공개적인 견해와 정치적 행동은 이러한 세계의 객관적인 의미에서 무책임하다. 무책임의 사회적 귀결은 다른 사람들이 그들에게 의존하고 그들의 무지와 실수, 자기기만과 편향된 동기에 따른 결과로부터 고통을 겪어야 한다는 사실이다. 이 장면을 지켜보는 지식인이 느끼는 비극의 감각은 집단적 무책임의 정치와 경제에 대한 개인적 반응이다.

지식인이 살고 있는 사회의 형성과 그 안에서 살아가는 방식은 점점 더 정치적으로 변하고 있다. 그 형성은 지성과 개인적 도덕의 영역까지 포함하게 되었으며, 이제는 조직도 필요하게 되었다. 정치의 범위가 확장됨에 따라 그가 정치에 대해 생각할 때 생각하고 있는 것은 자신의 개인적인 삶과 성찰의 스타일이다.

독립적인 예술가와 지식인은 아마도 고정관념과 그 결과로 나타나는 진정으로 생생한 것들의 죽음에 맞서 저항하고 싸울 수 있는 몇 안 남은 인격체들일 것이다. 이제 참신한 인식이라 함은 현대의 커뮤니케이션이 우리를 휩쓸고 있는 비전과 지성의 고정관념을 벗겨내고 깨뜨릴 수 있는 능력을 포함한다. 대중예술과 대중 사상의 세계는 점점 더 권력의 요구에 맞춰지고 있다. 그래서 일부 지식인이 연대와 지렛대의 필요성을 느끼는 영역이 바로 정치인 것이다. 정치 투쟁의 과정에서 자신과 진실의 가치를 관련시키지 않으면, 사상가는 모든 살아 있는 경험에 책임감 있게 대처할 수 없다.

커뮤니케이션 채널이 갈수록 독점되고, 기득권에 기반한 정당 기구와 경제적 압력이 효과적인 정치 조직의 기회를 계속 독점함에 따라 정치적으로 행동하고 소통할 수 있는 기회가 최소화되고 있다. 정치적 지식인은 갈수록 자신이 대변하려는 것과는 정반대인 커뮤니케이션 기구에 기대어 살아가는 존재가 되어가고 있다.

영민한 젊은 기술자와 편집자가 뉴스와 오락을 제외하고는 정치와 접할 수 없듯이, 살아남은 자유 지식인도 점점 더 뒤로 물러난다. 단순한 사실은 그들에게 의지가 부족하다는 것이다. 그들을 정치에서 멀어지게 하는 외부와 내부의 힘이 너무나 강하다. 그리하여 이들은 기술 기계 속으로, 지성의 명백한 합리화 속으로 끌려들어가거나 개인적 한탄의 길로 빠져들고 있다.

오늘날 자유로운 지식인이 패배와 무력함이라는 본질적인 사실로부터 벗어나는 탈출구에는 여러 가지 형태가 있는데, 그중에 소외의 숭배와 객관성의 물신이 있다. 둘 다 무력하다는 사실을 숨기면서 동시에 그 사실을 구미에 맞게끔 각색하려 시도한다.

중간계급 집단이 사용하는 '소외'라는 말은 지식인이 대중적 삶의 어조와 지배의 구조로부터 오랫동안 분리되었다는 의미가 아니다. 지배 권력으로부터의 소외를 의미하지도 않으며, 진리 추구에 필수적인 단계도 아니다. 그것은 한탄이며 자기 방종에 빠지는 한 형태다. 그것은 정치적 의지가 부족하다는 개인적인 변명이다. 그것은 유행하는 압도됨의 방식이다. 기능적으로는 사회과학의 객관성 숭배에 대한 문학적 대응이다.

객관성 또는 과학주의는 종종 거대한 프레임과 그 속에서 작동하는 자기 작업의 정치적 의미를 이미 주어진 것으로 상정하는 야심 찬 기술자의 태도이며, 좁은 관심에 대한 학문적 숭배다. 이미 계획된 삶과 노동의 일상을 상상력 없이 사용하는 '객관성'은 흔히 정치에 무관심한 사람들을 만족시키곤 한다. 하지만 그것은 정치적 인간의 지적 지향 중 하나가 아니라 특수한 형태의 후퇴일 뿐이다.

소외와 객관성은 모두 지식인에 대한 기술자의 승리와 일치한다. 그것은 조직화된 무책임의 시대에 경영 관료조직에 의해 사로잡히고 압도당한 지식인에게 걸맞은 분위기와 이데올로기이고, 제재하고 검열하는 '일자리'가 지식인을 포섭하게 되었다는 신호이며, 그의 노동을 이해하려면 겁먹은 직원의 정치적 심리를 이해해야 한다는 신호다. 그저 이해만 하기 또는 소외를 한탄하기, 이것이 무기력하고 소외되었지만 기득권을 뺏기지는 않은 기술자의 이상이다. 진실을 알 수 있는 역량은 있지만 기회나 기술, 인내심은 없는 사람이 진실을 정치적 효과와 함께 전달할 수 있는 이상인 것이다.

자유로운 지식인의 패배와 자유로운 지성의 합리화는 명확하게 정의할 수 없는 적의 손으로 이뤄졌다. 자유로운 지식인은 권력이 주어져도 자신의 의지를 상황에 맞게 작동시킬 방법을 쉽게 찾지 못했고, 자신이 누구인지, 무엇을 하고 있는지, 무엇이 되고 싶은지에 미치는 영향력을 파괴하는 데 성공하지 못했다. 그들은 자신의 내부 조건과 씨름하는 것보다 외부의 적을 찾는 것이 더 어렵다는 것을 알게 된다. 겉보기에 비개인적으로 보이는 이들의 패배는 개인적으로는 비극적인 음모로 체험되고, 내면의 거짓에 의해 배신당한다.

8장

거대한 판매장

소기업가의 세계에서 판매는 범위, 기술, 방식이 제한된 수많은 활동 중 하나였을 뿐이다. 새로운 사회에서 판매는 사회에 만연하며 그 범위는 무제한이고 기술과 방식의 선택에서는 무자비한 활동이다.

영업사원salesmen의 세계는 이제 만인의 세계가 되었고, 어떤 면에서는 모든 사람이 영업사원이 되었다. 시장은 확대됨과 동시에 더 비인격화되고 더 친밀해졌다. 시장을 통하지 않고 되는 일이 있을까? 과학과 사랑, 덕과 양심, 호의, 정성껏 갈고닦은 기술과 적개심? 지금은 돈이면 다 되는 시대다. 시장은 이제 모든 기관과 모든 관계에까지 영향을 미치고 있다. 흥정하는 태도, 에누리하려는 의도, 기억에 남는 활력의 신학, 개인적 특성에 대한 상업화된 평가 등 모든 것이 우리를 둘러싸고 있다. 공적이고 사적인 모든 곳에서 판매술의 향취와 느낌이 배어난다.

1. 영업사원의 유형

미국 영업사원의 역사는 주요한 몇 단계를 거쳤으며, 각 단계는 기업활동 체계의 조직 단계와 상응한다. 이 체계는 방대하고 복잡한 제도의 네트워크이며, 각각의 가닥은 이런저런 종류의 영업사원으로 연결되어 있다. 이 체계와 사회 전체와의 관계에 어떤 변화라도 생기다면, 영업사원의 유형과 주요한 판매술의 흐름에 반영될 것이다.

일반적으로 수요가 생산보다 많을 때 판매는 주로 판매자 시장에서 이뤄졌으며, 주문을 받으려면 특정 시간에 특정 장소에 있기만 하면 되니 다소 수월한 문제였다. 수요와 공급이 균형을 이룰 때는 유통의 수단인 영업사원은 단지 정보만 제공했을 뿐이다. 그러나 생산자의 판매 압력이 소비자의 구매 능력보다 훨씬 커지면 영업사원의 역할은 급속하게 바뀐다. 20세기에는 잉여가 쌓이면서 전국 시장으로의 유통이 필요하게 되었고, 전국적 광고의 확산과 함께 광고 효과를 활용하기 위한 광범위한 판매 조직이 필요하게 되었다.

시장이 확대되고 기업이 생산량을 늘릴 수 있을 때면 기업은 서로를 제치고 더 낮은 가격을 제시할 수 있었다. 그러나 시장이 축소되거나 폐쇄될 때는, 가격 경쟁을 피하는 편을 선호한다. 많은 경제학자들이 주장하듯 낮은 가격은 "'공격적인' 판매 방식—그리고 비용 증가를 초래하는 판매방식보다 효과적일 수 있다." 하지만 고압 판매는 가격을 낮추는 것이 아니라 새로운 욕구와 더욱 긴급한 욕구를 만들어내어 수요를 자극하는 대체 수단이다.[1] "비즈니스는 판매술의 교환traffic으로 축소되며… 경쟁하는 영업사원의 비교 우위에 전적으로 의존하게 된다"고 소스타인 베블런은 썼다. 미국에서는 판매술이 오직 의지에만 의존하는 사실상 자율적인 힘이 되었고, 이로 인해 경제가 최고 속도로 작동하게 되었다.

소기업가가 활동하던 구시대에는 상점 주인은 많았지만 영업사

---

[1] 고압 판매high-pressure selling(hard sell)는 고객에게 끈기 있고 지속적인 압력을 가하고, 유인책과 심리적 압박을 사용하여 빠른 판매를 이끌어내는 판매 전략을 가리킨다. 일반적으로는 판매액에서 수수료를 받는 영업사원이 주도하는 것으로 알려져 있다.

원은 거의 없었다. 독립전쟁이 끝난 후에는 작지만 널리 퍼져 있는 시장을 따라 이동하는 행상이 등장하기 시작했다. 19세기 중반이 되자 도매상(당시 지배적인 기업가 유형)은 도시의 시장 중심지에 있는 호텔이나 술집에서 소매상과 거간을 만나는 일을 하는 외판원이나 안내원을 고용하기 시작했다. 시간이 흐르자 이들은 지방의 시장으로 다니기 시작했다. 그 후, 제조업자가 도매업자를 대신하여 기업 세계에서 지배적인 세력으로 자리 잡게 되자 이 움직이는 대리인은 도매업자에 합류했다.

공장에서 생산된 상품은 소비의 중심지인 도심으로 운송된다. 그곳에 쌓인 상품들은 도시의 반경에 있는 시장으로 운반된다. 대량 생산이 없다면 상품은 큰 상점을 채울 만큼 쌓일 수 없을 것이다. 대도시가 없다면 그런 상점을 지탱할 만큼 충분히 크고 집중된 시장이 존재하지 않을 것이다. 운송망이 없다면 생산된 상품이 흩어져 있는 지점에서 적재되어 도시의 중심부에 배치될 수 없을 것이다. 이들 각각이 현대의 기업과 사회에서 이뤄지는 그물망 같은 작업의 중심이다.

한편, 동일한 조건이 장갑이나 넥타이만 파는 작은 전문점도 가능하게 한다. N. S. B. 그래스Gras는 현대의 상업사에서 전문화와 통합 사이에 일종의 진동이 있는 것처럼 보인다고 지적한다. 기업은 취급하는 상품의 계열에 따라서, 또는 기업이 참여하는 경제 순환의 연결이라는 측면에서 전문화할 수 있다. 많은 상품 라인을 취급할 수도 있고, 소수의 상품 라인만 취급할 수도 있다. 소매, 도매, 제조를 모두 수행할 수도 있고, 이 중 한 가지 기능만 수행할 수도 있다. 현대 기업의 전문화와 통합 사이의 진동은 상품 라인은 물론 경제적 기능도 포함한다. 미국 상점을 비롯하여 기업의 역사적 리듬을 단순화하면 다음과 같이 요약할 수 있다. (1) 18세기에는 시장 규모가 작았고, 시장에 접근하는 방식이 원시적이었다. 전문성이 거의 없었고, 작은 잡화점이 우세했다. (2) 19세기 전반기에 전문화가 진전됐고, 19세기 중반이 되자 도시는 확대되는 시장 속에서 좁은 영역에 집중하는 전문 상점으로 가득 찼다. 그들은 주로 소매업이었고, 당시의 사업 교훈에 따르면 각자 자신의 경제적 기능에 충실해야 한다고 조언받았다. (3) 지난 100년 동안 합병과 통합의 경향이 현저히 증가하고 있으며, 백화점이 그 대표적인 사례다.

외진 곳에는 여전히 교역소trading posts[2]와 잡화점이 있다. 단일 품목 또는 전문점은 여전히 미국 소매업계를 수적으로 지배하고 있다. 그러나 백화점, 체인점, 통신판매업이야말로 20세기의 주요 유형이며, 새로운 사회에 가장 잘 부응하고 있다.

경제가 대체 시장과 빠른 회전율에 의존하고 있기 때문에, 생산되는 상품에 대해 노후화를 계획하고 마케팅 기법을 통해 상품의 회전 속도를 높여야 한다. 따라서 판매 전략의 필요성이 상품 디자인에까지 영향을 미치고 있다. 산업 디자이너와 훌륭한 포장 디자이너의 주요한 관심사는 상품의 외관과 색상, 모양, 이름의 변화다. 의류, 자동차, 가구뿐만 아니라 거의 모든 상품에서 더 많은 판매량을 목표로 의도적으로 전반적인 유행이 관리되고 있다. 유행은 상품의 매출 증대를 위해 지위 시장을 이용하는 합리적인 시도가 되었다. 1948년에 미국 소비자가 구매한 1,263억 달러 상당의 상품 뒤에는, 필요와 교환이라는 경제적 사실뿐만 아니라 미국 사회가 결정적 측면에서 지속적인 패션쇼가 되었다는 사회적 사실이 있다.

경제적 강조점이 생산에서 유통으로 이동한 것은 지금 유통에

---

2   북미 지역에서 백인 상인과 아메리카 원주민들의 교역을 위해 세워진 거래 장소.

종사하고 있는 구도시중간계급의 지속과 신중간계급의 괄목할 만한 확장, 이 둘 모두를 의미했다. 구도시중간계급의 19퍼센트는 소매 및 도매 판매업에 직접 관여한다. 그들은 이제 개인기업의 지휘관이 아니라 소매업의 상등병이다. 한편, 대형 소매업의 시대는 현재 직접 판매에 종사하는 300만 명 이상의 화이트칼라 인력을 배출했다. 1940년에는 노동 인구의 6퍼센트, 전체 중간계급의 14퍼센트, 전체 화이트칼라 인력의 25퍼센트를 이들이 차지했다.

기술적 측면을 고려할 때, 판매 인력은 새로운 욕구를 창출하고 충족시키는 영업사원으로부터 욕구나 고객은 창출하지 않은 채 단지 그들을 기다리는 판매원을 거쳐, 단순히 대금을 받고 거스름돈을 내주며 구매한 물건을 포장하는 주문 처리 직원에 이르기까지 다양하다. 일부 영업사원은 복잡한 상품의 기술적 세부 사항과 유지 관리에 대해 알아야 하지만, 다른 이들은 판매하는 단순한 상품에 대해 전혀 알 필요가 없다.

사회적 수준을 보면, 판매 위계질서의 최상층에는 자신도 단지 영업사원일 뿐이라며 겸손한 척 뽐내는 기업의 프리마 돈나 부사장이 있고, 최하층에는 결혼을 위해 직장을 그만두기 몇 달 전부터 반나절만 일하는 싸구려잡화상 가게의 여점원이 있다. 위계질서의 최상층 부근에는 판매부서의 판매기술을 설계, 조직, 지시하는 유통 담당 임원이 있다. 그들 가까이에는 대중매체를 통해 멀리서도 판매를 촉진하는 슬로건과 이미지를 만드는 광고인, 즉 부재 영업사원 absentee salesman이 있다.

판매가 이루어지는 장소에 따라 판매원은 고정 사원, 이동 사원, 부재 사원으로 분류할 수 있다. 고정 판매원(현재 판매에 관여하는 사무직 근로자의 약 60퍼센트)은 매장의 카운터 뒤에서 판매한다. 이동 영업사원(현재 약 38퍼센트)은 고객의 집과 사무실을 돌아

다니며 영업한다. 이들은 집집마다 방문하는 행상에서부터 몇 주 전에 미리 예약한 약속 장소에 비행기를 타고 찾아가는 전문적인 '상용 여행자'에 이르기까지 다양하다. 부재 영업사원(광고인, 현재 전체 판매원의 2퍼센트)은 판촉과 광고 기구를 관리하며, 판매 시점에 직접 현장에 있지 않고, 현장에 있는 사람들을 전방위적으로 지원하는 역할을 한다.

전국 시장은 많은 화이트칼라 기술이 집중되는 대상이 되었다. 시장 조사 전문가는 이 시장을 심층적이고 포괄적으로 조사한다. 인사 담당자는 수천 가지 유형의 영업사원을 선발하고 훈련시킨다. 관리자는 이들에게 '가서 벌어오라'고 고취하는 기예를 연구한다. 제한된 시장에 대한 경쟁이 심화되고 구매자 주도 시장이 흔해지면서, 영업사원의 직속 영역에 대한 압력이 가중되고 있다. 심리학자는 사람들이 상업적 결정을 내리도록 설득하는 기술을 향상시키는 데 열중한다. 고압 판매가 등장하기 전에는 영업사원이 상품에 대한 지식을 가질 것을 강조했는데, 이는 도제 시절의 판매 지식에 기반을 둔 것이었다. 그러나 고압 판매가 등장한 후에는 단골이 될 만한 고객을 매혹시키는 것이 중요해졌고, 이는 심리학이 제공하는 기술이다.

영업사원은 기업 사회의 한 단위를 다른 단위와 연결한다. 판매술은 현대사회의 현금 네트워크와 밀접하게 공존한다. 그것은 마케팅 기법일 뿐 아니라 사람들의 생활방식을 결정짓는 설득의 도구이기도 하다. 모든 유형의 마케팅 기업가와 화이트칼라 판매원은 매장 안팎에서, 거리든 하늘이든 모든 곳이 판매술의 핵심 요소라고 생각한다. 그들은 너무나 깊숙이 침투해 있고 영향력도 워낙 강력해서, 모든 분야에서 일종의 공무원처럼 간주될 수 있을 정도다. 그래서 우리는 영업사원만 연구해서는 판매술을 이해할 수 없다. 『배빗』 *Babbitt*(1922)[3]에서 배운 미국의 프리미엄은 "특정 대상에게 특정 상품을 판매하는 것이 아니라 순수한 판매"다. 이제 판매술은 스스로 멋진 판매장으로 바뀌어 세계에서 가장 큰 시장bazaar이 된 사회를 위한 추상화된 가치, 과학, 이데올로기, 그리고 삶의 방식이 되었다.

2. 세계에서 가장 큰 시장[4]

50년 전, 빅 바자Big Bazaar는 도심으로 이전하여 거대 도시의 중심지 중 하나가 되었다.[5] 이때, 규모가 작고 독립성이 떨어지는 32개의 건물이 철거되었다. 모두가 이곳이 세계에서 가장 크고 훌륭한 시장이라고 말했다.

23에이커 넓이의 바닥은 각각 정사각형 블록으로 구성되었으며, 상하 이동과 교차 이동이 가능했다. 에스컬레이터만 해도 매시간 4만 명의 인원을 올리고 내릴 수 있었다. 그리고 하루 종일 지폐와 전표가 18마일의 황동 기송관을 통해 날아가서 빅 바자의 카르텔 두뇌이자 업무 중심으로 이동했다.

그리고 첫 번째 광장 블록 옆에 또 건물을 지었고, 또 다시 건물을 지었으니, 추가된 건물들은 예전의 시작을 왜소하게 만들 정도로 우뚝했다. 이제 맨해튼 섬에는 거의 50에이커에 달하는 판매장이 있고, 섬 바깥에는 세계에서 가장 큰 바자에 들어갈 사람과 상품이 기

3 　미국 작가 싱클레어 루이스의 소설. 안정적인 가정을 가진 부동산 중개업자 배빗을 통해 미국 중간계급의 물질주의와 정체성 혼란을 그린다.
4 　대도시 중간계급을 위한 백화점을 모델로 한 2절과 3절의 유형론적인 설명은 랠프 M. 하워Ralph M. Hower의 탁월한 저작인 『뉴욕 메이시스 백화점의 역사, 1859~1919』History of Macy's of New York, 1859~1919(Cambridge: Harvard University Press, 1943)에 의존하고 있다. 【원주】
5 　미국 최대의 백화점 체인인 메이시스는 1858년 뉴욕에 첫 점포가 설립됐고, 1902년 맨해튼에 플래그십 스토어인 메이시스 헤럴드 스퀘어를 건립했다. 본문의 '빅 바자'는 이곳을 염두에 둔 표현이다.

다리고 있는 30에이커가 더 있다.

현재 58대의 에스컬레이터, 29대의 엘리베이터, 105대의 컨베이어 벨트가 있다. 26대의 화물 리프트가 층간을 오가며 화물을 실은 트럭을 운반한다. 75마일의 기송관이 누가 무엇을 얼마에 샀는지, 누가 팔았는지, 이 모든 일이 언제 일어났는지 표기한 기록을 나른다.

빅 바자는 여전히 억제되지 않아서 오하이오와 샌프란시스코, 앨라배마, 시카고, 로체스터까지 그 영역을 확장하고 있다. 그것은 체인들의 체인이다. 그리고 그 중심부 깊은 곳에는 매일같이 다음에는 어디에 빅 바자를 세울지 고민하는 한 명의 전문 직원과 열 명의 사무원이 있다.

180대의 전화기가 100명의 교환원을 정중하게, 그리고 피곤하게 만든다. 오실 수 없으면 전화 주세요. 저희가 배달해 드립니다. 50마일 떨어진 바자에서 410대의 저희 밴이 여러분의 집까지 바자를 운반합니다. 바자의 일부가 여러분의 집에 남아서 여러분의 일부가 됩니다.

가족이 사회에 중요하다고 생각하는가? 그러나 빅 바자는 먹이고, 입히고, 즐겁게 해준다. 생물학적 재생산이라는 단 하나의 경우만 빼고 빅 바자가 모든 면에서 가족을 대신한다. 자궁에서 무덤까지 당신들을 지켜보고 필수품을 공급하며 충족되지 않은 욕구를 충족시킨다. 1890년대가 되자 바자는 보편적인 공급자로서 말하기 시작했다. "군중을 따르라, 그러면 군중은 항상 데려다줄 것이다 / 당신을 (빅 바자로)... / 모든 것을 파는 상점... / 자전거를 타고, / 책을 읽고, 냄비에 음식을 요리하고, / 도자기에 음식을 담아 먹고, 비단을 입고, / 담요를 덮고, 시가를 피우고, / 와인을 마신다... / 당신의 인생은 꿈꾸던 것보다 더 적은 비용으로 더 많은 것을 얻을 수 있다."

당신은 공장이 뭔지 알아야 한다고 생각하는가? 하지만 바자가 공장이다. 바자는 여러 단계의 경제 순환을 스스로 흡수했고, 이제 그 모든 단계를 포함하게 되었다. 그것은 또한 미소 짓는 얼굴과 삶의 꿈이 투사되는 공장이며, 살아가는 데 필요한 상품으로 사람들을 둘러싸고, 그들이 분투해야 할 목표를 제시한다. 어떤 공장이 사람들이 원하는 것과 그들이 되고자 하는 것을 이토록 깊숙하고 직접적으로 연결할까? 공간으로 측정하든 돈으로 측정하든, 그것은 세계에서 가장 큰 상점emporium이다. 그것은 상품에 봉헌되고, 위원회에 의해 운영되며, 매장 지배인에 의해 운영되는 세계다.

바자의 주인이 누구인지 말하기는 어렵다. 이 시장은 한 소자본가가 포경선을 떠나 소매업에 뛰어든 데서 시작됐다. 그 후 가족 사업으로 바뀌었고, 몇몇 파트너가 등장하여 사업을 인수했다. 지금은 주식회사로 바뀌었고, 10퍼센트 이상의 지분을 소유한 사람은 없다. 단독 소유자에서 금융계의 흥미로운 용어로 공공이라고 불리는 이 늘에 이르기까지 지분 소유자는 다양하다. 장남의 장남이 운영에 대해 많은 발언권을 가지고 있지만, 그가 손을 떼더라도 잘 운영되리라는 것을 아무도 의심하지 않는다. 그것은 스스로 창조되고 스스로 영속화되며, 아무도 그것을 소유하지 않는다.

하지만 누가 그것을 운영할까? 누군가는 그것을 운영해야 한다. 처음에는 한 사람이 운영했다. 그는 모든 것을 알면서 소유하고 운영했다. 이 상인은 일주일에 한 번 가게 한가운데 서서 지난주에 가장 많이 판 점원의 이름을 인상적인 큰 목소리로 읽었다. 그가 서 있는 위치에서는 가게의 각 부서에서 일어나는 모든 작업을 볼 수 있었다. 그러나 지금은 그런 상인이 없고, 그런 상인이 서 있을 자리도 없다. 지금은 100명의 사람들이 그가 했던 일을 하고 있다. 그들 중

한 명이 하는 일은 종종 다른 사람들에게 비밀이다. 상하의 관계가 너무 비인간화된 탓에, 관계를 다시 인간화하면서도 여전히 원활하게 운영되고 지속될 수 있는 방법이 주요한 문제가 되었다.

이 일을 관리하는 사람, 저 일을 관리하는 사람, 관리자를 관리하는 사람 등 여러 관리자가 있지만, 그들 중 한 사람이 죽거나 사라져도 아무런 차이가 없다. 상점은 계속 운영된다. 상점은 자신이 무엇을 만들고 있는지 알지 못하는 사람들에 의해 만들어졌고, 지금은 자신이 무엇을 만들고 있는지 알지 못하는 사람들을 만들어낸다. 하루 중 매시간마다 스스로를 창조하고 파괴하고 재창조하며, 아무도 그에 대해 알지 못하지만 누군가는 그 모든 부분을 알고 있다.

그러므로 보이는 혼돈은 단지 겉으로만 보이는 혼돈일 뿐이다. 이곳에서는 우연한 일이 일어나지 않는다. 모든 것이 통제되고, 모든 것이 설명되며, 모든 것이 파일에 기록되고, 위원회는 그 파일에 대해 알고 있으며, 다른 위원회는 그 위원회에 대해 알고 있다.

대성당에서는 예배가 조직적으로 이루어진다. 이곳은 (색깔과 크기 차이를 제외해도) 394,000위에 이르는 다양한 신을 위해 속삭이고 외치는 상품의 대성당이다. 신도를 조직하면서, 빅 바자는 더 빠르고 효율적인 예배를 위해 그들을 훈련해왔다. 가장 효과적인 기도는 위대한 반복의 의식 속에서 형성되는데, 이는 경건함과 서커스의 짖는 소리가 흥미롭게 혼합된 것이다.

사람들이 숭배하는 신에 따라 그들의 생활방식이 결정된다. 신은 항상 변해왔지만, 그 변화의 정도가 이 정도로 잘 조직되거나 이 정도로 광범위하게 조직된 경우는 없었다. 그전에는 예배가 그렇게 보편적이고 독실했던 적이 없었다. 상품에 대한 물신 숭배를 조직함으로써, 빅 바자는 상품의 흐름으로부터 스스로 신을 만들어냈다.

패션은 과거에 상류층 귀족의 것이었고, 주로 옷의 신들과 관련이 있었다. 그러나 빅 바자는 패션에 대한 개념을 모든 종류의 상품과 모든 계급의 숭배자에게 민주화했다. 패션은 더 빠른 매출을 의미하는 것이니, 새로운 것을 숭배하면 오래된 것을 부끄러워하게 되기 때문이다. 빅 바자는 자비로운 마음으로 도시 대중의 습관과 외모, 감정에 리듬감 있는 패션 숭배를 구축했다. 그것은 상상력 그 자체를 조직했다. 사람들의 옷차림과 삶의 풍경, 거리, 침실 등을 변화시킴으로써 외모 종교Religion of Appearance에 대한 거대한 신앙을 키웠다.

빅 바자 시대 이전에는 이 신들에게 대규모 복음 전도사가 없었다. 오래된 시장과 작은 상점은 수동적이고 조용했다. 출생이나 사망과 같은 조용한 작은 공지사항 앞, 가까운 줄에서는 무엇을 살 수 있는지 알리는 수수한 공지사항이 있었다. 그러나 빅 바자는 394,000가지 상품에 대한 지속적인 전도사다. 매일 13만 7,000명의 여성을 유혹하고, 1만 1,000명의 직원이 그들의 귀를 주문으로 가득 채우며, 그들의 가장 깊은 눈에 환상을 가득 채운다.

3. 구매 담당자와 매장 지배인

백화점은 오래된 잡화점의 속편이 아니라 잡화점과 전문점의 종합체다. 중세 서양의 시장fair과 동양의 바자는 한 지붕 아래에 여러 개의 작은 상점이 모여 있었고, 각 상점은 자체의 경영 체제를 갖추고 있었으며, 그저 일시적인 조합에 불과했다. 옛날의 잡화점은 규모가 작았고, 부서별로 정리되어 있지도 않았다. 행상인은 메이시스 백화점은 못 됐지만, 울워스[6]가 될 정도로는 성장했다. 이러한 유사 원형

---

6   Woolworths. 1870년대에 미국에서 시작된 저렴한 소매 잡화점 체인의 선구자격 기업.

중 어느 것도 백화점에서 흔히 제공하는 '자유로운 서비스,' 즉 무료 배송, 계좌 이체, 반품 특권, 무료 화장실, 정보 서비스를 제공하지 않았다.

현대의 백화점은 작은 위계질서의 집합체이며, 이 집합체들이 다시 전체적인 백화점으로 합쳐진다. 이것은 분산된 기관과 복잡한 중앙집중 신경의 흥미로운 혼합체다. 각 부서는 상품 라인에 따라 조직되며, 자체의 관리자가 있다. 모든 부서는 재무 및 인사 네트워크에 의해 단단히 연결되어 있다. 회계 시스템은 지출과 수입의 균형을 지켜보면서 각 부서의 업무를 감시한다. 대형 백화점은 상품별로 구획되고 회계를 통해 중앙집중화된다.

19세기의 마지막 사반세기에는 소유자나 최고 경영진이 감독관을 통해 직원 배치, 상품 이동, 일반 유지 관리를 담당했다. 그와 그의 사무실 서클 아래로 상품 라인을 따라 관리 책임이 부여되었으며, 각 부서는 자체 계정을 유지했다.

각 부서의 책임자는 구매 담당자로서, 특정 시점에 판매되는 상품, 판매 방식, 상품의 판매 조건과 회전율, 그리고 그에 따른 수익을 책임졌다.

상품과 돈을 다루는 구매 담당자와 함께, 고객과 판매원을 담당하는 매장 지배인이 있었다. 그의 언어는 서비스의 언어였고, 그의 목표는 고객과 점원의 이익을 합치시키는 것이었다. 지금은 서비스 관리자나 구역 관리자로 더 잘 알려진 매장 지배인 관리자는 점원과 계산원을 지켜보며 시간을 기록하고, 직원들의 출퇴근과 근태를 확인하며, 규율에 따른 예의를 강조하고, 불만을 부드럽게 해결하는 전문가로서 환불과 교환을 승인하거나 거부했다.

구매 담당자와 매장 지배인 사이의 관계가 항상 우호적이지는 않았다. 매장 지배인의 일관된 태도는 "전능하고 종종 까탈스러운 구매 담당자를 불쾌하게 하지 않으려는 배려"였다. 공식적으로는 최고 관리자가 판매원을 고용하고 해고하며, 매장 지배인은 "그들을 질서 있게 유지"해야 했다. 그러나 실제로는 "구매 담당자의 목소리가 결정적인 역할을 하는 경우가 많았다." 그는 수익을 위한 상품 매출을 책임지고 있었기 때문에, 자기 부서의 판매 업무를 지휘했다. 구매 담당자는 관료제의 규칙과 비합리적인 시장의 기회 계산 사이에서 교차점 역할을 했다.

1900년이 되자 여러 부서를 거느린 백화점이 된 회사는 소규모 소매점보다는 대학에서 훈련받은 남녀를 새로운 유형의 인력으로 채용하기 시작했다. 부기는 단순한 역사적 기록이 아니라 운영의 체계적인 분석 도구가 되었다. 위원회가 조직되기 시작했고, 운영이 표준화되었으며, 모든 것이 상부에서 통제되었다. 이러한 중앙집중화 과정에서 구매 담당자의 권한은 최소화됐지만 책임이 줄어들지는 않았다. 그 결과, 구매 담당자는 "부서 운영이 만족스럽지 않고 그 문제가 실제로는 그의 통제 범위를 벗어난 것이라고 해도" 종종 불안의 주범으로 비난받았다.

제1차 세계대전이 발발하던 무렵이 되면 백화점은 거의 전적으로 중앙 계획에 의해 운영되었고, 그 실행은 중앙의 요원에 의해 감시되고 점검되었다. 구매 담당자는 사교 클럽인 "관리자 협회"를 통해 관리되었고, 모든 고위 인사로 구성된 "운영위원회"와 "자문위원회"가 관료적 재구성을 더욱 완성하여 "한 사람의 존재에 의존하지 않고 지속적으로 기능할 수 있도록 했다." 일련의 작은 발전으로 인해, 통제 부서는 더 많은 결정권을 얻어내기 위해 구매 담당자와 그의 부서에 직간접의 비용을 할당하기 시작했다. 구매 담당자는 위원회와 이사회에 의해 감독, 지도, 명령을 받았고, 상품에 대한 그의 결정은 수용되었다. 구매 담당자는 더 이상 봉건제 속 작은 영지의 영주가 아니라 관료제 속 고임금 직원이 되었다.

산업의 직공장과 마찬가지로 매장 지배인도 많은 기능을, 특히 신입 판매원 교육 기능을 잃기 시작했다. 1915년에는 매장의 규칙과 취급해야 할 상품을 가르치는 별도의 교육기관이 설립됐다. 매장 지배인은 각 부서에서 매주 "매장 규율, 고객에 대한 예의, 관련 주제"에 대해 논의하던 소규모 직원 회의를 더 이상 주재하지 않게 됐다. 1911년, 운영위원회는 통계를 분석한 결과, "매장 지배인이 작성한 신용 전표에서 오류를 발견한 점원에게 오류 하나당 10센트를 지급했다."

1910년대에는 구매 담당자와 매장 지배인을 비롯한 중간 관리자와 기타 하급 간부들이 흔히 "교육 수준은 낮지만 실패와 역경으로 인해 강인해진" 것처럼 보였다. 현대의 몇몇 관찰자에 따르면, 이들은 심지어 "전적으로 신뢰할 수 없는 사람들로 보였으며, 결코 실현되지 않을 '진짜 기회'를 찾아 한 상점에서 다른 상점으로 끊임없이 이동하는 경우가 많았고, 곧잘 술에서 위안을 찾곤 했다. 실제로, 이 시기에 경영진의 골칫거리 중 하나는 점심식사를 하러 나갔다가 돌아오지 않거나 너무 취해서 판매 현장에서 일할 수 없는 구매 담당자 또는 매장 지배인이었다. 적어도 한 명쯤의 젊은 점원은 그런 상황에서 대리 역할을 맡을 수 있는 능력을 발휘하며 승진했다." 그렇게 미덕과 성공의 연관성을 확인할 수 있었다.

그러나 20세기에 들어 "과학적인 인력 선발과 훈련"이 무작위 채용을 대체하면서, 백화점은 "조직을 구축하는 데 필요한 인재를 대학 졸업생 가운데서 찾으려고" 체계적으로 노력하기 시작했다. 또한, 신중하게 선발된 직원 중에서 더 높은 직급에 맞는 인재를 뽑기 위해 직원을 위한 훈련 프로그램을 확대했다. 제1차 세계대전 이후,

이 새로운 인사 프로그램은 보통 규모가 작은 다른 시설에서 상품 판매 경험을 쌓은 임원을 고용하던 기존의 방식을 대체했다. 이전에는 "직무에 대한 기본 자격 요건은 상품 판매 경험"이었다. 지금은 "공식적인 교육과 일반적인 문화적 배경"이 전제 조건이다. 비교적 어린 나이에 매장에 들어온 대학생은 고위직에 필요한 경험을 쌓을 수 있다. 오늘날 "경영진의 상당수는... 15년이나 20년 전에 현재 맡고 있는 바로 그 직책을 위해 선발되어 교육받은 사람들이다."

백화점은 이렇게 해서 자체적으로 경력 패턴을 구축해왔다. 각 단계별로 지원자를 신중하게 선발하고, 그들을 싣고 천천히 위로 올라가는 엘리베이터가 있다. 승진은 누군가의 죽음과 이직으로 인해 가능해지고, 개인의 야망에 의해 추진된다. 인사 관리자의 파일과 회계 담당자의 장부가 매장 간 이동과 공개 시장에서의 기회를 대체했다.

4. 여점원

지난 수십 년 동안 여점원의 일과 생활에 가장 큰 변화를 가져온 것은 고객과의 관계에 변화가 생겼다는 점이다. 그 변화를 가늠해볼 수 있는 방법은 (I) 중소 도시의 판매원과 (II) 대도시 대형 매장 여점원의 전망을 비교해보는 것이다.

I. 소도시의 소상인만이 아니라 판매원도 자신이 상대하는 대부분의 사람들을 잘 안다고 자랑스레 이야기하는 경우가 많다. 그들의 업무 만족도는 개인적으로 잘 아는 시장이라는 경험, 상사나 보스가 아니라 고객과의 교류에서 직접적으로 비롯된다.

소도시에서 판매원은 소문의 중심에서 인간의 본성을 배우고 있다고 생각한다. "사람 만나는 걸 좋아해요. 삶에 대한 관점을 넓혀 주거든요." 중간 규모의 보석 가게에서 일하는 50대 후반의 한 여성 판매원이 하는 말이다. "여성 판매원으로서 사람들과 접촉하면서 얻은 인간 본성에 대한 지식은 그 무엇과도 바꿀 수 없어요." "인간 본성에 대해 배우는 것"이라는 주제는 규모가 작고 개인적으로 잘 알려진 이 시장의 성격과 명백히 관련되어 있다. 다시 한 번, 작은 식료품점에서 일하는 40세 점원의 의견이다. "사람들을 만나면서, 저는 이웃 가게에서 친구를 사귑니다. 왜냐하면 제가 그들의 가족 문제뿐만 아니라 그들이 좋아하는 것과 싫어하는 것까지 알고 있기 때문이지요." 그리고 "저는 고객에게서... 신뢰를 얻는데요, 제가 도움이 된다는 거니까 확실히 만족스럽지요."

백화점 여성 판매원과 작은 가게의 여사장 모두 고객에게서 위신을 빌린다. 한 중형 백화점의 여성 판매원은 이렇게 말한다. "저는 사람들 만나는 게 좋은데요, 제가 접하는 유형의 고객과 어울리게 되는 걸 가장 좋아해요. 제 고객 대부분은 수준이 꽤 높고, 세련되고 교양 있거든요." 몇몇 판매원은 자신이 일하는 가게에서 위신을 빌리기도 하고, 어떤 판매원은 자신이 취급하는 상품에서 위신을 빌리기도 한다. "저는 여기 진열된 상품과 고급 도자기, 은식기가 좋아요."

고객으로부터 위신을 빌리는 것과는 반대되는 태도로서, 자신에게 사람들을 변화시키는 힘이 있다는 느낌도 만족감을 준다. "저는 제 고객의 외모를 개선하는 일을 통해서 얻는 만족감을 좋아해요." 40세가량의 화장품 매장 직원의 말이다. "저는 외모가 평범한 고객들을 매력적인 여성으로 변화시켰어요."

많은 판매원이 '서비스'라는 이념을 표현함으로써 업무의 인간적 측면을 이끌어내려고 노력한다. 이 이데올로기는 (1) 자신이 가치 있는 존재라는 느낌에 기반을 두고 있다. "그들을 위해 일하는 게 즐겁습니다. 당신이 필요하고 가치 있는 일을 하고 있다는 느낌이 들거든요." (2) 고객으로부터의 위신 차용, (3) 인간 본성에 대한 지식 습득의 느낌, (4) 매장 자체 또는 그 소유자와의 암묵적이지만 긍정적인 동일시. 이러한 요소가 소도시 판매원의 직업적 이데올로기를 형성한다. 각 요소는 개인적으로 잘 알려진 작은 시장에 기반을 두고 있으며, 이것이 이들이 지닌 이데올로기의 주요 특징과 관련된다. "사람을 다루는 것"에 대한 강조는 공장의 임금노동자가 가지지 못한 경험을 전면에 드러낸다.

II. 대도시 대형 백화점의 여점원은 종종 고객에게서 위신을 빌리려고 하지만, 낯선 사람들이 가득 찬 대형 백화점에서 그 시도는 곧잘 실패로 끝나고, 사실 때때로 무기력한 우울감으로 돌아오기도 한다. 고객에 대한 증오가 종종 극단적인 형태로 나타나는 것이 그 결과 중 하나다. 고객은 적대감의 주요 대상이 된다. 고객은 표면적으로는 찌증의 원천이지만, 보통은 인진한 타깃이기 때문이다.

대도시 백화점의 여점원에게는 "단골 고객"이 있고 다른 점원의 단골 고객을 질투하기도 하지만, 부유한 고객이 백화점을 떠나면 그들에 대해 곧잘 "뒷담화"를 나누고 질투도 한다. 한 판매원은 말한다. "우리가 주로 이야기하는 주제는 고객이에요. 고객이 떠나면 그들 흉내를 내지요." 여점원은 흔히 고객과 동일시하려고 하지만 대개 좌절한다. (1) 대부분의 고객은 낯선 사람이며 접촉도 짧다. (2) 집과 백화점, 고객, 상품 간의 뚜렷하고 우울한 대조로 인해 계급 차이가 자주 강조된다. "당신은 살 수 없는 아름다운 것들 사이에서 일하고, 그것을 살 수 있는 부유하고 편안한 사람들을 보는군요. [낮은 임금을] 가지고 집에 돌아갈 때 당신은 우아함 따위는 전혀 느끼지 못하고 모욕감을 느끼지요. 당신은 혼자서 반쯤 굶주리거나, 저처럼 엄마 집에 가서 도움을 받거나 둘 중 하나랍니다." (3) "고객에게 봉사한다"거나 "고객을 기다린다"는 태도는 고객과 쉽고 만족스럽게 일체화하는 데 도움이 되지 않는다. 대형 매장과 도시 대중의 교차점에 있는 여점원은 일반적으로 고객을 경제적인 적으로 여기기보다는 심리적인 적으로 여기는 데 몰두한다.

오늘날 대형 백화점의 여점원은 주로 18세에서 30세 사이의 여성으로, 수만 명의 지원자 중에서 선발된다. 어떤 사람은 결혼을 기다리고 있고, 어떤 사람은 결혼할 생각이 없는 나이 든 여성이며, 어떤 사람은 정규직이고, 어떤 사람은 임시직 또는 시간제 직원이다. 백화점은 이동이 잦은 노동시장이기 때문에 전일제 정규직 노동자에게는 그리 안정적인 곳이 못 된다. 방학을 맞은 여대생, 주부, 막 고등학교를 졸업하고 아직 집에 사는 여성 등, 정규직으로 일할 필요가 없는 사람들로 인해 백화점은 불안정한 노동시장이 된다.

이 다양한 여성들과 개인과 상점, 그리고 고객의 상호 작용 속에서 다양한 판매 성격이 형성된다. 다음은 대형 백화점에서 제임스 B. 게일James B. Gale이 장기간 집중적으로 관찰한 결과를 바탕으로 서술한 성격 유형들이다.

늑대The Wolf는 잠재 고객의 주위를 배회하다가 달려든다. "나는 고객을 찾아갑니다. 고객이 내게 오기를 기다릴 필요가 있을까요? 내가 직접 통로로 나가서 고객을 잡을 수 있는데 말입니다. 고객도 이걸 좋아할 것 같아요. 자신이 중요하다는 느낌을 받을 테니까요. 나도 이게 좋아요. 이렇게 긴장감을 유지하고, 판매량도 늘릴 수 있으니까요. 구매 담당자도 좋아하고요. 짜증이 나든 말든 잘 차려입은 고객이 제게는 5달러짜리 지폐로 보여요."

늑대가 강해지면 모든 고객을 독점하려는 **팔꿈치 쓰는 자**The Elbower가 된다. 한 고객을 상대하는 동안 두 번째 고객의 질문에 답하고, 세 번째 고객에게 인내심을 가지라고 재촉하면서 멀리 있는 네 번째 고객을 부른다. 때로는 문자 그대로 팔꿈치로 동료를 밀쳐내기도 한다. 그녀는 많이 살 것처럼 보이는 고객 사이에서 구경만 하려는 사람, 조금 살 사람을 구분하는 데 정통하다. "필요한 만큼 수수료를 받으려면 거친 영업 기술을 개발해야 했어요. 사지도 않으면서 시간만 축내는 사람들하고 시간을 낭비할 수 없었거든요. 왜 시간을 낭비해야 하겠어요? 왜 내가 구두쇠한테 신경을 써야 할까요? 신입 점원이 그런 사람들하고 실전 경험을 쌓게 놔두면 되지요. 왜 결정 못 하는 사람들, 자기 인생 이야기나 늘어놓으려는 사람들, 흥정하는 늑대들, 조언을 구하는 사람들, 또 '그냥 보는 중이에요'라고 말하는 얼간이들하고 이 좋은 판매시간을 낭비해야 할까요? 한 번에 신발 세 켤레를 사는 여성, 그 신발에 어울리는 스타킹에다 슬리퍼까지 사고 싶어하는 여성이 오기를 원하죠. 저는 한 번에 다섯 명을 만족스럽게 응대할 수 있고, 그들을 행복하게 해줄 수 있다고 믿어요. 그래서 다섯 명을 응대하는 겁니다! 제 판매 장부를 보고 오늘 처음 다섯 시간 동안의 총 매출액을 기록해두세요. 실적이 좋아요."

유혹자The Charmer는 고객으로 하여금 상품보다는 자신에게 더 집중하게 만든다. 그녀는 조절된 목소리, 예술적인 복장, 그리고 태도로 고객을 유혹한다. "날씬한 몸매에다 쾌활한 미소까지 지으면 이 세상에서 정말 놀라운 일을 할 수 있답니다. 사람들이 저를 위해 일을 해줘요. 특히나 제가 천천히 미소를 지으며 속눈썹 사이로 올려다보면 남자들이 그렇게 하죠. 저는 오래전에 이 사실을 깨달았어요. 한 가지 방법으로 모든 걸 해결할 수 있는데 굳이 다양한 판매

기법을 쓸 필요가 있겠어요? 월급 대부분을 제 매력을 돋보이게 해주는 옷 사는 데 써요. 결국, 여자는 자기가 가진 걸 활용해야 하지 않겠어요? 여러분은 매주마다 제 수수료 총액에서 그 답을 찾을 수 있을 거예요."

순진한 여점원 The Ingénue Salesgirl은 눈에 잘 띄지 않는다. 이건 어느 정도는 앞에 나서지 않는 그녀의 태도 때문이다. 여전히 불안하고 향수병에 시달리며, 방금 배운 규칙을 혼돈 상황에 적용하려고 애쓰느라 혼란스러워하는 그녀는 도움을 줄 수 있는 사람에게 아이처럼 매달리며 탈출구를 찾는다. "여기는 모든 게 너무 커요. 혼란스러운 규칙도 너무 많지요. 많은 고객이 저를 두렵게 한답니다. 그 사람들은 돈에 비해 기대가 너무 크거든요. B양이 아니었다면 저는 그만뒀을 거예요. 제가 실수를 하면 그녀는 웃으면서 바로잡아주죠. 그녀는 제게 계산대를 어떻게 운영하는지 보여주고, 어제는 저를 괴롭히는 고객에게 엄하게 말하기도 했어요. 이렇게 많은 돈과 판매 수표를 다루고, 이렇게 많은 규칙을 기억해야 하고, 예쁜 드레스는 입을 수 없고, 파란색, 회색, 검은색, 갈색만 입어야 하다보니 우울해져요. 하루 일과를 마치면 대부분 신경이 곤두서 있지요. 아, 고등학교 시절이 얼마나 좋았던지."

대학생The Collegiate은 대개 지역 대학에 다니면서 파트타임으로 일하고, 전문적인 자제력이 부족한 부분을 충동적이고 아마추어적인 성격으로 보완한다. 보통 그녀는 일에 열정적이고 신선하며, 좀 더 자신감 있는 천진난만한 유형이다.

떠돌이The Drifter는 지정된 자리만 빼고 백화점 내의 거의 모든 곳에서 볼 수 있다. 그녀는 순회하는 소문이며, 고객이나 상품보다는 동료에게 관심이 더 많다. 그녀는 자신의 행동방식이 비판받으면 이렇게 대답한다. "저는 여기 있는 많은 직원들하고는 달라요. 제게는 항상 저를 움직이는 불안한 에너지가 있거든요. 코끼리가 기둥에 묶인 것처럼 매일같이 같은 카운터에 앉아 있을 수가 없어요. 저는 사람들을 좋아해요. 매장 곳곳에 친구가 있죠. 가끔씩 제가 뭘 하고 생각하고 느끼는지 이야기해야 하고, 그 사람들 생각도 들어야 해요. 전 제 몫을 팔고 있잖아요? 판매량도 제법 많아요. 안 그런가요? 움직이지 않으면 난 미쳐버릴 거예요."

사칭자The Social Pretender는 여점원들 사이에서 잘 알려진 말로, 자신의 직업과 어울리지 않는 이미지를 만들어내려고 시도하는 사람이다. 보통은 사회적인 배경이나 가족적인 배경을 만들어낸다. 그녀는 일시적으로 경험을 쌓기 위해 일하고 있으며, 곧 더 빛나는 경력을 쌓을 것이라고 말한다. 이런 태도는 선배 점원들에게는 그저 재미일 뿐이지만, 종종 구매 담당자를 즐겁게 만들기도 한다. 구매 담당자는 이 사칭자가 때때로 부유한 고객을 카운터로 끌어들이는 걸 알기 때문이다. 한 대형 백화점에서 수수한 차림의 남성은 이렇게 말했다. "그 여자 S-O-는 참 귀엽고 너무 가짜라서 재미있어요. 그녀는 여기서 잘사는 집안의 여자아이로 가장하고 있거든요. 그녀는 판매원의 마음가짐을 익히려고 잠시 판매를 하는 거고요, 스타일 감각을 익히려고 잠시 구매 보조원으로 일하는 거래요. 그러고는 다시 가족의 황금빛 품으로 돌아가서 부유한 결혼생활을 할 거래요. 그녀는 오늘 아침에 동료 한 명에게 '돈은 필요하지 않았어요. 이건 그냥 흥미진진한 프롤레타리아 경험이었어요'라고 말하고 있었죠. 자기 눈으로 하는 경험! 그녀는 돈이 필요해요. 절실히 필요할 수도 있고요. 아니면 제가 잘못 짚었겠지요. 하지만 그녀는 버릇없는 파크애비뉴의 귀염둥이 중 한 명을 아주 잘 흉내 내고 있답니다. 이런 가짜들을 잘 살펴보세요. 모든 부서에서 한두 명씩은 볼 수 있거든요."

백화점에서 10년 이상 경력을 쌓은 **고참**The Old-Timer은 불만을 품은 반항아 또는 완전히 적응한 여성 판매원이 된다. 어느 쪽이든, 그녀는 판매 인력의 중추이자 영업 인력의 기반이다. 반항자로서 고참은 자신이나 상품에 초점을 맞추지 않고 백화점에 초점을 맞추는 듯하다. 그들은 백화점의 정책과 다른 직원들에 맞서고, 종종 고객을 비꼬거나 원한을 품는다. 많은 여점원이 백화점과 고객을 증오한다고 주장하지만, 이 반항자들이야말로 증오를 즐기며 사실상 증오로 살아간다. 비록 고객에 맞서 백화점을 방어해야 할 때는 잽싸게 행동하지만 말이다. 부서를 옮긴 나이 든 여성들이 이런 유형의 대부분을 차지한다. "그 당시에는 손님들이 거의 전부 신사 숙녀들이었는데, 요즘 여기 오는 뻔뻔스러운 사람들하고는 정말 달랐어요. 요즘 사람들은 상품에 대해, 서비스에 대해 소리를 지르는데, 저는 그냥 무표정한 얼굴에다 차가운 시선으로 그들을 무시하지요. 준비가 잘 되면 그들을 기다리다가 응대합니다. 그 사람들 말 듣는 게 지겨워졌어요. 규칙이나 규제에 대한 이야기도 지겹고요. 구내식당에서 20분 동안 줄 서서 기다리면 반쯤 익은 음식을 던져주는 것도 지겹고요. [어떤 사람들은] 점심에 먹을 영양식으로 케일을 먹을지 알팔파를 먹을지 고민하는데 말이죠. 예, 여기선 많은 변화가 있었지만, 새로운 건 없어요. 판매 접근법과 고객 유형을 알려주는 똑같은 옛 규칙과 똑같은 옛것들, 감히 말하건대 다 옛날 것들이죠. 쓰는 단어가 달라지고 보는 시각이 달라지고 새로운 보스들이 왔지만 말이죠. 지금까지 여기서 일했던 모든 상사는 저를 몰아붙였어요. 그래서 저는 거의 당연한 일로 받아들이죠." "구매 담당자는 저를 싫어하지만 제가 여기 오래 있었기 때문에 그가 할 수 있는 일이 많지 않아요. 제 판매량이 유지되는 한(항상 아주 좋았어요) 그는 사소한 일로만 저를 비난하죠. 구매 담당자와 저는 잘 지내지 못했고, 많은 구매 담당자가 왔다 갔어요. 그들은 이런 요구를 하고, 저런 요구를 해요.

항상 이것저것 불평을 늘어놓는다고요. 그 사람들 정말로 그렇게 생각하고 있는지 궁금할 때가 많아요. 그 사람들은 '새로운 판매 기법'에다가 다른 모든 쓰레기 같은 것들로 저를 열받게 만들죠. 여기서 17년을 일했어요. 제게 판매 방법에 대한 조언이나 지시는 필요하지 않아요. 그들은 농담하는 게 아니에요. 저는 몇 년 동안 그들이 몇 명이나 바뀌었는지도 알고 있어요. 지금 있는 구매 담당자도 제게 농담을 하지는 않죠. 그는 젊음과 날씬한 몸매를 좋아해요. 모두 지옥으로 꺼지라고 해요. 저는 첫째도, 둘째도, 셋째도, 언제나 저만 생각해요. 고객과 백화점도 이런 태도를 받아들이고 좋아할 수 있어요. 그럼 제가 왜 여기에 남아 있는지 묻겠군요. 제가 다른 일을 할 수 있을지 잘 모르겠어요. 저는 일어나서 씻고 옷을 입고 먹고 제 물건을 챙겨서 메이시스 백화점에 갑니다. 거의 자동이에요. 사실 몇 번이나 일요일에도 그 모든 걸 한 적이 있어요. 한 번은 일요일에 출근하기 전에 기차에 올라타고 나서야 일요일이라는 걸 깨달았답니다. 종이 울리기만을 기다리는 늙은 소방마차 말처럼 말이죠. 그게 저예요."

적응한 고참은 온순하고 느긋해진다. "저는 크리스마스 시즌인 11월에 파트타임으로 여기 왔었죠. 저는 여기서 참 행복했고, 이곳을 떠나거나 다른 백화점에서 일하고 싶지 않았어요. 작년에는 근무 25주년 클럽 핀을 받았답니다. 이 핀을 보면 제가 특별하게 느껴져요. 이 파란 드레스하고 잘 어울리지 않나요? …딸을 대학에 보낸 나이 든 여성치고는 나쁘지 않죠. 이 백화점과 제 딸은 제 인생 그 자체랍니다. 저기 저 젊은 여자 보이시죠. 그녀는 새로 온 직원이고, 제 딸 제니를 떠올리게 해요. 저는 그녀를 후원하고 있어요. 그러니까 그녀에게 일을 가르치고, 제대로 시작하는 방법을 알려주고 있죠. 이 일이 좋아요. 저는 부서에서 거의 모든 신입들을 후원해요. 저는 그들에게 훌륭한 백화점과 훌륭한 부서, 그리고 고객을 소중히 여겨야 한다고 가르칩니다. 결국, 고객이 없었다면 우리 중 누구도 이곳에서 좋은 일자리를 가질 수 없었을 테니까요."

5. 판매술의 중앙집중화

판매술은 유연성과 활력이 넘치는 열정적인 일인 반면, 경영 관료조직은 계산과 계획이라는 차가운 기계적 작업에 가깝다. 그러나 둘 사이의 갈등은 표면적인 것일 뿐이다. 새로운 사회에서 판매술은 열정이나 개인적인 재능에 맡겨서는 안 될 정도로 매우 중요하다. 20세기 초부터 대량 생산과 개인 소비 사이의 간극에 관료제의 관심이 집중되었다. 판매술은 그 간극을 메우기 위한 시도다. 마치 재료를 정련하듯 판매술 속에서 신뢰할 수 있는 판매원과 기꺼이 구매하는 고객이라는 형태로 대량 생산이 이루어졌다. 지배적인 동기는 일인당 판매 비용의 절감이었고 지배적인 기법은 표준화와 합리화였는데, 이는 백화점 같은 대량 소매업에서 명백히 이뤄졌을 뿐 아니라 판매가 이뤄지는 모든 곳의 기법과 조직 속에서도 실행되었다.

다른 영역에서와 마찬가지로, 판매에서도 중앙집중화는 이전에 창의적인 영업사원에게서 발견된 어떤 특성들을 이용하는 것으로써 기계를 통해 이 특성을 코드화하고, 영업사원이 이를 개별적으로 습득하고 표현하는 것을 통제하는 것을 의미했다. 대중매체에 뿌리를 둔 원격 판매의 부상은 이러한 중앙집중화 및 합리화 경향을 촉진하는 데 많은 기여를 했다. 원격 판매는 초기부터 비용이 많이 들기 때문에 최고 경영진의 손에 맡겨져왔으며, 현대사회에서 다른 어떤 활동보다 더 신중하게 연구되어왔다.

1850년대, 필라델피아의 한 대형 상점은 모든 부서에 편지를 보내기 시작했고, 각 선반의 행마다 번호를 매기기 시작했다. 사장의 책상에는 각 부서로 통하는 튜브가 연결되어 있었고, 각 부서에서는 소포와 돈, 청구서가 담긴 페이지가 계산원의 금전 등록기로 전달되었다가 다시 판매자의 카운터로 돌아갔다. 어떤 판매원도 자리를 떠날 필요가 없었다. 현대의 관찰자는 소유자가 중앙에 있는 자기 자리에서 언제든지 "각자의 급여에 비례하여 각 서비스의 상대적 가치를 정확하게 추정할 수 있었고," 따라서 "모든 직원의 능력과 사업적 자질에 대해 이해를 바탕으로 말할 수 있었다"고 진술한다. 뉴욕에서는 거의 같은 시기에 한 상점 소유자가 다음과 같은 글을 썼다. "상품에는 오직 하나의 표시가 있는데, 그것은 판매 표시이고, 우리 가게의 점원들은 그 표시 외에는 다른 표시를 알지 못한다." 이것은 점원과 고객 모두 흥정하고 깎는 행위를 할 수 없다는 것을 의미했다.

판매원의 역할에 내재된 기업가적 측면은 합리적인 분업에 의해 상실되어왔다. 기업가가 직접 판매를 하는 게 아니라면 그는 가격을 하나로 책정해야 한다. 점원이 흥정을 잘 해내리라고 믿을 수 없기 때문이다. 정찰제는 판매술의 관료화를 보여주는 일면이며, 역시 관료화되어 흥정을 못 하게 된 고객에게도 공정한 일이다. 판매술이라는 기계 앞에서 모두가 평등해지고, 만사가 통제된다.

초연하고 창의적이던 영업사원은 사라지고, 그 자리를 차지하게 된 사람은 예전의 의미에서 보면 더 이상 초연하지도, 창의적이지도 않다. 물론 소규모 소매업은 여전히 수작업으로 고객을 만들고 유지하는 방식으로 운영되고 있지만, 대형 매장에서는 개별 판매원의 역할이 가능한 모든 면에서 제한되고 표준화되었고, 판매원의 교체 가능성도 매우 높아졌다. 소매업자와 도매업자에게 상품을 판매하던 예전의 '제조업체 측 대표'는 거의 감독받지 않았고, 판매 방식과 지역에 대해서도 독자적으로 행동했다. 새로운 상업적 유랑자는 정교한 마케팅 조직의 한 단위다. 영업 매뉴얼에는 그가 말할 수 있는 것과 말할 수 없는 것이 기록되어 있다. 비록 그 스스로는 제안할 것이 있어서 그것을 연결할 사람을 찾고 있다고 느끼고 있을지라도, 제안, 상품, 그리고 자신을 표현하는 방식이 점점 더 그에게 강하게 부과되고 있으며, 점점 더 표준화되고 검증되고 있다. 영업 관리자는 판매술을 중앙집중화하고 합리화하는 힘을 대표하는 존재로서, 대기업의 최고위층으로 이동했다. 판매술의 두뇌, 즉 개인적인 감각은 흩어져 있던 개인으로부터 중앙집중화되었고, 이제는 영업사원이 암기하고 적용하는 프리젠테이션을 표준화하고 검증하는 사람들이 관리하고 있다.

예전에도 그랬고 지금도 많은 경우에 길거리에서 활동하던 사람이 사실상 조직의 프리마 돈나가 될 수 있다. 사업의 성공이 결국 그 사람에게 좌우되고, 그가 중요한 고객들을 확보하고 있다면, 그는 자신과 고객들을 다른 회사로 옮기겠다는 협박으로 회사를 강탈할 수도 있다. 합리화는 부분적으로는 이런 위협에 대처하려는 시도다. 한 대기업 부사장은 영업사원의 지위와 권력, 그리고 그들이 회사에 미칠 수 있는 위협에 대해 이렇게 말한다. "제가 가장 먼저 할 일은 명확한 도표와 슬로건을 담은 프리젠테이션을 만드는 것입니다. 아마도 매출 증대 책자나 심지어는 사운드 필름일 수도 있겠죠. 그러고 나서 저는 월급쟁이들을 고용해서 이 프리젠테이션을 어떻게 보여줄 수 있는지 가르칠 겁니다. 그들은 여전히 자기가 상대하는 다양한 고객에게 개인적으로 응용할 수 있겠지만, 그들은 제가 원하는 방식으로 그 프리젠테이션을 잘 전달할 테고, 값비싼 프리마 돈나 같은 사람은 나오지 않을 겁니다. 저는 프리젠테이션을 만들고 검증하는 데 많은 비용을 지불할 테고, 전문가를 고용하고 많은 급여를 지불하겠지만, 모든 영업사원이 전문가처럼 보수를 받는 것은 아닙니다."

물론, 광고가 영업사원의 개인적인 기술을 넘어서는 것은 바로 이런 '프리젠테이션'을 통해서다. 하지만 모든 종류의 광고는 영업사원의 보조 수단이면서 때때로 그의 많은 기술을 대체할 위협이 되는 것도 사실이다. 판매는 곳곳에 만연한 과정이 되고, 그 과정에서 영업사원이 결정적인 역할을 한다고 해도 이제는 그저 하나의 연결 고리에 불과하다.

판매를 구성하는 단계에 따라 세분화하면, 처음 세 단계(접촉, 관심 유발, 선호도 형성)는 이제 광고가 담당하고 있음이 분명하다. 구체적인 제안과 주문 마무리로 이뤄지는 마지막 두 단계는 영업사원에게 맡겨진다. 원격 영업사원이 처음 세 가지 일을 잘 처리할수록, 영업사원은 나머지 두 가지 결정적인 업무에 더 집중할 수 있다. 그러나 프리젠테이션과 시각 자료가 도입되면서 결정적인 업무에서도 영업사원의 개인적인 재능이 밀려나게 된다. 또한, 영업사원이 선발되고 훈련되는 방식이 표준화되면서, 영업사원으로서의 개인적인 발전까지 중앙집중화된 통제의 대상이 된다.

판매는 한때 장인이나 농부가 수행하던 역할의 일부였고 기술이나 직업의 전체를 구성하는 통합적인 측면이었지만, 그렇게 중요한 측면이라고 할 수는 없었다. 전문화가 진행되면서 어떤 사람들은 취급하는 상품의 소유권과 여전히 관련이 있으면서도 판매에만 전념하기 시작했다. 그들은 시장을 판단하고 가격을 흥정했으며, 스스로 결정한 대로 팔거나 팔지 않았다.

시장 조직이 더 치밀해지면서 영업사원은 자율성을 잃게 된다. 그는 다른 사람의 상품을 판매하고 가격 책정과는 아무런 관련이 없다. 그는 가격 결정과 상품 선택에서 소외된다. 최종적으로, 판매의 마지막 자율적 특징인 설득의 기술 및 그와 관련된 판매 인격이 개별적인 영업사원에게서 박탈된다. 이런 경향과 흐름은 백화점에서만이 아니라 길거리에서도 마찬가지다.

6. 성격 시장

소기업가의 세계에서 사람들은 서로에게 재화를 판매했다. 새로운 피고용인, 즉 근로자의 사회에서는, 무엇보다 자신의 서비스를 판매한다. 육체노동 서비스의 고용주는 노동자의 노동, 에너지, 기술을 구매한다. 수많은 화이트칼라 서비스, 특히 판매술의 고용주는 근로자의 사회적 성격을 구매한다. 다른 사람이 소유한 산업적 재산을 가지고 임금을 받기 위해 일한다는 사실은 고용주를 위해 시간, 힘, 에너지를 희생한다는 사실을 수반한다. 나아가 월급쟁이 근로자로 일한다는 사실은 '소비자'나 고객 또는 관리자라는 다중적 역할에 대해 자신의 자아를 희생해야 한다는 사실을 포함한다. 종종 단조로운 작업과 성격 특성의 관련성은 '직업적 장애'를 낳는 주요한 원인이 되고, '불행의 증가'에 대한 이론에서는 화이트칼라 업무의 심리적인 측면에 주의를 기울이라고 요구한다.

마케팅 심성이 지배하는 근로자 사회에서 성격 시장이 부상하는 것은 불가피하다. 손기술로부터 사람을 '다루고' 판매하고 서비스하는 기술로 전환하는 과정에서 개인의 성격적 특성, 심지어 친밀한 성격적 특성까지도 교환의 영역으로 끌어들여져서 상업적 관련성을 갖게 되고, 노동시장의 상품이 되기 때문이다. 개인의 성격적 특성에 대한 통제권이 다른 사람에게 돈으로 팔려나갈 때마다, 다른 사람에게 주는 인상에 영향을 미치는 그 특성의 판매가 이루어지고 성격 시장이 형성된다.

사물에 대한 기술로부터 사람에 대한 기술로의 전환, 소규모의 비공식적 기업에서 대규모의 조직화된 기업으로의 전환, 그리고 친밀한 지역 시장으로부터 대도시 지역의 대규모 익명 시장으로의 전환은 화이트칼라 계층에게 심대한 심리적 결과를 가져왔다.

판매원은 사람으로 인식되지 않고 상업적 가면으로 인식된다. 고정관념에 따라 인사를 하고, 고객을 위해 감사 인사를 한다. 현대의 세탁소 직원에게 친절하게 대할 필요는 없다. 그저 돈을 지불하기만 하면 된다. 그 사람은 그저 밝고 효율적으로 일하기만 하면 된다. 친절함과 친근함은 개인화된 서비스나 홍보, 또는 대기업에서 무언가를 더 많이 팔기 위해 합리화되는 측면이 된다. 익명의 불성실함에 힘입어 성공한 사람은 자신의 외모와 성격을 도구로 삼는다.

안정된 성격 시장을 위한 세 가지 조건이 있다. 첫째, 근로자는 관료적 기업에 속해 있어야 하며, 상위 기관에 의해 선발, 훈련, 감독되어야 한다. 둘째, 이 관료적 조직 내에서, 그의 정규 업무는 모든 방문객에게 회사의 훌륭한 이름을 알리기 위해 대중과 접촉하는 것이다. 셋째, 이 대중의 상당수는 낯선 사람늘로 이뤄진 익명의 대중이어야 한다.

유통의 확대, 소규모 독립 상인의 비율 감소, 익명으로 접촉하게 되는 도시 시장의 부상에 따라 점점 더 많은 사람들이 이런 상황에 처하게 된다. 물론 대형 매장의 판매원은 고객과의 관계를 상투적으로 만드는 규칙과 규정 아래 일한다. 판매원은 미리 가격이 책정된 상품만 진열하고 구매를 설득할 수 있다. 이 과정에서 그녀는 '성격'을 활용한다. 그녀는 자신이 '경영진'을 '대표'한다는 사실을 기억해야 한다. 그 익명의 조직에 대해 충성심을 갖고 있다면 그녀는 항상 친절하고 도움이 되도록, 재치 있고 예의 바르게 행동해야 한다. 매장 지배인의 임무 중 하나는 점원들이 친절하게 행동하도록 하는 것이다. 대부분의 대형 매장에서는 점원의 '성격'을 확인하고 보고하는 '직원 쇼핑객'을 고용한다.

여점원 대다수는 고객에 대한 실제 생각과 고객을 대하는 태도 사이의 차이를 잘 알고 있다. 카운터 뒤의 미소는 상업화된 유혹이다. 근로자가 외모에 무관심하다면 이는 경영진의 부주의한 태도 탓이다. '자기 절제'는 보상을 받는다. 판매기술과 비즈니스의 규칙이 자신의 '진짜' 모습이 되기 전에는 '진실함'은 일에 해롭다. 재치는 자신의 감정에 대한 일련의 작은 거짓말이며, 그런 감정이 사라질 때까지 계속된다. '품위'는 고객으로 하여금 가격을 너무 빨리 물어봐서는 안 된다거나, 물건을 사야 한다는 느낌을 갖게 하는 데만 사용될 수 있다. 딕슨 웩터Dixon Wector는 "미국에서 예의범절의 기준을 높이는 데 주유소 직원이 모든 에티켓 책보다 더 많은 기여를 했다는 걸 주목해야 한다"라고 썼지만, 이것이 비인격적인 의례이며, 구식의 '타인에 대한 감정'과는 심리적으로 거의 관련이 없다는 것을 알지 못한다.

'인사 전문가'들의 공식에 따르면, 사람들은 '다재다능하고, 수용적이며, 효과적인 성격'으로 형성되어야 한다. 소규모 사업주들과 마찬가지로, 모범적인 판매 직원은 서비스와 '성격'의 측면에서 서로 경쟁한다. 그러나 사업주와는 달리 가격을 바꿀 수는 없기에 그들은 흥정을 하지 못하고, '시장을 판단'하여 현명하게 구매할 수도 없다. 전문가는 시장을 판단하고, 상품을 구매한다. 여점원은 자유주의의 고전적 영웅이나 새로운 기업가처럼 판촉 계산과 자기 관리를 통해 자기 성격을 형성할 수 없다. '자유롭게 행동할 수 있는' 직업 생활의 한 영역으로서 '자신의 성격'이라는 영역은 이제 관리되어야 하며, 상품이 유통되는 과정에서 기민하면서도 예의 바른 도구가 되어야 한다.

일상적인 업무 과정에서 자신의 성격이 외부의 목적에 의해 도구화되기 때문에, 여점원은 자기 자신으로부터 소외된다. 대형 백화점에 배치된 어느 관찰자는 한 여성을 두고 이렇게 말했다. "저는 이 여성을 3일 동안 지켜봤어요. 그녀는 화장한 얼굴에 똑같은 미소를 짓고 있는데, 누구에게 말을 걸어도 표정이 바뀌지 않아요. 그녀가 자발적으로나 자연스럽게 웃는 걸 본 적이 없어요. 그녀는 찡그린 표정을 짓거나 표정이 전혀 없습니다. 고객이 다가오면 즉시 억지웃음을 짓죠. 대부분의 여점원이 가짜로 웃는다는 걸 알고 있지만, 웃는 타이밍을 그렇게 계산하는 건 처음 봤어요. 저도 그런 표정을 따라 해보려고 했지만, 진심과 진정성이 없다면 그런 표정을 지을 수 없었죠."

성격 시장은 수요와 공급의 법칙에 따라 움직인다. 노동을 구하기 어려운 '판매자 우위 시장'일 때, 판매원들은 열심히 일한 대가로 얻게 된 공격성을 드러내며 구매자의 선의를 위태롭게 한다. 일자리를 구하기 어려운 '구매자 우위 시장'일 때, 판매원은 다시 예의를 갖추어야 한다. 따라서, 초기 자본주의 시대와 마찬가지로, 수요와 공급의 법칙은 개인의 친밀한 삶의 운명과 그가 발전시키고 보여줄 수 있는 성격의 종류를 계속해서 규제한다.

성격 시장의 최상층 부근에는 새로운 기업가와 관료적 해결사가 있고, 최하층에는 판매 계급에 속한 사람들이 있다. 새로운 기업가라는 성격과 판매원이라는 성격은 모두 관료제에 봉사하며, 이들은 자신만의 방식으로 자신을 판매하는 창의적인 기술을 실천한다. 제한된 시장 경제에서 판매술은 참으로 창조적인 행위라며 칭송받지만, 예민한 지도자들이라면 오래전부터 알고 있었듯이, 단지 창의성만 믿는 건 심각한 문제가 된다. 인간의 성격이라는 영역은 바야

호로 합리화와 박탈expropriation의 대상이 되었다. 경쟁의 운명과 그것이 취하게 될 특성은 이 영역에서 독점자들의 모험이 성공할 것인가, 실패할 것인가에 달려 있다.

대량 생산은 판매할 상품을 표준화하고, 대량 유통은 판매 가격을 표준화한다. 그러나 소비자는 아직 완전히 표준화되지 않았다. 대량 생산과 개별 소비 사이에는 반드시 연결 고리가 있어야 한다. 영업사원이 연결하려는 것이 바로 이 연결 고리다. 한편으로는 영업사원의 판매 기법이 정해져 있지만, 다른 한편으로는 바로 개인에게 판매해야 한다. 소비자는 대개 낯선 사람이므로, 영업사원은 재빠른 '성격 분석가'가 되어야 한다. 그리고 영업사원은 인간 유형과 각 유형에 접근하는 방법에 대한 교육을 받는다. 만약 그가 냉정하다면 신중하게 다루라. 만약 민감하다면 직접적으로 다루라. 만약 독단적이라면 존중하는 마음으로 다루라. 만약 열린 마음이라면 솔직하게 다루라. 만약 조심스럽다면 증거를 가지고 다루라. 그러나 모든 인간에게는 공통적인 특성이 있으며, 따라서 모든 유형을 다루는 일반적인 방법이 있다. "우리는 지금 특정한 형제애, 예의, 그리고 이타주의 정신을 언급하고 있다."

영업사원이 자기만의 창의성과 개성을 발휘할 여지가 있던 영역은 지나가고, 이제 영업 담당 임원과 심리학자들이 움직이기 시작한 영역으로 옮겨왔다. 그들은 이 개인적인 방정식을 강조하지만, 강조하는 만큼 이 방정식은 강력한 영업사원의 성격 그 자체 속으로 합리화된다. "영업사원 자신이 더 효율적으로 계발되어야 할 때가 왔다"는 말이 나온 때가 1920년대 중반이었다. 긍정적인 정신 태도를 가진 사람이 되어야 한다. 그들의 생각은 "행동으로 폭발해야 한다." "포기하는 사람의 마음에는 항상 부정적인 얼룩이 있다." 강력한 영업 인격은 "자신이 그것을 하고 있다고 생각하는 사람"이다. "그것을 실행하기 위한 운동 충동을 일으키지 않는 한 어떤 생각도 품지 마라. 그런 생각이 마음속에서 떠오르는 것을 막을 수 있는 사람은 아무도 없다. 그것은 자동으로 솟아오른다. 그러나 우리는 그런 생각을 마음에 품을 필요가 없다. 그것을 전적으로 거부하라." "그것은 단순히 긍정적으로 생각하고 그에 따라 행동하는 조용하고 끈질긴 선택을 의미한다. 프리츠 크라이슬러는 바이올린 실력을 유지하려고 매일 6시간씩 연습한다. 성공을 이루기 위해 가장 놀라운 악기인 마음을 매일 갈고닦는 것이 영업사원에게 가치가 있지 않을까?" 강력한 성격의 소유자는 긍정적인 생각을 의식 속에 고정시킨 다음, 그것을 잠재의식에 침투시킬 수 있도록 자신을 조작함으로써 그렇게 된다. "... 조용하고 편안한 환경 속에 혼자 있을 때... 가급적이면 잠들기 직전에... 잠재의식으로... 들어가는 문은 다른 어떤 때보다 조금 열려 있는 것처럼 보인다. 만약 그 시간에 건강, 활력, 생명력, 성공에 대한 확신을 반복해서 되뇌면, 그 생각은 결국 잠재의식 속에 자리 잡게 될 것이다."

고용주들은 계속해서 성격이 좋은 사람을 채용하라고 요구한다. 한 대학이 고용 사무소를 대상으로 실시한 조사에 따르면, "좋은 성격을 가진 대학 졸업생은... 기업에 채용될 가능성이 가장 높다. 또한, 기술 및 과학 분야를 제외한 모든 직책에서 높은 성적보다 성격이 더 중요할 것이다." 인사 관련 문헌에서 가장 중요한 특성으로 간주되는 것은 다음과 같다. "사람들과 잘 어울리고 협력적으로 일할 수 있는 능력, 사람들과 쉽게 만나고 대화할 수 있는 능력, 외모의 매력"이다.

직업 지도 문헌에서 성격은 종종 기술보다 실제로 더 중요한 요건으로 간주된다. 성공과 발전을 위해서는 외모가 경험이나 기술 또는 지능보다 더 중요하다고 강조된다. "넥타이나 목도리 따위를 판매할 여성을 고용할 때면, 외모가 이전의 경험보다 더 중요하다고 여겨진다." "성격은 평범한 사람에게 노력이나 순수한 지능만으로는 얻을 수 없는 이익을 가져다준다." 최근 퍼듀 대학 졸업생을 대상으로 한 연구에 따르면, "더 나은 지능은 연간 150달러의 보너스만을 지급하는 반면, 좋은 성격은 같은 기간 동안 같은 사람들에게 그보다 6배 이상의 보상을 지급했다."

성격 시장이 있는 기업은 더 효과적인 성격을 가진 사람들을 위한 훈련의 장이 된다. 예를 들어, 주류 회사 쉔리 디스틸러Schenley Distillers Corporation에서 일하는 수백 명의 화이트칼라는 "안내 데스크의 전화 상담원을 도울 때 필요한 친절함... 따뜻한 예의... 진정한 관심"을 배우기 위해 인성 과정을 수강했다. 수요가 증가함에 따라 공립학교는 "친절한 태도를 가진 노동자"에 대한 기업의 수요를 충족하기 위한 과정을 추가한다. 기업 리더들은 "비효율성보다는 성격 문제로 직장을 잃는 사람이 훨씬 더 많다"고 주장하기 때문에, 이 과정은 "예의, 배려, 친절함의 태도, 목소리 조절 기술... 등을 훈련하는 것"을 특징으로 한다. 밀워키에서는 최근 시 직원들을 대상으로 '매력 학교'가 개설되어 1시간짜리 수업 8개를 통해 "즐겁고, 친절하며, 신속하고, 효율적인 서비스의 기술"을 가르치고 있다. "모든 공공 접촉의 단계"를 다루고, 직원에게 사람들을 맞이하고 경청하는 방법을 가르친다.

이렇게 정교하게 구축된 제도적 시스템은 사람들을 성격 시장에 맞게끔 합리적으로 준비시키고, 그 시장에서 성공적으로 경쟁할 수 있도록 이들을 지원한다. 그리고 판매술의 영역에서 시작된 성격 시장의 요구사항은 삶의 방식으로 확산되었다. 공적이고 상업적인 관계의 기업활동으로 시작되었던 것이 개인적인 관계로 깊숙이 파고 들었다. 모든 종류의 사적인 관계에, 심지어 자신과의 관계에조차 홍보의 측면이 있다. 새로운 방식은 매력 학교 및 성공 학교, 그리고 베스트셀러를 통해 확산된다. 성격 시장에서 활동하기 위해 구축되고 유지되는 판매 성격은, 판매 분야 안팎에서 많은 사람들이 모방할 수 있는 지배적인 유형이자 보편적인 모델이 되었다. 자기계발서는 판매술의 특성과 전술을 대중을 위해 일반화했다. 이 문헌들에 따르면 모든 사람은 리더가 될 수 있다. 가난하고 실패한 사람은 그들 자신의 온당치 못한 행동에 따른 결과를 받는 것이다.

"오늘날 세계에는 새로운 귀족이, 즉 개인적 매력의 귀족이 생겨나고 있다." 각 구성원은 자신이 세상에서 가장 크고 중요한 사람이라고 스스로에게 되뇌이면서도, 다른 모든 사람을 자신보다 우월하다고 여긴다. 모든 사람이 자신의 경영자일 뿐 아니라, 비밀리에 다른 모든 사람의 경영자이기도 한 자석처럼 빨아들이는 매력적인 사회다.[7]

성격 시장, 즉 거대한 판매장의 가장 결정적인 영향과 증상은 대도시 사람들의 특징인 불신의 만연과 자기소외의 근간을 이루고 있다. 공동의 가치와 상호 신뢰가 없다면, 일시적인 접촉으로 한 사람을 다른 사람과 연결하는 현금의 연쇄가 여러 가지 방식으로 교묘하게 만들어지고, 삶의 모든 영역과 관계에 더 깊이 파고들게 된다. 사람들은 영업사원의 윤리와 관습에 따라 다른 사람을 조작하려면 그들에게 관심을 보이는 척하라고 요구받는다. 시간이 흐르고 이런 윤리가 확산되면서 당연한 것으로 받아들여졌다. 그것은 여전히 하나의 직업과 삶의 방식의 일부로 받아들여지지만, 이제는 찡긋하는 눈깜박임과 함께, 모든 인간관계에 조작이 내재되어 있음을 알기 때문

---

7   여기서 인용한 진술들은 데일 카네기의 고전 『친구를 얻고 사람들에게 영향을 끼치는 방법』*How to Win Friends and Influence People*을 비롯한 7~8권의 영감이 넘치는 책에 대한 검토에 기초하고 있다. 【원주】

이다. 사람들은 서로에게서 멀어지면서 각자 다른 사람을 자신에게 유리한 도구로 만들려고 은밀히 노력하고, 그렇게 시간이 지나면 완전한 순환이 이뤄진다. 인간은 자신을 도구로 만들고, 그로부터 소원해진다.

9장

방대한 서류철

고층 빌딩이 작은 상점들을 대체하는 것처럼, 사무실이 자유시장을 대체한다. 고층 빌딩 안에 있는 각 사무실은 방대한 서류철의 한 부분이고, 현대사회를 그 일상적인 형태로 가동하는 수십억 장의 종이를 생산하는 상징 공장의 일부다. 임원의 사무실에서부터 공장 현장까지 종이의 망상 조직이 만들어진다. 당신이 결코 만든 적도 없고 알지도 못하는 수천 개의 규칙이, 당신이 만나본 적도 없고 만날 일도 없는 수천 명의 사람들에 의해 당신에게 적용된다. 보이지 않는 손the Unseen Hand은 사부실에서 술지어 일하고 있는 사무원들과 IBM 장비 세트, 구술 녹음기를 들으며 필사하는 사람들, 그리고 각 층마다 엘리베이터 앞에 서 있는 60명의 안내원이 서로 마주 보고 있는 모습으로 드러난다.

사무실은 일터이기도 하다. 아침이면 불규칙하게 줄지은 사람들이 사무실 문화의 기념비인 초고층 빌딩으로 들어간다. 낮 동안 그들은 기업 시스템, 정부 시스템, 전쟁 시스템, 화폐 시스템의 작은 일부를 수행하고, 기계를 조정하며, 서로 명령하고, 다른 세계의 사람들을 설득하며, 국가의 하루 일과를 구성하는 활동을 기록한다. 그들은 인쇄된 문화를 다음 세대에 전달한다. 이윽고 밤이 되면 사람들은 고층 건물을 떠나고 거리는 텅 비게 되며 손은 다시 보이지 않게 된다.

사무실은 누군가의 차 뒷좌석에 있는 가방에 담긴 종이 더미일 수도 있고, 각 층이 유리 토끼 굴로 이루어진 사각형 건물일 수도 있으며, 전국에 있는 다른 사무실과 공장, 광산, 심지어 농장의 본사일 수도 있다. 그것은 한 부서, 팀, 또는 사업부에 소속되어 있으며, 기업 전체의 모든 사무실에 대해 지휘 본부 역할을 하는 다른 사무실과 연결될 수도 있다. 그리고 경제 관련 행정 중심지 근처에 있는 일부 기업은 그저 사무실일 뿐이다.

그러나 크든 작든, 형태가 어떻든, 사무실의 최소 기능은 기업의 활동을 지시하고 조정하는 것이다. 모든 기업, 모든 공장은 어떤 사무실과 연결되어 있으며, 거기서 수행되는 일들을 통해 다른 기업 및 다른 사람들과 연결된다. 정치 경제 전반에 걸쳐 흩어져 있는 각 사무실은 일과 돈, 결정의 피라미드 꼭대기다.

어느 진지한 부사장은 이렇게 말한다. "우리가 형식forms의 관리를 통해 수많은 개별 사무 작업을 완벽하게 통제할 수 있으리라는 가능성을 마음속에 품을 때… 가장 중요한 항목… 생명력이 흐르는 동맥은… 모든 부서에서 모든 사람이 수행하는 모든 기능이 사무실이나 공장 형태에 의해 실행되거나 궁극적으로 기록된다는 겁니다."

1. 구식 사무실

얼마 전 한 회사에 60년 동안 몸담았던 필라델피아시 최초의 타자수가 80세의 나이로 세상을 떠났다. 생애의 마지막 날들 동안 그녀는 초창기 시절을 회상했다. 그녀는 1882년 고용주의 주일학교 수업반에서 사무실로 들어왔다. 그녀의 기억에 따르면 사무실은 어두운 방이었다. 창문에는 바깥에서 들어온 먼지가 늘 끼어 있었고, 방 한가운데 있는 배불뚝이 난로에서 나오는 연기 탓에 종종 뿌옇게 흐렸다. 그녀는 녹색 눈가리개와 현금 장부, 가죽으로 된 장부와 책상 위에 있던 철제 스파이크, 일지와 깃펜, 활자 인쇄기와 상자 파일도 기억했다.

처음에는 사무실에 세 명뿐이었다. 방을 압도하는 높은 접뚜껑이 달린 책상roll-top desk에 사장님이 앉아 있었고, 기울어진 상판과 가느다란 다리가 달린 높은 책상 앞 의자에 경리 담당자가 앉아 있었으며, 문 가까이 새 기계를 놓은 테이블 앞에 화이트칼라 여직원이 앉아 있었다.

A. B. 노딘 2세A. B. Nordin, Jr.는 최근 전국 사무실 관리자 협회에 다음과 같이 말했다. 회계 담당자는 "나이야 어쨌든 약간 구부정한 어깨에 안색이 칙칙하고, 대개 소화불량으로 보이며, 검은색 소매에 녹색 눈가리개를 하고 있습니다. 사업 종류와 나이에 관계없이 모두 똑같이 생겼어요." 그는 지쳐 보였고, "결코 행복하지 않았습니다. 왜냐하면… 그의 얼굴이 한 날 동안의 절정을 향한 노동의 긴장을 배신하고 있었기 때문이죠. 그는 대체로 깔끔한 필체를 구사했지만, 진정한 자부심은 숫자 열을 빠르고 정확하게 추가하는 능력에 있었지요. 하지만 이런 업적에도 불구하고 그는 더 유망한 직책을 얻으려고 회계 원장을 끼고 살았어요. 그의 마음은 그토록 파괴적이고 희망 없는 고된 노동과 일상 업무의 영향으로 위축되었지요. 그는 끝없이 많은 숫자 조합을 외워야 하는 계산기 이상도 이하도 아니었습니다. 그의 업적은 기억력의 업적이었습니다."

물론 1880년대 이전에도 회계 담당자가 있었고, 디킨스는 그런 사람들에 대해 썼다. 그리고 토머스 코크런Thomas Cochran과 윌리엄 밀러William Miller가 관찰했듯이, 1820년대 초 뉴욕 주에서는 이 새로운 알파카 옷을 입은 남자가 공장 소유자와 함께, 심지어 공장 노동자들과 함께 지주 귀족을 몰아내리라는 두려움이 표현되기도 했다.

그러나 1880년대와 1890년대의 사무실 여직원은 회계 담당자를 사무실 세계의 중심에 있는 사람으로 보았다. 그는 일지, 분개장, 현금 장부 또는 회계 원장에 모든 거래를 기록했다. 모든 현재 주문과 메모는 그의 철제 스파이크에 꽂혀 있었다. 그의 책상, 쪼그려 앉을 수 있는 철제 금고, 두 개의 열린 선반 또는 서랍 안에는 사무실과 그 직원들이 처리한 모든 서류가 있었다.

초창기의 타자기 탓에 고생하던 그 여직원은 매일 아침 15분 이상을 들여 거대하고 섬세한 기계를 어색하게 청소하고 기름칠을 했다. 타이핑 작업이 지루했던 건 세 칸을 더 나아간 다음에야 키보드에서 입력한 내용을 볼 수 있는 탓이었지만, 얼마 지나지 않아 거의 볼 필요가 없게 됐다. 또 연필을 깎고 활자 인쇄기도 사용했다. 활자 인쇄기는 1893년 시카고 만국박람회에서 사람들이 구경했던 흥미로운 장치로, 원본 편지의 잉크로 희미한 사본을 만들어냈다.

큰 접뚜껑 책상에 앉아 있던 남자는 낮 동안 자주 자리를 비웠다. 그의 시가 연기가 사무실 안을 가득 채우긴 했지만 말이다. 나중에는 심부름하는 사무실 소년이 있었지만, 전화가 없던 시절에는 사장님이 업무를 처리하기 위해 자주 개인적인 방문을 하곤 했다. 이런 외부 세계와의 개인적인 접촉은 사무실 내부의 관계와 유사했다. 중심은 주변과 개인적인 접촉을 하고, 그로부터 "추진력을 얻었다." 발자크가 초기 사무실에 대해 쓴 것처럼, "한쪽에 헌신이 있었고, 다른 한쪽에 신뢰가 있었다." 주변 사람들이 훈련을 받으면서, 그중 일부는 사업에 대한 전반적인 관점을 얻을 수 있었고, 적절한 시기가 되면 더 책임감 있는 직책으로 이동할 수 있었다.

2. 힘과 발전

이 구식 사무실의 시대는 길었다. 미국에서는 1890년대까지도 그 형태가 바뀌지 않았다. 그 이후로 급격한 변화가 많이 일어났지만 변화는 고르지 않았다. 구식 사무실과 기본적으로 다르지 않은 사무실들이 여전히 존재하지만, 또 다른 사무실들은 19세기 구조와 거의 닮지 않은 것처럼 보인다. 이런 불균등함은 모든 형태의 기업에 사무실이 딸려 있다는 사실에 기인한다. 그중 많은 기업은 규모가 작고, 또 다른 많은 기업은 규모가 크다. 특히 보험, 은행, 금융 분야와 같은 '사무 산업'의 큰 사무실에서 새로운 유형이 등장했다. W. H. 레핑웰W. H. Leffingwell의 저서에서 발췌한 사무실 역사의 후반부는 다음과 같은 발전으로 설명할 수 있다.

I. 기업과 금융의 집중에 따른 추진력으로 인해 20세기 초에 사무실이 확장되면서 기업활동이 산출하는 사실들을 체계적으로 배열할 필요성이 생겼다. 알파벳 색인이 있는 숫자 파일이 고안되어 널리 사용되었다. 회계 담당자, 속기사와 함께 사무원이 종종 복잡한 '시스템'을 관리하게 되었다. 사무직 인력이 늘어남에 따라, 그들은 부서별로 나뉘고 기능별로 전문화되었으며, 따라서 기계가 어느 정도 규모로 도입되기 전에 사회적으로 합리화되었다. 업무는 체계적이고 분할된 방식으로 재구성되었다.

II. 업무량 증가, 비용 상승, 파일과 수치의 필요성에 자극받아 진행된 이런 사회적 재구성 덕분에 사무기기의 광범위한 적용이 가능하게 됐다. 1910년대까지는 기계가 널리 사용되지 않았다. 실용적인 타자기는 1874년에 등장했지만, 실제로 제법 사용되기 시작한 것은

1900년 이후였다. 비출력식 기계식 계산기non-listing adding machine는 1880년대 후반에 발명되었지만, 20세기 초반에 이르러서야 널리 사용되기 시작했다. 따라서 기계가 개발을 촉진한 것은 아니었다. 오히려 개발이 기계를 필요로 했고, 그중 많은 기계가 실제로는 사회적으로 이미 만들어진 업무를 위해 특별히 개발되었다.

제1차 세계대전 당시 사무기기는 매우 중요한 역할을 했다. 체계적인 접근 방식의 필요성을 이미 확신하고, 점점 더 많은 통계 자료의 필요성에 시달리던 관리자들은 기존 시스템을 처리하기 위해 점점 더 기계를 사용하기 시작했다. 1919년, 프레더릭 테일러가 제창한 과학적 관리 아이디어의 후원 아래 전국 사무 관리자 협회가 결성되었다. 1921년 이전의 6~7년 동안, 해마다 최소 100가지의 새로운 사무기기가 시장에 출시되었다. 1920년대 후반에는 크든 작든 대부분의 사무실에 다양한 유형의 기기가 설치되었다. 한 정부 조사에 따르면, 1930년에는 사무실에 근무하는 여성 중 약 30퍼센트가 적어도 업무의 일부는 타자기 외의 다른 기기를 사용하여 처리했다. 8년 후에는 100만 명이 넘는 사무직 노동자가 이렇게 됐다. 오늘날에는 사무직 업무의 80퍼센트 이상이 기계화될 수 있다고 반복해서 주장되고 있다.

그러나 제2차 세계대전 전 20년 동안 사무실의 산업혁명에 지체가 있었다는 사실도 인정해야 한다. 사무실의 고용이 사무기기의 도입 속도보다 더 빠르게 증가했던 것이다. 1900년 이후로 사무직 종사자 수는 꾸준히 증가했지만, 사무기기의 판매량은 상대적으로 낮은 수준을 유지했다. 제2차 세계대전은 사무 기술에 진정한 자극을 가했다. 전쟁 전 사무기기 판매량은 약 2억 7,000만 달러였지만, 1948년에는 10억 달러에 달했다. 전쟁 전에는 사무 비용을 낮추기 위해 사무실 분산에 대한 진지한 논의가 있었다. 이제 한 비즈니스 저널이 말하듯이, 새로운 사무기기는 거대한 비즈니스를 실현할 수 있게 해준다.

1940년대 후반에는 기업 박람회에 매년 3,000대의 기기가 전시되었다. 금속 집게가 5개의 더미에서 종이 한 장을 적절한 순서로 집어내어 스테이플러로 고정하여 배포하는 기계식 제책기가 있다. 티켓과 현금 계수기, 기계식 지우개, 자동 서명기도 있는데, 이 기기들은 사무실의 생산성을 25퍼센트에서 300퍼센트까지 증가시키리라고 약속한다. 더하기, 빼기, 곱하기, 나누기, 복제하기 등 모든 작업을 한 번에 할 수 있는 장치도 있다. 51개 언어를 입력할 수 있고, 봉투를 개봉하고 밀봉할 수 있으며, 우표를 붙이고 주소를 쓸 수도 있다. 빈 종이를 한쪽 끝으로 넣으면 크기에 맞게 자르고 구멍을 뚫은 다음, 이색 인쇄로 양식을 찍고, 청구서 금액을 인쇄하고, 주소를 쓰고, 우체부를 위해 깔끔하게 쌓아 올리는 청구서 기계도 있다. 스위치를 누르면 사무실이나 공장의 어느 곳에서든 일하는 사람을 관찰할 수 있는 텔레비전 세트도 있다. 카드를 넣으면 상상할 수 있는 모든 불만과 문의에 대해 맞춤형 답변을 보내는 믿을 수 없을 정도로 솜씨 좋은 기계도 있다.

아마도 가장 놀라운 것은 4분의 1인치 자성 테이프에 1,000개의 정보를 저장할 수 있는 새로운 전자계산기일 것이다. 한 보험회사에서는 이런 기계가 "해약되는 보험에 관한 데이터를 수집하고 현금 가치를 조회하며, 현재까지 지불된 보험료를 보간하고interpolate, 보험 금액을 곱하며, 대출 금액을 합산하고 각 대출에 대한 이자를 계산하며, 이를 합산하고 누적된 배당금과 선불로 지불된 보험료를 합산하며, 보험의 순가치 지불에 대한 수표를 출력하고 있다."

물론, 이런 기계는 큰 사무실에서만 실용적이다. 그러나 간단하고 저렴한 기기만으로도 시간과 비용, 정확성 면에서 엄청난 절약 효과를 얻을 수 있다. 예를 들어, 타자기에 속도를 높여주는 기기를 사용하면 카본을 자동으로 삽입하고 제거할 수 있어서 손으로 하면 시간당 25장이던 것을 가속 장치 덕분에 시간당 75장까지 인쇄할 수 있다. 편지를 개봉하기 위해 특별히 제작된 테이블을 사용하면 생산량이 약 30퍼센트 증가한다. 표준 타자기로는 여성 한 명이 하루에 600개의 보험료 납부 고지서를 작성할 수 있다. 전기타자기와 연속 양식을 사용하면 같은 여성이 700개를 작성할 수 있다. 받아쓰기 기계는 비서의 편지 작성 시간을 절반으로 줄여준다. 소기업가는 전국에 있는 80개의 IBM 서비스 센터 중 한 곳을 이용할 수 있으며, 이 센터는 펀치 카드를 통해 기계로 전체 급여를 처리한다.

산업혁명은 이제 공장에 비해 훨씬 더 빠른 속도로 사무실에 영향을 미치고 있다. 그 이유는 공장을 모델로 삼을 수 있었기 때문이다. 미국 산업의 규모가 커지면서 서류 작업이 엄청나게 증가했고, 사무실의 규모도 커지고 복잡해졌다. 공장의 기계가 미치는 영향과 그에 대한 관리를 따라잡기 위해 사무실에서도 기계가 필요했다. 특히 1920년대에 기업 합병이 증가하면서 사업 구조의 단위가 더욱 커졌고, 더 광범위한 조정이 필요하게 됐다. 그 후 정부는 더 많은 사업 기록을 요구했다. 제1차 세계대전 당시 국민 소득세가 도입되었고, 뉴딜 정책으로 사회보장, 시간제 임금 입법, 급여 총액에서 세금 공제 등 서류 작업량이 새로운 차원으로 증가했다. 제2차 세계대전은 서류 작업의 부담을 가중시켰을 뿐 아니라, 노동시장이 긴축되면서 대학 수준의 사람들이 사무직 서류 정리 업무를 하기 어렵게 만들었다. 사무직 근로자의 소득도 증가했다. 노동조합은 계속해서 위협했고, 사무실 생산성은 낮은 것으로 간주됐다. 해답은 분명했다. 사무실의 기계화였다.

그러나 아직은 사무기기 시대의 시작 단계에 불과하다. 사무기기와 사무실의 사회 조직이 지출된 비용 대비 최대의 효율성을 발휘할 수 있도록 완전히 통합될 때 비로소 그 시대가 본격적으로 도래할 것이다. 오늘날, 산업노동자 1인당 기계 투자액은 화학산업의 19,375달러에서 섬유산업의 2,659달러에 이르기까지 다양하며, 사무직 노동자 1인당 평균은 1,000달러를 넘지 않는다.

III. 기계가 확산되면서, 기계는 원래 단순히 구현했던 것들에 더해 새로운 분업을 요구하기 시작했다. 새로운 기계, 특히 더 복잡하고 값비싼 기계는 이전에 기업 전체에 흩어져 있던 사무실을 중앙에서 통제하게 만든다. 이런 중앙집중화는 더 많은 새로운 분업을 촉발하고, 새로운 경기 침체를 맞으면 비용 절감을 촉구하면서 다시 집중이 이뤄지며, 새로운 전쟁이 터질 때마다 사무 업무량이 증가하면서 또 다시 집중이 촉진된다. 현재 사무실의 중앙집중화 정도는 정확히 측정되지 않았지만, 1920년대 초반부터 그 경향은 분명했다. 그때부터 기계와 사회 조직이 상호 작용하기 시작했고, 그것이 바로 '사무실의 과학적 관리 시대'의 신성한 특징이다. 그 시대는 아직 초기 단계에 있지만, 분명히 미래의 모델이다.

'사무실 전체에 걸쳐 통제되지 않는 작은 속기사 집단'이 '하나의 중앙 속기 부문'으로 통합될 때까지는 기계도, 다른 공장형 기술도 효율적으로 적용될 수 없었다. 종종 서로의 작업을 베끼곤 하는 분리된 사무실 단위는 중앙 사무실로 통합되어야 한다. 값비싼 기계를 최대한 활용하기 위해 새로운 작업과 작업 일과가 고안되었다. 제조 장비와 마찬가지로, 이 기계들은 가능한 한 유휴 상태로 두어서는 안 된다. 따라서 기계가 하는 작업은 하나의 영역에 집중되어야 한다.

기계와 중앙집중화는 많은 회사에서 함께 활용되고 있으며, 함게 활용될 때 생산량을 늘리고 단위 비용을 낮출 수 있다. 또한, 이 두 가지 요소가 결합되면 공장 조직과 기술의 전체 범위를 활용할 수 있는 길이 열린다. 작업을 단순화하고 전문화할 수 있으며, 각 작업에 대한 작업 표준을 설정하고 개별 작업자에게 적용할 수 있다. 한 사무실 관리자는 이렇게 말한다. "명확한 작업 단가를 결정하려면... 개별 생산에 대한 적절한 기록을 확보해야 한다고 굳게 믿고 있습니다." "개별 근로자의 작업을 측정함으로써... 운영의 경제성을 실현할 수 있는... 확고한 기반을 확보할 수 있습니다."

측정 가능한 모든 작업은 표준화할 수 있으며, 종종 간단한 작업으로 세분할 수 있다. 그렇게 되면 표준 작업 속도로 진행될 수 있는데, 이는 "과학적 조사에 따라 결정된 것으로 일류 작업자가 명시된 시간 내에 수행할 수 있다." 이런 표준을 계산하는 과정에서 더 복잡한 작업을 다시 세분하고 전문화가 증가한다. 전문화와 상부의 통제, 그리고 표준은 상호 작용한다. 각 개인의 능력에 대한 범위를 제공할 수 있을 때, 표준을 설정하면 업무에 새롭고 좀 더 균일한 템포를 부여할 수 있다.

물론 시간과 동작 연구는 많은 보험회사와 은행에 잘 알려져 있다. 1920년대에는 어느 기업 집단의 16퍼센트, 1942년에는 28퍼센트가 시간과 동작 측정을 하고 있었다. 예를 들어, 이런 방식으로 표준을 설정한 어느 회사는 인력을 3분의 1로 줄였고, 다른 회사는 인력을 39퍼센트 줄이면서 업무량을 40퍼센트 늘렸다.

비용 절감은 일부 작업을 제거하고 나머지를 단순화함으로써 진행된다. 이를 위해 작업 운영의 기능적 분할과 인간 능력의 기능적 분할이 이루어진다. 그런 다음 두 가지 분할이 새롭게 단순화된 일상적인 업무 조합에 결합된다. 이와 더불어 비용 요인이 허용하는 한 작업 과정의 가능한 모든 기능에 기계가 도입된다. 그런 다음 이러한 공장 같은 절차가 사무직 노동자에게 미치는 영향을 합리화하고 피로를 해소하기 위해 의무적인 휴식 시간을 설정한다.

이 과정은 사무실에 출근하기 전 노동자의 삶에까지 확장된다. 사무실의 탁월한 일류들은 합리화를 위한 교육이 학교에서 시작되어야 한다는 사실을 이미 알고 있다. "사무실 관리자는 지역 학교에 연락하여 요구사항을 설명하고, 사무실의 요구사항을 충족할 수 있도록 학생들에게 상업 과목을 교육하는 데 학교의 지원을 요청해야 한다. 학교 과정은 졸업생이 사무실의 업무 요구사항을 충족할 수 있도록 쉽게 설계될 수 있다."

사무실의 물리적 배치와 외관도 공장과 비슷해졌다. 사무실의 구조와 배치는 개인 사무실의 폐지, 그리고 직선적 업무 흐름의 배치라는 두 가지 목표를 향해 나아가고 있다. 한 사무실은 200개의 개인 사무실이 있던 공간을 17개로 줄인 새로운 공간으로 이전했다. 이런 변화로 채광이 좋아졌고, 감독도 수월해졌다. "담당자가 가끔씩만 봐도 사람들은 정말 더 바쁘게 일합니다." 이 사무실에서는 "다양한 활동이 배치되어 작업 흐름을 원활하게 합니다. 작업은 한 층에서 다른 층으로 수직으로 흐르며, 같은 층에서는 수평으로도 흐릅니다. 공장을 계획할 때는 일반적으로 부서들이 수직적으로 서로 가까이 있도록 고려하지만, 사무실 작업 공간을 계획할 때는 이런 수직적 '근접성'이 항상 고려되는 것은 아닙니다." 책상 배치를 바꾸는 것만으로도 표준 시간 단위로 15퍼센트의 절약 효과를 얻을 수 있다.

다음 단계는 분명하다. 움직이는 '벨트'가 책상을 대체한다. 1929년에 그레이스 코일Grace Coyle은 한 대기업에서 다음과 같은 사실을 관찰했다. "주문은 벨트를 통해 전달되고, 수석 서기로부터 일련의 검수원 및 타자수에게 전달되며, 각 검수원 및 타자수는 한 가지씩 작업을 수행한다. 맨 앞줄의 여성이 주문을 해석하고 번호를 적고 거래 할인액을 표시한다. 두 번째 여성이 주문의 가격을 책정하고 할인액을 뺀 후 운송료를 더하고 총액을 계산한다. 세 번째 여성이 주문 번호를 부여하고 일일 기록을 작성한다. 네 번째 여성이 번호를 적고 이 정보를 알파벳순 색인에 기록한다. 다섯 번째 여성이 타임스탬프를 찍는다. 그다음 벨트를 따라 여러 명의 타자수 중 한 명에게 전달된다. 타자수는 복사본 6부를 만들고 주소 라벨을 붙인다. 일곱 번째 여성이 이를 확인하고 창고로 보낸다."

오늘날에는 한 대의 기계가 25년 전 이 벨트 라인 여성들이 했던 일을 할 수 있다. 그러나 기계가 있다고 해도, "어떤 생산 공정에서든 좋은 도구의 중요성은 그 도구들 사이에 존재하는 관계보다 더 중요하지는 않다"라고 앨버트 H. 스트리커Albert H. Stricker는 관찰했다. "생산 라인이 최대의 효율성을 달성하기 전에, 기계는 라인 한쪽 끝에서 다른 쪽 끝으로 부품이나 제품이 방해받지 않고 흐를 수 있도록 배치되어야 한다. 서류 작업 생산의 필수 도구인 타자기, 계산기, 표계산기, 부기 기계, 가구, 모든 형태의 사무기기 등을 적절한 위치에 배치하고 결합하여 효율적인 사무 생산 라인을 만들 수 있다."

이런 기술과 추론 방식은 사무 관리 분야에서 오랫동안 확립되어왔으며, 공장 관리 분야에서 발견되는 추론과 동일하다. 그러나 사무실에서의 발전은 여전히 불균등하며, 무엇보다도 사무실의 규모에 의해 제한될 것이다. 1930년 당시 미국 사무직 노동자의 약 절반만이 50명 이상의 노동자가 일하는 사무실에서 근무했다. 그러나 사무실은 계속해서 규모가 커졌고, 그와 함께 개인적인 전화 통화, 근무시간 중 흡연, 개인적인 친구의 방문, 개인적인 우편물 취급 등이 제한되는 한편, 휴식 시간, 휴게실, 병원 보험 등 기계화와 사회적 합리화가 증가했다.

3. 화이트칼라 여성

아직도 남아 있는 구식 사무실과 완전히 합리화된 최첨단 사무실 사이에는 광범위하고 중간적인 유형이 존재한다. 제1차 세계대전 직전, 싱클레어 루이스Sinclair Lewis는 『일자리』The Job[1]에서 이런 사무실을 묘사했는데, 비록 희화화되었지만 전형적인 사무실이라 하겠다.

최상층에는 회사의 보스, 부서장, 임원들이 있다. "크고 화려하며 면도를 했고 큰 턱을 가진 남자들, 쉽게 말을 하는 사람들… 점심시간에 짧은 회의로 '정책을 바꾼다.'… 그들이 함께 엘리베이터에 올라타면, 긴장한 속기사가 나이 든 여성 중 한 명에게 달려가 울면서 위로를 받곤 했다."

그 아래에는 "언젠가 큰 복을 입어 보스가 될 기회를 노리면서" 보스에게 충성을 다하고, "내정된 방침을 숭배하는" 영리한 젊은이들이 "비단 셔츠와 새 넥타이를 하고 반짝이는 납작한 책상에 줄지어 앉아" 전화에 "멋지게" 응답하고 있었다.

그들과 섞여 있는 것은 작은 보스, 사무실 관리자, 회계 담당자들로, 이들은 상사에게는 "부드럽게" 대하지만, 부하 직원들에게는 "잔소리"를 늘어놓는다. "실패한 사람들인 그들은 일주일에 2달러를 더 받고 싶어하는 속기사를 씁쓸한 눈으로 바라보며, 개인적으로는 그들에게 그만큼의 급여를 지급하는 것이 매우 기쁘지만, 그렇게 되면 '다른 여자 직원들에게는 불공평할 것'이라고 확신한다."

주요한 위계질서에서 다소 벗어난 작은 개인 비서 집단이 있는

---

[1] 미국의 작가 싱클레어 루이스가 1917년에 발표한 소설로서 학비를 감당할 수 없는 탓에 하위 사무직으로 취업하여 일하게 된 여성 우나 골든의 삶을 묘사하고 있다. 제1차 세계대전은 1914년에 발발했지만, 미국은 1917년이 되어서야 참전을 선언했고, 대부분의 병력 파견은 1918년에야 이뤄졌기 때문에 "제1차 세계대전 직전"이라고 한 것으로 보인다.

데, 이들은 각각 "신들 중 한 명의 일상적인 친구"였다. 그럼에도 불구하고 이 친구들은 신들과 "교제"할 수 없었고, "휴대품 보관소나 화장실, 엘리베이터에서 영리한 젊은 남자들에게서 지시만 받는 무명의 여성 무리와 친하게 지낼 수도 없었다."

"이 평범한 여성들은 비록 어딘가 길거리 골목에서는 서로 무례하게 굴게 되더라도 비서들을 '아가씨'Miss라고 불러야 했다." 파벌 간의 경쟁으로 인해 그들은 분열되었다. "그들은 청결을 유지하고 신속하게 움직여야 했다. 그 이상으로 그들은 사무실 정치의 큰 틀에서 전혀 중요하지 않은 존재였다. 계산원의 카드 색인만이 그들의 이름을 기억할 수 있었다." 그들은 몇 가지 유형으로 나뉜다. "50~60대의 백발에 손이 고운 여성들... 사소한 일거리(안내문 발송, 편지 분류, 목록 확인 등)로 이루어진 책상이 삶의 전부인 미혼 여성과 과부들." 그리고 또, "스물두 살의 여성들은 피곤해지고, 스물여덟 살의 여성들은 메마르고 헝클어지며, 서른다섯 살의 여성들은 큰 가슴을 가진 과부 숙녀의 성숙한 모습으로 변하고, 늙은 여성들은 고양이처럼 갸르릉 거리면서 비극적이 된다."

일반적인 고정관념, 즉 사무실 세계와 그 안의 사람들, 특히 화이트칼라 여성이 묘사되는 곳은 먼지가 날리고 좁은 구석 사무실이나 새로운 공장 같은 레이아웃이 아니라 바로 이런 종류의 사무실이다. 아마도 주요한 이미지는 여성으로 가득 찬 사무실일 것이다. 물론 미국의 여성들은 다른 곳에서도 일한다. 그들은 공장과 서비스 산업에서 두 세대에 걸쳐 경험을 쌓았다. 그러나 이 경험은 전쟁 중 잠시 동안 화이트칼라 여성이 겪었던 경험을 제외하면 그렇게 일반화되거나 확산되지 않았다.

화이트칼라 여성이 사무실에 대한 우리의 생각을 지배할 때면 비서나 사무원, 비즈니스우먼이나 커리어우먼으로 등장한다.『포춘』지의 편집자들은 그녀가 바로 사무실이라고 쓴다. "남성은 문에 붙은 이름, 옷걸이에 걸린 모자, 구석방에서 피어오르는 연기다. 그러나 남자는 사무실이 아니다. 사무실은 그의 전화기 반대편 끝에 자리 잡은 유능한 여성이고, 구타페르카 나무 같은 걸로 만든 마우스피스에 단조롭게 그의 이름을 되풀이하는 두 명의 젊은 여성이며, 유리장 안에 있는 네 명의 여성이 분홍색 손톱을 한 채 네 대의 수다스러운 기계의 키보드로 그의 이니셜을 쪼아내는 곳이고, 그의 서신 정리함 사이를 휘젓고 있는 여섯 벌의 다양한 치마이며, 응접실에서 그의 친구를 알아보고서 기분 좋은 목소리와 대통령 측근의 냉정한 눈빛으로 그의 반감을 처리해주는 우아한 아가씨다."

주로 1920년대에 등장하는 사무직 여성을 다룬 소설은 매우 인기가 많았다. 크리스토퍼 몰리가 쓴『키티 포일』의 시대는 1911년부터 1930년대 중반까지다.『인간 존재』Human Beings(1934)에 등장하는 또 다른 몰리형 캐릭터인 미니 허츨러Minnie Hutzler의 시대는 1889년부터 1929년까지다. 더스 패서스Dos Passos의『미국』USA에 등장하는 제이니 윌리엄스Janey Williams의 이야기는 1900년부터 1920년까지다. 부스 타킹턴Booth Tarkington의 앨리스 애덤스Alice Adams와 싱클레어 루이스의 우나 골든은 제1차 세계대전 이전에 살았다. 제1차 세계대전의 10년 전후 사이에 화이트칼라 여성은 가장 큰 문학적 관심을 받았다. 그 이미지는 화이트칼라 노동에 대한 그 시대의 장면들과 연결되어 있으며, 제시된 많은 이미지가 놀라울 정도로 비슷하다.

싱클레어 루이스의 우나 골든, 부스 타킹턴의 앨리스 애덤스, 크리스토퍼 몰리의 키티 포일은 아버지의 죽음이나 실패로 인해 제각기 화이트칼라 직업에 종사하게 되었다. 이들의 아버지는 성공하지 못한 구중간계급이었다.

골든 가족은 작은 마을에 살았는데 "그녀가 직업을 갖는 것을 허락하기에는 너무 고상하고, 그녀가 대학에 가는 것을 허락하기에는 너무 가난했다." 그녀의 아버지는 "작은 마을의 하찮은" 변호사였는데 그녀가 스물네 살 때 세상을 떠났고, 그녀와 어머니는 상속 재산 없이 남겨졌다. 그들은 과부인 어머니의 전형적인 패턴을 따르기 시작했는데, "문화를 갈망하고", 실업자 딸이 남겨져 있는 상황이었다. 소도시에 사는 그런 모녀에게는 세 가지 가능성이 주어져 있었다. "부유한 경우, 딸은 집세를 받고 변호사를 만나며 클럽에 가입하고 파티에서 젊음을 유지하려고 애썼다. 중간계급인 경우, 딸은 거의 예외 없이 학교에서 가르쳤다. 가난한 경우, 어머니는 빨래를 하고 딸은 빨래를 모았다. 따라서 우나에게는 선생님이 될 거라는 표시가 내려졌다." 하지만 그녀는 가르치고 싶지 않았다. 다른 직업은 포목점 일자리뿐이었는데 그건 신분 하락을 의미했고, 모든 활기찬 젊은이는 대도시로 떠났다. 그래서 그녀는 도박을 하기로 결심했다. 어머니와 함께 뉴욕으로 가서 '상업전문학교'에 다니며 '사무직 여성'이 되었던 것이다.

이런 소설 중 사회학적으로 가장 예리한 편인 앨리스 애덤스의 이야기는 화이트칼라의 크기로 열망이 축소되는 이야기다. 이야기는 앨리스가 상류 계급 가정의 파티에 가는 것으로 시작하고, 마치 사랑과 사회적 열망이 좌절된 후 수녀의 베일을 쓰게 되는 여성이라도 된 것처럼 실업전문학교의 어두운 계단을 오르는 것으로 끝난다. 책 전체에 걸쳐, 황금빛 해변 옆의 빈민가처럼 배경에 숨어 있는 실업전문학교의 "얼룩진 계단"은 앨리스가 "모호한 불안감의 시선"으로 바라보는, "끔찍한 불확실함"을 향해 이어진 길로 보인다. 그런 생각에 빠질 때 앨리스는 "타자기 앞에서 일하다가 시들어가는 예쁜 소녀들"을, 턱이 두 개일 정도로 살집 많은 남자들로부터 "받아쓰기를 하는" 노처녀들을, 그렇게 "받아쓰기를 하는" 10여 명의 노처녀들을 떠올린다. 사무실은 노처녀를 생산하는 공장이고, 현대의 수녀원이다. 실업전문학교와 화려한 무대 사이에서, 즉 수지맞고 때이른 사랑스러운 결혼 사이에서 대조가 이뤄진다.

그러나 실업전문학교는 그녀에게 "불쾌한 매력과 예기치 않았던 신비한 비난"을 안겨준다. 그녀가 오르는 얼룩진 계단은 결국 "청춘의 끝이자 희망의 끝"이다. 실업전문학교에 다니게 되자 그녀가 어디로 가는지 모르는 야심 찬 어머니는 외출할 때 화려하게 꾸미라고 말하지만, 그녀는 '색조' 루즈를 바르지 않는다.

『앨리스 애덤스』는 앨리스의 운명만이 아니라 그녀 아버지의 직업적 운명을 다룬 소설이기도 하다. 아버지는 도매 약국에서 잡화 부서의 책임자로 일한다. 그는 회사와 그 회사의 소유자 겸 운영자에게 강한 충성심을 보인다. 그러나 아내의 야망이라는 작은 동력에 이끌려 그는 월급쟁이의 빈약한 봉급을 내던지고 자기 사업을 시작하게 된다. 그는 실패한다. 앨리스와 그녀의 아버지는 결국 현대의 현실에 직면하게 된다. 결국 아버지는 점원에서 기업가가 되었다가 실패 후 하숙집 여주인의 남편으로 전락하고, 앨리스는 화이트칼라 여성이 된다.

미국의 관습에서 화이트칼라 여성은 보통 소도시의 하층 중간계급 부모에게서 태어난다. 고등학교는 그녀의 다소 긴장된 성격 형성에 중요한 역할을 한다. 그녀는 고등학교에서 상업 과정을 수강하고, 1~2년 정도 실업전문학교에 다닐 수도 있다. 졸업 후, 똑똑하고 예쁜 그녀는 고향에서 일자리를 얻는다. 하지만 그녀는 가족과 지역적 유대관계로부터 독립하기를 갈망한다. 그녀는 큰 도시, 특히 뉴욕으로 가고 싶어한다. 그녀는 집을 떠나게 되고, 독립적인 지위의 제한을 의미하는 탓에 가족의 중요성도 떨어지게 된다. 마지못해 고향에 가서 가족을 만나기는 하지만, 그녀는 대도시로 돌아가고 싶어 안달이 난다. 뉴욕에서 일을 시작하기 위해 부모님께 돈을 빌리는 대신 은행에서 돈을 빌릴 수도 있다.

대도시의 화이트칼라 여성들은 종종 소도시에서 보낸 고등학교 시절을 결코 실현되지 않을 무엇인가를 위한 총연습으로 회상한다. 고등학교의 인간적인 파벌은 사무실의 비인격적인 통일성으로 대체되지 않는다. 청소년기의 평등한 지위는 도시의 위계질서로 대체되지 않는다. 고등학교 시절 데이트의 긴장감은 어두운 영화의 간접적인 거리감으로 대체되지 않는다. 고등학교 시절의 기대감으로 인한 우정은 화이트칼라 세계에서 삶의 운명을 깨닫는 것으로 충족되지 않는다.

화이트칼라 여성에게는 때로 같은 고향 출신인 가까운 친구가 있고, 대개는 대도시에서 더 많은 경험을 겪은 여자 친구도 있다. 그들은 일반적으로 아파트, 옷장, 생활비, 데이트, 고민거리를 공유한다. 가까운 친구는 대도시에서 필수적인 심리적 욕구이며, 화이트칼라 여성이 외로움과 지루함에서 벗어날 수 있는 유일한 구원의 손길이다.

첫 번째 일자리는 속기사나 타자수로서 그동안 받은 교육의 연속이다. 월급은 적지만 그녀는 깨끗하고 활기차며 새롭고 효율적인 사무실의 일상적인 일들을 배운다. 그녀는 또한 사무실에서 남성들을 다루는 방법을 배우고, 모든 남성이 오직 한 가지만을 추구한다고 믿기 시작한다. 그녀는 다른 여성들과 함께 겪은 작고 재미있는 일들에 대해 웃으며, 특히 어젯밤의 데이트와 오늘 밤의 데이트에 대해 이야기한다. 그녀는 여성 속기사의 심리를 잘 아는 영업사원으로부터 첫 칵테일을 받는다.

첫 일자리는 보통 가장 힘들기 마련이며, 그녀는 정착할 일자리를 얻기 전에 여러 직업을 거친다. 물론 일자리를 옮기는 동안이 제일 힘들다. 처음에는 사무실이 별로 마음에 들지 않지만, 그녀는 사무실을 알게 되고 조만간 모든 사람을 분류할 수 있게 된다. 앞쪽에 있는 사람이 사장인데, 언젠가는 그의 개인 비서가 되고 싶다. 그 아래에는 결혼이나 데이트 상대가 될 수 있거나 적어도 저녁 식사 상대가 될 만한 하급 직원들과 판매원들이 있다. "당신이 그치들처럼 주급 18달러를 벌려고 일할 때면, 누군가 데려가지 않는 한 당신은 저녁에 외출하지 않지요. 레몬 콜라를 마시며 집에 앉아 스타킹을 세탁하고 슬립을 다림질하고 저녁 신문을 돌아가며 사고 아침에 출근할 때 걸어서 가려고 알람을 설정하겠죠." 마지막으로 사무직이나 회계직에 종사하는 중년 남성과 '신선한' 사무직 청년이 있다.

화이트칼라 여성이 겪는 사랑 이야기에는 남자친구와의 좌절스러운 경험이 곧잘 포함된다. 키티 포일에게는 윈이 있었고, 미니에게는 리처느 보가 있었으며, 제이니에게는 제리가 있었다. 연인을 얻지 못한다고 해도 화이트칼라 여성에게 그 경험은 그녀를 단련시키고, 단순한 소도시 소녀에서 시원스럽고 세련되며 도시적인 커리어우먼 또는 독신 여성으로 그녀를 변모하게 만든다. 상대방에게 '충분히 관심이 있다면' 연애만 하는 것도 괜찮겠지만, 결혼에 대해 완전히 초연해지지는 못한다.

첫 번째 좌절스러운 경험을 한 후, 그녀는 사랑보다 경력을 우선시하게 되었다. 그녀는 자신의 직책을 즐기기 시작했고 승진했다. 첫 번째 레벨을 달성한 후, 그녀는 조금씩 업그레이드를 거치게 된다. 성공한 커리어우먼이 되면서 상류 계급 남성을 만나겠다는 생각이 커지고, 그녀는 "지인인 평범한 남성에게 관심을 갖기엔 너무 성숙하다." 그녀는 대체로 자신보다 나이가 많은 남자를 선호한다. 30대가 되면 그녀는 행복하고 낙천적인 젊은 여성들의 우연한 연애 생활을 어느 정도는 어머니 같은 시선으로 돌아본다. 이제 그녀는 성숙한 여성이 되어, 일에 능숙해지고, 결혼한 보스에 대한 사랑을 억누르면서, 없어서는 안 될 존재로서 사업상 그에게 생기는 가사를 돌본다. 이로 인해 비인간적인 업무 분위기와 상사와 직원 사이의 긴장이 완화되지만, 그녀가 젊은 여성의 에로티시즘에 위협을 느낄 수 있다는 사실 때문에 복잡해지기도 한다.

첫 번째의 두 전쟁 사이에 그녀는 이렇게 말한다. "몰리와 나는 화이트칼라 여성에 대해 한 번 이야기를 나눴어요. 수백만 명의 여성이 일주일에 15~30달러를 벌고 있죠. 그들은 옷차림을 제대로 해야 하고, 당연히 사회적 즐거움을 갈망하며, 모든 만족을 누릴 수 있는 완전한 여성이 되어야 하죠. 그리고 그들은 창조하고 행동할 수 있는 기회를 필요로 합니다. 또래 남성들은 그녀들을 위해 할 수 있는 게 많지 않은 데다 여성들은 자신들이 도우며 일하는 나이 든 사람들의 관점을 빨아들이기 때문에 너무 빨리 자란답니다. 그들의 사생활은 경쟁의 장이 되지요. 오, 세상에, 저는 개척자 여성의 배짱과 흙모래 폭풍에 덮인 중부 더스트볼 지역의 여성, 그리고 덮개 씌운 마차에 타고 줄무늬 면포를 두른 여신에 대한 글을 읽었어요. 덮개 씌운 타자기의 여성은 어떤가요! 그녀가 퇴근할 때 가지고 가는 건 무엇일까요. 우리가 무엇인지 아시나요? 우리는 소작농이에요. 우리는 목화밭에서 흑인처럼 일하고, 파머스[2]가 처리할 수 없을 정도로 많은 두뇌 작업을 하지요. 그 대가로 무엇을 얻을까요? 아마 여덟 시간 정도 잠을 자는 것 같아요. 그 정도가 딱 우리에게 어울리니까요.

---

2   Palmer's. 개인용품을 생산하는 미국의 기업이자 그 브랜드의 명칭.

농작물의 가치가 충분히 높다고 믿을 수만 있다면 소작농이 되는 걸 아무도 개의치 않겠죠. 하지만 땀 흘려 일한 땅이 내 소유라는 느낌이 들면 기분이 좋을 것 같아요."

시간이 지나면서 그녀는 가족과 함께하는 미래를 갈망하지만, 오랫동안 사무실의 사랑 없는 일상에 정착한다. 어쨌든 그게 그녀를 지탱해준다. 사실 미니는 결혼제도에 반대한다. 키티는 아이가 자기 지위를 방해하지 않도록 낙태를 한다. 결혼 대신 경력이 선택되었고, 화이트칼라 여성이 겪는 갈등은 해결되었다. 그녀는 계단을 올라 수녀원에 있다.

4. 새로운 사무실

수만 평방피트에 달하는 넓이에 공장 같은 업무 흐름을 지닌 현대식 사무실은 비공식적이고 친근한 곳이 아니다. 업무의 박자, '생산 단위'의 템포에 맞춰야 하니 당면 업무 이외의 일에 소비되는 시간은 해명되고 사과되어야 한다는 요구를 받는다. 임원의 구술 녹취가 예전에는 비서와의 사적인 만남으로 이뤄졌다. 이제 경영진은 구술 녹음 담당자에게 전화를 거는데, 이들은 그를 목소리로만 알 뿐 실제로 만나본 적은 없다. 많은 구세대 직원들이 기계 조작자가 되었고, 많은 신세대 직원들이 기계 조작자로서 경력을 시작했다.

I. 사무실 관리자가 '주임 사무원'에서 회사 재무 담당자나 부사장에게 직접 보고하는 책임 있는 임원급으로 승진한 것은, 사무실이 확대되고 전체 기업의 중앙 집중식 서비스 부문으로 부상했음을 나타내는 분명한 지표다. 공장 같은 모습의 사무실이 발전하게 된 것은 주임 사무원 덕분이다. 사무실 기능의 합리적이고 효율적인 설계

와 서비스에 특화된 사무실 관리자는 독립적인 하급 감독자보다 분명히 업무를 더 잘할 수 있다.

사무실 관리자는 1920년대 후반에 대기업에 등장하기 시작했다. 초기에는 대다수 사무실 관리자가 회계 부서에서 다른 직책을 맡고 있던 '세부 담당자'였지만, 동시에 사무실 인력도 '관리'했다. 그러나 사무실의 중요성과 비용이 증가함에 따라 사무실은 자율적인 단위로 성장했고, 사무실 관리자도 함께 성장했다. 그는 모든 부서의 사무 업무와 경로를 파악해야 했고, 새로운 경영 계획과 체계를 설계하고 적응할 수 있어야 했으며, 신입사원을 교육하고 기존 사원을 재교육해야 했다. 그의 영역이 회사 전체에 적용되자 그의 지식과 위신이 높아질 여지를 제공했고, 적어도 '다른 부서장'들과 비교하면 그의 위신이 더 높다는 주장이 가능해졌다. 1929년에는 대규모 사무실 관리자 집단의 약 3분의 1이 사무실 외의 임원직 출신인 반면에, 절반은 그 사무실 출신이었고 약 17퍼센트는 다른 사무실에서 올라왔다. 즉 그 직책이 이미 인정받는 지위가 되었다고 가정할 수 있다.

II. 사무기기가 도입되면서 일상적인 업무의 수가 늘어나고, 결과적으로 '주도적인 자세가 필요한 직책'의 비중은 감소한다. "기계화로 인해 관리직과 생산직의 구분이 훨씬 명확해졌다"고 전쟁인력위원회[3]는 관찰했다. "손재주가 창의적 사고보다 더 중요한 경우가 많다. 따라서 승진은 상대적으로 드물어진다. 일부 대형 사무실 관리자들은 여성 고용을 선호하는데, 이는 실제로 여성들이 단순히 사무원으로 만족한 채 처음에 맡은 수준 이상으로 올라가려고 하지 않기

---

3   War Manpower Commission. 제2차 세계대전을 수행하는 과정에서 농업, 산업, 군대 사이의 노동력 수요를 조절하기 위해 1942년에 설립된 미국의 정부기관이다.

때문이다."

　신식 사무실의 인력과 구식 사무실의 인력을 비교해보면, 즉시 눈에 띄는 것은 기계로 일하는 사무직 직원이다. 그들은 화이트칼라 세계에서 공장 노동자와 제일 닮은 유형의 운영자들이다. 그들이 기술을 습득하는 데 필요한 기간은 꾸준히 줄어들고 있는 듯하다. 사실, 기계 도입과 새롭게 표준화된 전문화의 비용을 정당화하려면 그렇게 되어야 한다. 기계적이고 중앙집중화된 사무기기 대부분의 핵심적인 장점은 속도와 정확성을 높일 수 있다는 점, 단위당 인건비가 저렴하고 교육이 덜 필요하며, 전문화가 간단해서 직원을 대체할 수 있다는 점이다.

　이처럼 교환 가능한 사무원은 종종 시간 기록계를 사용하며, 근무시간 중에는 말을 할 수도 없고, 1주일, 때로는 한 달을 넘겨 고용되지도 않는다. 그들은 대개 감독을 받는 과정에서만 상사와 접촉한다. 대규모 사무실에서는 이런 사람들이 시스템의 주요 연결 고리이지만, 그들과 관리자의 마음에는 전체 시스템을 배우고 그 안에서 성장하리라는 진지한 생각이 거의 없다. 한 설문 조사에 따르면 심지어 1920년대 중반에도 사무실 관리자의 88퍼센트가 확실히 "임원 직급으로 승진할 가능성이 거의 없는 사람"이 필요하다고 응답했고, 60퍼센트는 사무실에서 도제로서 배우고 성장할 수 있는 "기회가 거의 없다"고 응답했다.

　사무실의 합리화는 한편으로는 새로운 집단, 즉 사무원과 기계 조작자를 끌어들이고 창출하며, 그들의 업무는 경공업 제조업에서 공장 직공의 업무와 점점 더 비슷해지고 있다. 다른 한편으로, 이 새로운 사무실에는 사무실 관리자, 즉 인간 기계류를 운영하는 전문 관리자가 필요하다.

III. 회계 담당자는 지난 반세기 동안 일어난 사무실의 변화로 인해 심각한 영향을 받았다. 그가 예전에 누리던 중심적인 위치는 사무실 관리자에게 빼앗겼고, 펜과 잉크를 사용하는 가장 경험 많은 회계 담당자조차 3~4개월 동안 기계 사용법을 배운 여고생과 경쟁할 수 없다. 마치 삽과 삽날을 가진 사람과 동력 삽을 가진 사람 사이의 경쟁과 같다.

회계 기기나 청구 기기는 기록하고 입력하고 합산하고 잔액을 계산한다. 누적된 기록에서 관리 계정이 만들어진다. 그리고 이런 기계는 오늘날 사무실에서 타자기 다음으로 많이 사용되는 단순한 장치다. 또 다른 새 기계가 기존의 기계 10대를 대체하고, 그 작동 인력을 한 번에 대체한다. 기계로 일하는 여고생이 펜과 잉크를 사용하는 회계 담당자를 대체한 것처럼, 새로운 대형 기계가 언젠가 그 여고생을 대체할 것이다. 새로운 '회계' 세계의 최상층에는 전문 회계사와 전자 기술자가 있다. 하지만 그들이 실제적인 규모로 우위를 점할 날은 아직 멀다. 그사이에 나이 든 회계 담당자 계층은 사무직 대중 수준으로 강등된다.

대기업에서 회계 업무를 담당하는 한 관리자는 이렇게 말한다. "이 업무를 담당할 신입사원을 채용할 때면 최소 17세 이상, 2년제 고등학교 졸업 이상의 학력, 사업 경험은 없고 개인 자격 조건이 좋은 여성을 찾습니다. 경험이 없는 여성과 경제적 인센티브가 있는 여성을 선호해요. 왜냐하면 그런 여성들이 가장 안정적으로 일하기 때문이죠. 그래서 우리는 신입사원 중에서 절반쯤 독립적이거나 완전히 독립적인 지원자를 선택합니다."

IV. 비서는 대부분의 직장 여성에게 이상형이 되었다. 물론 타자기는 주로 여성의 기계였으며, 그 자체로는 공장 같은 효과를 가져오지 않았다. 사무실 세계의 안팎에서 그것은 매우 고상한 기계였다. 속기용 미끄럼 방지 패드까지 갖춘 타자기 운용자는 경영진과의 친밀하고 사적인 접촉을 통해 위신을 얻었다.

사무실의 표준적인 여성 위계질서는 다음과 같이 타자기를 중심으로 형성되었다. (1) 개인 비서는 누군가의 비밀스러운 조력자로서, 일상적인 문제를 넘어서 많은 문제를 실제로 대신 처리할 수 있다. 그녀는 약속, 매일의 일정, 수표책을 관리한다. 요컨대, 정당하게도 그의 오피스 와이프로 불린다. 만약 상사가 필요하다고 인정한다면, 그녀를 위해 속기사와 타자수를 고용할 수도 있다. (2) 속기사는 구술 받아쓰기를 하는 타자수다. (3) 타자수는 기계로만 작업한다. 그녀의 작업은 단순히 복사하는 것이기 때문에, 필요한 가장 중요한 특성은 키보드를 다루는 속도와 정확성이다. 타자수는 비서와 달리 어느 정도 감독을 받지만 속기사보다는 덜 받는다.

합리화된 신식 사무실에서는 소득, 기술, 감독받는 정도, 주요 인물과의 접촉 가능성 등에 따른 위계질서가 붕괴하기 시작했다. 이제는 비서 수를 제한하려는 경향이 강하다. 연봉이 1만 5,000달러에 달하는 많은 임원들이 개인 비서를 두지 않고 속기사를 만나지도 않는다. 대신 그들은 기계를 통해 지시를 내리고, 지시는 기계의 실린더를 통해 타자수 전체에게 전달된다. 이 속기 서비스의 공동 이용은 구술 녹음기 장비가 설치되기 전에 많은 대형 사무실에서 이루어졌지만, 보통 두 가지가 함께 사용되었다. 체계적인 연구에 따르면 속기사를 개별적으로 배정하면 업무 처리 방식에서 낭비가 생긴다는 것이 밝혀졌는데, 즉 원활하고 효율적인 흐름이 아니라 한가한 시간과 바쁜 시간이 교차한다는 것이다.

1920년대 초반에 시작된 이래로, 속기 작업의 중앙집중화는 사무실의 규모와 관성에 의해서만 제한되면서 지속적으로 확대되었다. 최근에는 고위 임원만 개인 비서를 두고, 속기사와 타자수를 한데 모아 공동으로 활용하는 경향이 있다. 한 대형 보험사의 본사에서는 직원 중 2퍼센트 미만이 부서장 이상 직급자에게 배정되어 있다. 하급 임원은 책상 위 금속 상자 안에 들어 있는 속기사를 쓰거나, 인터폰을 통해 공동 이용 속기사단에게 직접 구술 녹취를 시킬 수도 있다.

중앙 집중식 속기사 공동 이용에는 또 다른 장점이 있다. '불량한 구술자'의 경우, 기계가 가청도를 조정할 수 있다. 늦은 오후에 지시를 해도 야근이 발생하지 않으며, 서둘러 작성된 메모를 읽는 데 따르는 부담도 없다. "기계는 자동으로 듣고, 결과를 얻기 위해 키보드만 누르면 된다"고 관리 문헌에 나와 있다. "속도와 정확성이 뛰어난 여성"이 신식 사무실에서 원하는 인재다.

속기 기술은 쓸모없게 되고, 화이트칼라 여성은 거의 즉시 대체 가능하게 되며, 사무실에서의 일은 점점 막다른 골목에 몰리고 있다. 새로운 화이트칼라 여성은 사무실이나 업무의 세부를 속속들이 알 수 없고, 비서에게, 심지어 속기사에게도 나름의 지위를 부여했던 사적인 접촉을 상실했다. 작업은 속도를 높이고 경영진이 아닌 사람들도 효과적으로 감독할 수 있도록 규제된다. 요컨대, 여성에게 인기 있는 화이트칼라 업무는 점점 더 공장 직공의 일을 닮아가고 있다. 1930년대 초에 에이미 휴스는 "많은… 사무직 업무와 **저숙련 공장 직종 사이의 모호하던 경계가 점점 더 구별하기 어렵게 되고 있다**"고 관찰하고 있다.[4]

신식 사무실은 합리화된다. 기계가 사용되고, 직원은 기계 관리

---

4   Amy Hewes(1877~1970). 시카고대학에서 사회학 박사학위를 받은 후 노동경제학 분야에서 활약한 여성 연구자. 미국에 '최저임금제도'를 도입하는 데 선구적인 역할을 한 것으로 평가받고 있다.

자가 된다. 공장에서처럼 작업은 개별적이지 않고 집단적이다. 교환이 가능하고 신속하게 교체할 수 있는 사무원으로 표준화된다. 자동화가 될 정도로 과정이 전문화된다. 직원 집단은 고요한 공간 속에서 획일화된 집단으로 변모하고, 하루는 비인격적인 시간표에 의해 규제된다. 똑같은 책상이 한 줄로 늘어선 넓은 사무실 공간을 보면, 허먼 멜빌이 19세기 공장에 대해 묘사한 내용이 떠오른다. "텅 비어 보이는 한 줄의 카운터에 텅 비어 보이는 한 줄의 여성들이 앉아 있었고, 그들의 텅 빈 손에는 온통 비어 있는 종이로 만들어진 하얗고 텅 빈 폴더 파일이 있었다."

5. 화이트칼라의 위계질서

신식 사무실은 위계질서를 세움과 동시에 인력을 평준화한다. 위계질서는 기술 수준보다는 관리자 간부들이 가진 힘과 권한에 기반한다. 개별 직원은 권위와 규율에 기초한 경영 위계질서 안에 있는 하나의 단위이지만, 또한 다른 많은 직원과 더불어 위계질서 앞에서 동등하다. 이 위계질서와 집단 내에서 그는 자신이 수행하는 기능에 따라 분류되지만, 때로는 지위status, 직위position, 그리고 무엇보다도 직함title에 대한 '인위적인' 구분도 존재한다. 독일 사회학자 카를 드레퓌스Carl Dreyfuss가 주목한 이 구분은 한편으로는 직원이 자신에게 주어진 작은 공간을 개인화하려는 욕구에서 비롯되고, 다른 한편으로는 사기를 높이고 직원 사이의 '연대'를 약화시키기 위해 경영진이 장려할 수도 있다.

방대한 서류철 속에서, 작은 위계질서는 더 큰 위계질서에 맞춰지고, 여러 가지 방식으로 서로 연결된다. 직함으로 표현되는 공식적인 진용line-up이 있고, 그 아래에 더 많은 등급의 지위와 직급rank이 있다. 직급이 항상 기술이나 급여 수준에 상응하는 건 아니며, 일반적으로는 명령을 내릴 수 있는 권한을 통해 드러난다. 모든 부서와 단위에 스며드는 관리 간부는 위계질서의 중추다. 한 사람의 위치가 어느 정도인지는, 첫째, 그 사람이 간부들의 권위에 어느 정도까지 참여하고 있는지에 달려 있고, 둘째, 그 간부들과 얼마나 친밀한 관계에 있는지에 달려 있다. 따라서 한 부서의 최고 관리자의 개인 비서는 그보다 아래에 있는 부서의 부관리자보다 직급과 지위가 더 높을 수 있다. 교육 수준과 경험은 당연히 지위를 부여하지만, 어디까지나 이차적인 요소다. 존경이 비롯되고 지위를 빌려온 대상은 바로 관리 간부 그 자신인 것이다.

화이트칼라 위계질서가 순수하게 관료적이라면 군대와 같이 순수하게 형식적인 권위에 기반을 두었을 것이다. 하지만 실제로는 관료적 원칙이 조직에 엄격하게 적용되는 경우는 어디에도 없다. 사무실 내부에도, 사무실 사이에도 대개 파벌 체계가 존재하여 종종 공식적인 권한과 업무의 경계를 넘나든다. 이를 통해 '아는 사람'은 관료제의 형식주의red tape를 피할 수 있고, 고위직의 비서는 워싱턴에서 '행정 보조원'이라고 불리는 이들이 그렇게 하듯이 다른 비서에게 전화를 걸어 일반적인 경로를 통해 처리하면 훨씬 오래 걸릴 문제를 신속하게 처리할 수 있다.

위계질서 내에서의 지위가 경영에 대한 공식적인 참여와 늘 일치하는 건 아니다. 권한 가진 자와의 거짓 친밀함이 위신을 가져다 줄 수도 있다. 그래서 관리자의 다른 비밀스러운 보조자와 함께 개인 비서가 곧잘 두드러지는 것이다. 드물게는 적극적으로 권한을 드러내거나 권한을 보유한 경우도 있지만, 그들의 지위는 권한 가진 자와의 밀접한 접촉을 필요로 하며, 그들은 권한 있는 자의 비밀을 다루고 심지어 그 비밀의 형성을 돕는다. 그들은 내면적인 동일시를 통해 종종 권위에 대해 강한 환상을 갖게 되고, 외적인 태도를 통해 다른 사람들에게 그 환상을 심어준다. 관리자는 이들이 결코 좌절하지 않도록 신경을 쓰는데, 왜냐하면 비밀스러운 직원과 '여성들' 사이의 간극이야말로 충성을 보장하고, 나아가 관리자 자신의 위신을 높이는 상호 영향력을 보장하기 때문이다. 예를 들어, 아름다움의 정도를 활용할 수 있다면 계급적 요인(앵글로색슨계, 상위 중간계급 여성이 더 좋은 기회를 가질 수 있음) 만큼이나 선택에 영향을 미칠 수 있다.

권한 있는 자와 밀접하게 접촉하는 사람들은 그를 둘러싼 일종의 장막을 형성하여 그의 사생활을 보호하고 위신을 높인다. 오늘날 많은 대형 사무실과 매장에서 평범한 직원은 '윗분들'을 결코 볼 수 없고, '상사'로 알려진 직속 상사만 볼 수 있다. 불만과 원망은 '상사'를 겨냥한다. '윗분들'은 설사 존재한다고 해도 심리적으로 보면 환상일 뿐이다. "그들과 접촉할 수만 있다면, 기회가 주어질 거라는 걸 알고 있어요."

복잡한 방식으로 공식적인 권위와 연결되는 직함과 그 부속물은 외적이고 결정적인 지위의 표시다. 책상에 전화기가 있거나, 화장실을 사용하거나, 문에 명패가 달려 있거나, 책상 위에 현수막이 달려 있거나 하는 것들은 모두 직원들이 의식적으로 노력하고 소망하는 바가 된다. 이런 구별짓기에 대해서는 많은 논의가 이뤄졌다. 카를 드레푸스는 그것들이 '인위적인 위계질서'를 형성한다고 주장했는데, 연대를 원치 않는 고용주가 장려하고 악용하는 것이다. 지위의 세부 등급이 많을수록, 직원들은 '누군가'가 되고 직급이 올라가는 듯한 착각을 더 자주 경험할 수 있다. 종종 "급여 등급보다 직급이 더 많지만, 급여 등급조차 기술적 관점에서 실제로 필요한 집단의 수를 초과하기 일쑤다."

그러나 수행하는 업무에 근거하지 않는 한 이런 구분은 시간이 지나면서 경영진의 비용 절감 노력과 노동조합의 평등주의 추진에 의해 무너지고, 노동조합은 좀 더 체계적으로 직무를 분류하기 위해 노력한다. 이런 견해에 따르면, '진정한' 위계질서의 규범은 기술적, 경제적이어야 한다. 즉 엄격하게 관료제적이어야 한다. 하지만 실제로 지위를 결정짓는 요인들이 기술적, 경제적 요인보다 더 '인위적'인 건 아니다. 물론, 구별짓기는 지위 요인만으로 발전하며, 화이트칼라 위계질서에서는 종종 결정적일 뿐 아니라 심지어 압도적인 중요성을 지닌다. 그러나 전반적인 추세는 거기 맞서는 것이다. 고용주가 연대를 약화시키기 위해 그것들을 이용하려고 할지라도, 일단 노동조합이 직무 구분을 무너뜨리고 그에 상응하는 소득 등급을 위해 투쟁하려고 하면, 고용주는 대개 비용을 낮추기 위해 지위 차이를 기꺼이 평준화하는 것이다.

노동조합 결성 시도로 인해 심각한 곤경에 처한 세심한 고용주만이 위신 등급을 의식적으로 사용할 이유를 찾을 수 있다. 하지만 그것은 그가 내릴 수 있는 가장 합리적인 선택은 아닌 듯하며, 실제로 고용주는 복잡한 기능의 수를 줄이고 업무를 세분화하여 임금을 낮추는 직무 기술과 인사 업무의 지도자였다. 기계는 이러한 엄격한 기술적, 관료제적 계층화를 구현하고 촉진한다. 그리고 물론, 인위적인 위계질서가 통제, 합리화, 기계화의 수단으로 사용되었다고 해도, 이런 계획은 이제 합리화와 기계화에 의해 파괴되고 있다.

기계화되고 표준화된 작업, 직원이 전체 운영을 보고 이해할 수 있는 기회의 감소, 모든 기회의 상실에 따라 권한 있는 자와의 사적인 접촉이 가능한 극소수만 살아남게 된다. 이것이 미래의 모델이 될 것이다. 현재는 사무실과 매장 내부의 지위 문제가 여전히 직원의 심리에서 상당히 중요한 요소로 작용하고 있다. 그러나 주된 추세 속에서는 기술적, 경제적 요인과 권위적인 진용이 화이트칼라 위계질서의 합리화를 방해하고 있는 지위 요인을 압도할 것이다.

3부

삶의 양식

조지 오웰의 『숨 쉬러 나가다』에 나오는 볼링 씨는 이렇게 말한다. "설령 내가 활동적인 삶을 살았다고 해도, 그건 열여섯 살 때 끝났어. 난 일자리를 얻었고... 일자리는 나를 가졌지. 내게 정말 중요한 모든 일은 그날이 오기도 전에 일어났다네. 행복한 사람에겐 과거가 없다고들 하던데, 보험회사에서 일하는 녀석들은 다 과거가 있다고."

10장

노동

노동은 생계를 위한 단순한 수단일 수도 있고, 내면적 삶의 가장 중요한 부분일 수도 있다. 노동은 속죄로 경험될 수도 있고, 자아의 풍성한 표현으로 경험될 수도 있다. 의무로 느껴질 수도 있고, 인간의 보편적 본성을 발전시키는 것으로 느껴질 수도 있다. 노동에 대한 사랑이나 증오는 인간에게 내재되어 있지 않으며, 특정한 종류의 노동에 내재되어 있지도 않다. 노동에는 본질적인 의미가 없기 때문이다.

노동의 의미에 대한 적절한 역사는 아직 기술되지 않았다. 그러나 현대의 노동자에게 영향을 미치고 그들의 노동과 여가를 크게 변화시킨 다양한 노동의 철학에 대해 그 영향을 추적할 수는 있다.

현대의 화이트칼라 노동자에게 노동에 대한 명확한 철학이 있지는 않지만, 노동에 대한 느낌과 경험은 만족과 좌절, 그리고 삶의 전체적인 색조에 영향을 미친다. 노동의 영향이 어떤 것이든, 그에게 알려졌든 알려지지 않았든, 그것은 활동으로서의 노동이 초래하는 순수한 결과에 덧붙여 그 일에 대해 자신이 부여하는 의미, 그리고 다른 사람들이 그 일에 대해 갖는 견해의 합이다.

1. 노동의 의미

노예가 기계적 노동을 수행하던 고대 그리스 사회에서, 노동은 마음을 잔인하게 만들고, 사람이 덕을 행하는 데 적합하지 않게 만들었다.[1] 그것은 불변의 비전을 추구하는 엘리트가 피해야 할 불가피한 물질적 악이었다. 히브리인들도 노동을 '고통스러운 고역'으로 보았고, 여기에 인간이 죄로 인해 저주를 받았다고 덧붙였다. 그러나 죄를 속죄하는 것이라면 그럴만한 가치라도 있겠지만, 예를 들어 전도서에서는 "사람의 수고는 영혼을 만족시키지 못한다"고 단언한다. 나중에 유대의 율법주의는 노동을 어느 정도 존엄하게 여기며 영혼의 채찍질이라기보다는 가치 있는 운동으로 간주했지만, 도래할 왕국은 여전히 축복받은 게으름의 왕국이라고 말했다.

원시 기독교에서 노동은 죄에 대한 처벌로 간주되었지만, 자선, 육체와 영혼의 건강, 게으름에 대한 악한 생각을 물리치는 것처럼 감춰진 목적을 위한 수단으로도 간주되었다. 그러나 세속의 일로서 노동은 그 자체로는 가치가 없었다. 성 아우구스티누스는 교회의 조직적인 문제로 압박을 받았을 때 이 문제를 더 발전시켰다. 수도승에게는 노동이 의무이지만 기도와 번갈아가며 해야 하고, 수도원의 실질적인 필요를 충족시킬 수 있을 만큼만 일해야 한다. 교부들은 수도원에서 독서와 필사 같은 지적 노동보다도 신성한 문제에 대한 순수한 명상을 우선시했다. 11세기에서 14세기 사이에 유럽을 떠돌던 이단 종파들은 인간의 노동을 요구했지만, 이유는 또 다른 이면에 있었다. 노동은 고통스럽고 굴욕적이기 때문에, '육신의 자만심에

---

[1] 여기서 행해지는 노동에 대한 역사적 스케치에 대해서는 아드리아노 틸거Adriano Tilgher의 저작 『노동: 시대에 따른 의미』*Work: What It Has Meant to Men through the Ages*에서 논거를 찾았다.【원주】

대한 징벌'로서 열심히 추구해야 한다는 것이었다.

　루터에 이르러 처음으로 노동이 현대인의 마음속에서 '삶의 기초이자 열쇠'로 자리 잡았다. 루터는 노동이야말로 타락한 인간에게 자연스러운 것이라고 계속 말하면서, 바울의 말을 인용하여 노동할 수 있는 사람은 모두 노동해야 한다고 덧붙였다. 게으름은 부자연스럽고 악한 도피였다. 노동으로 자신을 유지하는 것은 신을 섬기는 방법이었다. 이로써 종교적 경건과 세속적 활동 사이의 거대한 격차가 해소되었고, 직업은 '소명'이 되었으며, 노동은 구원을 향한 종교적 길로 가치를 부여받았다.

　칼뱅의 예정론은 실제로는 게으른 무관심으로 이어지지 않고, 오히려 근대적 노동의 리듬에 더욱 박차를 가했다. 마치 자신이 선택받은 사람들 중 하나라고 확신하는 것처럼, 이 세상에서 합리적이고 조직적으로, 그리고 지속적으로 열심히 활동해야 했다. 모든 사람이 노동해야 한다는 것이 신의 뜻이지만, 누군가의 노동의 결실을 탐내서는 안 된다는 것도 신의 뜻이다. 그들은 더 많은 노동을 가능하게 하고 자극하기 위해 재투지해야 한다. 명상이 아니라 종교적 신념에 기반한 강한 의지와 엄격함, 그리고 지치지 않는 노동이 죄책감을 덜어주고 선하고 경건한 삶으로 이끈다.

　초기 개신교의 '세속적 금욕주의'는 현대 자본주의가 요구하는 행동 양식과 감정 상태를 중요시하고 정당화했다. 개신교 종파들은 끊임없이 조직적인 노동을 할 수 있는 유형의 인간을 위한 사회적 발전을 장려하고 정당화했다. 막스 베버가 보여준 것처럼, 종교적 인간과 경제적 인간의 심리학은 이렇게 일치했고, 그 일치의 지점에서 냉정한 부르주아 기업가는 자신의 노동 속에서, 그 노동으로 살았다.

　애덤 스미스가 자세히 설명한 것처럼 노동이 개인 소유권의 원천이자 모든 경제적 가치의 원천이라는 로크의 개념은 자유주의 경제 체제의 핵심이 되었다. 노동은 이제 국가의 부를 좌우하는 요인이 되었지만 영혼 없는 사업이 되었고, 19세기 인구의 고된 노동을 정당화했으며, 자신이 번 돈으로 노동의 동기를 부여받는다는 경제인을 정당화하는 가혹함이기도 했다.

그러나 르네상스 시대에 진화한 또 다른 노동 개념이 있었다. 그 활기 넘치던 시대의 사람들 중 일부는 노동을 인간이 인간으로서 발전하는 데 방해라고 보지 않고, 자극으로 여겼다. 인간은 자신의 활동을 통해 무엇이든 성취할 수 있으며, 노동을 통해 창조자가 될 수 있다. 인간은 자신의 시간을 어떻게 하면 더 잘 채울 수 있을까? 레오나르도 다 빈치는 창조적인 노동을 기뻐했고, 브루노는 역경에 맞서는 무기이자 정복의 도구라며 노동을 찬양했다.

19세기에는 고전 경제학이 노동의 의미에 부여한 공리주의적 의미에 대한 반발이 시작되었고, 이러한 반발은 르네상스적 활기를 불러일으켰다. 톨스토이, 칼라일, 러스킨, 윌리엄 모리스 같은 이들은 과거로 회귀했고, 마르크스와 엥겔스 같은 이들은 미래를 바라보았다. 하지만 두 그룹 모두 인간을 도구 사용자로 보는 르네상스 시대의 관점을 따랐다. 19세기의 이러한 사색에서 쟁점이 된 것은 노동의 분업과 그 결과물의 분배, 그리고 목적지향적 인간활동으로서 노동의 본질적 의미다. 자본주의적 노동 조직에 반대하는 러스킨의 이상은 자유로운 장인들로 구성된 자본주의 이전 사회에 기반하고 있고, 이 장인 노동은 생계를 위한 숙명임과 동시에 내면의 평온을 가져다주는 예술행위였다. 그는 중세 장인의 작업 속에 있다고 생각되는 것을 찬양했다. 또한 노동의 총생산물이 노동자에게 돌아와야 한다고 믿었다. 자본의 이익은 불공평하며, 나아가 이윤을 위해 애쓰는 것은 영혼을 병들게 하고 사람을 광기에 빠뜨린다.

마르크스로부터 인간 발달 과정에서 노동이 지닌 의미와 자본주의 사회에서 이러한 발달의 왜곡에 대한 본격적인 분석을 접하게 된다. 여기서 인간의 본질은 그의 노동에 달려 있다. "[개인이]… 하는 노동은… 그들이 생산하는 것과 생산하는 방법 모두와 일치한다. 따라서 개인의 본성은 생산을 결정하는 물질적 조건에 달려 있다." 전인적 인성에 대한 독일 고전 관념론의 인문주의적 이상을 받아들인 마르크스는, 자본주의적 생산이 인간을 낯설고 전문화되면서 동물처럼 비인격화된 존재로 변형시킨다고 생각했다.

역사적으로 보면 노동에 대한 대부분의 견해는 노동에 외적 의미를 부여했다. R. H. 토니는 "고대 철학자들이 자유로운 직업과 노예적인 직업의 차이를 구분하고, 중세 시대에는 부가 사람을 위해 존재하는 것이지 사람이 부를 위한 존재하는 것이 아니라는 주장을 강조한 것"을 언급한다. "부는 없고 오직 삶만이 있다"는 러스킨의 유명한 격언, 생산은 이윤이 아닌 봉사를 위해 조직되어야 한다고 주장하는 사회주의자의 주장은 인간의 진정한 본성을 표현하는 이상에 대한 언급을 통해 경제활동의 도구적 성격을 강조하려는 서로 다른 시도일 뿐이다. 그러나 노동에 본질적인 가치를 부여하는 사람들도 있다. 모든 노동의 철학은 이 두 가지 견해로 나눌 수 있지만, 칼라일은 흥미롭게도 이 두 가지를 결합했다.

I. (고전 경제학과 함께) 현대에 가장 큰 영향을 미친 다양한 형태의 개신교는 노동활동을 그 이면에 종교적 제재가 있는 활동으로 간주한다. 노동으로부터 얻는 기쁨은 활동과 경험에 내재하는 것이 아니라 종교적인 보상이다. 노동을 통해 종교적 지위를 얻고 선택받은 자들 중 하나임을 확신할 수 있다. 노동에 대해 강박적으로 느낀

다면, 그것은 노동하지 않을 때 발생하는 고통스러운 죄책감 때문일 것이다.

II. 르네상스 시대의 노동 개념은 노동을 본질적으로 의미 있는 것으로 간주하며, 노동 과정 그 자체의 기술적 장인정신, 즉 수작업과 심성의 작용에 중점을 둔다. 이 개념은 노동의 이유를 노동 그 자체에서 찾고, 다른 영역이나 결과에서 찾지 않는다. 소득, 구원의 방법, 지위, 다른 사람에 대한 권력이 아니라 기술적 과정 자체가 기쁨을 준다.

그러나 이런 견해들, 즉 세속화된 복음으로서의 노동이라는 강박관념이나 장인정신으로서의 노동이라는 인본주의적 견해, 어느 쪽도 현대인에게는 큰 영향을 미치지 못한다. 대부분의 근로자에게 노동은 일반적으로 불쾌한 성격을 띤다. 재산 없는 공장 노동자와 서류 정리 사무원에게 칼뱅주의적 강박관념에 의한 노동의 강박이 거의 없는 것처럼, 보험 사무원, 화물 취급인, 백화점 여성 판매원에게는 르네상스 시대의 활력이 거의 없다. 신발 판매원이나 섬유회사의 임원이 자신의 노동이 종교적으로 어떤 의미를 지니는지 별로 생각하지 않는 것처럼, 전화 교환원이나 안내원, 교사 중에 러스킨적인 의미에서의 내적 평온을 경험하는 사람도 별로 없을 것이다. 창조적인 노동이 가져다주는 기쁨은 점점 더 소수에게만 국한된다. 화이트칼라 대중, 그리고 일반적으로 임금노동자에게 노동은 신을 섬기는 것도 아니고, 신성에 대한 체험도 아니다. 그들에게는 노동에 대한 강박적인 의지가 없고, 일상적인 일과에서 오는 긍정적인 기쁨도 거의 없다.

노동의 복음은 미국의 역사적 전통과 미국 자신의 이미지, 그리고 전 세계가 미국에 대해 가지고 있는 이미지의 중심에 있었다. 그 복음의 위기와 쇠퇴는 광범위하고 심오한 의미를 가지고 있다. 예를 들어, 웨이드 쇼틀리프Wade Shortleff의 말을 빌리자면, "우리는 모든 면에서 다른 세대를 특징짓는 적극성과 열정이 사라지고, 그 대신에 직업을 얻고 유지하는 것이 도전이 아니라 필요악이라는 철학을 발견한다. 노동이 노동 그 자체로서 생계를 위해 수행하는 활동으로 전락할 때, 우리 나라를 현재의 위대함으로 이끈 정신은 불꽃처럼 사라진다. 불길한 무관심이 내일의 경영인의 끓어오르는 불만과 안절부절못하는 마음을 감싸고 있다."

이 복음과 그 쇠퇴의 의미를 이해하려면 20세기 미국의 정신을 이해해야 한다. 구중간계급 기업가의 역사적인 노동 윤리가 새로운 사회의 사람들을 깊이 사로잡지 못했다는 사실은 구중간계급의 구조적 쇠퇴에 수반된 가장 중요한 심리적 함의 중 하나다. 신중간계급은 그 구성원 중 다수가 구중간계급 출신임에도 불구하고, 옛 노동 윤리와 깊이 관련된 적이 없으며, 이 점에서 태생적으로 비부르주아적 사고방식을 가지고 있다.

동시에, 의미 있는 노동이나 기쁨과 관련되는 역사적으로 중요한 두 번째 모델인 장인정신은 전통이나 노동의 특성상 신중간세급에 속한 적이 없다. 그럼에도 불구하고, 장인정신 모델은 오늘날 노동자의 불만족에 대한 대부분의 진지한 연구에, 러스킨과 톨스토이에서 베르그송과 소렐에 이르기까지 노동자의 기쁨에 대한 가장 긍정적인 진술의 배경에 모호하게나마 존재한다. 현대의 화이트칼라 노동자에게 실현이 불가능한 측면을 정확히 파악하기 위해서는 이를 좀 더 자세히 고려할 필요가 있다.

2. 장인정신의 이상

노동의 기쁨에 대해 완벽하게 이상화된 모델로서 장인정신은 여섯 가지 주요 특징을 포함한다. 제작되는 제품과 제작 과정 외에는 다른 동기가 없다. 일상적인 노동의 세부 사항이 의미로 충만하게 되는 것은 노동의 결과물이 작업자의 마음과 분리되지 않기 때문이다. 작업자는 자신의 노동 행위를 자유롭게 제어할 수 있다. 따라서 장인은 자신의 노동에서 배울 수 있고, 노동 과정에서 자신의 능력과 기술을 사용하고 계발할 수 있다. 노동과 여가, 노동과 문화의 구분이 없다. 장인의 생계 방식이 그의 생활방식 전체를 결정하고 영향을 미친다.

I. 윌리엄 모리스William Morris는 좋은 노동에 대한 희망은 작품에 대한 희망이자 노동 그 자체의 즐거움에 대한 희망이라고 말했다. 장인은 작품의 품질과 제작 기술을 위해 최고의 관심과 모든 주의를 기울인다. 장인과 그가 만드는 물건 사이에는 내적 관계가 있다. 장인이 처음에 물건에 대한 이미지를 형성할 때부터 완성에 이르기까지, 이 내적 관계는 단지 재산에 대한 법적 관계를 넘어 장인의 자발적인 노동 의지를, 심지어 충만한 노동 의지를 만들어낸다.

다른 동기나 결과(돈, 명성, 구원)는 부차적이다. 장인정신을 실천하기 위해 종교 공동체나 일반 공동체에서 자신의 지위를 향상시킬 필요는 없다. 노동의 기쁨은 사람이 "오로지 노동에 대한 자신의" 고요한 열정 속에서 살아갈 수 있게 해준다.

II. 장인정신에 관한 대부분의 설명에는 기술적, 미학적 조건과 작업자와 제품의 법적(재산) 조직이 혼동되어 있다. 그러나 장인정신으로 노동하는 데 실제로 필요한 것은 제품과 생산자 사이의 관계가 심리적으로 가능해야 한다는 것이다. 생산자가 제품을 법적으로 소유하지 않는다고 해도, 기술, 땀, 재료가 제품에 어떻게 들어가는

지 알고 자신의 기술과 땀이 눈에 보인다는 의미에서 제품을 심리적으로 소유해야 한다. 물론, 법적 조건이 노동과 작업자의 물질적 이익 사이의 연계가 투명하게 드러나게 해준다면 더욱 기쁘겠지만, 심지어 돈을 받지 않더라도 계속될 수 있는 장인의 솜씨에 비하면 이는 부차적이다.

장인은 완성된 제품의 이미지를 가지고 있으며, 자신이 모든 것을 만들지는 않더라도 전체에서 자신의 역할이 무엇인지 알고, 따라서 전체의 관점에서 자기 노력의 의미를 이해한다. 결과에 대한 만족은 그것을 달성하기 위한 수단에 영향을 미치며, 이런 방식으로 그의 노동은 그에게 의미 있는 것일 뿐만 아니라 제품에 대한 만족의 일부가 된다. 비록 어떤 단계에서는 노동이 고통과 번뇌, 기계적인 고된 노동으로 얼룩진다고 해도, 장인은 여전히 날카로운 예측을 통해 이런 시기를 극복해나간다. 심지어 저항을 극복하고 정복함으로써 긍정적인 만족감을 얻을 수도 있다. 자신의 작업과 의지가 재료의 저항과 사물의 악의에 대해 강력한 승리를 거두었다고 느끼면서 말이다. 실제로, 이런 저항이 없다면, 처음에는 완고하게 자신의 의지에 맞서던 대상을 마침내 이겨냄으로써 얻는 만족감은 줄어들 것이다.

조지 미드George Mead는 이러한 미적 체험이야말로, "착수한 작업의 성취, 결과에 걸맞은 즐거움을 포착하고, 작업의 수단이 되는 도구와 대상에 힘을 부여하며, 작업의 성공적인 완수로 인해 충만해지는 기쁨과 만족을 구성하는 행위들에" 힘을 부여한다고 진술한다.

III. 장인은 자신의 계획에 따라 자유롭게 노동을 시작할 수 있으며, 작업을 진행하는 동안 작업의 형태와 제작 방식을 자유롭게 수정할 수 있다. 앙리 드 만은 이런 두 가지 의미에서 "계획과 실행은 하나"이며, 장인은 작업 과정에서 작업의 주인이자 자신의 주인이라고 관찰했다. 계획과 작업이 지속적으로 결합되면 노동의 완성과 도구적 활동이 더욱 견고하게 결합되어 후자에 전자의 기쁨이 스며들게 된다. 또한 이는 독립적인 행위의 영역이 넓고 합리적이라는 것을 의미한다. 그는 결과에 대한 책임이 있으며 그 책임을 자유롭게 맡을 수 있다. 맞닥뜨리게 되는 문제와 어려움은 그가 원하는 최종 결과의 형태에 따라 스스로 해결해야 한다.

IV. 장인의 노동은 그의 기술을 발전시키는 수단일 뿐만 아니라 인간으로서의 자신을 발전시키는 수단이기도 하다. 자기 계발이 이면의 목표가 아니며, 그러한 계발이야말로 자신의 기술에 대한 헌신과 실천을 통해 획득되는 누적된 결과라는 것이다. 자신의 마음과 기술에 특질을 부여함으로써 그는 자신의 본성을 더욱 발전시키고 있다. 이 단순한 의미에서 그는 자신의 노동 속에서 노동을 통해 살고 있으며, 그 노동을 통해 자신을 세상에 드러낸다.

V. 장인 유형에서는 노동과 놀이, 노동과 문화가 분리되지 않는다. 놀이가 그 자체로 기쁨을 주는 활동이고 그 외의 다른 목적은 없는 활동이라면, 노동은 경제적 가치를 창출하거나 다른 이면의 결과를 얻기 위해 수행되는 활동이라고 할 수 있다. 놀이는 행복에 전념하려는 활동이지만, 노동에 행복하게 전념할 수 있다면 그것은 놀이이기도 하다. 마치 아이에게 놀이가 그렇듯이 노동은 진지한 것이기도 하다. 마르크스는 푸리에의 노동과 놀이에 대한 개념에 대해 "예를 들어 작곡가의 노동과 같은 진정으로 자유로운 노동은 매우 진지하고 강렬한 긴장이다"라고 썼다. 놀이의 단순한 자기표현과 노동의 감춰진 가치 창출이 결합된 것이 장인정신으로서의 노동이다. 장

인이나 예술가는 가치를 창출하는 동시에 자신을 표현한다. 그의 노동은 행동하는 시poem이다. 그는 동일한 행위 속에서 노동하고 놀이한다.

'노동'과 '문화'는 젠틸레Gentile가 주장한 것처럼, 전자는 수단을 다루고 후자는 목적 자체를 다룬다는 식으로 분리되어 있지 않다. 틸거, 소렐, 그리고 다른 사람들이 지적했듯이, 노동이나 문화는 그 자체가 목적이거나 수단이 될 수 있으며, 또는 목적과 수단 중 일부를 포함할 수 있다. 공예라는 활동 모델에서 '소비'와 '생산'은 동일한 행위로 혼합되어 있다. 활동적인 공예는 놀이와 노동 양쪽 모두를 포함하며 문화의 매개체다. 공예가에게는 문화와 노동의 세계 사이에 구분이 없다.

VI. 장인의 노동은 그가 아는 유일한 삶의 원동력이다. 그는 노동에서 벗어나 별도의 여가 영역으로 도피하지 않는다. 그는 노동하는 시간 동안 계발하고 활용하는 가치와 자질을 노동하지 않는 시간에도 적용한다. 유휴 시간 동안 그가 나누는 대화는 작업장에 관한 이야기다. 그의 친구들도 그와 같은 노동의 방식을 따르며, 느낌과 생각의 친밀감을 공유한다. 윌리엄 모리스가 요청한 여가는 "우리의 노동에 대해 생각하는 여가, 즉 충실한 일상의 동반자다."

장인이 자신의 노동에 신선한 창의성을 불어넣으려면 우리의 주의력이 느슨해졌을 때만 효과를 미치는 영향력에 자신을 열어놓아야 한다. 따라서 장인에게는 단순한 동물적 휴식 외에도, 노동의 개성을 위해 필요한 간헐적인 여가시간이 있을 수 있다. 그는 노동의 능력과 문제를 여가시간으로 가져오고, 견고한 노동에 요청되는 지속적이고 높은 긴장 상태의 시기에는 얻지 못할 감수성을 노동 속으로 되가져간다.

폴 부르제Paul Bourget는 미국에 대해 말하면서 "예술의 세계에는 자의식이 덜 필요하다. 자의식을 잊어버리는 삶의 충동, 꿈결 같은 게으름과 열정적인 실행의 교대가 필요하다"라고 썼다. 헨리 제임스Henry James도 발자크에 대한 에세이에서 같은 점을 지적했다. 그는 우리가 사실상 주의력을 잃어버렸다고 말하면서, 그 주의력이란 "예술작품을 창작하거나 감상하는 데 필요한, 무리하지 않고 사색에 잠기는 주의력"을 의미한다고 지적했다. 창의성의 조건으로서 노동 자체와 직접적으로 관련되지 않는 휴식조차도, 노동 덕분에 확보되고 불안으로부터 해방된 동물적 휴식이다. 틸거의 말에 따르면, "조용하고 만족스러운 마음으로 잘 조절되고 훈련된 모든 노동에서 흘러나오는 평화와 고요함의 느낌"이다.

이 장인정신의 모델을 구축하는 과정에서, 우리는 노동의 의미가 이 모든 것을 담고 있던 공동체가 존재한 적이 있었다고 암시하려는 의도가 전혀 없다. 일부 작가들이 가정하는 것처럼 중세의 장인이 이런 모델과 대체로 비슷했는지는 알 수 없다. 하지만 우리는 이것이 사실이라고 생각하지 않는다. 중세인의 심리에 대한 충분한 지식이 부족한 탓에 제대로 판단할 수는 없지만 말이다. 어쨌든, 우리의 목적을 위해서는 다른 시대, 다른 직업에서는 노동하는 사람들이 장인정신의 특징을 하나 이상 가지고 있었다는 것을 알기만 해도 된다.

이런 모델을 염두에 두면, 현대 노동자의 직업 세계를 얼핏 보는 것만으로도 이런 측면들이 현대의 노동 경험과 실질적으로 관련이 없다는 것을 분명히 알 수 있다. 장인정신 모델은 시대착오적인 것이 되었다. 우리는 이 모델을 명시적인 이상으로 사용하여 노동의 조건을 요약하고, 노동이 현대의 노동 세계에서 가지게 된, 특히 화이트칼라 종사자에 대해 가지게 된 인간적 의미를 요약할 수 있다.

3. 현대적 노동의 조건

실제로, 장인정신은 대체로 '취미'로 취급되어 노동의 일부가 아닌 여가의 일부로 취급되거나, 노동, 즉 시장성이 있는 활동이라고 해도 수공예품 거래에 종사하는 흩어진 직인의 노동이나, 자유를 유지하는 데 성공한 전문가의 노동으로 취급된다. 윤리적으로 장인정신은 특권을 가진 소수의 전문가와 지식인 집단에 국한되어 있다.

소기업가의 농촌 세계에서 종속적인 근로자의 도시 사회로의 전체적인 전환과 함께 생산물과 노동 과정으로부터의 소외라는 재산 조건이 출현했다. 물론, 종속적인 직업이라고는 해도 허용되거나 요청되는 진취성의 범위는 다양하며, 많은 자영업자는 일반적으로 생각하는 것만큼 독립적이지도 않고 진취적이지도 않다. 그럼에도 불구하고, 거의 모든 직업에서 근로자는 어느 정도는 자신의 독립성을 판매한다. 그의 노동생활은 타인의 지배 아래 있으며, 그가 사용하는 기술의 수준과 독립적인 결정을 내릴 수 있는 영역은 다른 사람의 관리 아래 있다. 아마도 1930년내에는 최소한 1,000만 명에서 1,200만 명이 자신의 능력 수준에 미치지 못하는 일을 하고 있었을 것이다. 그리고 학교 출석률이 증가하고 더 많은 일자리가 규격화됨에 따라, 자기 능력 수준에 미치지 못하는 일을 해야 하는 사람들의 수가 증가할 것이다.

노동에 대한 자유로운 표현을 통해 자아를 표현하는 사람들은 자기 노동의 대상인 재산을 안전하게 소유하고 있거나, 자기 노동의 자유가 재산의 소유를 수반하지 않는 사람들이라는 말에는 상당한 진실이 있다. "돈이 없는 사람들은 사보타주라는 이름으로 부주의하게 일하고, 돈이 있는 사람들은 사치라는 이름으로 부주의하게 일한다"고 샤를 페기는 썼다. 그리하여 문화에는 더 이상 침투할 수 있는 매개체가 없다. 모든 고대 사회에 존재했던 놀라운 통일성은 더 이상 존재하지 않는다. 생산자와 구매자가 똑같이 문화를 사랑하고 알고 있던 시절의 그런 통일성 말이다.

현대 자본주의의 법적 틀과 현대적인 노동 분업은 인간을 생산물과 노동 과정으로부터 객관적으로 소외시킨다. 노동자는 생산물이나 생산 도구를 소유하지 않는다. 노동 계약에서 그는 자신의 시간, 에너지, 기술을 타인의 힘에 대해 판매한다. 자기소외를 이해하기 위해 우리는 인간의 자아가 가장 결정적으로 노동활동에서 표현된다는 형이상학적 견해를 받아들이지 않아도 된다. 우리가 보았듯이, 성격 시장과 관련된 모든 작업에서 개인의 성격과 개인적 특성은 생산수단의 일부가 된다. 이런 의미에서 사람은 자신의 인격적 특징과 성향을 도구화하고 외부화한다. 특정한 화이트칼라 분야에서는 성격 시장의 부상으로 인해 자기 자신과 사회 간의 소외가 극단적인 수준에 이르렀다.

소기업가를 대변했던 소로[2]는 19세기 중반에 "노동의 분업이 단순히 노동이 아니라 노동자를 분할하고, 그를 인간에서 직공으로 전락시키며, 소수의 이익을 위해 다수의 이익을 희생시킨다는 이유로" 반대했다. "그것은 소로의 농본주의적 세계의 잠재적 균형을, 즉 노동과 문화의 통일에 대한 주요한 이상 중 하나를 파괴했다"고 F. O. 매티슨Matthiessen은 썼다.

물론, 세부적으로 본다면 노동 분업은 최종 생산물에 이르기까지 개인이 작업의 전체 과정을 수행하지는 않는다는 것을 의미하지만, 현대적인 조건 아래서는 그 과정 자체가 그에게 보이지 않는다

---

2   Henry David Thoreau(1817~1862). 미국의 수필가, 시인, 철학자로서 자연 속에서의 단순한 삶에 대한 저작인 『월든』Walden, 국가의 폭정에 맞서는 시민의 권리를 옹호한 『시민 불복종』Civil Disobedience 등의 대표작을 통해 큰 영향을 미쳤다.

는 것을 의미하기도 한다. 그의 노동의 목표인 생산물은 법적으로나 심리적으로 그에게서 분리되어 있으며, 이런 분리가 없었다면 노동이 기술적 과정을 통해 얻을 수 있었을 의미의 신경망을 차단한다. 임금 노동과 하위 화이트칼라 업무는 말할 것도 없지만, 전문적인 화이트칼라의 수준에서도, 개인의 합리성을 계발하고 활용할 수 있는 기회가 의사 결정의 중앙집중화와 관료제에 수반되는 형식적 합리성에 의해 곧잘 파괴된다. 현대의 노동 조직이 수행한 이 기회 박탈은 소유권이 수행한 박탈의 수준을 훨씬 뛰어넘는다. 노동과 그 과정에 대한 전체적인 관점과 이해에서 합리성 자체가 박탈되었다. 더이상 자신의 노동을 계획할 수 없고, 따라야 할 계획을 수정할 수도 없는 개인은 자신의 노동 중 상당한 부분을 관리받고 조작당한다.

마르크스가 인간에 대해 낯선 힘alien power이라고 말했던 세계 시장은 여러 분야에서 관료화된 기업으로 대체되었다. 시장 자체가 아니라 중앙집중화된 경영상의 결정이 인간이 언제 일하고 얼마나 빨리 일할지를 결정한다. 하지만 사람들이 더 많이, 더 열심히 일할수록, 그들의 노동을 지배하는 외부의 힘인 상품을 더 많이 쌓아 올리게 된다. 마찬가지로 우리가 보았듯이 화이트칼라가 더 많이, 더 열심히 일할수록, 적절히 물신이 되고 간접적으로 정당화되는 자기 외부의 기업을 더욱 강화하게 된다. 기업은 이제 옛날 개인기업의 지휘관 아래 있었던 시절과는 달리 위대한 인물의 제도적 그림자가 아니며, 소규모 생산에서와 같이 사람들이 노동 속에서 자신을 실현하던 수단도 아니다. 기업은 비인격적이고 낯선 명목Name이며, 인간이 더 많이 투입될수록 인간에게는 더 적게 투입된다.

도구가 기계화되면서 인간은 지적 잠재력과 노동의 측면으로부터 소원해지고, 단위당 생산성 향상과 비용 절감을 위해 각 개인은 규격화된다. 시간의 전체 단위와 의미가 수정된다. 마르크스는 인간의 '일생'이 '노동 시간'으로 변형된다고 썼다. 개인을 특정한 작업과 일에 묶어두는 노동 분업은 "사람을 전문화하고 분류하는 데 전념하고, 한 가지 능력을 계발하는 대가로 다른 모든 능력을 희생하게 하는 시스템의 기초를 마련하며, 애덤 스미스의 스승인 A. 퍼거슨Ferguson은 '우리는 자유 시민이 없는 노예들의 국가를 만들고 있다'고 외쳤다."

사무기기와 판매기기의 도입은 화이트칼라가 일하는 두 종류의 큰 공간인 사무실과 판매장을 기계화하고 있다. 1920년대 이후로 화이트칼라 노동의 분업이 증가하고, 인력이 재구성되었으며, 숙련의 수준이 낮아졌다. 세분화된 조직의 일상적인 운영이 잘 알려진 집단의 분주한 업무 관심을 대체했다. 관리직과 전문직 수준에서도 합리적인 관료제가 성장함에 따라 노동은 공장 생산과 비슷한 것이 되었다. 경영 관료조직은 기계화, 더 세분화된 노동 분업, 덜 숙련되고 덜 비싼 노동자의 사용 등 이 모든 경향을 지속적으로 발전시키고 있다.

초기 단계에서 새로운 노동 분업은 인간의 기술을 향상시키는 방식으로 인간을 전문화할 수 있다. 그러나 나중에, 특히 전체 작업이 분할되고 기계화될 때, 이런 분업은 다른 능력을 희생시키면서 특정 능력을 계발하고 다른 모든 능력을 협소하게 만든다. 그리고 기계화와 중앙집중식 관리가 더욱 철저해지면서, 인간은 다시 자동화 기계처럼 평준화된다. 그러고 나면 약간의 전문가와 수많은 자동화 기계가 존재하게 된다. 이 둘은 상호 의존적이며 각자의 작업 절차를 유지하는 권위에 의해 통합된다. 따라서 노동 분업에서 개방적인 계발과 자유로운 기술 활용은 관리되고 금지된다.

현대적인 노동 소외의 조건은 이제 임금노동자뿐만 아니라 급여를 받는 근로자들에게도 적용된다. 임금 노동의 특징(임금 노동에서 점차 줄어들고 있는 힘든 막일을 제외하면)이라고 해봐야 일부 화이트칼라 업무의 특징과 다른 특징은 거의 없다. 여기서도 개인의 신체적 특성부터 심리적 성향에 이르기까지 개인의 인간적 특성이 관리자의 기능적 합리성 계산의 단위가 된다. 장인정신과 같은 노동의 특징은 사무실과 판매장에서는 찾아볼 수 없으며, 또한 성격 시장과 같은 일부 화이트칼라 노동의 특징은 임금 노동의 소외된 조건을 훨씬 뛰어넘는다.

하지만 앙리 드 만이 지적했듯이, 우리는 근로자가 장인정신으로서의 이상적인 노동과 자신의 노동 경험을 비교한다고 가정할 수 없다. 우리는 장인의 이상적인 초상화와 자동차 노동자의 초상화를 비교할 수 없으며, 이를 바탕으로 자동차 노동자에게 어떤 심리적 상태를 부여할 수도 없다. 옛 시대 상인의 조수와 현대의 여성 판매원의 심리 상태를 비교할 수 없으며, 옛날 방식의 회계사와 IBM 기계 담당자의 심리 상태를 비교할 수 없다. 현대의 임금노동자나 화이트칼라 근로자의 의식 속에 장인정신과 옛 사무실의 역사적 파괴가 인식되지는 않는다. 지난 세대에 그의 아버지나 어머니가 장인이었다면 위기로 느껴졌을지도 모르지만, 통계직으로 보면 그렇지 않았다. 그것은 느린 역사적 사실이고, 극적인 귀결이라고는 해도 이미 오래전에 사라진 것이며, 현재 세대와는 심리적으로 관련이 없다. 심리적 상상력이 충만한 역사가만이 그런 비교가 심리적으로 중요한 것처럼 쓸 수 있다. 현대의 근로자들이 생애 동안 하나의 조건에서 다른 조건으로의 전환을 경험할 때에만, 또는 그들이 노동의 이상적인 의미로 그것을 파악할 때에만, 공예의 삶이 그들의 의식 속에서 즉시 사실로 받아들여질 것이지만, 그들은 그렇지 않았다.

그러나 만약 화이트칼라가 하는 노동이 그 결과인 생산물과 관련이 없고 노동과 나머지 삶 사이에 본질적인 연관성이 없다면, 그들은 그 노동이 그 자체로는 무의미하다고 받아들인 채 다소간 불만스럽게 노동을 수행하면서 다른 곳에서 의미를 찾아야 한다. 앙리 베르그송Henri Bergson의 말처럼, 우리 삶의 모든 부분과 마찬가지로 그들의 노동에 대해서도 실로 이렇게 말할 수 있다. "우리는 대부분의 시간을 우리 자신 밖에 살면서 우리 자신의 유령, 무색의 그림자 외에는 거의 아무것도 알지 못한다. 따라서 우리는 우리 자신보다는 외부 세계를 위해 살고, 생각하기보다는 말하며, 행위하기보다는 행위하도록 강제된다. 자유롭게 행위한다는 것은 자신을 되찾는 것이다."

화이트칼라에게 자신의 노동활동을 통제할 수 있는 자유가 없다면 그들은 시간이 지나면서 습관적으로 다른 사람의 명령에 복종하게 되고, 자유롭게 행동하려고 노력하는 경우에는 다른 영역에서 그렇게 하게 된다. 자신의 노동에서 배우지 않거나 노동하면서 자신을 계발하지 않는다면, 시간이 지날수록 그렇게 하려고 노력하지 않게 되고, 종종 다른 영역에서도 자기 계발에 관심이 없게 된다. 노동과 놀이, 노동과 문화 사이에 분리가 있다면, 그들은 그 분리를 존재의 상식적인 사실로 인정하게 된다. 생계를 유지하는 방식이 생활방식에 영향을 미치지 않는다면, 그들은 노동 밖에서 진정한 삶을 구축하려고 노력한다. 노동은 노동 외부의 삶을 구축하는 데 필요한 시간의 희생이 된다.

4. 수용의 틀

오늘날 거의 모든 노동 경험의 밑바탕에는 노동 그 자체가 불쾌하다는 숙명론적인 느낌이 깔려 있다. 한 가지 유형의 노동 또는 특정한 하나의 일은 현재의 노동 세계에서 경험했거나 상상한 다른 유형의 노동과 대조된다. 따라서 현재 조직된 노동 세계를 다른 조직 방식에 의해 이뤄지는 노동 세계에 비춰 판단하는 일은 거의 일어나지 않는다. 마찬가지로, 노동에 대한 만족도는 다른 일의 만족도와 비교하여 느껴진다.

우리는 미국 화이트칼라 계층의 몇 퍼센트가 그들의 일에 '만족'하는지, 그리고 더욱 중요하게는 그들에게 '만족'이 무엇을 의미하는지 알지 못한다. 하지만 그런 질문에 대해 유익한 추측을 할 수는 있다.

거칠기는 해도 우리에게는 현재의 일에 대한 감정에 관한 몇 가지 질문에 대한 결과지가 있다. 거의 모든 다른 분야와 마찬가지로, 전국의 다양한 계층에게 질문을 던졌을 때, 사무직과 영업직 근로자를 의미하는 화이트칼라는 중간 지대에 속한다. 그들은 전국 평균(64퍼센트가 자신의 일이 '항상' 흥미롭고 즐겁다고 주장한다)에 근접한 반면, 전문직과 경영진은 더 높은 비율(85퍼센트)로 흥미와 즐거움을 느끼고 있다고 주장하고, 공장 노동자는 더 낮은 비율(41퍼센트)로 그렇게 주장한다.

화이트칼라 위계질서 내에서 직무 만족도는 위계의 수준에 따라 달라지는 것으로 보인다. 예를 들어, 한 연구에 따르면 전문직 종사자의 86퍼센트, 관리직 종사자의 74퍼센트, 상업직 근로자의 42퍼센트가 전반적으로 만족했다. 이는 임금노동자의 기술 수준과 관련해서도 마찬가지다. 숙련 노동자의 56퍼센트가 만족하는 반면, 반숙련 노동자의 48퍼센트가 만족한다.

이런 수치가 우리에게 알려주는 건 별로 없다. 왜냐하면 그 질문에 대한 답변이 사람들에게 어떤 의미인지, 또는 다른 계층에게도 같은 의미인지 알 수 없기 때문이다. 그러나 업무 만족도는 소득과 관련이 있으며, 만약 측정할 수만 있다면 지위나 권력과도 관련이 있다는 것을 알 수 있을 것이다. 이런 질문은 아마도 다른 개인과 비교하여 개인의 위치를 판단하는 데 사용될 것이다. 그리고 노동의 측면, 그런 비교의 조건을 명확히 해야 한다.

현대의 조건 아래서, 노동의 직접적인 기술적 과정은 대다수 근로자에게 의미가 감소하고 있는 반면, 소득, 권력, 지위와 같은 노동의 다른 특징이 부각되고 있다. 기술적 조작과 숙련이라는 측면과 별개로 노동은 소득의 원천이다. 급여의 양, 수준, 안정성, 그리고 개인의 소득 이력은 노동의 의미를 이루는 일부다. 또한 노동은 직장과 사회에서 지위를 얻는 수단이기도 하다. 다양한 유형의 노동과 다양한 수준의 직업은 서로 다른 지위 가치를 지니고 있다. 이 역시 일의 의미의 일부다. 그리고 노동에는 물질과 도구, 기계에 대한 다양한 종류의 힘이 담지되어 있지만, 오늘날 더 결정적인 것은 다른 사람에 대한 힘이다.

I. 소득: 이제 노동의 경제적 동기가 유일하게 확고한 근거가 되었다. 물론 다른 기쁨과 불만도 노동과 결부되지만, 노동에는 정당성을 부여할 수 있는 다른 상징이 없다. 노동 분업과 많은 직업 영역의 일상화로 인해 노동은 상품으로 축소되고 있으며, 돈이 유일한 공통분모가 되었다. 노동에서 기술적 기쁨을 얻을 수 없는 노동자에게는 시장 가치가 전부다. 미국에서 유일하게 중요한 직업적 운동인 노동조합은 더 적은 노동으로 더 많은 돈을 버는 것을 추구한다는 의미에서 소외된 노동이라는 순수하고 단순한 이념을 가지고 있다. 물론 다른 요구사항도 있지만, 어디까지나 더 많은 돈을 요구하는 데 따르는 비명을 줄이기 위해 '조정'되는 수단일 뿐이다. 돈에 초점이 맞춰지는 것은 노동이 가지고 있었던 본질적 의미를 결여하게 된 상황의 일부다.

노동에 대한 현대적인 접근 방식의 밑바탕에는 "사람은 스스로 벌어서 살아야 한다"라는 모호한 느낌이 있는 듯한데, 이는 개신교적 영향의 일종이 세속적 관습으로 약화된 것이다. 직업심리학자로서 슬럼프에 대해 저술한 바 있는 H. A. 오버스트리트Overstreet는 이렇게 말한다. "노동이 사라지고 나면 비극이 경제적 측면 이상의 것임을 알 수 있다. 그것은 심리적 측면과 관련된다. 그것은 우리 인격의 중심을 강타한다. 그것은 모든 자존감 강한 인간에게 당연히 속한 어떤 것을 우리에게서 앗아간다." 그러나 소득 보장, 즉 실업이나 저임금 노동에 대한 두려움은 더욱 중요하다. 질병, 사고, 노년에 대한 불안의 영향은 노동에 대한 열망을 뒷받침해야 하며, 열심히 일함으로써 불안을 해소하려는 강박에 근거하여 기쁨이 초래될 수도 있다. 일이 없고 걱정에 빠진 사람들이 온 세상에 넘칠 때라면, 광범위한 실업이나 그에 대한 두려움으로 근로자는 어떤 직업이라도, 어떤 종류의 노동이라도 행복하다며 감사하고 만족하게 된다. 이처럼 만족이 상대적인 지위에 달려 있다면, 만족도를 높이는 불공정한 요소가 여기에 존재한다. 다른 종류의 노동 동기와 다른 종류의 만족의 요인들이 가능한 곳은, 소득의 원천으로서 노동을 중심으로 구축된 관습과 두려움의 지평선 너머에 있다.

II. 지위: 소득과 소득 안정성은 지위를 비롯한 다른 것들로 이어진다. 기술적 기쁨의 감소와 함께, 근로자는 종종 노동에서 찾은 의미를 일의 다른 특징에 집중시키려고 한다. 업무 만족은 곧잘 노동 관계에서 비롯되는 지위에 대한 만족감에 달려 있다. 다른 사람들과 관련하여 수행하는 사회적 역할로서의 노동은 직장 내에서는 동료, 상사, 부하 직원, 그리고 (있다면) 고객 사이에서, 그리고 직장 밖에서는 친구, 가족, 그리고 더 큰 공동체 사이에서 자존감의 원천이 될 수 있다. 다른 일이 아니라 바로 어떤 종류의 일을 한다는 것, 그리고 자신의 일을 능숙하고 신속하게 수행한다는 것이 자존감의 원천이 될 수 있다. 도시 속의 외로운 남성이나 여성으로서는, 직장에서 사람들을 만난다는 단순한 사실만으로도 긍정적인 영향을 받을 수 있다. 대기업에서 익명의 직장 동료와 접촉하는 것조차도 가족이나 이웃과 너무 밀접하게 연결되어 있다고 느끼는 사람들에게는 매우 소중한 일일 수 있다. 도시의 중심지나 소도시 중심가의 주택지구에서 일한다는 사실에는 기쁨이 있고, 특정 회사에 소속되어 있다는 사실에는 매력이 있다.

주어진 숙련의 실행에 따라, 그리고 주어진 소득 수준에 맞춰 부여된 지위가 기쁨과 굴욕의 주된 원천인 경우는 흔하다. 세분화된 노동 분업의 심리적 효과는 노동자가 격하되었는지 여부에, 또 그의 동료들도 격하되었는지 여부에 달려 있다. 숙련에 대한 자존감은 과거에 자신이 발휘했던 숙련과 다른 사람들이 발휘하는 숙련, 그리고 그의 숙련에 대한 중요한 타인들의 평가와 관련된다. 마찬가지로, 그가 받는 돈의 양은 근로자와 다른 사람들에게 자신의 가치에 대한 최고의 척도로 간주될 수 있다.

관계가 점점 더 '객관화'되고 친밀한 지식이 필요하지 않을 때면 더욱 그렇게 될 수 있다. 그렇다면 벌어들이는 돈의 액수를 비밀로 하고, 심지어 다른 이들에게 더 많이 번다고 말하고 싶은 갈망이 생길 수도 있다. "누가 가장 많이 벌까?" 하고 에리히 엥겔하르트Erich Engelhard가 묻는다. "그것이 중요한 질문이고, 모든 차별화의 척도이며, 부유층의 기준이다. 우리는 어떻게 일하는지 보여주고 싶지 않다. 대부분의 경우 다른 사람들이 곧 우리의 비법을 알게 될 테니까. 이것이 자랑에 대해 전부 설명한다. 이게 '내가 해야 할 일이야!' 한 근로자가 써야 할 편지가 고작 세 통밖에 없을 때 바로 이렇게 외친다. 이런 자랑은 특정한 사람들이 자신의 지적 열망에 비해 자신의 직업을 매우 낮게 평가하되, 다른 사람들의 직업에 비해서는 매우 높게 평가하게 하는 원동력으로 설명할 수 있다."

III. 권력: 개인은 노동의 기술적 측면에 대한 권력을 박탈당했는데, 이는 첫째, 그가 노동하는 방식과 시기를 결정하는 시장의 발전에 의해, 둘째, 노동의 운용을 규율에 따르게 한 노동 영역의 관료화에 의해 이루어진 것이다. 이 두 가지 외부의 힘에 의해 개인은 자기 노동의 기술적 운용에 대한 권력을 잃었다.

그러나 다른 사람에 대한 권력의 행사는 정교해졌다. 현대의 노동 조직은 규모가 커지면서, 다양한 직종이 포함된 권력의 위계질서가 되었다. 명령을 내리고 받는다고 해서 일에서 권력의 행사를 통해 얻는 긍정적인 기쁨이 반드시 감소하는 것은 아니다.

노동의 기쁨의 특징인 지위와 권력은 종종 혼합되어 나타난다. 자존감은 노동 과정에서 행사하는 사회적 권력에 기초할 수 있다. 다른 사람의 의지에 대한 승리는 자기 평가를 크게 높일 수 있다. 하지만 그 반대도 사실일 수 있다. 거의 마소히즘적인 방식으로 사람들은 일에서의 복종으로 기쁨을 느낄 수 있다. 우리는 이미 낮은 직급의 직장 여성들이 높은 직급의 남성과 동일시하는 경향이 있다는 것을 보았다. 이전의 가족 관계로부터 옮겨오거나 미래의 가족 관계로 투사하면서 말이다.

직업의 네 가지 측면(숙련, 권력, 소득, 지위)을 모두 고려해야만 노동의 의미와 기쁨의 원천을 이해할 수 있다. 그중 어느 것이든 직업의 가장 중요한 측면이 될 수 있으며, 다양한 조합 속에서 이들 각각은 늘 근로자의 의식 속에 존재한다. 더 높은 소득이 수반하는 권력과 지위를 얻고 행사하는 것이야말로 정의상 노동의 만족일 수 있으며, 이런 종류의 만족은 인간활동의 내재적인 필요성과 완전한 발전 같은 공예의 경험 따위와는 아무 관계도 없을 수 있다.

5. 쾌활한 로봇의 사기

현대적인 노동이 조직되는 기관은 표류하는 흐름(수많은 작은 계획들이 모여 예상치 못한 결과를 만들어내는 것)과 계획(예상대로 성과를 내는 노력)에 의해 생겨났다. 개인이 자기 노동의 생산물과 과정으로부터 멀어지는 것은, 우선 현대 자본주의의 흐름의 결과로서 나타났다. 그리고 프레더릭 테일러와 다른 과학적 관리자들은 노동 분업을 계획적 관리의 수준으로 끌어올렸다. 계획을 중앙집중화하고 숙련의 분업을 진전시킴으로써 그들은 노동을 더욱 규격화했다. 공장이나 사무실에서의 흐름을 의식적으로 따라가면서 효율적인 특징을 더욱 발전시켰다.

20년 전, 미국 산업의 외부 관찰자인 H. 뒤브레이유H. Dubreuil[3]는, 그가 "노동자의 영혼에 내재된 내적 힘"에 접근하자 테일러의 "불충분함"이 드러났다고 쓸 수 있었다. 그것은 더 이상 진실이 아니다. 새로운 (사회) 과학적 관리는 테일러가 중단했거나 불완전한 부분에서부터 시작한다. '산업 내 인간관계'를 연구하는 사람들은 조명이나 깨끗한 화장실이 아니라 사회적인 무리짓기와 훌륭한 사기에 대해 연구했다. 효율적이고 문제없는 생산에 인간적 요소가 관여하는 한, 경영 관리 조직은 이를 통제해야 한다. 따라서 공장과 사무실과 같이 관리해야 할 세계에는 점점 더 사회적 환경, 인간관계, 그리

---

[3] 히아상트 뒤브레이유Hyacinthe Dubreuil(1883~1971). 프랑스 출신의 노동자, 운동가이자 저술가. 미국의 포드 공장에서 기계공으로 일한 경험을 바탕으로 체인을 긍정적으로 평가한 책 『스탠다드』Standards를 썼고, 이 책은 7개 언어로 번역되었다.

고 노동자로서의 인간의 성격이 포함된다.

일에 대한 열정을 불러일으키려는 경영진의 노력은 규격화된 업무에 자발적으로 참여하려는 근로자들의 의지가 부족하다는 것을 반증한다. 근로자들이 이용 가능한 이면의 목적을 위해 자발적으로 노동하려는 의지가 부족하다는 것을 경영진도 인지하고 있는 것이다. 또한 숙련을 높이고 사회적 위계를 상승시킬 수 있는 기회가 적을 때, 행복한 근로자를 확보하기가 더 어렵다는 것도 보여준다. 이런 이유 때문에 일의 의무감에 기반한 개신교 윤리가 사기를 높이려는 인사 부서의 의식적인 노력으로 대체되고 있는 중이다. 그러나 오늘날 근로자의 사기와 노동 열정에 대한 관심은 현대의 많은 노동이 무의미하다는 사실에서 비롯된 것은 아니다. 그것은 또한 미국 사회, 특히 미국 실업계의 상층부에서 일어난 몇 가지 결정적인 변화에 대한 반응이기도 하다. 그 변화란 현대 기업의 엄청난 규모와 복잡성, 명백히 방대하고 집중된 기업의 권력, 지난 10여 년간 충성을 바칠 대상으로서의 경쟁적 중심(노동조합)의 성공적인 부상과, 그 노동조합이 불가피하게 일에서의 권력관계에 초점을 두었다는 사실, 정치적으로 성공한 뉴딜과 페어딜 정책4에 힘입은 자유주의 행정 국가의 확대, 그리고 대공황 동안 기업을 둘러싼 적대적인 분위기 등이다.

이런 상황은 기업 세계의 특정 부분에 대한 전망을 변화시켰고, 나는 『새로운 권력자』The New Man of Power(1948)에서 이를 실용주의로부터 세련된 보수주의로의 전환이라고 불렀다. 기업의 대변인들

---

4   페어딜Fair Deal은 프랭클린 루스벨트 대통령 시기의 뉴딜 정책을 계승하는 해리 트루먼 대통령 시절의 국내 정치를 특징짓는 표현이다. 최저 임금 대폭 인상, 완전 고용 보장 법제화, 교육 지원, 국민건강보험, 공정고용관행위원회 등의 도입을 목표로 했으나, 공화당이 의회 다수 의석을 확보한 탓에 큰 성과를 내지 못했다.

은 기업 권력의 증가가 공개적으로는 아직 정당화되지 않았고, 새로운 정당성을 개발해야 할 필요성이 있다고 느낀다. 자신들이 무산자 근로자로 가득한 정치적으로 적대적인 바다 위의 작은 섬 같다고 느끼는 이 세련된 대변인들 사이에서 정당성을 더 잘 드러내는 상징을 모색하는 움직임이 생긴다. '산업 내 인간관계'에 대한 연구는 이 모색의 이념적 부분이다. 관리자들은 생산 비용을 낮추고, 공장 내부의 긴장을 완화하며, 현대사회에서 그들이 행사하는 집중된 권력을 정당화할 새로운 상징을 찾으려는 희망 때문에 이런 연구에 관심을 갖는다.

노동할 의지를 확보하고 높이려면 경제적 인센티브 이상의 무언가를 노동에 부여하는 새로운 윤리가 필요하다. 전쟁 중에는 관리자들이 민족주의에 호소했다. 그들은 작업장과 도구에 대한 노동자의 애니미즘적 동일시를 활용하여 회사에 대한 노동자의 동일시를 강화하려고 애쓰고, 회사나 지점, 공장의 이름으로 호소했다. 그들은 "업무에 대한 열정은 좋은 사업"이며, "업무에 대한 열정이야말로 미국적 방식의 특징"이라고 거듭 강조했다. 하지만 그들은 아직도 정말로 건전한 이데올로기를 찾지는 못했다.

그들이 추구하는 것은 "업무는 반드시 완수되어야 한다"는 태도 속에서, "'우리'라는 태도", "자발적인 규율", "쾌활하게 웃는 근로자"라는 태도 속에서 외면적으로 드러나는 "근로자 속의 무엇인가"인 것이다. 예를 들어, 그들은 은행 직원들에게 "은행 업무에서 그들이 차지하는 중요성과 은행 업무가 일반 경제에 미치는 중요성"을 지적하기를 원한다. 경영자협회의 1947년 회의에서는 다음과 같은 말을 듣는다. "인체에 대해 놀라운 게 하나 더 있어요. 약병 속 화학물질을 조금만 다르게 만들면 충성스러운 사람이 탄생한답니다. 그는 당신을 좋아하고, 만약에 그에게 사고가 나면 당신과 회사는 많은 걸 잃게 되지요. 왜냐하면 당신이 그에게 너무 잘해줬으니까요. 당신은 그의 혈액 구조를 변화시켰어요. 그의 노동과 환경 속으로 행동을 자극하는 화학물질을 추가해야 해요. 그래야 그가 충성스러우면서도 생산적일 수 있거든요. 우리 밑에서 일하는 누군가는 왜 그러는지는 모르면서도… 누가 그들에게 어디서 일하고 왜 일하는지 묻는다면 '저는 이 회사에서 일합니다. 이곳이 마음에 들고 제 상사는 정말 일하기 좋은 사람입니다'라고 대답하지요."

'사내 인간관계'라는 새로운 이념에 담긴 전반적인 조언의 공식은 이렇다. 노동자를 행복하고 효율적이며 협조적으로 만들려면 관리자를 지능적이고 합리적이며 지식이 풍부하게 만들어야 한다. 이는 엔지니어의 의사 객관적인 언어로 위장된 관리 엘리트의 관점이다. 또한 인사 담당자가 권위적인 태도를 완화하고 근로자를 좀 더 잘 이해하며, 근로자가 경영진에 맞서 공유하는 비공식적 연대를 무력화하는 한편, 바로 이 연대를 활용하여 좀 더 원활하고 번거롭지 않게 경영 효율성을 달성하도록 돕는 조언이다.

현새 경영사들이 업무에 대한 열성을 불러일으키려는 시도는 프루동에 대한 마르크스의 말을 인용하면, 노동의 소외라는 경계 안에서 노동의 소외를 극복하려는 시도라고 할 수 있다. 한편, 노동으로부터 소외된 사람들이 얻는 만족은 소외의 틀 안에서 발생한다. 반면 그들이 삶에서 얻는 만족은 노동의 경계 밖에서 발생한다. 이렇게 노동과 삶은 뚜렷하게 분리되어 있다.

6. 심대한 단절

지난 반세기가 지나면서 대도시의 피로에 지친 대중에게 비로소 여가가 널리 제공되었다. 그 이전에는 사회적으로 여가를 즐기는 법을 배운 소수만 여가를 누릴 수 있었고, 나머지 대중은 더 낮고 암울한 수준의 감성, 취향, 느낌에 머물러 있었다. 그리고 점점 더 많은 사람들이 여가를 누릴 수 있게 되면서, 노동의 영역에 적용되었던 대량생산 기술이 오락의 영역에도 적용되었다. 오늘날 미국 사회생활에서 가장 두드러진 특징이자 가장 열광적인 것 중 하나가 바로 대중적인 여가활동이다. 이런 모든 활동은 놀라움, 흥분, 그리고 주의 산만을 유발하지만, 이성이나 감성을 확장시키거나 자발적인 성향이 창의적으로 전개되도록 허용하지는 않는다는 데 중요한 특징이 있다.

대중 여가로의 전환에서 심리적으로 중요한 것은 노동의 복음이라고도 할 수 있는 구중간계급의 노동 윤리가 근로자의 사회에서는 여가 윤리로 대체되었고, 이 대체 과정에서 노동과 여가가 거의 절대적으로 분리되었다는 점이다. 이제 노동 그 자체가 여가 가치의 관점에서 판단된다. 여가 영역이 노동을 판단하는 기준을 제공하며, 노동이 갖는 의미 자체를 노동에 부여한다.

노동에서의 소외는 인생에서 제일 공들여 주의력을 기울이는 시간을 '살아가는' 데 필요한 돈을 벌기 위해 희생한다는 의미다. 소외란 잠재적으로 창의적인 노력, 즉 개성의 생산적인 측면에 대해 지루함과 좌절감을 느끼는 현상을 의미한다. 사람들이 자신에게 가치 있는 모든 것을 노동의 바깥에서 추구해야 하지만, 동시에 노동할 때는 진지해야 한다는 의미이기도 하다. 그들은 웃거나 노래하거나 심지어 말도 할 수 없으며, 규칙을 따라야 하고 '기업'에 대한 물신 숭배를 어겨서도 안 된다. 요컨대, 그들은 자신에게 아무런 의미가 없는 것에 대해, 심지어 하루 중 가장 좋은 시간 동안, 나아가 인생에서 가장 좋은 시간 동안 진지하고 꾸준하게 임해야 한다. 따라서 여가시간은 권위주의적인 일의 진지함으로부터 벗어난 진지하지 않은 자유를 의미하게 된다.

노동과 여가의 분리, 현대인의 긴장된 의식 속에서 여가가 더 중요해졌다는 사실은 20세기 미국 사회의 전체 구조를 관통하며, 노동에 대한 중요한 경험에 영향을 미치고, 대중적인 목표와 백일몽을 정해준다. 지난 40년 동안 '일의 우상'이 쇠퇴하면서 '여가의 우상'이 부상했다고 레오 로웬탈[5]은 주장했다. 이제 대중 잡지에 실리는 인기 있는 전기에서 다루는 영웅은 생산 분야에서 성공한 사업가, 전문가, 정치인으로부터 엔터테인먼트, 레저, 소비 분야에서 성공한 인물로 바뀌었다. 영화배우와 야구 선수가 산업계의 거물, 정치인을 대체했다. 오늘날, 인기 있는 우상의 특징은 "모두 소비자라는 개념에 통합될 수 있다." 그리고 성찰, 상상, 꿈, 욕망의 기능은, 설사 그런 게 존재한다고 해도 구체적이고 실제적인 노동 경험의 영역에서는 작동하지 않는다.

노동은 삶의 다른 부분, 특히 의식적인 즐거움의 영역과 분리되었다. 그럼에도 불구하고 대부분의 남성과 많은 여성은 노동해야 한다. 따라서 노동은 여가 영역 어딘가에 있는 이면의 목적을 위한 불만족스러운 수단이다. 노동의 불가결함과 노동으로부터의 소외가 노동의 고단함을 구성하고, 노동의 고단함이 심할수록 현대의 여가 활동에서 찾을 수 있는 불안정하거나 몽환적인 모델에서 안도감을 찾을 필요성은 커진다. 여가는 꿈꾸고 적극적으로 추구하는 모든 좋은 것들과 목표를 포함한다. R. H. 토니는 인생에서 가장 지루한 부분은 노동하는 시간과 장소이고, 가장 즐거운 부분은 소비하는 시간과 장소라고 말한다.

사람들은 날마다 자신들의 작은 조각을 팔아서 '재미'라는 동전

---

[5] Leo Lowenthal(1900~1993). 독일 출신 사회학자로서, 나치의 유대인 박해를 피해 미국으로 이주한 프랑크푸르트학파의 중요한 구성원이다.

을 구한 다음, 그것으로 매일 밤과 주말에 되살아나려 한다. 오락, 사랑, 영화, 대리 친밀감과 함께 그들은 자신을 다시 온전한 존재로 끌어올리고, 이제 다른 사람이 된다. 그리하여 노동과 여가의 순환은 노동에 기초한 일상적인 이미지와 여가에 기초한 휴가 이미지라는 두 가지 매우 상이한 자아 이미지를 만들어낸다. 휴가 이미지는 흔히 열망하고 꿈꾸는 대상이라는 특징을 강하게 띠고 있으며, 물론 대중매체 속 인물과 사건에 의해 형성된다. "주말의 리듬은 그 도래, 계획된 즐거움, 그리고 고지된 종말과 함께 삶의 리듬을 따랐고, 삶의 대용이기도 했다"라고 스콧 피츠제럴드는 썼다. 평일과 전혀 다른 주말은 노동하는 일상의 회색 톤에서 사람들을 구원하고, 노동하는 삶과 대비되는 기준을 형성한다.

노동의 영역이 의미를 잃고 삶에 내적 방향과 리듬을 제공하지 못하게 되면서, "인간을 사회에 고정시키는" 방법으로서 공동체와 친족 관계의 범위도 줄어들었다. 구식 공예 모델에서는 노동의 영역과 가족이 일치했다. 산업혁명 이전에는 집과 작업장이 하나였다. 오늘날에는 소부르주아 가족에서만 이런 일이 일어나고 있으며, 젊은이들은 종종 이를 억압으로 여긴다. 노동 분업의 결과 중 하나는 가장이 집을 떠나 노동생활과 가정생활이 분리되었다는 것이다. 이는 노동이 가정을 유지하는 수단이 되었고, 가정은 일터로 돌아갈 수 있도록 재충전하는 수단이 되었음을 의미했다. 그러나 심리적 삶의 중심이던 가정의 역할이 쇠퇴하고 노동 시간이 줄어들게 되자, 여가 및 오락의 영역이 가정의 기능을 대신하게 되었다.

이제 사람이 살아가는 틀은 더 이상 전통적인 제도에 의해 결정되지 않는다. 대중매체가 삶의 틀이 되어 전통을 대체한다. 이렇게 떠도는 대도시 사람들은 스포츠 관전, 대중매체의 우상, 그리고 다른 오락 기계에 새로운 닻을 내린다.

따라서 여가 영역(그리고 현재 여가활동이 조직되는 방식으로서 오락 기계)은 성격 형성, 정체성 모델에 영향을 미치는 중심이 된다. 여가와 오락 기계야말로 한 사람이 다른 사람들과 공유하는 것이며, 지속적인 관심사인 것이다. 오락 기계는 "노동과 분리된 우리 삶의 측면들에 대해 관심과 욕구를 집중시키고, 성취한 것의 측면이 아니라 돈과 시간을 가지고 있다는 점에서 중요한 사람들"에 대해 관심과 욕구를 집중시킨다고 헨리 듀런트Henry Durant는 언급한다.

공허한 사람들의 오락은 그들 자신의 공허함에 의존하며, 오락은 공허함을 채우지 못한다. 오락은 그들을 진정시키지도 편안하게 만들지도 못한다. 마치 구중간계급의 유희와 흥겨운 분위기가 그랬던 것처럼 말이다. 그것은 장인 모델처럼 노동 속에서의 자발성을 재창조하지도 않는다. 여가활동은 그들을 노동의 불안한 고단함에서 벗어나게 하지만, 화려함과 스릴을 수동적으로 즐기는 고단함에 몰입하게 만든다. 현대인에게 여가는 돈을 쓰는 방법이고, 노동은 돈을 버는 방법이다. 두 가지가 경쟁할 때, 여가가 압도적으로 승리한다.

11장

지위 혼란

위신에는 적어도 두 사람이 관여한다. 위신을 주장하는 한 사람과, 그 주장을 존중하는 다른 한 사람이다. 다양한 사람들이 위신을 주장하는 근거와, 다른 사람들이 이런 주장을 존중하는 이유에는 재산과 출생, 직업과 교육, 소득과 권력 등 사실상 한 사람을 다른 사람과 구별할 수 있는 거의 모든 것이 포함된다. 이런 주장은 사회 내의 지위 체계에서 누가, 어떤 방식으로, 어떤 근거를 가지고 성공적으로 위신을 주장하는지를 규정하는 규칙과 기대치에 따라 조직된다. 어떤 개인이 누리는 자존감의 수준은 어느 정도는 이 지위 체계에 의해 결정된다.

위신을 얻기 위한 노력이 얼마나 존중받게 될지, 존중받는 사람들로부터 얼마나 존중받게 될지 그 정도는 참으로 다양할 수 있다. 위신을 주장하는 개인 중 일부는 그의 위신을 존중할 수 있고, 다른 사람들은 존중하지 않을 수 있다. 일부는 진심으로 존경의 마음을 표현할 수 있고, 또 다른 일부는 다른 목적을 위한 편리한 전략으로 존경을 표현할 수도 있다. 사실, 사회에는 수많은 위신의 위계질서가 있고, 그 각각에는 위신이 부여되는 전형적인 근거와 영역이 있기 마련이다. 또는 모두가 한결같이 '자신의 위치를 알고' 항상 그 위치에 있는 하나의 위계질서가 존재할 수도 있다. 후자의 경우, 위신 집단이 균일하고 지속될 가능성이 가장 높다.

모든 사람의 위신이 절대적으로 확립되어 있고 모호하지 않은 사회를 상상해보라. 위신에 대한 모든 사람의 주장이 그가 받는 위신에 의해 균형을 이루고, 그의 주장 표현과 다른 사람들이 이런 주장을 존중하는 방식이 고정관념으로 명시되어 있다. 나아가, 주장의 근거는 그들이 존중받는 이유와 일치한다. 재산이나 출생을 특정한 근거로 삼아 위신을 주장하는 사람들은 그들의 재산이나 출생으로 인해 존중받는다. 따라서 어떤 두 사람 사이에 기대되는 존경의 정확한 양과 유형이 항상 알려져 있고 예측되며 주어져 있다. 그리고 각 개인의 자존감의 수준과 유형은 그의 내면의 삶의 꾸준한 특징이 된다.

이제 위신이 매우 불안정하고 모호한 반대의 사회를 상상해보라. 개인의 주장은 대체로 다른 사람들에 의해 존중받지 않는다. 주장이 표현되는 방식은 존경을 보내리라고 기대되는 사람들로부터 이해되거나 인정되지 않으며, 다른 사람들이 위신을 부여할 때는 불분명한 방식으로 한다. 자신의 소득을 근거로 위신을 주장하는 사람이 있다고 생각해보자. 아무튼 위신을 부여받았는데 알고 보니 그가 주장한 소득 때문이 아니라, 이를테면 그의 교육이나 외모 때문일 수 있는 것이다. 존경의 양과 유형이 조정되는 모든 통제 장치는 뒤죽박죽이거나 그냥 존재하지 않는다. 따라서 위신 체계는 체계가 아니라 오해의 미로이며, 갑작스러운 좌절과 탐닉의 미로이고, 자존감이 요동치면서 개인은 긴장과 불안에 시달리게 된다.

20세기 중반의 미국 사회는 이 두 가지 예측에 모두 부합하지 않지만, 불안정하고 모호한 모델에 더 가깝다는 것은 분명해 보인다. 그렇다고 해서 미국에 위신 체계가 없다는 말은 아니다. 지위의 모호함에 사로잡혀 있다고는 해도 직업 수준에 따라 전형적인 수준의 위신을 누리고 있다. 그러나 위신을 누리는 것이 종종 방해받고 불안해지며, 위신의 근거, 위신 주장의 표현, 그리고 이런 주장이 존중되는 방식이 이제 큰 긴장의 대상이 되고 있으며, 이 긴장으로 인해 사람들이 사실상 지위 혼란 상태에 빠지는 경우가 많다고 말하려는 것이다.

1. 화이트칼라의 위신

화이트칼라 근로자가 차지하는 위신상의 지위는 계층으로서의 화이트칼라에 관해 논쟁의 여지가 가장 많은 부분 중 하나이며, 현대의 사회 구조 속에 그들을 위치시키려는 사람들이 설명해야 할 주요한 사항이다. 계층화의 어떤 차원도 충분할 수는 없지만, 화이트칼라 근로자들이 성공적으로 주장한 사회적 존경은 그들을 정의하는 중요한 특징 중 하나다. 사실, 그들의 심리는 흔히 위신을 추구하는 심리로 이해될 수 있다. 이것이 화이트칼라의 주목할 만한 속성으로 곧잘 간주되는 것은 계층화를 순전히 경제적 현상으로 보는 관점을 극복하려는 노력을 반영하는 것일 수 있으며, 우리는 이 측면을 수용한다. 또한, 전체 집단을 하나의 슬로건으로 포괄하려는 욕구를 반영할 수도 있는데, 우리는 이 측면은 거부한다.

    위신에 대한 화이트칼라의 주장은 그들의 호칭이 암시하듯이 외모 스타일로 표현된다. 화이트칼라는 직장에서 평상복을 입을 수 있고, 또 그렇게 요구받는다. 다소 수수하게 입으리라고 기대받을 수는 있겠지만, 그들의 작업복은 제복이 아니며, 일반적으로 길거리에서 입을 수 있는 옷과 다르지 않다. 세련된 옷의 표준화와 대량 생산으로 인해 20세기까지 중요했던 많은 차이점들이 사라졌지만, 화이트칼라와 임금노동자 사이의 전형적인 차이점은 여전히 남아 있다.

임금노동자는 근무 외의 시간에 표준화된 평상복을 입을 수 있지만, 사무직 근로자는 근무 중에도 평상복을 입는다. 이런 차이는 임금노동자와 화이트칼라, 특히 소녀와 여성의 의류 예산에서 드러난다. 사춘기 이후, 비슷한 소득의 임금노동자 여성과 비교했을 때, 사무직 여성은 의류에 훨씬 더 많은 돈을 쓴다. 정도는 덜하지만 남성도 마찬가지다.

고용된 사람들의 계급적 위치는 노동시장에서 가지는 기회에 달려 있고, 지위상의 위치는 상품시장에서 그들이 가지는 기회에 달려 있다. 위신에 대한 주장은 소비를 기반으로 제기되지만, 소비는 소득에 의해 제한되기 때문에 계급상의 위치와 지위상의 위치는 교차한다. 이 교차점에서 의류에 대한 지출은 매우 중요하지만, 그렇다고 해도 화이트칼라 계층이 보여주는 겉모습과 생활방식을 반영하는 지표index에 불과하다.

어떤 형태로 표현되든 위신을 향한 주장은 다른 사람들에 의해 존중되어야 하며, 결국에는 하나의 사회 계층에 속한 사람들을 다른 계층에 속한 사람들과 구별하는, 다소간 널리 인정되는 기반에 근거해야 한다. 물론 어떤 계층의 위신은 다른 계층과의 상호 인정된 관계에 기초한다. 독립적인 고용주와 임금노동자 사이에 있는 사무직 근로자의 '중간 위치'는, 1912년에 에밀 레더러[1]가 쓴 것처럼, "명확한 기술적 기능이라기보다는 부정적인 특성"이고, "급여를 받는 근로자라는 사회적 표식이며, 그들 자신의 의식과 공동체의 평가에 따

---

1 Emil Lederer(1882~1939). 보헤미아 출신으로 독일에서 활약한 경제학자이자 사회학자. 나치 집권 후 유대인 박해로 미국으로 이주하였으며, 뉴욕의 뉴스쿨New School for Social Research에 망명 대학을 설립하는 데 주도적 역할을 수행했다. 민주사회주의자로서 경제이론과 계급구조 분석에 주력했다.

라 사회적 성격을 확립한다."²

급여를 받는 직원은 기업가와 연결되다가 나중에는 관리직 간부들과 연결되었는데, 이들은 양자 모두로부터 위신을 빌려왔다. 19세기 후반에는 현장 주임, 판매원, 사무직 직원이 널리 알려져 있었고, 스스로는 구중간계급의 도제나 조수라고 여겼다. 미래에 그들과 같은 계층에 속하기를 바란다면 함께 일하고 있는 이들의 위신을 빌릴 수 있었고, 그들과 밀접하고 개인적인 접촉을 맺는 경우도 흔했다. 화이트칼라는 구중간계급 성원과 결혼하고 공통의 사회 활동을 즐겼다. 많은 경우, 월급쟁이는 대중에게 기업가를 대표했고, 동등한 사회적 수준에서, 주로는 농촌의 구중간계급에서 채용되었다. 이런 모든 것(출신, 소속, 기대) 덕분에 초기의 월급쟁이 근로자들은 구중간계급으로부터 지위를 빌릴 수 있었다.

지금도 대도시와 소도시에서 화이트칼라 노동자는 계속해서 그런 위신을 빌리고 있다. 구중간계급 기업가들과의 개인적인 접촉이, 대기업에서는 하위 단계의 새로운 관리 간부들과의 비개인적인 접촉으로 대체된 것은 사실이다. 하지만 모든 화이트칼라가 고용주와 개인적으로 접촉하지 않는 것은 아니다. 모든 화이트칼라가 대규모 배치로 고용되는 것은 아니며, 많은 분야에서 이는 아직은 현실이라기보다는 미래의 모델에 가깝다. 화이트칼라에 대한 일반적인 이미지는 그들이 종종 위신 주장을 하면서 활용한다는 점을 볼 때 현실에서 비롯된 것이다. 게다가, 커다란 위계질서 속이라고는 해도 화이트칼라가 공장 노동자보다 윗분들과 더 많이 접촉하는 게 보통이

---

2 최근 이뤄진 전국 여론 조사에서 어떤 항목에 대한 평가를 보면, 최고인 정부 공무원의 90.8퍼센트, (자유직과 고용직) 전문직과 준전문직의 80.6퍼센트에서부터 최저인 비농업 노동자의 45.8퍼센트까지 분포를 보이는데, 그사이에 '사무직, 판매직, 기타 종사자' 전체 집단이 68.2퍼센트로 위치하며, '숙련공, 직공장, 기타 노동자'와 거의 같다. 【원주】

다. 그리고 대체로 그렇게 느낀다.

'공장'shop과 '사무실'front-office 사이를 가르는 차이는 종종 많은 사무실 업무가 소득도 낮고 일상적 성격인 반면, 공장 업무는 고임금에 숙련을 요구한다는 사실과는 별개로 존재하는 것처럼 보인다. 주문과 급여가 사무실에서 나오고, 사무실과 관련되기 때문이다. 그리고 그 일에 종사하는 사람들은 어떤 식으로든 임금노동자의 삶에서 사무실이 차지하는 기능에 수반되는 위신을 부여받는다. 화이트칼라가 상위계층으로부터 지위를 빌려오는 경향은 매우 강해서, 모든 사회적 접촉과 직장의 특징에까지 영향을 미치고 있다.

백화점의 판매원들은 이미 살펴본 바와 같이, 고객과의 접촉을 통해 얻은 위신을 빌려 직장 동료와 직장 밖 친구들 사이에서 활용하려고 시도하지만 곧잘 실패한다. 대도시의 34번가에 근무하는 여성은 5번가나 57번가에 근무하는 여성만큼 위신을 얻으려 해도 성공할 수 없다. 한 관찰자는 다음과 같이 썼다. "본윗 텔러 백화점[3]의 여점원은… 메이시스 백화점의 여점원과는 다르게 행동하고 다르게 느낄 것이다. 그녀는 더 우아하고 더 유용하고 더 매력적일 것이다. 그녀는 자신에 대해서는 품격을, 메이시스 백화점의 여점원에 대해서는 거리감을 느끼면서 차별화된 분위기를 느끼게 될 텐데, 이는 '나는 당신보다 더 중요해요. 왜냐하면 내 고객은 파크 애비뉴[4]에서 오기 때문이죠'라는 의미인 것이다."

백화점에서 일하는 판매원의 위신은 그들이 취급하는 상품의 측면에서 알 수도 있는데, 이는 전형적으로 그 상품을 사는 사람이 얼

---

[3] 본윗 텔러Bonwit Teller 백화점은 1895년 뉴욕의 18번가에서 시작한 백화점으로서 이후 체인으로 발전했다. 5번가의 고급 백화점 중 하나였다.
[4] Park Avenue. 세계에서 가장 비싼 건물, 부동산들이 모여 있는 뉴욕 맨해튼의 한 구역이다.

마나 '고가'인지에 따라 순위가 매겨진다. 위신은 상품 자체에서 직접 빌려올 수도 있지만, 고객의 유형에서 위신을 빌려오는 경우보다는 흔하지 않다.

화이트칼라가 상사나 윗분들, 고객이나 단골과 맺는 관계가 너무 비인간적으로 변하는 바람에 그들로부터 위신을 빌리기가 매우 어려울 경우, 종종 회사나 기업 자체에서 위신을 빌리기도 한다. 기업에 대한 물신 숭배와 동일시는 관리자뿐만 아니라 직장 내 피고용인에게도 흔하다. 이런 동일시는 노동이라는 일련의 활동 자체가 외부에 대해 위신을 주장하거나 내면적으로 자존감을 가지게 해줄 기회가 거의 없다는 사실 때문에 실행될 수 있다. 따라서 자신이 하는 노동은 회사 이름 속에 묻혀버린다. 타자수나 여점원은 하는 일의 관점에서 자신을 생각하지 않고, "삭스[5]와 함께 일한다"거나 "타임에서 일한다"고 생각한다. 라디오 시티의 크롬과 마호가니로 꾸며진 환경에서 일하는 주급 38달러의 사무원들은 7번가의 작고 지저분한 사무실에서 일하는 주급 50달러의 속기사와 비교하면서, 종종 더 높은 위신 주장을 성공적으로 제기할 것이다. 구인 광고("록펠러 센터에 있는 아름답게 꾸며진 사무실", "전국적인 대기업", "엠파이어 스테이트 빌딩 32층에 있는 사무실")는 사무직 노동자의 지위 추구에 대한 의식적인 집착을 드러낸다. 이런 직책은 충원하기가 더 쉬운데, 높은 연봉이나 빠른 승진 때문이 아니라 회사 이름이나 위치가 주는 매력 덕분이다.

젊은 경영진은 회사와 동일시함으로써 때때로 자기 경력의 기대치를 회사와 일치시키고, 따라서 자기 미래를 회사의 미래와 동일시할 수 있다. 그러나 하위계층으로 내려가면 동일시는 성공에 대한

---

5 삭스 5번가 백화점Saks Fifth Avenue은 뉴욕의 고급 백화점이다.

기대보다는 안정과 위신에 더 관련된다. 물론 두 경우 모두 이런 감정은 기업에 대한 충성이라는 이익을 위해 활용될 수 있다.

비인격적인 화이트칼라 위계질서 속에서, 근로자들은 곧잘 위계질서와 긴밀하게 동일시하고 그로부터 위신을 얻기 위해 주변 환경을 개인화하려고 시도한다. 인사 관련 문헌들을 보면 중요한 사람이라는 느낌을 얻으려고 측은할 정도로 노력하는 사례가 많다. 예를 들어, 한 여성이 쓰던 의자를 가져가고 대신 그녀에게 더 편리한 의자를 제공하면 그녀의 생산성이 떨어진다. 왜 그러는지 물으면 그녀는 "왜 나를 골라요?"라고 되물으면서, 5년이나 쓴 그 낡은 의자에 자기 이름표가 달려 있었다고 설명한다. 그 이름표가 새 의자에 옮겨져서 달리면 태도가 바뀌고 생산성이 정상 수준으로 올라간다. 사무실 책상 배치와 관련해서도 유사한 관찰이 이루어졌는데, 경영진이 알지 못하는 사이에 연공서열에 따라 오래된 패턴이 형성되었다. 아마도 여성이 남성보다 이런 위신 차용에 대해 더 민감할 것이다. 취업을 원하는 여성의 첫 번째 고려 사항은 '사무실 환경', 장비 상태, 사무실의 외관, 그곳에서 일하는 '사람들의 수준'과 관련이 있었다. 정기적인 급여 인상 및 초봉은 이런 고려 사항보다 낮은 순위에 있었다. 물론, 이런 위신 문제는 종종 결혼할 만한 남성을 좀 더 많이 만날 수 있다는 시장에 대한 욕구와 관련되지만, 지위 환경에 대한 물질적 표시는 그 자체로 화이트칼라의 중요성에 결정적인 역할을 한다.

화이트칼라 노동이 임금 노동보다 근육상의 노력은 덜 요구하되 심성적 능력은 더 많이 요구한다는 사실은 위신 주장에 대한 표준적이고 역사적인 근거였다. 이미 살펴본 바와 같이 사무실에서는, 화이트칼라 기술과 사회적 합리화가 화이트칼라와 공장 노동 간의 기술적 차이를 확실히 줄여주었다. 많은 화이트칼라가 작업복을 입는 대신 평상복을 입더라도 이제 경공업 작업과 상당히 유사한 속도와 조건 아래 간단한 기계를 작동시킨다. 그럼에도 불구하고, 작업의 다양함과 자율적 의사 결정의 정도는 화이트칼라의 위신에 대한 근거로 간주된다. 그리고 수천 개의 사무실과 판매장에서 접수원, 여점원, 비서, 심지어 타자수까지 각자의 속도와 결정에 따라 다양한 업무를 수행하는 것도 사실이다.

화이트칼라 숙련의 습득에 필요한 시간과 습득 방법은 이들의 위상을 결정하는 중요한 기준이 되어왔다. 비록 화이트칼라 노동의 합리화로 인해 숙련 습득에 걸리는 시간이 줄어들고 있지만 말이다. 현재 직장인의 약 80퍼센트가 3개월 안에 배울 수 있는 업무를 수행하고 있는 것으로 추정된다. 이런 노동 과정의 합리화와 함께 고도로 숙련된 전문가 계층이 부상했다. 사회 전체에서 이 계층은, 비록 틀린 이미지이라고는 해도, 대중적으로 '화이트칼라' 노동과 관련되는 반면, 반숙련은 임금 노동과 관련된다. 따라서 실제로는 숙련되지 않고 규격화된 노동을 수행하는 화이트칼라 노동자라도 여전히 숙련의 위신을 빌려오는 셈이다.

숙련의 유형보다 더 중요한 것은 많은 화이트칼라 숙련이 직장보다는 학교에서 습득된다는 사실일 것이다. 숙련을 습득하는 가장 위신 있는 두 가지 방법이 많은 화이트칼라 분야에서 결합되었지만, 임금노동자들 사이에서는 지금 어느 것도 널리 퍼지지 않는다. 기업가나 관리자와 밀접하게 접촉하는 도제 과정은 임금 노동에서 사라진 후에도 화이트칼라 직업에서 지속되었다. 그리고 고등학교와 '실업전문학교'의 정규 교육이 화이트칼라의 전형적인 길이 되었다.

소규모 독립 재산에서 종속적인 직업으로 전환하게 되면 삶의 조건을 결정하는 데서 정규 교육의 비중이 크게 증가한다. 신중간계급에게 교육은 사회적 위치를 보장하는 수단으로서 재산을 대신하게 되었다. 자녀에게 '좋은 교육'을 보장하기 위한 신중간계급의 저축과 희생이, 자녀가 생계를 유지할 수 있는 '좋은 재산'을 물려받을 수 있도록 보장하려는 구중간계급의 저축과 희생을 대체한다. 직업적 야망과 그 조건인 교육의 상속이 재산의 상속을 대체한다.

일부 화이트칼라 숙련을 습득하려면 20년간의 값비싼 공식 교육이 필요하지만, 다른 기술은 하루 만에도 습득할 수 있으며, 교육 수준이 낮은 사람이 더 효율적으로 수행할 수도 있다. 일부 화이트칼라 업무의 경우, 중학교 졸업 이상의 사람들은 지루함에 따른 좌절감으로 업무 속도가 느려질 것을 우려하며 원하지 않는다. 다른 경우에는 박사학위 소지자만 취업이 허용되기도 한다. 그러나 화이트칼라 세계의 교육적 중심은 고등학교다.

1890년에는 14세에서 17세 사이의 남녀 100명 중 7명만이 고등학교에 입학했지만, 1940년에는 100명 중 73명이 고등학교에 입학했다. 50년 동안 이 연령대의 아동 수는 약 82퍼센트 증가했고, 고등학교 재학생 수는 1,888퍼센트 증가했다. 미국 젊은이들에게 주입된 고등학교 문화의 훌륭한 저장소인 화이트칼라는 평균 12.4년의 학교 교육을 마쳤으며, 자유 기업가는 8.4년, 임금노동자는 8.2년으로 나타났다.[6] 모든 직업 수준과 비교할 때 화이트칼라 남성과 여성은 더 높은 교육을 받았으며, 교육 수준을 선도하는 독립 전문직 종사자의 16.4년을 제외하면 가장 길었다. 소규모 사무실의 사무원 다수에게는 교육 수준이 낮지만 경험이 많은 상사가 있다. 소규모 상점

---

6   세부 집단에 따른 현황(학교를 마친 중간값 연도median years, 1940). 농민 7.6년, 기업가 9.9년, 자유 전문직 종사자 16.4년, 급여 전문직 종사자 14.9년, 판매원 12.1년, 사무직 노동자 12.3년, 숙련 노동자 8.5년, 반숙련 노동자 8.4년, 저숙련 노동자 8.2년, 농업노동자 7.3년.【원주】

의 많은 점원들은 자신보다 교육 수준이 낮은 상급자에게 감독받는다. 물론, 화이트칼라의 높은 교육 수준은 부분적으로는 그들이 젊다는 사실을 반영한다. 이들은 더 젊기 때문에 교육 기회가 더 많았을 것이다. 하지만 그들은 그것을 활용했다. 화이트칼라 피라미드에서 교육은 '성과를 거두었다.' 그것은 돈의 원천이자 승진의 수단이었다. 여기서 '지식'은 권력이 아니지만, 위신의 기반이 되었다.

지금도 화이트칼라 종사자의 평균 교육 수준이 가장 높지만, 25년 전에는 훨씬 더 그랬다. 대체로 화이트칼라가 중등 및 고등교육을 독점하고 있었기 때문이다. 25년이 지나자 반드시 그럴 필요는 없게 되었다. 사실, 모든 추세는 화이트칼라 종사자와 임금노동자 간의 교육 격차가 계속 좁혀질 것이라고 가리킨다.

50년 전에는 노동시장이 거의 전적으로 초등학교 졸업생들로 구성되었지만, 오늘날에는 대부분 고등학교 졸업생으로 구성되어 있다. 1950년대 초반에는 950만 명의 대학 교육을 받은 젊은이가 노동시장에 진출할 것이다. 대부분은 화이트칼라 업무에 종사하게 될 것이고, 그들 중 많은 사람들은 규격화된 화이트칼라 업무에서 도전할 만한 것을 찾지 못할 것이다. H. K. 투틀Tootle이 사무실관리협회의 의뢰를 받아 추정했듯이, "교육받은 젊은이들은 직무 만족도를 발전시킬 수 있는 속도보다 더 빨리 기업에 유입되고 있다. 앞으로 몇 년 동안 굶주린 메뚜기 떼처럼 몰려들 대학 졸업생들을 만족시킬 수 있는 일자리를 찾지 못한다면, 그들은 고등학교 졸업생들이 만족하는, 어쩌면 이제는 고교 졸업생들도 만족하지 못할 그런 일자리를 찾아야 할 것이다."

전반적인 교육 수준이 높아짐에 따라, 많은 화이트칼라 업무에 요구되거나 권장되는 교육 수준이 낮아지고 있다. 1920년대 초반에 인사 담당자들은 이렇게 말했다. "저는 진보적인 사무실 대다수에서 최소한 고등학교 교육의 혜택을 받지 않은 사람이나 후보자는 사무실에 받아들이지 않는 것이 원칙이 되었다고 생각합니다." 하지만 곧 그들은 많은 화이트칼라 업무에 너무 많은 교육이 바람직하지 않다고 말하기 시작했다. 사실, 교육받은 지성인은 규격화된 업무에서는 불이익을 받는다. 규격화된 업무에서는 쉽게 지루함을 느끼지 않으면서 더 즐겁고 효율적으로 일할 사람을 찾기 때문이다. 한 인사 담당자는 "2,600명의 사무원을 고용할 때, 모두 대학 졸업생으로 뽑고 싶지는 않아요. 저는 고등학교를 갓 졸업했거나 사범학교를 졸업한, 활력과 야망이 넘치고, 앞서 나가고 싶어하는 젊은 사람을 훨씬 더 선호합니다. 우리는 많은 직책에 대학생을 채용할 수 없었어요"라고 말한다. 요컨대 교육은 일종의 좌절의 덫이라고 간주된다.

사무실과 상점의 합리화는 경험과 교육을 바탕으로 한 특별한 숙련을 훼손한다. 필요한 교육 기간을 단축함으로써 직원을 쉽게 교체할 수 있게 하고, 그의 협상력뿐만 아니라 위신도 약화시킨다. 교육 수준이 낮은 사람들에게 화이트칼라 직책의 문을 열어주어, 화이트칼라 노동의 교육적 위신을 파괴한다. 어떤 노동의 본질에 내재된 위신이 있지는 않기 때문이다. 한스 슈파이어가 지적하듯이, 어떤 노동을 하는 사람들이 누리는 존경심이 종종 그 노동 자체에 위신을 부여한다. 화이트칼라 노동자가 교육받은 숙련에 근거하여 외부적 위신과 자신의 자존감을 주장한다면, 그들은 불안정한 심리적 삶에 자신을 노출시키는 셈이다.

미국에서는 백인 화이트칼라가 인종 덕분에 임금노동자보다 더 높은 위신을 누릴 수 있었지만, 그보다 더 크고 직접적인 방식으로 출신 국가가 영향을 미친다.

화이트칼라 업무에서 흑인의 수는 미미하고, 특히 제1차 세계대전 이후 흑인의 상당수가 저숙련 및 반숙련 공장 근로자로 일했다. 신중간계급은 다른 직업 계층보다 백인의 비율이 더 높다. 1940년, 화이트칼라의 99.5퍼센트가 백인이고, 자유 기업가의 90퍼센트, 도시 임금노동자의 87퍼센트, 농업 노동자의 74퍼센트가 백인이다.

화이트칼라와 임금노동자 사이에 존재하는 출생nativity과 이민 차이는 아마도 화이트칼라의 위신을 결정하는 직접적인 근거일 것이다. '인종적 위험'에 관한 문헌이 유행했을 때, 신규 이민자들의 저열한 특성에 관한 교과서적 신화도 널리 퍼졌다. 1875년부터 1925년까지의 주요한 미국 역사가들 대부분은 '앵글로색슨' 혈통의 우월성을 공격적으로 선언했다고 에드워드 세이브스Edward Saveth는 결론을 내린다. 그들 스스로 오랜 혈통을 지니고 있었기 때문에, "이민자에 대한 그들의 생각은 그들이 이념적으로나 물질적으로 소중히 여기는 것에 대해 이민자가 어느 정도 위협"이 된다는 느낌을 반영했다. 대중과 학계의 홍보는 이민자와 원주민 사이의 위신 차이를 반영하고 확산시켰다.

집단의 '미국적' 위상을 출신 국적 비율로 판단할 수 있다면, 화이트칼라 노동자야말로 모든 직업 계층 중에서 가장 미국적이라고 간주할 수 있다. 1930년에 대규모 이민이 중단된 이후, 신중간계급의 백인 인구 중 외국 출생은 9퍼센트에 불과한 반면, 자유 기업가 중에는 16퍼센트, 임금노동자 중에는 21퍼센트가 외국 출생이었다. 그러나 지금은 대량 이민이 없다. 머지않아 거의 모든 미국인은 미국에서 태어난 부모 아래 미국에서 태어난 미국인이 될 것이다. 시간이 지난다고 해서 혈통에 따른 신분 격차가 자동으로 사라지지는 않겠지만, 대부분의 화이트칼라와 임금노동자의 출신 배경이 비슷해지면 사라질 가능성이 크다. 당분간은 화이트칼라 집단의 위신 주장에서 출생의 차이가 계속 근거가 될 것이다.

화이트칼라 근로자 대다수가 위신을 주장해온 역사적 근거들의 견고함과 안정성이 약화되고 있다. 노동 과정의 합리화 및 하향 평준화 그 자체로 인해 화이트칼라 숙련을 습득하는 데서 교육과 경험의 중요성이 감소하고 있다. 화이트칼라의 수준이 낮아지고 임금근로자의 소득이 증가하여, 둘 사이의 차이가 예전보다 확실히 줄었다. 화이트칼라 노동시장의 규모가 증가하고, 더 많은 하위계층 출신 사람들이 고등학교 교육을 받게 됨에 따라, 이런 직업에 적합한 공식 교육의 독점도 더 이상 불가능해졌다. 이민자 출신의 인구 비중이 감소함에 따라 백인 화이트칼라와 임금노동자 간의 출신 국가 차이도 축소되고 있다. 임금노동자와 함께 백인 화이트칼라의 실업률도 높아지고 있다. 그리고 노동조합의 힘 덕분에 임금노동자의 경제적, 공적 영향력이 커지고 있는 반면, 화이트칼라 노동자는 그렇지 않다.

화이트칼라 직종의 이런 위신 하락 경향은 화이트칼라 계층의 수적 확대와 임금노동자가 얻어낸 위신의 증가에 기인한다. 만약 모두가 형제회에 속한다면, 소속되어 있다는 사실만으로 위신을 얻는 사람은 없는 것과 마찬가지 이치다. 화이트칼라 계층이 확대됨에 따라 임금노동자 출신의 자녀가 더 많이 속하게 되었다. 또한, 그들의 위신이 기업 책임자의 권위를 공유하는 데서 비롯되는 한 그 권위 자체는 많은 부분에서 위신을 잃었고, 노동조합으로 조직된 임금노동자에 의해 여러 지점에서 거세게 도전받고 있다.

추세를 실현된 사실과 혼동해서는 안 되지만, 많은 추세가 화이트칼라 계층의 '지위상의 프롤레타리아화'를 가리키고 있음은 분명하다.

2. 소도시

화이트칼라의 위신을 이해하기 위해서는 그들이 누구를 대상으로 성공적으로 위신을 주장할 수 있는지 그 사람들을 살펴봐야 한다. 서로 다른 집단이 화이트칼라의 주장에 동일한 정도로 존경을 표하지는 않기 때문이다. 사실, 그들의 평가는 종종 충돌하고, 화이트칼라의 위신에 대해서는 상당한 모호함이 존재한다.

화이트칼라 노동자는 도시 사람이다. 소도시에 산다면 가난한 지역에 살면서 '부유층 지역'에서 일한다. 대도시에 산다면 교외에 살면서 '도심'에서 일하는 경우가 흔하다. 도시는 그들의 환경이고, 그들은 도시의 대중적인 방식에 의해 형성된다. 도시가 확장됨에 따라 점점 더 많은 주민이 화이트칼라가 되어간다. 그들은 이 다양한 크기의 도시 속에서 위신 주장을 제기해야 하는 것이다.

소도시에서는 하층 계급이 자기보다 높은 계층 모두를 가리켜 '화이트칼라'라는 용어를 사용하는 경우가 있다. 때로는 화이트칼라 계층에 대해 "일도 하지 않으면서 앉은 채로 지임금 유지 방법이나 찾고 있는 펜대 굴리는 사람"이라고 생각하기도 하고, 때로는 "사무원은 매우 필수적인 직업이며, 다른 사람이 일을 계속할 수 있게 돕는 사람들이다. 사무원이 없었다면 우리는 길을 잃었을 것이다"라고 생각하기도 한다. 반면에 상류 계급은 화이트칼라를 상류층으로 인정하지 않고, 심지어 '노동자'와 함께 분류할 때조차 있다. 예를 들어, 인구가 6만 명인 도시의 상류 계급 남성은 이렇게 말한다. "소매업자 다음으로는 경찰, 소방관, 일반 공장 노동자, 화이트칼라 사무원을 꼽을 수 있겠네요. 저는 이 도시에서 평생을 살았고 매일 은행에 가지만, 일요일에는 시내에서 아는 사무원이 다섯 명도 안 되거든요."

소도시 화이트칼라의 이런 처지는 위신을 주장할 때 제기하는 근거의 대부분이라고 할 수 있는 사회적 출신, 직업 경력, 소득, 교육 등의 측면에서 화이트칼라 직종이 상하로 나뉘어 있다는 사실에서 비롯된다. 오늘날 상류 계급이 화이트칼라에 대해 가진 이미지는 대체로 이 직종의 하위 집단인 '사무원'과 '판매원'에서 비롯된 듯하다. 상류 계급 사람들이 고소득 판매원이나 전문직 및 관리직 근로자에 초점을 맞출 때는 이들을 '화이트칼라'의 일부가 아니라 '사업가'의 일부로 여긴다. 반면에 하층 계급 사람들은 화이트칼라의 상하 집단을 모두 사업가에 포함시키고 그들 사이의 차이를 거의 구분하지 않는 경향이 있다.

소도시 소사업가의 이 모호한 위신은 부분적으로는 하층 집단이 그들에게 부여하는 '권력'에 의해 설명되지만, 상층 집단은 그 권력을 인정하지 않는다. 권력이라는 측면에서 볼 때, 화이트칼라 노동자의 모호한 지위 위치는 그의 권력 위치의 복잡성보다는 권력 자체의 부재로부터 더 크게 영향받는다. 화이트칼라 근로자에게는 시민적 활동에서 그들을 대표하는 활동적인 지도자가 없다. 그들은 도시의 의회에서 계층으로 대표되지 않는다. 그들에게는 정치적, 시민적 목적을 위해 노력할 수 있는 자율적 조직이 없다. 그들은 거의, 혹은 전혀 대중의 주목을 받지 않는다. 그들에게 직접 호소하거나 그들의 지지를 얻겠다고 명시적으로 밝히는 지도자도 없다. 중간 규모의 도시에서 조직화된 권력에는 자율적인 화이트칼라 단위가 없다.

때때로 화이트칼라 근로자가 다수를 차지하는 몇몇 조직(전문직 여성 클럽, 청년회의소, YWCA)도 있지만, 이들은 기업가 집단과 밀접하게 연결되어 있어서 자율성이 거의 또는 전혀 없다. 사회적으로 보면, 하층 화이트칼라는 대개 '엘크 클럽 멤버 수준'에 어울리거나, 또는 그보다 조금 상위의 이류나 삼류 사교 클럽에 어울린다.[7] 이들

클럽에서 그들은 '중간계급끼리 어울리기' 유형의 일부를 이룬다. 그들은 고소득 판매원과 여타 '교제 인물'들이 이끄는 대로 따르는데, 이들은 자신을 '사업가'라고 여기며 그 활동은 화이트칼라보다 사업가에게 더 많은 위신을 가져다준다.

따라서 소도시에서조차 화이트칼라의 위신이 균일하게 존중받는 동질적인 사회 영역은 존재하지 않는다. 대도시에서 이러한 사실은 화이트칼라 위신의 특징을 결정하는 핵심 요소다.

3. 대도시

대도시의 부상은 현대사회의 위신 구조를 변화시켰다. 위신을 주장할 수 있는 사회적 영역이 크게 확대되었고, 개인이 권위를 주장하고 그 권위가 인정될 수 있는 쉽게 식별 가능한 집단에서 개인이 분리되었다. 개인이 위신을 주장할 수 있는 분리된 다양한 영역이 많이 생겨났고, 이 영역들은 비인격화되었다. 대도시의 위신 시장은 종종 낯선 사람들의 시장이며, 위신과 관련된 접촉은 일시적이고 덧없는 환경이 되기 쉽다.

소도시에 사는 사람의 이웃은 그에 대해 알아야 할 많은 것을 알고 있다. 반면, 대도시 사람은 소수로 이뤄진 잘 아는 집단 속의 고정된 중심이 아니라, 우연히 알게 된 지인들의 이질적인 집단에서 일시적으로 관심을 받는 대상이다. 따라서 개인적인 뒤캐기가 아니

---

7 엘크Elks는 1868년에 설립된 미국의 우애단체, 형제회 중 하나로서 정식 명칭은 '자비로운 엘크 보호 협회'Benevolent and Protective Order of Elks 정도로 번역할 수 있다. 뉴욕의 사교 클럽으로 출발해서 전국으로 확산되었고, 2020년 현재 75만 명의 회원이 있다고 알려져 있다.

라 공식적인 무관심이 관계를 지배한다. 관계를 맺기보다는 접촉하는 데 그치며, 이런 접촉은 수명이 짧고 피상적이다. "사람을 많이 알수록 그들을 대체하기가 쉬워진다."

대도시 사람이 살아온 이력은 알려지지 않는 경우가 흔하고, 그의 과거는 매우 한정된 집단에게만 드러난다. 그 결과 그의 지위 기반은 곧잘 숨겨진 채 모호하며, 급변하고 유동하는 익명의 실존이라는 외관을 통해서만 드러난다. 친밀감과 인격적인 접촉은 그의 삶의 방식에 더 이상 내재되어 있지 않으며, 종종 비인격적인 조작의 도구로 이용되기까지 한다. 응집력보다는 균일성이, 혈통이나 전통보다는 이해관계가 중요하다. 물리적으로는 가까워졌지만 사회적으로는 멀어진 인간관계는 강렬하면서도 비인격적으로 바뀌고, 모든 면에서 금전적인 관계가 된다.

교육 기회 이외에도 대부분의 중간계급과 노동자 계급의 지위는 개별화되며, 한 세대는 다른 세대와 단절된다. 재산 없는 사람들 사이에서 지위는 각 세대가 새롭게 쟁취해야 한다. 소기업가의 아들이나 농부의 아들은 지위의 기반이 되는 다소 안정적인 재산을 물려받기를 기대할 수 있지만, 매장 지배인의 아들이나 부지배인의 아들은 그런 가족의 지위를 물려받을 수 없다.

소도시 사람들의 삶이 투명할수록 사회적 출신과 같은 지위 기반이 다양한 직업 수준으로 더 쉽게 이전될 수 있다. 대도시 생활에서는 불투명한 접촉이라는 특성 때문에 이런 일이 일어나기 어렵다. 한 직업 수준의 구성원은 다른 직업 수준의 구성원을 알거나 접촉할 수 있지만, 대개 개인적인 방식보다는 고정관념에 기반한 방식으로 한다. 그들은 비인격적인 방식으로 만나고, 그 후에는 사회적으로 고립된 개인적 삶으로 돌아간다. 소도시와 소기업에서는 아마도 화이트칼라와 임금노동자 사이에 지위의 경계선이 매우 선명하게 그어져 있을 것이다. 대도시 권역에서는 화이트칼라가 임금노동자와 접촉할 일이 거의 없다. 도시의 물리적 배치, 직업에 따른 이동 경로 분리에 따라 사람들은 곧잘 서로 다른 지인 집단 속으로 제한된다.

대중매체, 특히 영화와 라디오가 전체적인 위신 영역과 지위 표현 수단을 더욱 확대했다. 최상위계층의 생활방식이 미디어에서 이전에는 볼 수 없었던 방식으로, 또 이전에는 볼 수 없었던 정도로 하위계층에게 많이 노출된다.

어떤 위신 영역을 다루려면 약간의 의사소통 체계가 필요하다. 그리고 현대에 이르러서는 위신 영역이 확대됨에 따라, 공식적인 미디어에서 '보이는 것'이 지위 주장과 그 활용의 기초로 간주된다. 전국적 위신이 지역 사회에 집중됐을 때, 지역 신문은 지역 사회의 여성 명사의 위신을 높이는 주요한 매체였다. 그러나 1920년대 이후로 라디오, 특히 영화와 TV가 신문을 보완하면서 새로운 전국적 지위 시장을 창출했고, 영화배우라는 지위 유형이 갑자기 유동 자산을 획득했으며, 호화스러운 생활방식이 지역 사회의 여성 명사를 대체했다. 최고의 패션과 생활방식이라는 영역에 관해 창조하고 결정하는 사람은 보스턴, 필라델피아, 볼티모어, 뉴포트의 오래된 가문에서 할리우드와 라디오 시티의 스타로 확실히 넘어갔다.

로이드 모리스[8]는 이렇게 관찰했다. "뉴포트와 5번가에서는 부가 사회적 권력을 얻기 위해 싸우는 사람들에게 없어서는 안 될 무기였다. 할리우드에서는 사회적 위신이 부를 얻기 위해 노력하는 사람들에게 필수적인 수단이었다." 동부 도시의 모든 사회부 기자는 할리

---

8 Lloyd Morris(1893~1954). 미국의 작가이자, 비평가로서 문학가, 배우 등과 폭넓게 교류했다.

우드를 취재하는 수백 명의 기자들과 경쟁할 수 없다. 24개의 잡지가 영화의 중심지에 전념하고 있으며, 로엘라 파슨스[9]는 3,000만 명의 독자를 보유하고 있다. 매주 9,000만 명이 1만 8,000개의 영화관을 찾는다. 대중은 이질적이지만, 할리우드 엘리트의 내밀하고 말초적인 일들에 열광한다. 그들을 엘리트로 만들어준 영화는 그들에 대한 새로운 이미지를 지속적으로 제공하도록 설정되어 있다. 사회의 여성 명사가 아니라 영화배우가 사무직 여성의 모델이 된다.

이전 시대의 부자들은 대중이 쉽게 알 수 없었고, 그들의 생활방식은 소문과 커튼으로 가려진 창문을 통해 엿볼 수 있을 뿐이었다. 그러나 1920년대가 되자 미국에서는 지위 전망의 민주주의가 도래했다. 위신의 영역은 진정으로 국민적인 영역이 되었다. 이제 바닥에서 위를 볼 수 있게 되었다. 적어도 그 일부는 공개되었다. 이 최상층이 때로는 인위적이고 종종 위장된 것이었는지 여부는 중요하지 않았다. 진짜 최상층이 이전보다 훨씬 더 외딴곳에 있고 보이지 않는다는 사실도 중요하지 않았다. 하층 사람들에게 제시된 최상층은 현실이고 눈부셨다.

확장과 활력, 익명성과 일시성, 더 빠른 매출과 최상층의 가시성 증가, 개인의 시야를 일련의 큰 클로즈업으로 채우는 것—중간 및 하위계층의 위신 역학에서는 이런 변화가 덜 주목받았지만 똑같이 강렬한 변화와 함께 일어났던 것이다.

---

9 Louella Parsons(1881~1972). 미국의 여성 가십 칼럼니스트이자 시나리오 작가다. 영화와 배우를 기사로 다룬 최초의 인물이었으며, 할리우드에서 가장 영향력 있는 인물 중 한 명이 되어 '할리우드의 퍼스트 레이디'로도 불렸다.

4. 지위 혼란

화이트칼라 위신의 역사적 기반은 이제 취약해졌다. 화이트칼라가 그들의 주장을 존중받기 위해 노력해야 하는 영역이 동요하고 있다. 그들이 처한 상황의 양면성은 그들에게 위신을 강조하게 만들고, 종종 그 상징을 위해 큰 노력을 쏟게 한다. 여기에는 세 가지 메커니즘이 작용하는 것으로 보인다.

I. 우리가 보았듯이 화이트칼라 위계질서 안에서 개인은 종종 미세한 계층 차이에 의해 분리되고 동시에 숙련의 파편화에도 영향을 받는다. 이런 관료화로 인해 그들의 위신이 기초한 직업적 기반이 곧잘 무너진다. 지위의 기반이 되는 미세한 차이를 개인이 포착할 수 있기 때문에, 이런 차이는 대다수 근로자 사이의 지위 연대에 반하는 작용을 하게 되고, 곧잘 직장 동료들과의 지위 소외로 이어지며, 지위 경쟁을 격화시킨다. 따라서 근로자들은 노동에서 더욱 소외된다. 다음 직급을 위해 노력하다 보면 그 직급에 대해 동일시하게 되며, 그리하여 그들은 실제로는 자신의 자리에 있지 않게 된다. 돈과 마찬가지로, 현재의 노동에 대해 외재적인 지위는 노동에 대한 내재적 기쁨으로 이어지지 않는다. 현재의 노동이 숙련의 발전에 힘입어 예상되는 목표에 도달하고, 그리하여 의미가 부여될 때에만 지위 열망이 노동자를 소외시키지 않는다. 위계질서 내에서의 지위 상승은 환상적인 성공의 일종에 불과한데, 소득이나 우수한 숙련을 습득할 기회를 반드시 증가시키지는 않기 때문이다. 무엇보다도, 위계질서는 종종 그 권위주의적 형태만으로도 지위에 대한 망상에 시달리게 한다. 카를 만하임Karl Mannheim이 관찰한 바와 같이, 자신에 대한 이미지를 포함하여 모든 것을 권위주의적 위계질서 내에서의 자

리에 의존하는 사람들은 지위에 대한 주장에 더욱 광적으로 집착하게 된다.

산업혁명 이후 도시 생활의 특징인 주거와 직장의 급격한 분리는 대도시 교외에서 가장 분명하게 드러난다. 여기서 직장 동료는 이웃과 공식적으로 분리되어 있다. 이는 하급자가 대도시의 직장 세계와 교외의 주거 세계라는 두 가지 지위 세계에서 경쟁해야 한다는 것을 의미한다.

직장에서는, 심지어 대기업에서도 실제의 직업적 지위를 부풀리기 어렵다. 그러나 직장 밖에서 만나는 사람들은 실제의 직책을 제대로 알기 어렵다. 직장에서의 지위 열망과 주장이 좌절되는 만큼이나, 직장 밖에서 이를 실현하려고 더 열심히 노력할 수 있다. 직장 내 위계질서에서 지위 투쟁이 사라지면, 직장 밖에서의 지위 투쟁은 그 근거를 옮긴다. 어떤 사람은 자신의 진짜 직업을 숨긴 채 직함이나 회사에서 위신을 얻으려 하고, 직함이나 회사를 만들어내기도 한다. 익명의 대도시 군중 속에서, 사람들은 자신의 직업뿐만 아니라 다른 위신의 근거에 대해서도 주장할 수 있으며, 이는 실제의 직업적 지위를 최소화하거나 압도한다.

소득과 생활방식을 알려주는 신호인 거주지는 이런 식의 지위 인플레이션을 제한한다. 직장 동료와 마찬가지로 이웃에게는 더 높은 위신 주장이 쉽사리 통하지 않을 것이다. 그러나 다른 영역도 있다. 쉽사리 위치를 '알아챌' 수 없는 익명의, 피상적으로만 아는 낯선 사람에게는 자신의 위신 주장을 실현할 수 있다. 그중 첫 번째이면서 종종 유일한 것이기도 한 요소로서 인상은 지위 주장에서 단기간의 성공을 낳을 수 있으며, 때로는 일종의 상호 거래로 이어질 수도 있다.

II. 소스타인 베블런은 이에 대해 이렇게 썼다. "현대의 조건하에서 생존을 위한 투쟁은 상당한 정도로까지 외모를 유지하기 위한 투쟁으로 변형되었다. 개인의 가치와 진실성은 중요하겠지만, 이런 종류의 탁월함에 대한 평판은 설사 존중에 대한 갈망이 정말 수수한 것이라고 해도, 현대사회에서 개인이 노출되는 환경이 너무 광대한 탓에 충족되지 않는다. 사회적으로 직접적인 이웃이 아닌 사람들의 눈앞에서 존엄성과 자존감을 유지하려면 경제적 가치를 보여주는 것이 필수적이며, 이는 실질적으로… 경제적 성공과 일치한다."

많은 중간계급 사람들의 여가활동이 지위 주장을 위한 노력으로 가득 차 있다. 소외의 과정이 노동의 의미를 공허하게 만드는 것처럼, 지위에 대한 속물 근성과 모방 소비의 요구가 여가의 의미를 텅 비게 한다. 내면의 자원은 없고, 값싸거나 심지어 무료인 오락 형태는 피하고 싶을 때, 여가시간에 멋진 일을 하려면 돈이 든다. 작은 지역 사회에서는 조밀한 사회 집단이 도시적으로 분해됨에 따라 위신 관계가 비인격화된다. 대도시에서는 직업이 불안정한 기반이 되거나 심지어 부정적인 요소가 되면서, 여가와 외모의 영역이 지위에 더욱 중요해진다.

베블런은 계속 말한다. "만나는 사람 대부분에게 지불 능력을 끊임없이 보여주는 것말고는 우리에게 '보여줄 게 많지 않다.' 그것은 개인적으로 잘 알지는 못해도 일시적인 호감을 누리고 싶은 많은 사람들에게 우리를 존중하게 만드는 실질적으로 유일한 방법이다. 따라서 성공의 외양은 매우 바람직하며, 실질적인 내용보다 더 선호되는 경우도 많다. 현대사회의 산업 조직은 사실상 이 한 줄로 모방의 범위를 좁혔다. 동시에, 모방에 전념할 인간의 노력의 여유를 넓히기 위해 물질적으로 훨씬 더 쉽게 생계와 안락의 수단을 얻을 수 있게 되었다."

18세기 귀족에 대해 디킨스는 "옷이야말로 모든 것이 제자리를 지키게 하는 데 쓰이는 틀림없는 부적이자 매력"이라고 말할 수 있었지만, 안정된 신분 체계가 없고 빠르고 저렴한 모조품이 넘쳐나는 대중사회에서 옷은 종종 부적이 아니다. 영화나 거리에서 아름답게 차려입은 여성을 보는 점원은, 열심히 일하면서 점심으로 양념으로 맛을 낸 햄 샌드위치 대신 콜라만 마신다면 모조품을 입을 수 있다. 그녀의 모방은 쉽게 알아챌 수 있지만, 그렇다고 해서 모조품이 그녀를 즐겁게 하지 않는다는 말은 아니다. 자기 존중self-respectability은 자존감self-respect과는 다르다. 성격 시장에서 감정은 지위를 주장하는 의식적인 제스처가 되어, 내면의 감정과는 거리가 멀어진다. 그러므로 외모에 대한 물신 숭배는 자기소외의 본질인 것이다.

III. 개별적인 화이트칼라 노동자가 누리는 위신은 어떤 큰 힘에 의해 영속적으로 고정되어 있지는 않은데, 이는 그들의 위신이 지속적으로 동일하지는 않기 때문이다. 많은 사람들이 지위 순환에 관련되고 있고, 톰 해리슨Tom Harrison이 관찰한 바에 따르면, 이런 순환은 곧잘 일종의 주기적인 패턴으로 발생한다. 이런 순환을 통해 하위 계급과 지위 수준에 처한 사람들이 상위 수준에 속한 사람처럼 행동할 수 있고, 일시적으로는 그런 상태를 유지할 수 있게 된다.

평일 동안, 화이트칼라 근로자는 특정 집단의 사람들, 그러니까 직장 동료, 친구, 가족, 그리고 대중교통이나 길에서 마주치는 낯선 사람들로부터 일정한 수준의 존경을 받는다. 그러나 주말이나 한 달에 한 번 정도의 주말에 사람들은 계획에 따라 더 높은 지위로 올라갈 수 있다. 옷을 갈아입고, 식당이나 먹는 음식의 종류를 바꾸고, 최고의 극장 좌석을 확보하는 것이다. 주말 동안 거주지를 옮길 수는 없지만, 대도시에서 떠날 수는 있고, 소도시에서는 가까운 도시로 여행을 갈 수 있다. 이렇게 지위에 대해 뚜렷한 주장을 펼칠 수 있는데, 더욱 중요한 것은 서로 다른 지역에 사는 낯선 사람들 사이에서 그럴 수 있다는 것이다. 그리고 모든 화이트칼라 여성은 평소에 아파트 주변에 잠깐 들르는 남자친구와, 특별한 데이트를 위해 항상 옷을 차려입고 외출하는 남자친구를 엄격하게 구분하는 것의 가치를 알고 있다.

또한 휴가가 가장 중요한 요소가 되는 더욱 극적인 연간의 지위 주기도 있을 수 있다. 도시 대중은 휴가를 '그저 변화를 위한 것'이 아니라 '일에서 벗어난 휴식'으로 기대한다. 이런 표현 이면에 담긴 의미는 종종 성공적인 지위 주장을 통한 상승 효과다. 휴가 중에는 비록 짧은 시간이기는 해도 더 높은 지위를 차지했다는 느낌을 구매할 수 있다. 잘 알려지지 않은 비싼 리조트, 3박 4일에 그칠지라도 호화로운 호텔, 일주일 동안의 일등석 크루즈 여행 같은 것 말이다. 많은 휴가 장치가 이러한 지위 주기에 맞춰져 있다. 직원과 고객 모두 성공적인 환상의 일부가 되기로 상호 동의한 것처럼 전체 설정을 연기한다. 1년에 한 번인 그런 경험을 위해, 회색빛의 긴 평일 동안 종종 희생이 이루어진다. 빛나는 2주는 지루한 삶에 꿈 같은 삶을 채워준다.

심리적 측면에서 지위 순환은 짧은 기간 동안이나마 휴가 중인 자아의 이미지를 제공하며, 이는 일상적인 현실의 자아상과 극명한 대조를 이룬다. 지위 순환은 일시적으로나마 소중한 자아상을 충족시켜주고, 자신의 지위와 관련하여 잘못된 의식에 집착하게 한다. 그것은 삶을 합리화하고 견딜 수 있게 만드는 힘 중 하나이며, 소비에 대한 욕구를 일시적으로 충족시켜줌으로써 경제적 열등감을 보상한다.

사회적으로 보자면 지위 순환은 계급과 위신의 차이를 잠시 잊게 해줌으로써 현실을 흐릿하게 만든다. '미국적 생활의 지위 유동성'에 대한 이야기는 그저 지위 순환만을 의미하는 경우가 많다. 비록 사회적으로 이렇게 강렬한 과시와 휴가의 기쁨이 순환하는 것이 장기적으로 볼 때 지위의 고정이라는 현실을 바꾸지는 않겠지만 말이다.

지위 순환은 경제적 야망이 파편화되고 하찮게 되며, 상품과 그 과시적인 전시 측면에서 일시적 만족을 추구하는 경향을 더욱 촉진한다. 저축과 지출, 노동과 소비의 전체적인 흐름은 그 순환들에 맞춰져 있을 법하다. 고래가 해변에 던져질 때까지는 굶주렸던 원주민처럼, 화이트칼라 노동자는 월말이나 연말까지 오랫동안 지위를 박탈당하는 고통을 겪은 다음, 위신과 소비의 향연에 빠져들 수 있다.

지위 순환 중의 가장 높은 지점과 오락의 기계장치 사이에는 일치가 있다. 휴가 중의 자아라는 이미지는 둘 모두에서 비롯된다. 영화 속에서 화이트칼라 여성은 자신이 하고 싶은 역할을 대리하여 연기함으로써 존중을 얻으려 한다. 그녀는 지위 순환의 정점에 있을 때, 자신이 항상 하고 싶다고 생각하는 더 높은 수준의 역할을 조잡하게 연기한다. 오락의 기계장치와 지위 순환은 많은 화이트칼라가 지금 살고 있는 환상의 세계를 유지한다.

12장

성공

미국에서 '성공'은 널리 퍼진 사실이자 매력적인 이미지, 원동력, 삶의 방식이었다. 20세기 중반이 되자 사실로서의 확신은 줄어들고, 이미지로서는 혼란스러워졌으며, 동기로서는 모호해지고, 삶의 방식으로서는 퇴색했다.

성공은 다른 어떤 국내적 변화보다도 미국 사회에 대한 느낌이라는 면에서 결정적 영향을 미쳤고, 개인의 내면 생활이라는 면에서는 모호한 영향을 미쳤으며, 구중간계급을 신중간계급으로 변화시키는 데 복잡하게 관여했다. 다른 계층도 영향을 받은 건 분명하지만, 성공의 새로운 의미와 실패 가능성의 증가로 인해 가장 심하게 바뀐 것은 중간계급이었다.

이런 변화의 의미를 이해하기 위해서는 미국적 성공의 주요한 유형과 각 유형의 특징적인 이데올로기, 직업의 엘리베이터로서의 교육 시스템의 역할 변화, 장기적 힘만이 아니라 상승 이동의 비율을 높이거나 낮추는 경기 침체-전쟁-호황 주기의 영향을 이해해야 한다.

1. 유형과 이데올로기

호황기에는 미국인 개인의 성공이 사회적 진보만큼이나 확실해 보였고, 개인의 덕목을 증명하는 것처럼 여겨졌다. 미국적 성공의 복음은 중간계급이 추구하는 진보의 복음을 개인적 차원으로 구체화한 것이었다. 남북전쟁 이후 자수성가한 거물들이 부상하면서, 진보가 사회 전체로 확산되는 것처럼 보였다. 야심 찬 성공의 원동력은 분명했고, 돈이라는 목표는 명확하고 가시적이었으며, 그 길은 험난하긴 해도 잘 보였다. 중간계급이 삶을 살아가는 방식에는 확신이 있었다.

성공한 개인이라는 관념은 자본주의의 팽창을 지향하는 자유주의 이데올로기와 연결되어 있었다. 자유주의 사회학은 모든 사람이 자신의 능력과 노력에 따라 보상을 받는 계층의 등급화를 가정하고, 집단이나 계급의 운명보다는 개인적인 장점을 빼면 모든 것이 제거된 고립된 개인에게 더 많은 관심을 기울였다. 이런 관점에서 볼 때 기업가는 공개 시장을 가로지르며 가장 명확한 성공을 보여주었다.

고전적 자유주의의 방식에 따르면, 성공의 길은 작은 기업을 설립하고 다른 기업과의 경쟁을 통해 규모를 확장하는 것이었다. 노동자는 직공장이 되었고, 그 후에는 산업가가 되었다. 점원은 경리사원이나 외판원이 되었고, 이윽고 스스로 상인이 되었다. 농부의 아들은 자신의 권리로 땅을 차지했고, 노인이 되기 훨씬 전에 이익과 독립을 얻었다. 이런 방식으로 형성된 경쟁과 노력은 자립적인 성격의 요람이 되었고, 경제적, 정치적 민주주의 자체의 보장이 되었다.

성공은 미래지향적인 직업보다는 확장 가능한 소유와 관련이 있었다. 젊은이의 '기대치'가 크거나 작다고 말할 때는 재산과 관련된 이야기였다. 하지만 이런 이미지 속에서 성공은 상속보다는 밑바닥에서의 새로운 시작에 더 많이 의존했다. 왜냐하면 "사업이란 오래 전부터 상속의 문제가 아니라 두뇌와 끈기라는 자질의 문제가 되었다"고 여겨졌기 때문이다.

예전 기업가의 이념에 따르면, 성공은 항상 의지력과 절약, 질서, 깔끔함, 그리고 쉬운 길에 '예'라고 대답하지 않는 기질과 관련된다.[1] 이런 미덕은 성공의 조건이자 징표다. 이런 미덕이 없으면 성공은 불가능하고, 있으면 모든 것이 가능하다. 모든 성공한 사람들의 삶의 전설에서 알 수 있듯이, 그들은 위대한 추진력으로 이런 미덕을 실천했다. "행운의 사원은 가파르고 험난하여 어려운 길로만 닿을 수 있으며, 그 길은 스스로 올라가야 한다."

성공에 집착하는 사람은 올바르게 행동하고, 시간을 잘 지키며, 고상한 마음을 지닐 것이다. 그는 술, 담배, 도박, 방탕한 여성을 멀리할 것이다. "웃음이 너무 헤프면 마음의 힘이 약해진다. 웃음을 피하라." 그는 결코 서두르지 않고, 항상 "각자의 임무를 신중하게 마무리"하며 "모든 것을 통제할 것"이다. 그는 "방법이 시간을 만든다"는 것을 알고, 세심한 주의를 기울여 "작은 기회를 즉시 개선"할 것이다. 그는 모든 일에 자립하여 마음의 도덕적 존재감을 보장할 수 있기 때문에 노력에 대한 편안함과 자신감을 얻을 것이다. 또한, "남성의 저축이 늘어남에 따라 그의 자존심과 처와 자녀가 그에게 보내는 존중도 계속 증가할 것이다."

정직 이외에도 그는 "엄청난 주의력과 신중함"을 더할 것이다.

---

1   성공의 이념에 대한 이 절의 서술은 1856년에 프리먼 헌트가 쓴 『가치와 부』(Freeman Hunt, *Worth and Wealth*, New York, Stringer & Howard)에서부터 1947년에 루아르 브로피가 쓴 『꼭대기에는 수많은 방이 있다』(Loire Brophy, *There's Plenty of Room at th Top*, New York, Simon & Schuster)에 이르기까지, 뉴욕 공공도서관에서 무작위로 뽑은 약 20권의 책에 대한 주제별 분석에 기초한다. 【원주】

그러면 정직은 내세에서 보상을 받는 것 외에도 지금 여기에서 "세속적인 절약과 번영을 위한 가장 확실한 방법"이 될 것이다. 그는 "종교와 사업... 은 모두 옳고 본질적으로 서로를 도울 수 있다"는 것을 이해하게 될 것이다. "종교는 경제의 강력한 동맹자다. 악은 선보다 더 많은 대가를 치른다. 많은 젊은 흡연자들이 5만 달러짜리 사업을 미리 태워버린다." 그리고 더 넓게는, 종교는 인간에게 "최선의 '여유 저축'인 정직성"을 강화한다.

이렇게 영감을 주는 이데올로기이지만, 막상 기회의 비인격적인 구조, 경제가 개인의 미덕 실천에 부과하는 한계에 대해서는 그다지 관심을 두지 않는다. 혹시 그런 데 관심을 둔다고 해도 개인적 미덕이 의연히 승리한다. "상황에 의해 만들어진 사람은 사소한 불행으로 무너지는 반면, 상황을 극복하는 사람은 손가락으로 운을 가리키며 비웃는다." 그러나 성공의 세부적인 수단을 설명하면서 이 문헌은 사회적 조건에 대해서도 많은 것을 보여준다. 문헌은 시골과 소도시 소년을 대상으로 한 것 같다. 도시의 소년이 더 나은 교육을 받는다면, 시골 소년은 더 큰 "신체적, 도덕적 우월성"을 갖는다. "세련됨"을 가르칠 때, 문헌은 약아빠진 사람들이 비웃지 않도록 시골 "촌뜨기"가 시골 마을과 큰 도시에서 어떻게 행동해야 하는지 자세히 알려준다. 야심 찬 소년은 "거칠게 행동"하거나 "자유분방한 태도를 취하지 않도록 주의해야 한다. 신사의 매너는 성공의 확실한 수단이다." 이 문헌에서 도시는 목표로 상상되지만, 더 중요한 것은 도시의 악에 대한 제퍼슨적 경고와 "기업가는... 시골에서 독립적으로 살기보다 도시에서 굶주리기를 바라는 부드러운 머릿결의 착하고 젊은 점원들로부터 우연히 나타난 돌발적 인물이 아니다"라는 실질적인 훈계다.

직업의 측면에서 볼 때 전설적인 길은 시골 소매점의 점원, 경리로부터 외판원이나 이동 판매원을 거쳐, 마지막으로 자영업자, 주로는 상인으로 이어진다. "미래의 상인을 찾는 사람은 오늘의 점원 안에서 그를 찾을 것이다"라는 말이 있다. 그러나 중간 단계가 매우 중요하고 많이 요구된다. 점원에게 외판원은 유망한 위치와 새로운 매장을 위한 기회에 대해 조언해주는 사람이다. 외판원은 스스로 기회를 조사하고 다양한 상품 "라인"에 대해 배울 수 있다. 또한, 외판원은 다른 사람을 신속하고 현명하게 판단하는 법을 배울 수 있어서, "발언을 할 때 상대방의 마음을 사로잡을 수 있고, 적절한 순간에 멈추거나 계속할 준비가 되어 있다." 사실 "좋은 상인이 되는 데 필요한 모든 것은 이동 판매원이 길에서 필요로 하는 것들이기도 하다."

"사업 경력"과 농장 생활 또는 공장 생활 사이에 종종 전설적인 갈림길이 있다. 그러나 직업적 내용이 무엇이든, 그것은 도덕적 선택으로 식별된다. "올바른 길을 유지하는 것"과 "길을 잃는 것" 사이의 선택이다. 실패하고 점원으로 남는 사람은 "길을 잃고" "무너지며" "파멸한다." 그 끝은 너무 느리게도, 또는 너무 빠르게도 만날 수 있으며, 일부 서빙한 사람들의 "쉬운 성공"이 다른 사람들을 "파멸로 이끌어서는" 안 된다.

기업가적 성공 유형과 거기에 영감을 주는 이데올로기는 많은 소규모 소유권 경제에 기반을 두고 있다. 중앙집중식 기업 체계 아래서, 성공의 유형은 미리 정해진 위계질서 안에서, 그리고 위계질서 사이를 오르는 유형이 된다. 기회의 수준이 어떻든, 이제 올라가는 길에는 대개 독립적인 재산의 취득이 포함되지 않는다. 이제는 이미 재산을 소유한 사람들만이 그 재산을 기반으로 성공을 거둘 수 있다.

소규모 재산에 기반한 자유주의적 자본주의로부터 독점자본주의적 기업 체계로의 전환은 성공의 경로와 내용의 전환을 위한 기초가 된다. 예전의 유형에서는 화이트칼라 일자리가 독립적인 기업가 정신으로 가는 길에서 단지 한 단계에 불과했지만, 새로운 유형에서 화이트칼라의 길은 관료적 위계질서 내에서의 승진을 동반한다. 자유 기업가(그다지 안전하지 않은 기업가)가 인구의 5분의 1에 불과할 때, 독립적인 기업가 정신은 개인의 경제생활에서 주요한 목표가 될 수 없다. 기업가적 성공에 대한 영감을 주는 문헌은 개인에 대한 확신과 체계에 대한 변명이었다. 지금은 변명이 더 많고 확신은 적다.

도시 중간계급의 4분의 3에 해당하는 급여 소득 근로자의 경우, 직업적 상승이 경쟁적 공개 시장에서의 영웅적인 전술을 대체한다. 설사 급여 소득 근로자들이 서로 경쟁할 수 있다고 해도, 경쟁의 범위가 관료제의 규제에 의해 너무 제한되어 있는 탓에 그들의 경쟁은 비열하고 뒤에서 험담하는 것으로 비칠 가능성이 높다. 이제 주요한 기회는 개인의 일생 동안 이어지는 일련의 작은 계산이 된다. 관료제는 영웅을 시험하는 장소가 아니다.

성공에 관한 문헌은 성공 유형에 따라 변화해왔다. 여전히 개인의 미덕에 초점을 맞추고 있지만, 과거에 성공한 기업가에게 부여되었던 냉철한 미덕은 아니다. 이제 능력보다는 민첩성에, 공개 시장에서 "잘나가는 것"보다는 동료, 상사, 규칙의 맥락에서 "잘 지내는 것"에, 아는 것보다는 아는 사람에, 도덕적 진실성, 실질적인 성취, 인격의 견고함보다는 자기표현의 기술과 사람을 다루는 일반적인 요령에, 기업가적 기교보다는 회사에 대한 충성심 또는 심지어 정체성에 대한 강조가 더 커졌다. 최선의 선택은 기업가의 추진력보다는 효율적인 경영자의 스타일이다.

열심히 일하고 인내하는 것뿐만 아니라, "상황, 성격, 기질, 우연한 사고"가 성공과 실패를 좌우하는 핵심 요인으로 등장하고 있다. "돈에 대한 생각이 거의 또는 전혀 없이" "선택한 분야에서 경험과 책임을 다하기 위해" 노력해야 한다. 가급적이면 미국 출생이면서 특별한 기술과 "경영 능력"을 갖추는 것이 일상적인 업무에서 벗어나는 방법이다. 그러나 가장 중요한 단일 요인은 "성격"이다. "성격은 매력... 개성의 힘, 또는... 품행으로 사람들의 관심을 끌 수 있으며... 성격 없는 성취는 불행이다. 근면함이... 없는 성격은... 바람직하지 않다."

예의를 갖추면 "앞서 나갈 수 있고... 훨씬 더 재미있게 지낼 수 있으며... 밤에 훨씬 덜 피곤하고... 더 인기 있고, 친구가 더 많아질 것이다." 그러니 "미소를 짓도록 자신을 훈련하라. 육체적, 정신적 각성을 표현하라. 자신감을 발산하라. 자주 그리고 진심으로 웃어라." "당신이 하는 말, 행동은 모두 다른 사람들에게 인상을 준다. 요람에서 무덤까지, 당신은 다른 사람들과 잘 지내야 한다. 건전한 영업 원칙을 사용하라, 그러면 상품, 아이디어, 그리고 자신을 '판매'하는 데 더 효과적일 것이다."

근로자 사회에서 기회라는 말이 갖는 주요한 의미는 자기 직무의 범위를 넘어 기업에 봉사함으로써 승진에 영향을 미치는 윗사람의 관심을 끌어내는 것이다. 이것은 큰 길 위에 놓인 작은 업무를 처리하는 데서 나타나는 신뢰성과 열정을 필요로 한다. "개성에는... 작은 일에 대한 타고난 충성심과 당면 업무에 대한 열정적인 관심이 포함된다. 한마디로, 철저하게 신뢰할 수 있고 전반적으로 낙관적이고 도움이 되는 태도인 것이다."

"앞서가는 것"은 "지속적인 판매 활동이 된다... 새로운 직책을 구하든, 바로 앞에 있는 직책을 목표로 하든 상관없이... 두 경우 모두 자신을 팔아야 하고, 계속해서 자신을 팔아야 한다. 여러분에게는 상품이 있고, 그 상품은 바로 여러분 자신이다." 조직 간 접촉에서 능숙한 개인적 기동과 정치적 접근, 그리고 상사에게 인상을 심어주는 계획적인 행동이 '작은 사람'에게는 일종의 마키아벨리즘이 된다. 성공이라는 목적을 위해 자신을 다른 사람을 이용하는 도구로 만드는 것이다. "다른 사람에게 진정으로 관심을 가져라. 미소 짓고... 잘 들어주라. 상대방의 관심을 기준 삼아 이야기하라. 상대방이 중요한 사람이라고 느끼게 하라. 그리고 진심으로 대하라. 나는 새로운 삶의 방식에 대해 이야기하고 있다"라고 데일 카네기[2]는 말한다.

미국 성공의 상징은 달러 지폐였다. 영감 넘치는 작가에게 가장 큰 영감이 찾아오는 순간에는 늘 큰돈이 존재한다. 기업가적 유형과 화이트칼라 유형 모두 금전적 목적을 위해 성격을 바꾸는 것과 관련이 있지만, 기업가적 유형에서 돈과 성공은 그 자체로 좋은 미덕을 획득하는 것과 관련이 있다. 돈은 항상 선한 일에 사용되어야 하고, 미덕과 선행은 부를 정당화한다.

화이트칼라 유형에서는 성공의 수단에 대한 도덕적 신성화가 존재하지 않는다. 사람들은 단지 성공의 도구가 되고, 미덕이 아니라 전술을 습득하라고 자극받는다. 돈으로 성공하는 것은 너무 큰 희생을 치르지 않아도 되는 명백히 좋은 일이라고 가정된다.

기업가적 성공 방식과 화이트칼라적 성공 방식은 역사상 순차적으로 등장했지만, 미국인의 열망과 노력이 통과한 명확한 단계는 아니다. 이 두 방식은 현재 공존하고 있으며, 각기 다른 경제 영역과 경제 순환의 단계에 걸쳐 다양하게 관련되어 있다. 또한 각 방식은 그 자체의 어려움을 가지고 있으며, 이로 인해 노력을 자극하는

---

2   Dale Carnegie(1888~1955). 자기 계발의 철학과 기법에 대한 교육으로 명성을 떨친 미국의 작가다. 그의 '인간관계론'은 숱한 자기계발서에 영향을 미친 고전적 이론이 되었다.

기제로 사용하기에 제한이 있다. 대기업의 근로자 사회에서는 제한된 수의 사람들만이 기업가적 유형을 따를 수 있다. 대판매장이 된 사회에서 영업사원의 성공 방식은 치열한 경쟁을 불러일으킬 가능성이 높으며, 동시에 지나치게 합리화되어 비인간적으로 될 것이다. 하위계층의 교육 수준이 지속적으로 상승하고 업무가 지속적으로 합리화되는 사회에서는, 화이트칼라가 중등 및 고등 교육을 사실상 독점하던 예전과는 달리 정상으로 오르는 화이트칼라적 경로가 치열한 경쟁의 대상이 되는 것 같다.

2. 교육의 엘리베이터

보편 교육의 가치에 대한 미국적 믿음은 민주주의 이데올로기의 두드러진 특징이었다. 사실 잭슨 시대[3] 이후로, 모두를 위한 교육은 진정으로 민주적인 사회 운영과 거의 동일시되어왔다. 나아가 더 많은 교육을 받을 수 있다는 희망이 서서히 실현되고 있다. 80년 전에는 해당 연령내의 절반을 조금 넘는 아동이 공립 초등학교와 중고등학교에 다녔지만, 오늘날에는 5분의 4 이상이 재학하고 있다.

  이토록 급격한 등록률 증가는 특히 사회적 지위나 직업적 계층에 관계없이 모든 아동이 같은 고등학교에 다닐 가능성이 있는 소도시에서 지위 평등이라는 느낌을 강화했다. 이민자의 미국화에도 큰 도움이 되었다. 그리고 교사가 중간계급의 태도와 가치, 매너, 숙련을 대표하고 강화하기 때문에, 구중간계급의 이념을 확산시키고 전

---

[3] 미국 제7대 대통령 앤드루 잭슨Andrew Jackson(1767~1845)이 대통령으로 재임한 시기(1829~1837)를 가리킨다. 앤드루 잭슨은 긍정적인 평가자들로부터 근로하는 미국인에 대한 옹호자이자 민주주의와 인권의 옹호자라고 존경받고 있다. 다른 한편 노예제를 지지하고 아메리카 원주민을 공격하는 데도 힘을 기울였다.

반적으로 강화했다. 그러나 이러한 구중간계급적 관습의 강화에도 불구하고, 대중 교육은 신중간계급 직업의 부상을 위한 주요한 사회적 메커니즘 중 하나였다. 이런 직업은 교육 체계가 제공하는 숙련을 필요로 했기 때문이다.

이런 기능, 특히 마지막 기능을 수행하는 과정에서, 미국의 교육은 더욱 명백하게 직업적 역할을 강조하게 되었고, 세대 간 직업 이동의 연결 고리로 기능하고 있다. 고등학교뿐만 아니라 대학도 기업과 정부의 인력 수요에 맞게 재편되었다. 실용성을 추구하는 욕구로 인해 학교는 변화하는 수요에 적응했고, 대중은 자식들이 이용 가능한 일자리에 대비해 교육받을 수 있게 되어 기뻐하는 것처럼 보인다.

어떤 교육 체계에 대해 물어야 할 가장 근본적인 질문은 이런 것이다. 그 체계의 관리자들은 어떤 종류의 생산물을 기대하고 있는가? 그리고 어떤 종류의 사회를 기대하고 있는가? 19세기에는 '민주공화국'의 '좋은 시민'이 그 답이었다. 20세기 중반에는 '안정적인 일자리를 가진 전문가 사회'에서 '성공한 사람'이 답이 되었다.

소기업가들의 세계에서는 성공을 위한 교육적 준비가 거의 필요하지 않았고, 잘 지내기 위해 필요한 교육은 훨씬 적었다. 교육은 사회적 평등과 정치적 자유를 향한 주요한 길로 여겨졌을 뿐 아니라, 기회와 능력, 재능이 적절하게 보상받을 수 있도록 도와주는 것으로 여겨졌다. 그러나 교육은 대중을 위한 경제적 발전의 대로는 아니었다.

새로운 사회에서 교육의 의미는 지위와 정치 영역에서 경제와 직업 영역으로 옮겨갔다. 화이트칼라의 삶과 성공의 유형 속에서 개인의 경력에 미치는 교육 부문의 영향력은 전체적인 직업상의 운명을 좌우하는 열쇠가 된다.

다양한 일자리에 진입하는 데 필요한 공식적인 요건과 승진에 대한 기대치는 교육 수준에 따라 고정되는 경향이 있다. 상위 수준에서는 대학이 전문직과 준전문직의 요람이자 상위 직책에 필요한 자격 요건이다. 기업가의 미덕과 재능이 교육받은 전문가의 숙련과 위신으로 대체됨에 따라, 공식적인 교육은 사회적, 경제적 성공의 핵심 요소가 되었다. 아버지보다 교육을 많이 받은 아들은 더 높은 직책에 오를 가능성이 높다. 리처드 센터스Richard Centers가 조사한 도시 남성 표본의 경우, 아버지보다 교육을 많이 받은 아들의 약 46퍼센트가 아버지보다 더 높은 직책에 오른 반면, 교육 수준이 낮은 아들이 더 높은 직책에 오른 경우는 16퍼센트에 그쳤다. 교육적 연관성은 제2차 세계대전 당시 미군에서 특히 중요했다. 장교의 64퍼센트가 대학에 다녔지만, 사병은 11퍼센트만 대학에 다녔다.

오늘날 대학생, 특히 명문대 학생의 목표는 대기업에서 미래지향적인 직업을 얻는 것이다. 이런 직업은 직업적 숙련뿐만 아니라 사회적 매너에 대한 교육도 포함한다. 세라 로런스Sarah Lawrence대학의 총장인 해럴드 테일러Harold Taylor는 다음과 같이 썼다. "현재의 취업 시장에서 산업 경영자가 생각하는 이상적인 졸업생은 정치나 사회 문제에는 무관심하고, 사교 클럽의 회원, 백인, 축구팀의 일원, 모든 과목에서 A를 받은 학생, 모든 사람에게 인기가 있고 캠퍼스에서 잘 알려진 사람, 사교 클럽에 많은 회원 자격을 가진 사람이다. 20년 후 칼버트[4]의 광고 모델로 상상할 수 있는 사람이다. 규모가 크고 성공적인 대학들은 학생의 캠퍼스 사회생활을 위한 계획과 그 조직에 내재된 가치 체계로 이 고정관념을 확인시켜준다. 심지어 주로 인문

---

4   켄터키주 클레어몬트에서 생산되는 블렌디드 위스키 칼버트 엑스트라Calvert Extra를 가리키며, 미국에서 가장 많이 판매되는 블렌디드 위스키 중 하나다.

교양을 가르치는 소규모의 리버럴 아츠 칼리지조차도 보수적인 산업 경영진을 양성하는 훈련 학교가 되려고 하는 것 같다."

중간계급의 고등학교 교육 독점은 깨졌지만, 교육 기회의 평등은 아직 이루어지지 않았다. 많은 젊은이들이 경제적 제약 때문에 중등 교육을 마치지 못하고 있다. 월터 코츠니그Walter Kotschnig는 이렇게 결론짓는다. "일반적으로, 가장 낮은 소득 계층의 대가족 자녀들은 고등학교를 졸업할 가능성이 거의 없다. 그들은 가족을 돕기 위해 일찍 학교를 떠나야 한다. 대부분은 결코 잘 벌지 못하는 저숙련 노동자가 될 것인데, 이유는 간단하다. 교육이 경제적, 사회적 성공의 주요 수단이 되었기 때문이다. 대학 수준에서는 상황이 더 심각하다." 이용할 수 있는 가장 신중한 연구에 따르면, 대학 교육을 받을 수 있는 사람을 결정하는 요인은 많은 경우 소년의 두뇌가 아니라 아버지의 소득이다.

부모의 계급적 지위도 수강하는 교과 과정의 유형에 반영된다. 법학, 의학, 인문학을 전공하는 학생은 일반적으로 간호, 교육, 상업 분야를 전공하는 학생보다 연간 소득이 두 배 이상인 가정에서 태어난다. 로이드 워너Lloyd Warner와 동료들은 이렇게 썼다. "고등학교 3학년이 되는 1,000명 중 580명의 남녀 학생을 샘플로 살펴보면, 그중 절반 정도가 대학 진학 과정을 수강하고 있다. 그중 150명이 대학에 입학하고, 70명이 졸업한다. 이것이 전국 평균이다. 1,000명의 젊은이 중 평균 200명이 고등학교에서 시작한 목표를 달성하지 못한다."

대학 교육을 통한 주요한 직업 이동은 구중간계급 부모로부터 신중간계급 자녀로의 이전이며, 고등학교 교육을 통한 주요한 이동은 숙련 노동자 부모로부터 신중간계급 자녀로의 이전이다. 대학은 소기업가나 농민의 자녀를 하위 전문직으로 상승시키는 사회적 엘리베이터 역할을 해왔다. 예를 들어, 시카고대학의 경우, 1893년부터 1931년까지 졸업생(학사 학위)의 아버지 10명 중 4명이 사업, 상업, 또는 소유주로서 직업에 종사했다. 이들 아버지 중 약 4분의 1만이 전문직에 종사했지만, 아들 중 62퍼센트, 딸 중 73퍼센트가 전문직에 종사했다.

특히 불황기에는 중상위계층 부모들이 자식을 시장의 영향으로부터 보호하려고 하기 때문에, 구중간계급으로부터 신중간계급으로의 세대 간 이동이 증가할 가능성이 크다. 많은 소년들이 아버지의 사업을 물려받기보다는 부모의 희생 위에서 아버지의 사업을 파괴한 대기업 체계의 한 단위를 돕기 위해 훈련을 받았다.

구중간계급이 불안정한 소규모 재산에 대한 고민을 하게 되면서, 자식을 자신과 동등하거나 더 나은 위치에 올려놓을 수 있을지에 대한 불안감이 커졌다. 동시에, 임금노동자들은 자식이 자기보다 높은 수준에 도달하기를 열망했다. 두 계층 모두 '교육 기회'를 강력하게 요구했고, 자녀에게 더 나은(더 많은) 교육을 제공하기 위해 희생했다.

35년 전, 존 코빈[5]은 교육받은 화이트칼라 노동자를 대신해서 외쳤다. 교육은 재산만큼이나 국가의 부를 늘리는 데 기여하는 것이며, 교육은 화이트칼라 노동자의 '자본'이었고, 위신을 얻기 위한 주요한 근거이며, 지위를 높이는 수단이라고 말이다. 그러나 '자본'의 한 유형인 교육은 농장이나 사업체와는 달리 한계가 있다. 교육의 실행이 직업을 통제하고 관리하는 사람들에게 달려 있기 때문이다.

---

5   John Corbin(1870~1959). 하버드 대학 출신의 작가로서, 대학과 학생 생활에 대해 많은 작품을 남겼다.

『포춘』의 조사에 따르면, 오늘날 대학 졸업생들 사이에서 스스로 사업을 시작한다는 생각은 "너무 드물어서 시대착오적이라고 느껴질 정도"라고 한다.

한편으로는 모든 사람에게 '평등한 교육 기회'를 제공해야 한다는 요구가 있다. 이는 한때 모든 사람에게 더 좋고 더 안전한 직책을 의미하는 것이었다. 다른 한편으로는 많은 화이트칼라에 대한 교육적 요구사항이 감소하고, 심지어 이런 직책에 대한 경쟁이 증가하리라는 강력한 경향이 있다. 그 결과, 신성불가침의 물신 숭배로서 보편적 교육에 대한 신념에 의문이 제기되었다. 제1차 세계대전 무렵에 시작된 이 의문은 1930년대에 더욱 널리 퍼졌고, 제2차 세계대전 이후에 더욱 집중적으로 제기되었다. 페리 밀러Perry Miller의 표현을 빌리자면, 이것은 "기본적인 전통의 붕괴"를 의미한다.

이제 민주주의 이데올로그들은 지력의 관점에서 보면 대학 교육을 받을 수 있는 중등학교 5학년 학생의 80퍼센트가 대학에 진학하지 못한다고 지적하고 있다. 따라서 미국 교육부 장관인 E. J. 맥그래스E. J. McGrath에 따르면, 수백만 명의 시민들이 "자신의 잠재력 수준에 못 미치는 삶을 살아가고 있다." 이 말은 틀림없이 사실이지만, 통계학자, 직업 예측 전문가, 그리고 점점 더 많은 교육 관계자들이 직업 구조가 대학 졸업자들이 기대하는 일자리를 제공할 수 있을지에 대해 의문을 제기한다.

지난 반세기 동안 대학 졸업자들은 전체 인구보다 4배나 증가하면서 상위 화이트칼라 직업의 확장에 관여했다. 따라서 교육은 성과를 거두었다. 10년 전, 대학 졸업자는 미국 평균보다 3분의 1만큼 더 높은 소득을 올렸다. 하지만 오늘날 대학 졸업자의 소득은 미국 평균의 10분의 1만큼 더 많은 데 불과하며, 시모어 해리스Seymour E. Harris의 정보에 근거한 예측에 따르면 20년 후에는 "교육받은 것이

손해"가 될 것이라고 한다. 그때가 되면 1930년 당시 300만 명이었던 대학 졸업자 수가 1,000만에서 1,400만 명으로 늘어나 있을 것이다. 그들의 기대에 부응하려면 전문직이 800만 명에서 1,100만 명을 수용해야 하지만, 1910년에서 1940년 사이에 늘어난 전문직 일자리는 200만 개 미만이었다. 교육 이데올로그들 사이에서는 "실망한 지식인들이 유럽에서 파시즘의 부상에 기여한 것"을 상기시키는 경고음이 울리고 있으며, 미국적 성공 신화에서 교육의 역할 변화를 반영하는 학교 관계자들 사이의 기동과 선언들이 나오는 중이다.

뉴욕주 교육위원회 위원장인 윌리엄 J. 월린William J. Wallin은 모든 사람을 위한 고등교육을 비난하면서, "이 나라가 좌절감에 젖어 사회와 정부에 등을 돌리고, 우리가 그들에게 준 교육으로 효과적으로 무장한 채 파괴적인 분노를 표출할 수 있는 '잉여 졸업생'을 배출할 수 있다"고 선언했다. 하버드대 총장인 코넌트Conant는 최근 이렇게 말했다. "기회 균등은 이 나라의 기본 원칙 중 하나다. 하지만 동시에, 어떤 젊은이도 좌절하는 경제생활로 이어질지도 모를 고등교육 훈련을 받도록 권장하거나 유인해서는 안 된다." "왜냐하면 대부분의 미국 젊은이에게 4년제 대학 교육은 '불필요하게 비쌀' 뿐만 아니라 '사회적으로도 바람직하지 않기' 때문이다."

현재 제안되고 있는 가장 인기 있는 해결책 중 하나는 여러 교육 사다리를 구축하여 각 사다리가 직업적 위계질서의 다른 수준에 도달하게 하는 것이다. 이런 아이디어는 비공식적이기는 하지만, 현재 미국의 고등학교에서 널리 실행되고 있다. 한 고등학교 교장은 이렇게 말한다. "이 교육 체계는 도시의 돈과 시간을 엄청나게 낭비한다. 왜냐하면 소수만이 우연히 화이트칼라 계급의 일원이 될 수 있고, 많은 사람들이 어떤 직업 분야를 따라야 하기 때문이다. 8C 등급에 속한 사람들이 화이트칼라 일자리의 위신을 원하는 경우가 얼마나 많은지 놀랍다. 그래서 나는 급여가 얼마나 열악한지 지적하고, 그런 일에 적응하고 성공하기가 얼마나 어려운지 지적하려고 노력한다. 대다수 사람들은 그런 일에 적합하지 않다. 나는 A, B, C 그룹 모두에게 이야기를 하고, 그들 모두에게 화이트칼라 일자리의 단점을 설명하고 있다." 이러한 인용문을 수집한 사회학자 로이드 워너는 이렇게 언급한다. "우리 교육 체계는 현재 너무 많은 사람들이 전문직이나 관리직을 얻기 위해 고등학교와 대학을 이용하도록 허용하고 있으며, 그 결과 실패와 좌절, 사회적 연대의 상실을 초래하고 있다는 분명한 증거가 있다."

교육은 직업에 대한 사회의 요구가 계속해서 교육을 요구할 때에만 성공의 수단으로 작용할 것이다. 코츠니그의 말에 따르면, 그렇지 않을 수도 있다는 인식이 작용해서 "젊은이들에게는 그들의 능력에 맞는 일반적이고 특별한 교육을 제공하자는 아이디어가 나온 반면, '일부 엘리트'를 위해서는 지도자로서 준비하게 했다. 이로써 지적 경력에 대한 일방적인 강조가 깨졌다." 이런 아이디어에 직면하여 '진보적' 교육 이론가들은 시험, 측정, 배치 서비스, 직업 지도 등을 통해 어린 나이에 교육을 통해 상위 직책으로 가야 할 사람과 낮은 수준의 교육으로 직업 기회를 종료해야 하는 사람을 구분할 수 있다는 가정을 추가한다.

우리는 미국적 성공 유형의 일부인 '평등한 교육 기회'에 대한 단순한 믿음으로부터 멀리 떨어지게 되었다. 첫째, 교육이 고도의 계급적 기회를 갖춘 엘리트를 위한 고도로 전문화된 통로로 기능하게 되면서, 상승의 주요 경로는 교육과 무관해졌다. 독립적인 사람들은 '자신을 만들고', 공개 시장에서 경쟁하며, 자신의 위치를 찾는다.

둘째, 정치적 요구와 경제적 필요에 따라 교육의 민주화가 이루어지면서, 직업 구조는 문해력과 몇 가지 숙련을 필요로 하게 되고,

교육을 통한 성공의 시기가 도래한다. 단일한 사다리에 대한 의문은 제기되지 않으며, 기회 균등의 이념은 모든 최상층 직책이 교육의 사다리를 오를 수 있는 능력을 가진 모든 사람 사이에서 경쟁의 대상이 된다는 것을 의미한다.

셋째, 거의 모든 직업 이동에는 교육이 필요하지만, 공급이 수요를 초과함에 따라 교육은 시험과 측정을 통해 젊은이들을 선별하는 관료적 계층화로 이어진다. 교육-직업 구조를 관리하고 조정하려는 경향이 증가하고 있으며, 환경에 대한 마술적 개념은 포기되고 있다. 교육받은 사람에 대한 수요가 공급을 따라가지 못하고, 교육받은 직업은 분열되고 합리화되며, 학교 등록이 계속 증가함에 따라, 교육 수준이 높은 집단과 그렇지 않은 집단 간의 소득과 위신 차이가 감소하고 있다. 교육받은 숙련을 사용할 수 없게 된 사람들 사이에서는 권태가 증가하고, 성공에 대한 희망이 실망으로 무너지며, 보상을 받지 못하는 희생은 환멸로 이어진다.

3. 출신과 이동성

20세기에 접어든 후 기업가적 성공 유형과 화이트칼라적 성공 유형 양쪽 모두에서 상승 운동이 제법 심각한 반대 경향에 직면해왔다. 상향 이동률(한 직업 수준에서 다른 직업 수준으로 올라가는 사람들의 비율)이 일정하게 유지되고 있는지 감소하고 있는지, 아니면 증가하고 있는지는 아무도 정확히 알지 못한다. 그러나 이 비율은 각 수준에 있는 사람들의 상승, 하락, 또는 유지 가능성을 결정하는 일련의 요인에 따라 달라진다.

과거에는 기업가 유형의 상향 이동을 뒷받침하는 잘 알려진 경향이 몇 가지 있었다. 가장 명백한 것은 재산이 분산된 사회에서 전체적인 경제가 확장하고, 시장의 물리적 확산과 생산량 증가가 맞물리며, 시장이 꾸준히 상승하는 가운데 천연자원에 대한 전례 없는 사적 착취에 기반해 산업화가 이뤄지던 현상이었다. 간단히 말해서, 19세기 미국은 기업가적 성공 유형이 거의 자동으로 이루어지는 것처럼 보이던 시대였다.

그러나 1890년대 이후로, 그리고 20세기에 들어서면서, 재산의 집중에 따라 재산 규모가 작은 사람들이 기업가 정신을 발휘하여 자신의 소유를 유지하고 확장할 수 있는 기회가 줄어들었다. 재산이 적은 사람들은 자원에 접근하기가 어려워졌고, 기업에 필요한 높은 자본에 접근하기는 더 어려워졌다. 많은 시장이 독점되었고, 국가 전체적으로 출생률과 이민자 수가 감소하면서 시장 성장률이 낮아지기 시작했다.

대중적인 성공의 방법으로서 기업가 유형이 쇠퇴하고 있었지만, 다른 한편에서는 화이트칼라 유형의 길이 열리고 있었다. 1890년대부터 1930년대 중반 사이에 일어난 일은 몇 가지 일반적인 수치로 쉽게 이해할 수 있다.

물론 상승의 기회는 상위 직책과 하위 지망자의 비율에 의해 영향을 받는다. 임금노동자 계층은 평준화되고 화이트칼라 계층은 확대되어 임금노동자에서 사무직으로 승진할 수 있는 기회가 증가한다. 엘드리지 시블리Eldridge Sibley는 1870년에서 1930년 사이에 매년 평균 약 15만 명의 노동자와 농민이 화이트칼라 계층으로 '승진'했다고 계산했다. 그러나 기업가 계층은 전체 노동 인구에서 차지하는 비중이 급격히 감소했다. 따라서 화이트칼라 근로자는 구중간계급과 임금노동자 양쪽 모두에서 채용된 것으로 추정할 수 있다. 물론 우리는 현재 직업 분업의 결과로 지난 2~3세대 동안 미국인들 사이에서, 또한 이 세대들 사이에서 일어난 직업 전환의 복잡한 개별 유형을 결코 알 수 없다. 우리는 직업들로 이뤄진 일종의 거리에서 아들과 딸이 아버지의 위치에서 이동한 단편적인 스냅숏을 가지고 있을 뿐이다.

현 세대의 사무 노동자와 판매원 등 대부분의 화이트칼라 노동자들은 출신이라는 점에서 구중간계급과 임금노동자 계층 사이에서 균등하게 분포해 있는 것으로 보인다. 10명 중 4명은 자유 기업가였던 아버지를 둔 자녀이고, 4명은 도시 임금노동자다. 지난 3세대 동안 하층 화이트칼라 노동자의 출신 배경이 임금노동자 자녀의 비율이 더 높은 쪽으로 바뀌었을 가능성이 크다.[6] 최근에 신중간계급 자체가 확장되었으므로 현재의 화이트칼라 세대 중에는 소수만이 화이트칼라 출신일 것으로 예상된다.

상층 화이트칼라, 즉 급여를 받는 전문가와 관리직 근로자는 임금노동자 출신일 가능성이 낮고, 상위계층이나 같은 계층 출신일 가능성이 높다.[7]

화이트칼라 계층이 확대되면서, 그들은 직업 구조의 전반적인 역사적 유형에 따르게 되었다. 즉, 상위계층은 중산 및 하위계층 사이에서 상향 이동이 나타나자 더욱 경직되었다. 사실, 화이트칼라 직업의 부상 덕택에 미국의 사회적 이동성이 역사적으로 지속될 수 있었다. 20세기 초반이 되면 임금노동자 출신으로 최고 경영진으로

---

6   1930년대 중반에 퍼시 데이비드슨Percy Davidson과 듀이 앤더슨Dewey Anderson이 연구한 캘리포니아의 소도시에서는, 사무원 중 46퍼센트의 아버지가 소유주였으며, 41퍼센트는 노동자였다. 하지만 그 자신이 사무원인 아버지의 55퍼센트는 소유주의 아들이었으며, 20퍼센트만이 임금노동자였다. 물론 이런 수치는 화이트칼라의 출신 배경상의 변화만이 아니라 전반적인 직업적 변화를 반영할 것이다. 【원주】

7   예를 들어 1945년 중간 규모의 서부 도시에서 우리는 43퍼센트의 그런 사람들을 발견했지만, 하층 화이트칼라(판매원과 사무직 노동자)의 경우는 단지 36퍼센트만이 아버지가 자유 기업가였다. 이 두 집단의 임금노동자 출신 비율은 각각 37퍼센트와 47퍼센트였다. 【원주】

올라가는 경우는 확실히 줄어들었지만, 새로운 화이트칼라 위계질서의 형성에 따라 임금노동자들의 상향 이동이 가능해졌다.

신중간계급이 구중간계급을 대체하는 것처럼, 각 계층의 최상위 수준도 그 계층 안에서 대체되고 있다. 오늘날 기업가, 관리직, 전문직 종사자의 3분의 1 이상이 동일한 직업 범주 출신이다. 이 경직성은 현재 노동력의 출신에 대한 표에서 드러나는 것보다 실제로는 더 강할 수 있다. 통계적 스냅숏은 대기업가의 딸을 사무직 노동자로만 포착하기 때문이다. 이 스냅숏은 그녀가 중소 도시의 젊은 여성으로서, 아버지 친구의 비서나 안내원으로 일하다가 1년 후에 마을에서 가장 큰 기업 중 한곳에서 일하는 신진 관리자와 결혼하기 위해 떠나는 모습을 보여주지 않는다. 백화점의 지하 매장에서 하루에 두 번씩 지나가는 매장 지배인을 힐끗 쳐다보는 목수의 딸과는 완전히 다른 삶이다. 하지만 오늘날에도 임금노동자의 아들이 화이트칼라나 경영직으로 승진하는 경우는 여전히 흔하다. 아마 오늘날 소기업가의 약 3분의 1은 임금노동자의 아들일 것이다.

세대 간 상향 이동은 종종 상위 사회 계층의 낮은 출산율로 설명되어왔다. 이러한 출산율 차이는 고소득 집단에서 결혼 연령이 늦고, 이들 사이에서 효과적인 피임 방법이 더 많이 사용되는 데 주로 기인한다. 이제 생활 수준이 향상되고 피임 방법에 대한 접근성이 확대됨에 따라, 서로 다른 출산율에 기반한 상향 이동이 얼마나 지속될 수 있을지는 미지수다. 또한, 성공의 유형에서 교육의 중요성이 강조됨에 따라, 아버지의 위치가 자녀에게 매우 중요해졌다. 그리고 지금까지 살펴본 바와 같이 교육의 연결 고리가 불안정해지면, 중간계급의 삶에서 무언가 잘못되었다는 인식이 더욱 널리 퍼지게 된다.

화이트칼라 일자리의 형태가 변화함에 따라 개인이 일생 동안 상승할 수 있는 기회도 영향을 받았다. 대규모 단위로 집중되고 전문화되면서 막다른 골목이 많이 생겼고, '다른 부서'나 기업 전체에 대해 배울 수 있는 기회가 줄어들었다. 화이트칼라 노동의 합리화는 대체 가능한 직책의 수가 상위 직책의 수보다 더 많이 늘어나며, 따라서 승진 기회가 줄어든다는 것을 의미한다. 또한, 고위직이 될수록 기술적 측면이 강해지기 때문에, 위계질서의 외부에서 온 사람들이 그 자리를 차지할 가능성이 크다. 따라서 승진에 대한 이데올로기, 즉 단계적으로 승진할 것이라는 기대는 더 이상 확실해 보이지 않는다. 전시인력위원회가 수행한 사무직 근로자에 대한 대규모 표본 조사는, 80퍼센트에 달하는 사람들이 승진을 기대하지 않는다고 보고했다.

그러나 하나의 분명한 사실, 즉 하위계층에서 일어나는 높은 이직률은 여전히 많은 대규모 화이트칼라 위계질서 내에서 승진이 가능하다는 것을 가리킨다. 약 1만 4,000명의 사무원을 고용하고 있는 한 보험회사의 인사 담낭자는 이렇게 말한다. "솔직히 말씀드리면, 저희 회사의 이직률은 제가 원하는 정도랍니다. 물론 이직률은 시대에 따라 다르고, 다른 회사에서 일어나는 일과도 관련이 있지요. 하지만 제일 낮은 수준의 사무직인 서류철 담당자는 1년 이상 일한 사람을 여기서 찾을 수 없어요. 우리는 그들을 고등학교에서 바로 채용해요. 우리는 젊은 여성을 원하는데요, 1년 후에는 승진하거나 퇴사하거든요. 반면에, 2~3년만 일한 비서는 여기서 찾을 수 없습니다. 좋은 일자리는 6년이나 8년 동안 근속하는 사람들이 차지하거든요." 인내력을 가진 사람들 대부분은 상승하며, 이는 하위계층의 높은 이직률로 인해 가능해지는 사실이다. 경쟁하는 사람들의 수에 비해 상위 직책의 비중이 상대적으로 승진에 유리하기 때문이다.

만약 누군가가 화이트칼라 계층으로 승진하려면, 반드시 임금노동자 수준에서 시작해야 한다. 그렇다면, 임금노동자가 화이트칼라 지위로 승진할 가능성은 얼마나 될까? 연간 약 500달러를 벌던 저숙련 노동자가 불황기에 자신의 보잘것없던 일자리를 잃고, 다른 일자리를 구하지 못해 구제 프로그램에 의존하게 되는 경우를 생각해보자. 이런 상황에 처한 사람들이 많았다. 1930년대 중반에는 저숙련 노동자의 최소 3분의 1이 실직 상태였다.

이 남성이 질병에 걸릴 확률은 연봉 3,000달러의 고소득 화이트칼라 남성보다 57퍼센트 더 높다. 또한, 국가 보건 조사에 따르면, 그의 질병은 약 63퍼센트 더 오래 지속될 것이다. 화이트칼라 남성이 병에 걸린다면, 그는 저숙련 노동자보다 46퍼센트 더 많은 의료 서비스를 받게 될 것이다.

이 근로자가 예전 직장으로 복직하거나 비슷한 직장으로 복직하고 아내가 아이를 낳는다고 가정해보자. 로버트 우드버리Robert Woodbury는 이 아이가 한 살이 되기 전에 사망할 확률이 연봉 1,250달러를 받는 화이트칼라의 경우보다 거의 3배나 높다고 계산했다. 하지만 그 노동자의 자녀가 살아 있고 그 노동자가 저숙련 노동자로 남아 있다면, 그 자녀가 상승할 가능성은 얼마나 될까?

많은 노동자 계급 부모들은 자식들이 육체노동을 벗어나기를 원하지만, 더 높은 영역의 다양한 직업에 대해 알면서, 그 직업에 필요한 준비를 시키는 경우는 드물다. 자식들 자신은 학교의 가치에 대해 확신이 없는 경우가 많고, 성장하기 전에 반드시 거쳐야 하는 과정이라고 생각할 뿐이다. 게다가 부모가 줄 수 있는 것보다 더 많은 돈이 필요하다. 고등학교를 졸업하지 못한다면 육체노동에서 벗어날 기회는 매우 희박하지만, 그는 그 사실을 알지 못하거나 그에 대해 많이 생각하지 않는다.[8]

저숙련 노동자의 아들은 대학에 진학할 확률이 100명 중 6명이고, 전문직 종사자의 아들은 50대 50보다 높다. 그러나 1940년 전체 성인 인구 중 단 10퍼센트만이 대학에 진학했다. 노동자의 아들이 8학년 이상을 다니고 졸업할 확률은 얼마일까?[9] 1930년대에는 100명 중 14명 미만이었다.

임금노동자의 자녀들은 가족의 경제적 필요 때문에, 고등학교나 직업학교를 마쳤기 때문에, 또는 단순히 "학교가 싫어서" 학교를 떠난다. 아마도 절반은 구체적인 직업 계획이나 야망이 없을 것이고, 많은 부모들은 자녀가 '성공'하거나 최대한 많이 교육받기를 열망하지만, 사실 막연한 욕망 이상은 못 될 것이다. 이들은 보통 첫 일자리를 무작위 지원으로 찾거나 지인이나 친척을 통해 찾는다. 일을 시작하기 전에 이런 일자리에 대해 알 수 있는 유일한 것은 첫 임금뿐이고, 대부분의 직업, 아마도 3분의 2 정도는 막다른 길이다.

첫 번째 일자리에서 해고되거나 스스로 그만두면 노동자들은 다시 시장에 나오게 되는데, 이제는 교육받을 기회가 줄어들고 더 나은 일자리를 얻을 가능성이 낮아진다. 캘리포니아주 산호세에서는 저숙련 노동자의 아들이 100명 중 58명의 비율로 저숙련 또는 반숙련 노동자가 된다. 대부분의 노동자는 새로운 일자리를 구하기 전에 현재 직장을 그만두는 경우가 많다. 그들은 일자리를 비교할 기회가 없고, 그저 이 일자리를 받아들이거나 더 나은 일자리가 나타날 때까지 기다릴 수밖에 없다.

임금노동자는 일찍 결혼하기 때문에 돈을 벌어야 하고, 직업 생활의 중요한 첫 번째 시기 동안 숙련 노동을 위한 훈련을 진지하게

---

8 이하의 설명은 L. G. 레이놀드 L. G. Reynold와 조지프 쉬스터 Joseph Shister의 『일자리 지평』 *Job Horizon*(New York: Harper, 1949)에서 폭넓게 인용했다. 【원주】
9 미국의 중학교 8학년은 한국의 중학교 2학년에 해당한다.

생각할 수 없다. 25세가 되면, "남은 인생을 살아갈 궤도가 확고하게 정해진다." 그는 돈뿐만 아니라 "일하면서 누릴 수 있는 즐거운 삶"에도 관심이 있다. 게다가 그는 자신의 소득을 주변 다른 노동자들의 임금과 비교하면서 판단한다. 소득을 고려할 때면 노동의 지위적 가치를 염두에 두게 되지만, 부양해야 할 자녀가 늘어날수록 돈이 더 중요해진다. 그는 좋은 일자리가 부족하다는 것을 깨닫고, 친구들에게 '요령'을 얻어 그런 일자리를 찾는 기술을 계발한다. 그에게 일자리의 변화는 좀 더 안정적인 중간계급 사람들이 생각하는 것처럼 승진을 의미하는 것이 아니라, 해고나 실업이라는 개인적인 재앙을 의미할 가능성이 높다.

대체로 보아 임금노동자의 3분의 1은 현재 일자리의 유지를 선호한다. 4분의 1은 현재의 위계질서에서의 승진을 원하고 기대한다. 승진을 원하는 또 다른 사람들은 승진이 불가능하다고 예상한다. 그들의 눈에는 비어 있는 윗자리가 보이지 않거나, 자신에게는 승진할 만한 능력이 부족하다고 믿거나, 나이가 너무 많다고 느낀다. 정말로 하고 싶은 종류의 일에 대한 백일몽 속에서, 노동자들은 노동의 다양성, 숙련의 사용, 다른 사람들과의 접촉에 대해 고민한다. 화이트칼라 일자리를 원하는 사람이 많은 만큼이나, 숙련 노동을 원하는 사람도 많다. 소규모 사업을 염두에 두는 사람은 5분의 1도 되지 않는다. 우리는 이미 소규모 사업을 시작하여 스스로 보스가 되려고 하는 성인 인구의 0.2퍼센트에게 어떤 일이 일어날 수 있는지 보았고, 농업이 현재 경제적으로 과밀화된 사업이라는 것도 알고 있다. 둘 다 위험한 꿈이며, 지금은 극히 일부에게만 영향을 미친다.

노동자들은 필경 그들의 고전적 야망이라고 할 직공장을 목표로 삼지 않는다. 그들은 그런 직업을 얻는 것이 "다른 노동자들과의 우호적인 관계를 망칠 거"라고 믿곤 한다. "당신이 직공장이라면 사람들이 많이 일하게 해야 해요. 그들이 버티고 있다는 걸 안다면, 밀어붙여야 하죠. 그러면 사람들 사이에서 나쁜 놈이 되는 겁니다." "직공장들에게는 친구가 없어요." 다른 사람들은 "너무 많은 책임을 지게 되니까", 또는 "충분한 직업적 흥미를 제공하지" 않는 탓에 직공장 자리를 원하지 않는다. "요즘의 직공장은 40년 전 직공장하고는 다릅니다."

오늘날 노동자의 사다리는 화이트칼라로 이어지는 일반적인 사다리의 하단부가 아니다. 그것은 임금노동자 수준 위로는 올라가지 못하는 단축된 사다리다. 하지만 "앞서가야 한다"는 교훈을 따르지 못한다고 해서 노동하는 사람들이 현학적이고 경험 없는 이들이 예상하듯 행동하고 느끼는 것은 아니다. 임금노동자는 자신의 포부를 제한하고 구체화한다. 가령 이 일자리를 통해 더 많은 돈을 벌고, 노동조합으로 하여금 이 세부 사항이나 저 조건을 바꾸게 하고, 다음 주에 근무 교대를 바꾸는 것. 그동안에 상향 이동의 비율이 높아지리라는 희망은 대체로 임금노동자 수준보다 높은 곳에서 시작하는 사람들로 국한되어야 한다.

4. 어려운 시절

상향 이동이나 하락을 낳는 요인 중 일부는 장기적으로 결정되지만, 많은 요인은 경기 순환의 기복에 따라 결정된다. 성공에 대한 낡은 이데올로기는 기회 구조가 항상 확장되고 있다고 가정했다. 한 세대에서 다음 세대로, 그리고 한 사람이 일생 동안 얻을 수 있는 높이와, 그 높이를 얻을 수 있는 기회가 증가하는 것처럼 보였다. 더욱이, 이러한 기회는 주기적인 기복에 의해 위협받는다고 느껴지지 않았다. 실제로 소득과 지위가 모두 향상되어 거의 모든 사람들이 위로 올라갈 수 있었다. 실질 소득이 전반적으로 증가했고, 하층에서는 새로 이주한 이민자 집단이 그들보다 먼저 도착한 많은 사람들의 위신과 일자리를 향상시켰기 때문이다. 하지만 새로운 성공 이데올로기는 경기 침체-전쟁-호황의 경제 구조 속에서 기회 구조가 성쇠를 거듭한다고 가정한다. 불황은 심각한 흔적을 남겼고, 심지어 상승할 기회가 많아지는 전쟁과 호황의 시기에도 알아챌 수 있었다.

선형적 진보 이론에 따라 움직이는 경제로부터 주기적 운동 이론에 따라 움직이는 경제로의 전환은 직접적으로 경제적인 두 가지 방식으로 화이트칼라 계층에 영향을 미쳤다. (I) 소득 수준, 특히 임금노동자의 소득 수준과 관련하여, 그리고 (II) 다시 임금노동자와 관련하여 그들의 고용 안정성에 영향을 미친 것이다.

I. 앞서 언급했듯이 1890년 당시 급여 소득 근로자의 평균 소득은 임금노동자 평균의 두 배 정도였다. 그 이후부터 제1차 세계대전까지 급여 근로자의 소득은 꾸준히 증가했지만, 19세기를 마감하고 제1차 세계대전까지 임금에 영향을 미쳤던 불황으로 인해 임금노동자의 소득 증가는 둔화되었다. 따라서 20세기 초반에 급여 근로자가 임금노동자보다 우위를 점할 수 있었던 것은 경제적 사실에 근거했다. 화이트칼라의 세계가 막 확장되기 시작하면서, 고등학교 교육을 독점하고 있던 화이트칼라 근로자에게 새롭고 더 넓은 고용 기회가 지속적으로 제공되었다. 계층으로서의 화이트칼라 노동자 대중이 많지 않았기 때문에, 그들은 교육과 직업의 측면에서 선택된 지위를 차지할 수 있었다.

제1차 세계대전은 임금노동자와 급여 노동자 모두의 소득을 증가시켰다. 그러나 전쟁 생산에 좀 더 밀접했던 임금노동자는 노동조합에 가입되어 있고 초과 근무 수당의 혜택도 누리고 있었기 때문에, 급여 근로자보다 소득이 더 많이 증가했다. 1920년까지 임금과 급여의 격차가 좁혀졌다. 1900년에는 임금노동자의 임금보다 140퍼센트를 더 벌던 제조업의 급여 노동자가 이 시기에는 단지 65퍼센트만 더 벌게 되었다.

1921년의 경제 침체(1930년대 이전의 고용 최저치)는 급여 근로자보다 임금노동자에게 더 큰 타격을 입혔다. 제조업의 평균 임금은 13퍼센트 하락한 반면, 급여는 0.3퍼센트 미만으로 하락했다. 화이트칼라 노동자의 고용과 소득 상황은 여전히 호조를 보였고, 제조업의 평균 급여도 1924년에는 다시 1920년 수준을 넘어서는 등 빠르게 상승했다. 그러나 임금노동자의 소득은 1920년대 동안 줄곧 1920년 수준을 회복하지 못했다. 따라서 급여 노동자와 임금노동자 사이의 소득 격차가 20세기 초반만큼 크지는 않았을지라도, 급여 노동자는 임금노동자보다 더 많은 소득을 올렸다.

1929년에서 1933년 사이에 선별적으로 조사된 산업들의 평균 임금은 33퍼센트 하락했고, 급여는 20퍼센트 하락했다. 이 불황은 화이트칼라 근로자보다 임금노동사에게 더 큰 타격을 입혔고, 두 집단 간의 소득 격차는 약간 증가했다. 1929년에는 급여가 임금보다 82퍼센트 높았는데 1933년에는 118퍼센트 더 높았다. 그러나 불황의 위협, 실업의 낙인, 그리고 그로 인한 불안이 화이트칼라 계층에도 확실히 침투했다. 그리고 실업률이 최고조에 달했을 때 화이트칼라 근로자가 누리던 급여상의 이점은 오래가지 못했다.

제2차 세계대전은 급여 근로자보다 임금노동자에게 더 많은 혜택을 주었고, 평균 소득의 차이는 줄어들었다. 그러나 전쟁이 끝나고 공장에서 더 이상 초과 근무를 하지 않게 되면서, 임금노동자보다 급여 근로자가 더 많은 혜택을 보았다. 1939년과 1948년의 수치는 흥미롭다. 왜냐하면 이 수치는 전쟁의 장기적인 영향에 따른 변화를 보여주면서도, 전쟁으로 인한 일시적인 상황의 변화만 보여주는 것도 아니기 때문이다. 이 두 해 동안 사무직과 영업직 등 화이트칼라 대중의 소득은 도시의 숙련 임금노동자보다 낮았다. 그러나 이들 하위 화이트칼라는 반숙련 노동자에 비해서는 여전히 꽤 높은 소득을 올렸다. 비록 그 격차는 분명히 줄어들었지만 말이다.[10] 임금노동자에 대비한 화이트칼라의 소득 우위는 줄어들었고, 그들이 집단으로서 여전히 가지고 있는 격차는 향후 10년 동안 더 줄어들 가능성이 높다. 왜냐하면 급여가 임금보다 더 경직된 것처럼 보이는 인플레이션 기간 동안 화이트칼라의 평준화가 발생할 가능성이 높기 때문이다.

II. 미국의 실업에 대한 역사적 정보는 단편적이고 모순적이며 입수하기 어렵지만, 1921년을 제외하면 1930년대 이전에는 전체 노동 인구의 10퍼센트 미만이 실업 상태에 있었던 것으로 보인다. 고용률은 1933년에 최저치를 기록했는데, 당시 노동력의 25퍼센트에 해당하는 1,280만 명의 노동자가 실직 상태이거나 구제 대상이었다. 1936년에도 노동 인구의 17퍼센트가 여전히 실업 상태였으며, 제2차 세계대전이 발발할 때까지 이 수준을 유지했다. 그 후 실업률은 매년 급격히 감소하여 1944년에는 최저치인 노동 인구의 1퍼센트 미만에 도달했다.

화이트칼라 근로자는 더 이상 과거처럼 실업의 위기에 면역력을

---

10 예를 들어 1939년의 사무직 남성은 반숙련 남성 노동자보다 소득이 40퍼센트 높았다. 1948년에는 단지 9.5퍼센트만 높았을 따름이다. 1939년에 판매원의 소득은 반숙련 남성 노동자보다 19퍼센트 높았지만, 1948년에는 차이가 4퍼센트로 좁혀졌다. 여성의 경우 사무직 근로자의 소득은 1939년에 반숙련 노동자보다 68퍼센트 더 높았지만, 1948년에는 22퍼센트로 줄어들었다. 그러나 판매직 여성의 경우는 1948년에 반숙련 노동자 수준 아래로 소득이 떨어졌다. 【원주】

갖지 못하게 됐지만, 지금까지도 실업은 임금노동자 사이에서 더 심각하다. 1930년 당시 신중간계급의 4퍼센트가 실업자였는데, 이는 숙련 및 반숙련 노동자의 10퍼센트 이상과 도시 저숙련 노동자의 13퍼센트에 비해 낮은 수치다. 이 수치는 침체의 시작일 뿐이다. 1937년에는 최악의 상황이 끝났지만,[11] 그해에 사무직과 영업직의 약 11퍼센트가 실직했거나 공공 긴급 작업에 투입된 반면, 도시 임금노동자의 수치는 16~27퍼센트에 달했다. 따라서 제2차 세계대전 전 10년 동안 화이트칼라의 고용 안정성이 개선됐을 가능성이 크다.

역사적으로 보아도 화이트칼라 근로자는 임금노동자보다 실업으로부터 더 잘 보호되어왔다. 이는 화이트칼라 노동의 특수한 성격 때문일 수 있다. 『비즈니스 위크』Business Week의 편집자들은 "생산량이 감소해도 서류 작업량이 자동적으로 줄어들지는 않는다"고 지적한다. "때로는 오히려 증가하기도 한다. 회사가 신규 주문을 마무리하기 위해 더 많은 판매 압력을 가하기 때문이다." 그럼에도 불구하고, 화이트칼라 노동자를 보호해온 많은 요인들의 힘이 약화되고 있다. 1930년대의 화이트칼라 사무실과 판매상은 지금보다 덜 기계화되어 있었다. 사무실이 확대되면서, 기업에 '비용 증가'를 야기했다. 따라서 향후 경기 침체기에 사무 비용을 절감하기 위해 기계화를 진전시키고 화이트칼라를 해고하려는 움직임이 예전보다 강해질 것이다. 게다가, 과거에는 많은 화이트칼라 일자리가 지금보다 더 많은 훈련을 요구했고, 고용주들은 훈련된 인력의 해고를 꺼렸다. 하지만 앞으로는 더 많은 화이트칼라 일자리가 규격화되고, 더 쉽게 대체 가능해지면서 이런 거부감도 최소화될 것이다. 화이트칼라 노동에 대한 일반적인 교육 요건도 점점 더 널리 확산되고 있다. 따라서 더

---

11   1933년과 1934년에 대해서는 신뢰할 만한 전국 통계 수치가 없다. 【원주】

쉬운 업무를 수행할 수 있는 사람이 많아지고, 실업의 가능성도 높아진다. 화이트칼라 세계의 현재 상황은 역사적 추세를 지속하고 강화하고 있으며, 따라서 임금노동자와 화이트칼라 근로자 사이의 고용 안정성 차이가 줄어들고 있음을 보여준다.

5. 빛바랜 이미지

지난 20년 동안 미국에서 새로운 스타일의 영감을 주는 문학이 등장했다. 이 문학은 독자들에게 구중간계급의 미덕을 기르는 기술도, 자신을 팔아먹는 기술도 제공하지 않는다. 영감에 관한 다른 자료들과 마찬가지로 사회보다는 개인에 초점을 맞추고 있지만 말이다. 이 문학은 외적이고 알려진 야망을 위해 봉사하는 내면의 광란보다는 마음의 평화와 다양한 육체적, 정신적 휴식 방법을 강조한다. 그것은 체념하는 문학의 한 형태로서 야망의 수준을 낮추고, 오래된 목표를 만족스러운 내적 목표로 대체함으로써 목표와 삶의 방식을 통제하려고 노력한다.

 이는 부정적으로, 성공에 대한 오래된 이미지를 손상시킴으로써 달성된다. 『헉스터』The Huckster, 『금박을 입힌 영구차』The Gilded Hearse, 『세일즈맨의 죽음』Death of a Salseman, 『대관람차』The Big Wheel 등의 작품에서 외적으로 성공한 사람들은 내적으로 실패한 사람, 불쾌하고 죄책감에 시달리며 불안한 양심을 가진 궤양 환자, 옛 삶의 모든 평화로운 미덕과 전쟁을 벌이는 사람, 무엇보다도 고통받는 자신과 비참하게 전쟁을 벌이는 사람으로 묘사된다. "나는 스스로에게 이 상황을 극복하라고 말하려고 노력했다"면서 『나방』Moth의 주인공 제임스 M. 케인James M. Cain은 이렇게 말한다. "나는 내가 원한 모든 것을 가지고 있었다. 꿈에 그리던 직업, 큰돈, 내가 속한 업계의 존경.

고급차도 가지고 있었는데, 마치 공중에 떠 있는 듯한 느낌을 주는 패커드였다. 바다를 바로 볼 수 있는 아파트도 가지고 있었다... 모든 종류의 외모를 가진 여자도 있었다... 하지만 그것이 내가 갈망하던 것이었다면, 갈증을 해소하는 데는 전혀 도움이 되지 않았고, 마치... 샴페인처럼 엉망진창이었다... 마치 인생이 긴 크리스마스 오후의 연속인 것처럼 느껴졌다. 성공이 무엇이든 간에 내게는 크고 잔인하고 차가운 것으로, 두껍고 무거운 어깨를 가진 사람처럼 느껴졌다."

긍정적으로 보자면 새로운 영감의 문학은 긴장된 생산자의 삶보다는 편안한 소비자의 삶에 맞춰 내적 미덕을 제시한다. 『리더스 다이제스트』Reader's Digest나 『마음의 평화』Peace of Mind의 철학이 보여주는 것처럼, 물질적 빈곤의 영적 가치까지도 모든 사람이 누릴 수 있다. 이것은 검소함과 근면함이라는 옛날의 고상한 미덕도, 과시하는 성격의 추진력과 스타일도, 관료적 전문직의 교육받은 기술도 아니다. 이것은 체념과 함께 가는 미덕이며, 체념의 문학은 야망을 낮추고 과거의 열정을 느슨하게 하는 것을 정당화한다.

우리에게 자신의 성공에 대한 책임이 있다면, 실패에 대해서도 책임이 있다. 성공이 사회적 진보의 개인적인 특성이라면, 실패는 기회 감소의 개인적인 특성이다. 하지만 그 진정한 원인에 관계없이, 성공의 문학에서 실패는 의지의 문제로 간주되고, 개인에게 귀속되며, 종종 경쟁에 대한 불만족으로 인해 죄책감으로서 내면화된다. 계속 노력해야 한다는, 느슨해지지 말라는 명령이 불안으로 이어진다. 하지만 체념의 문학에서는 이런 불안이 인격적 불행으로 이어지는 외적인 성공이 아니라 성공의 목표 자체를 내면화함으로써 해소된다고 말한다. 연속극 프로듀서인 프랭크 허머트Frank Hummert는 "우리는 성공하지 못한 사람들의 성공 스토리를 쓴다"라고 말한다. "이는 우리의 등장인물들이 물질적으로는 실패했지만 영적으로는 매우 성공적이라는 것을 의미한다."

내면의 평화에 관한 문학은 생산에 초점을 맞추는 것에서 소비에 초점을 맞추는 것으로 인간을 변화시킨 소외의 과정과 잘 어울린다. 기존의 성공 모델은 모든 사람에게 열려 있는 기회를 제시하고, 행동 의지를 자극하며, 그 목적을 달성하기 위한 모든 종류의 개인적인 수단에 주의를 기울였다. 그 모델들이 『다이아몬드의 들판』의 결말부 이미지를 계속 유지했다면, 또한 그 모델들은 그 들판이 힘들고 생산적인 노동의 자연스러운 결과물처럼 보이게 만들었고, 아니면 교묘한 속임수의 결과물처럼 보이게 만들었다.[12] 어쨌든, 개인이 할 수 있는 일이나 개인이 변화시킬 수 있는 어떤 것의 결과물처럼 보이게 만들었다. 하지만 지금은 많은 사람들의 야망이 착실한 근로자의 불합리한 양심 속에 굳건히 자리 잡거나 소비자의 꿈속에서 사라지는 것처럼, 야망은 영화와 소설에서 종종 사람을 오염시키고 나쁜 선택으로 이끄는 원동력으로 묘사된다. 성공은 돈, 옷, 자동차, 그리고 소파에서 들려오는 부드러운 목소리의 여성을 동반하지만, 필연적으로 진실성의 상실을, 극단적인 경우에는 광기를 의미하기도 한다. 야심 찬 사람, 성공에 목숨 거는 사람에 대한 분노가 존재하기 때문이다. 우리는 성공한 사람이 결국에는 무너지는 모습을 점점 많이 보게 된다. 적어도 내면적으로는 말이다. 성공은 쉬운 길의 막다른 골목이다. 그리고 성공의 수단이 제시될 때, 그것은 개인적인 노력이나 희생의 결과만큼이나 기적 같은 것일 수도 있다. 그

---

12 『다이아몬드의 들판』Acres of Diamonds은 미국의 침례교 목사 러셀 허먼 콘웰Russell Herman Conwell(1843~1925)의 에세이로서 후대에 커다란 영향을 미쳤다. 자기 재산을 다 팔아 다이아몬드를 찾아다니던 사람이 있었는데, 알고 보니 그의 집 땅에 다이아몬드가 묻혀 있었다는 이야기다. 성취를 위한 모든 것이 자신과 지역 사회에 있다는 교훈으로 널리 알려졌다.

것은 개인적인 덕목이나 지능만큼이나, 막다른 골목길을 갑자기 탁 트인 초원으로 바꾸는 마법의 행운 때문일 수도 있다.

기회 구조가 점점 줄어들면서 "행운의 한 방"이 마법처럼 희망을 강화하는 것처럼, "불운의 한 방"이라는 개념은 개인적 실패에 대한 감정을 부드럽게 한다. 인생은 게임이고, 일종의 복권 같은 형제애이며, 그 안에서 주요한 기회가 찾아올 것이다. 이런 개념은 계층화의 강화, 하위계층 출신의 사다리 오르기가 점점 어려워지는 현상과 상응한다. 많은 사람들에게 성공은 "우연적이고 비합리적인 사건"이 되었고, 목표는 너무 눈부셔서 개인은 그것을 생각하며 대리만족을 즐기는 데 몰두하게 되었다.

"평범한 개인이 할 수 있는 일과 그의 삶과 죽음을 결정하는 힘, 권력 사이의 거리가 너무 멀어진 탓에, 평범하다고 여기는 것이, 심지어는 속물적인 지루함과 일체감을 느끼는 것이 쉽게 찾을 수 있는 피난처이자 도피처가 되었다"라고 레오 로웬탈은 말한다. "그것은 허레이쇼 앨저의 꿈에서 쫓겨난 '작은 사람'에게 다소 위안이 된다. 정치와 비즈니스의 거대한 전략의 덤불을 헤쳐 나가기를 포기한 '작은 사람'에게는, 그의 영웅들이 하이볼, 담배, 토마토 주스, 골프, 사교 모임을 좋아하거나 싫어하는 평범한 사람들로 보인다는 사실이 위안이 된다. 그는 소비의 영역에서 대화하는 방법을 알고 있으며, 여기서 실수할 일은 없다."

자본주의 이전에는 전통과 상속이 직업 수준을 결정했다. 직업은 카스트 서열에 따라 아버지로부터 아들에게, 또는 봉건제나 농민 사회에서와 같이 각각의 개인이 거의 같은 일을 하는 방식으로 계승되었다. 자유주의적 자본주의 하에서 사람은 공개 시장에서 경쟁하며 분업 속에서 자신의 위치를 찾았다. 그들은 기업이나 일자리를 얻기 위해 자신의 기술과 노력을 시장에 투입했고, 그들의 상승 정도에는 어떤 공식적, 전통적 제한도 없었다. 이제 시장은 닫히기 시작하고, 사람들은 제한 당하며 지침을 받기 시작한다. 경제적 경직성은 상승을 제한하고, 직업적 성공을 위해서는 재산 상속이나 교육 훈련이 필요하게 된다. 점점 더 많은 사람들이 시험과 상담을 통해 인도되기 시작하고, 다양한 직업 시장이 전문직 협회, 노동조합, 국가 면허 체계에 의해 닫히고 있다.

직업 지도는 개인과 직업을 연구하여 둘을 서로 잘 맞게 하는 것을 목표로 한다. 직업 선택은 개인의 무작위적인 희망이나 '정보 없이 형성된' 욕망보다는 그의 공부와 그에 따른 조언에 의존한다. 야망과 주도성이 강조되지만, 많은 사람들이 자신의 능력보다 낮은 수준에서 일해야 하는 상황에서 좌절이라는 문제는 매우 심각해진다. 사람들이 열망하는 목표는 소수만 달성할 수 있다. 교육자와 교육기관을 운영하는 사람들은 걱정한다. 그들은 아이들이 '합당한 야망'을 세우도록 도와야 하고, 야망에 제동을 걸어야 하며, 현재 사회에서 가능한 것에 조응하도록 청소년의 계획을 규제해야 한다. 야망을 더욱 신중하고 집중적으로 관리해야 한다.

오늘날 미국에는 성공의 정신에 관해 흥미로운 모순이 있다. 한편에는 여전히 투쟁하면서 '무언가'가 되고자 하는 강박이 있고, 다른 한편에는 욕망의 빈곤, 성공이라는 이미지의 악화가 있는 것이다.

체념에 관한 문학, 내면적 인간의 평화에 관한 문학은 안정성이라는 목표를 달성하기 위한 집단적 방법과 관련된 모든 제도적 변화와 잘 어울린다. 불안정이 확산되고 그 원인이 개인의 통제 범위를 벗어나 집단적인 불안정이 되면서, 사람들은 개인의 안정성을 되찾기 위한 집단적 수단을 모색해왔다. 가장 극적인 수단은 노동조합이었지만, 정부에 대한 요구가 사회보장을 낳았고, 정부는 더 많은 기회 구조를 형성하기 위해 개입하고 있다. 공적 연금은 분명히 표준적인 아메리칸 드림과는 다른 유형의 사회와 관련된다. 옛날의 말년은 손주에게 행복하게 둘러싸여 독립적으로 번영하는 것이었다. 지금 구상되는 말년은 손주와는 무관하게 연금으로 보장되는 안정성이다. 사람들이 연금을 위해 싸울 때, 그들은 그 안정성이 집단적 지원에 의해 보장되어야 한다고 가정한다. 이제 연간 5,000달러를 벌던 사람이 25년 동안 일한 후 은퇴하면서 연간 3,000달러를 독립적으로 벌 수는 없다.

물론, 정부는 항상 재산법, 토지 정책, 관세 등을 통해 계급 기회를 보장하고 수정해왔다. 그러나 지금은 뉴딜 정책과 복지국가적 경향에 따라, 최저임금법, 누진소득세, 사회보장 등을 통해 하층 집단의 계급 기회를 상향 조정하고, 상층 집단의 계급 기회를 하향 조정하는 경향이 있다. 그리고 전쟁 중을 제외하고는 계급 수준에 관계없이 최소한의 삶의 기회를 보장한다. 따라서 정부는 사람들이 좀 더 평등하게 살 수 있도록 개입한다.

4부

권력의 길

13장

신중간계급 II

　신중간계급이 구중간계급을 수적으로 대체하기 시작한 이래로, 그들의 정치적 역할은 의문과 논쟁의 대상이 되어왔다. 정치적 질문은 현대의 계층화에서 신중간계급 직업의 위치에 대한 질문과 밀접하게 연결되어 있다.

　정치와 계층화가 이렇게 연계되는 것은 사회학적 존재로서 화이트칼라를 처음 발견한 이들이 프롤레타리아 운동의 새로운 참여 주체를 찾고 있던 마르크스주의 이론가들이었던 만큼 충분히 예상할 수 있던 일이다. 그들은 사회가 계급의식이 있는 프롤레타리아트와 부르주아지로 양극화되리라고 예상했고, 그 사이에 낀 중간계층은 전반적인 쇠퇴 속에서 어느 한쪽을 선택하거나, 아니면 적어도 주요한 주역에게 길을 비켜주리라고 예상했다. 그러나 사회주의 이론가와 당료들이 금세기 초반에 고전적인 전망을 땜질하기 시작했을 때, 이런 기대 중 어느 것도 실현되지 않았다.

　새로운 인구를 자신들의 투쟁을 지지할 수 있는 사람과 그렇지 않은 사람으로 구분하려고 시도하는 과정에서, 마르크스주의 정당의 통계학자들은 화이트칼라 노동자의 급증에 정면으로 부딪혔다. 이 집단의 부상은 마르크스주의자에게 문제의 원인으로 작용했고, 이는 재산 소유자 대 비재산 소유자라는 단순한 이분법에서 무산자 집단 내의 차이로의 전환을 의미했다. 이로 인해 직업 구조에 관심이 집중됐다. 또한, 농촌과 도시에서 완강히 뿌리내리고 있는 소기업가들과 화이트칼라 집단을 검토하면서, 마르크스주의자들은 신중간계급의 경우 재산이 없고, 소기업가들은 종종 경제적 하락으로 고통받음에도 불구하고 이 계층들의 구성원이 사회주의 이념에 쉽게 동조하지 않는다는 사실을 알게 됐다. 이들의 정치적 성향은 경제적 지위와 일치하지 않았고, 가까운 미래에 그렇게 되리라고 예상되는 지위와도 일치하지 않았다. 그들은 허위의식을 지닌 사람들이 증가하고 있다는 표현이었고, 예정된 혁명의 진로를 가로막는 장애물이었다.

1. 이론과 어려움

이런 발견과 추측에 따른 모든 이론을 자세히 설명하다 보면 유익하기보다는 지루할 것이다. 이론의 범위는 1920년대 중반까지 상당히 잘 정리되었고, 그 이후에 실제로 새로운 이론이 추가되지도 않았다. 여러 저자가 더 자세한 내용을 발견했고, 그중 일부는 결정적인 내용이었으며, 또 일부는 주요한 입장들을 다양하게 결합한 것이었고, 그중 일부는 다른 것보다 더 강력한 지지를 받았다. 하지만 신중간계급의 존재로부터 유추할 수 있는 정치적 방향은 네 가지 주요한 가능성으로 분류할 수 있을 것이다.

    I. 신중간계급 전체 또는 결정적으로 중요한 일부는 계속해서 그 수와 영향력이 커질 것이고, 적절한 시기에 정치적으로 독립적인 계급으로 발전할 것이다. 현대사회를 운영하는 데 필요한 핵심 기능을 수행해온 다른 계급을 대체하면서, 이들은 다음번 지배계급이 될 것

이다. 신중간계급은 상승할 것이며, 다음 시대는 이들의 것이다.

II. 신중간계급은 계속해서 그 수와 영향력이 커질 것이고, 비록 이들이 독립적인 권력을 행사하는 세력이 되지는 않겠지만, 다른 계급의 전반적인 균형에서 안정을 위한 주요 세력이 될 것이다. 이들은 계급 균형에서 중요한 요소로서 자유주의적 자본주의 사회의 지속을 가능하게 한다. 이들의 확산은 점진적인 프롤레타리아화 현상을 억제한다. 이들은 노동과 자본 사이에서 완충 역할을 맡는다. 구중간계급의 특정 기능을 대신하지만, 임금노동자들과도 연결되어 있어서 협력할 수 있다. 따라서 이들은 계급 대립에 다리를 놓고 계급 갈등을 완화시킨다. 이들은 계급적 이해관계의 균형추이며, 안정제, 사회적 조정자다. 이들은 계급적 논쟁을 종식시킬 새로운 사회적 연대의 중개자다. 바로 그래서 선거에서 승리를 원하거나, 혁명을 시도하는 모든 진영과 운동이 이들에게 관심을 집중하고 있는 것이다.

III. 신중간계급의 구성원은 사회적 성격과 정치적 전망의 측면에서 진정으로 부르주아지이며, 앞으로도 그럴 것이다. 이런 경향은 이들 집단이 단순한 경제적 계급이 아니라 지위 집단이 되는 경향에서 특히 두드러진다. 이들은 나치 독일에서와 마찬가지로 보수주의, 반동주의, 심지어 파시즘 운동의 주요한 인적 자원이 될 것이다. 이들은 더욱 큰 자본주의적 추진력을 위한 자연스러운 동맹이자 기동타격대다.

IV. 신중간계급은 고전적인 마르크스주의적 도식에 따를 것이다. 즉 적절한 시기에 이들은 모든 중요한 측면에서 프롤레타리아트와 동질화될 것이며, 그들의 사회주의 정책에 동참하게 될 것이다. 그 사이에 이들은 위기와 쇠퇴 속에서 다양한 이유로 결국은 사라지게 될 지연된 반응의 사례들을 보여줄 것이다. 역사적 현실 속에서 '신중간계급'은 기본적 이해관계가 동일한 특이한 형태의 새로운 프롤레타리아트에 불과하다. 자본주의 사회의 실제 계급 간의 계급 투쟁이 격화되면서, 이들은 프롤레타리아 계층으로 전락할 것이다. 얇은 상위층은 부르주아지로 넘어갈 수 있겠지만 그 수는 많지 않을 것이고, 영향력도 미미할 것이다.

이런 다양한 논쟁을 비교하기는 어려운데, 무엇보다 이 모든 논쟁이 '신중간계급'이라는 표어 아래 동일한 직업을 포함하지는 않기 때문이다. 화이트칼라 세계의 모호한 경계선을 고려할 때, 왜 여러 직업이 섞인 이 샐러드가 수많은 상충되는 이론을 야기하고 왜 그 일반적 이미지가 다를 가능성이 높은지 쉽게 이해할 수 있다. 이들에게 딱 맞는 하나의 단어는 없다. 화이트칼라, 급여 소득 근로자, 신중간계급은 서로 바꿔서 사용할 수 있다. 서로 다른 이론들이 다루는 역사적 기간 동안, 이런 계층을 구성하는 직업 집단은 변화해왔다. 또 특정한 하나의 시기라고 해도, 데이터를 강화하려는 목적에 따라 이론가들이 전체 중에서 한 집단 또는 다른 집단을 집중 조명하기도 한다. 따라서 화이트칼라의 정치적 역할에 대한 대조적인 이미지가 나란히 존재할 수 있다(그리고 아마 둘 다 옳을 수도 있다). 예를 들어, 현대사회의 전위로서 이들이 다음번 지배계급이 될 운명이라고 믿는 사람들은, 이들을 싸구려 잡화상의 점원, 보험 대리인, 속기사로 생각하지 않고, 오히려 고위 기술자와 간부 엔지니어로서, 기업 카르텔의 월급쟁이 관리자와 연방정부의 고위 공무원으로 생각한다. 반면에, 이들이 프롤레타리아화되고 있다고 주장하는 사람들은 사무직과 영업직 대중에게 초점을 맞추고, 이들의 역할이 중재자라고 생각하는 사람들은 상위층과 하위층 모두를 포함할 가능성이 크다. 어쨌든, 제2부의 서술에서는 계층 전체를 최소한 4개의 하위계층 또는 피라미드로 나누었던바, 우리는 이 분할에 주의를 기울여야 한다. 왜냐하면 우리는 정치적인 예측 속에서 화이트칼라를 보고 있기 때문이다.

신중간계급과 그 정치적 역할에 관한 연구들 대부분은 자본주의의 발전 과정에 대한 더욱 일반적인 이론을 포함한다. 그래서 특정 저자들이 화이트칼라 계층에 대해 정말로 어떻게 생각하는지 간단하면서도 체계적으로 정리하기는 어렵다. 그들의 견해는 이 계층에 대한 조사가 아니라, 첫째, 그들이 우연히 따르게 된 정치적 프로그램에 기초하고 있고, 둘째, 계급의 정치적 배열에 관해서는 교의적 입장에 기초하고 있으며, 셋째, 20세기 산업사회의 주요한 경로에 대한 그들의 판단에 기초하고 있다.

프롤레타리아 순수주의자들은 화이트칼라를 거부할 것이다. 통일전선론자들은 조직적, 그리고 무엇보다 교의적 독립성을 신중하게 보존하면서도, 특정 쟁점을 놓고 싸우는 과정에서는 적어도 화이트칼라 중 일부를 노동자들과 연결시킬 것이다. 인민전선론자들은 이 두 집단을 통합하기 위해 임금노동자의 이념과 프로그램을 수정하여 그들을 수용할 것이다. '포퓰리스트' 경향의 자유주의자들은 일종의 독단론적 다원주의 속에서 화이트칼라가 소기업가, 소농, 그리고 모든 등급의 임금노동자들과 함께 연합하라고 요구할 것이다. 그리고 지식인들이 이론 생산에 참여할 정도로 각 진영이 충분히 오래 지속된다면, 화이트칼라의 성격과 그들이 할 수 있는 역할에 대한 이론도 진화할 것이다.

정치적 교의에 관해서는, 화이트칼라 문제의 정의 자체가 운명

지워진 계급이라는 다소 엄격한 틀을 전제로 하고 있다. 대기업과 노동자 사이에 벌어질 미래의 투쟁에서 화이트칼라 노동자의 비중이 결정적일 것이라는 믿음은, 미래에 대기업과 노동자 사이에 공개적인 투쟁이 있으리라는 가정을 전제로 한다. 그들이 프롤레타리아트가 될 것인지, 아니면 부르주아지가 될 것인지, 따라서 이미 가지고 있는 정체성을 포기할 것인지, 아니면 독자적인 길을 갈 것인지에 대한 질문은 이런 다른 측면들이 존재하고 그들의 투쟁이 의식적인 것은 아닐지라도 실제의 정치적 무대를 구성할 것이라는 가정을 전제로 한다. 하지만 동시에, 신중간계급의 부상으로 탄생한 이론은 프롤레타리아트와 부르주아지 내부의 다양한 독립적 부문을 구분하고 있으며, 이는 분석 단위가 지나치게 형식화되었음을 시사하기도 한다. 신중간계급이라는 문제는 이제 단지 동질적인 계급 연합이라는 가정을 넘어서는 맥락 속에서 제기되어야 한다.

화이트칼라 노동자에 대한 정치적 논쟁은 국제적 규모로 진행 중이다. 현대 국가들은 많은 공통점을 가지고 있지만, 그중에서도 화이트칼라 노동자의 통계적 증가라는 공통점은 확실하다. 미국에서 화이트칼라 노동자의 정치적 역할에 대한 질문을 제기할 때, 우리는 다른 나라들, 특히 바이마르 공화국에서 진행된 화이트칼라 노동자에 대한 논의에서 배울 수 있는 모든 것을 배워야 한다. 그러나 그 과정에서는 모든 것을 가설로 부쳐두고 미국의 사실과 추세를 놓고 검증해야 한다.

앞서 언급했듯이, 대부분의 논쟁에서 다양한 이론과 예측의 시간 범위가 구체적으로 명시되지 않았다. 화이트칼라 노동자는 실제로는 특이한 종류의 프롤레타리아트에 불과하며, 적절한 시기에 그에 따라 행동하기 시작할 것이라는 전망을 가진 사람들과, 신중간계급이 다음번 지배계급이 될 것이라는 전망을 가진 사람들은, 유연하면서도 곧잘 상충되는 일정을 두고서 작업을 전개해온 것이다.

이런 이론들에서 문제시된 것은 현대사회의 다양한 계층들 안에서, 그리고 그 계층들 사이에서 신중간계급의 객관적 위치가 어떤 것인지, 그들의 심성적 측면이 지닌 정치적 내용과 방향은 어떤 것인지 등이었다. 이런 문제들에 관한 질문은, 계층화와 정치적 심성에 대한 적절한 개념이 명확하게 제시될 때에만 관찰에 기초한 답변이 가능하며, 실제로 요구할 수 있는 방식으로 제시될 수 있다.

2. 심성

화이트칼라 이론에서는 미국에는 계급이 존재하지 않는다는 단언이 횡행하고 있는데, 그 이유는 "심리가 계급의 본질이기 때문"이라든지, 앨프리드 빙엄Alfred Bingham이 말한 것처럼 "계급 구분은 항상 흐릿하기 마련이고, 궁극적으로는 계급의식이라는 모호한 것만이 중요하게 여겨지기" 때문이라고들 한다. 미국인들은 자신이 세급의 구성원이라는 사실을 인식하지 못하고, 자신들을 그에 걸맞은 경제적 수준과 동일시하지도 않으며, 이런 계층을 기준으로 조직을 구성하거나 그들이 제공하는 노선에 따라 투표하지도 않는다고 말이다. 이런 논리에 따르면, 미국은 "중간계급 개인들"의 모래 더미다.

그러나 이것은 심리적 감정을 다른 종류의 사회적, 경제적 현실과 혼동하는 것이다. 사람이 언제나 그리고 어디서나 "계급의식이 있는" 것은 아니라는 말이, "계급이 존재하지 않는다"거나 "미국에서는 모두가 중간계급이다"라는 의미는 아니다. 경제적, 사회적 사실은 하나지만, 심리적 감정은 예상되는 방식으로 연관될 수도 있고 그렇지 않을 수도 있다. 둘 다 중요하다. 만약 심리적 감정과 정치적 전망이 경제적 계급과 일치하지 않는다면, 그 이유를 찾아야 한다. 심리학의 목욕물과 함께 경제적 아기까지 같이 버리고, 그리하여 어느 것이 국가적 욕조에 부합하는지 이해하지 못하게 되는 것보다는 말이다.[1] 사람들이 무엇을 믿든 경제적 배치로서의 계급 구조는 그 안에 속한 사람들의 위치에 따라 그들의 삶의 기회에 영향을 미친다. 그들이 자신의 행동의 원인을 파악하지 못한다고 해서 사회 분석가가 이를 무시하거나 부정해야 하는 것은 아니다.

정치적 심성이 객관적으로 정의된 계층과 일치하지 않는다면, 그 불일치야말로 바로 설명되어야 할 문제다. 사실, 그것은 사회 계층의 심리학에서 가장 큰 문제이기도 하다. 계층화와 정치적 심성의 일반적인 문제는 객관적으로 정의되는 계층의 구성원들이 정치적 각성, 전망, 충성심이라는 면에서 얼마나 동질적인지, 또 그들의 정치적 심성과 행동이 자신들의 객관적 위치와 자신들이 수용하는 가치관에 맞추어 요구되는 이익과 얼마나 일치하는지 그 정도와 관련된다.

일단의 사람들에 대해 그 직업, 계급, 지위를 이해한다고 해서 다음과 같은 사항들을 반드시 안다고 할 수는 없다. 즉 (1) 그들이 계급의식을 갖게 될지 여부, 즉 그들이 함께 속해 있다고 느끼거나, 서로 결합함으로써 자신들의 합리적 이익을 가장 잘 실현할 수 있다고 느낄지 여부, (2) 스스로를 조직할 것인지, 아니면 다른 사람에 의해 조직될 수 있도록 개방할 것인지 여부, (3) 자신들, 자신들이 처한

---

1 목욕물과 함께 아기를 버리지 말라는 독일 속담에서 유래한 표현이다. 밀스 당대에는 레닌의 비유로 널리 알려져 있기도 했다. 1922년, 당의 외국무역 독점 문제에 관한 논쟁과 관련하여 트로츠키에게 쓴 편지 구절에서 따온 표현이다. "그러나 우리의 장치는 어디서나 불완전하며, 불완전한 장치 때문에 독점권을 포기하는 것은 아기를 목욕물 속에 버리는 것과 마찬가지입니다."

공동의 상황에 대한 집단적 태도를 비롯하여 어떤 종류의 '집단적 태도'를 가질 것인지 여부, 또는 (4) 다른 계층에 대해 적대적으로 변하여 그들과 투쟁하게 될지 여부. 이런 사회적, 정치적, 심리적 특성은 유사한 객관적 상황에 기초하여 나타날 수도 있고 나타나지 않을 수도 있다. 어떤 경우든 그 가능성을 탐구해야 하며, '주관적' 속성을 계층 포함의 기준으로 사용해서는 안 되고, 오히려 막스 베버가 분명히 밝힌 바와 같이 객관적으로 정의된 상황에 기초하여 확률로 명시해야 한다.

계층화 문제에 대해 이런 방식으로 서술하는 데에는 사회 운동과 정치 역학의 모델이 함축되어 있다. 사람들의 생애와 사고를 형성하는 차이들이야말로 중요한 차이들이다. 물론 어떤 계층 안에서도 개인 간에는 차이가 있지만, 그 계층을 제대로 이해한다면 특정한 심리적 특성이 반복되리라고 예상할 수 있다. 사람들이 비슷한 심성과 이데올로기를 가지고 행동에 동참할 확률은 계급, 직업, 위신 등의 측면에서 동질성이 높을수록 커진다. 물론, 다른 요인들도 객관적으로 비슷한 계층에 속한 사람들 사이에서 이데올로기, 소식, 의식이 발생할 확률에 영향을 미친다. 그러나 심리적인 요인은 **계층**과 관련될 가능성이 높고, 그 계층은 우리가 사용해온 **몇** 가지 차원, 즉 계급, 직업, 지위, 그리고 권력의 교차점으로 특징지워지는 사람들로 구성되어 있다. 우리의 과제는 이런 계층화의 차원들을 체계적으로 분류하여 각각에 대해 개별적으로 주의를 기울이고, 각 차원과 다른 차원과의 관계에 주의를 기울이는 것이다.

화이트칼라 노동자가 '신중간계급'인지, 아니면 '신노동자계급'인지, 아니면 그 밖의 어떤 것인지를 묻는 질문이 전적으로 정의 definition의 문제인 것은 아니지만, 이를 경험적으로 해결하려면 어쨌든 명확한 정의가 있어야 한다. 주요 이론들이 거론하고 있는 '프롤레타리아화'라는 용어의 의미는 결코 명확하지 않다. 그러나 우리가 사용한 정의에 따르면, 프롤레타리아화는 관련된 사람들이 그 변화를 인식하는지 여부에 관계 없이 소득, 재산, 숙련, 위신 또는 권력의 측면에서 중간계급 직업이 임금노동자로 전환되는 것을 의미할 것이다. 또는 의식, 전망이나 조직화된 활동의 변화와 관련된 의미일 수도 있다. 예를 들어, 화이트칼라의 일부가 소득, 재산, 숙련 면에서 임금노동자와 거의 동일해질 수는 있지만, 위신 주장에서는 그들과 같아지기를 거부하면서 자신들의 모든 의식을 가상의 위신 요소와 결부시킬 수 있다. 객관적인 위치와 이데올로기적 의식을 구별해서 분석할 때만 임금노동자, 화이트칼라 노동자, 그리고 사회 계급의 일반적인 심리에 대해 부당하게 가정하지 않으면서 문제를 정확하게 설명할 수 있다.

예를 들어 마르크스주의자인 안톤 판네쿡[2]은 숙련 노동자보다 소득이 낮은 무산자를 프롤레타리아트에 포함시키기를 거부하면서 이데올로기적, 지위적 요인을 언급한다. 그는 '프롤레타리아트' 내에서 작용하는 것과 동일한 요인을 언급하지 않는데, 왜냐하면 프롤레타리아트가 특정한 의식을 통해 승리할 운명이라고 믿는 형이상학적 신념을 가지고 있기 때문이다. 화이트칼라 집단이 독자적인 '계급'을 구성하고 있다고 보는 사람들은 경제적 수준보다는 위신이나 지위를 기준으로 그들을 정의하는 경우가 많다. 예를 들어, 급여 소득 근로자가 "실제로는 가장 단순한 일용직 노동자만큼이나 프롤레타리아트의 일부"라는 루이스 B. 부딘[3]의 마르크스적 단언은 확실히 경

---

2   Anton Pannekoek(1873~1960). 네덜란드의 천문학자이자 마르크스주의 이론가, 사회주의 혁명가다. 혁명적 공산주의자로서 볼셰비키가 노동자 대의기관이자 실행기관인 소비에트를 형해화하는 데 맞서, 노동자 평의회를 기반으로 하는 평의회 공산주의를 옹호했다.

제적 기준에 근거하고 있으며, 이런 주장이 "중요한 심리적 요인들"을 무시한다고 반박받았음은 널리 인정되고 있다.

마르크스주의자는 첫째, 임금노동자가, 또는 적어도 그들 중 상당수가 실제로, 또는 언젠가는 현대사에서 혁명적 역할을 수행하는 사회주의적 의식을 갖게 될 것이라고 가정한다. 둘째, 중간계급, 또는 그들 중 상당수가 이런 의식을 갖게 될 것이며, 이 점에서 임금노동자처럼 되리라고 가정한다. 셋째, 그는 경제적 차원의 계층화, 특히 재산이 핵심이며, 이 차원을 통해 중간계급이 임금노동자와 비슷하게 변화하고 있다는 가정에서 주로 근거를 찾는다.

하지만 무산자인 근로자(임금노동자와 급여 소득 근로자 모두)가 자동으로 사회주의적 태도를 취하지 않는다는 사실은, 재산이 없다는 것이 내적 의식이나 정치적 의지를 결정하는 유일한 요소가 아니며, 심지어 가장 중요한 요소조차 아니라는 것을 분명히 보여준다.

화이트칼라나 임금노동자 모두 재산 문제에 대해 깊이 몰두하지 않았고 지금도 마찬가지다. 지난 세기의 재산 집중은 한 세대의 생애 동안에 일어난 급격한 변화라기보다는 느린 과정이었다. 심지어 농민의 아들딸들(농민들 사이에서 가장 명백한 '수탈'이 진행된 사람들)조차도 도시의 무산자적 성격보다는 도시의 유혹에 관심을 쏟았다. 또한, 취업자로서 급여 소득 근로자들은 나머지 인구와 마찬가지로 전반적으로 생활 수준이 꾸준히 향상되어왔다. 재산의 집중과 그에 수반된 박탈이 '고통'으로서 폭넓게 경험되지도 않았고, 어떤 심리적 의미에서도 프롤레타리아화로 반응하지도 않았다.

객관적으로 본다면, 화이트칼라 대중의 구조적 지위가 임금노동

---

3 Louis B. Boudin(1874~1952). 러시아 태생의 미국 마르크스주의 이론가이자 작가, 변호사, 정치인.

자의 구조적 지위와 점점 더 비슷해지고 있음을 알 수 있다. 물론 둘 다 재산이 없고, 소득도 점점 더 가까워지고 있다. 화이트칼라 노동자가 임금노동자와 차별화할 수 있게 해주던 모든 지위 요인들이 이제 확실히 쇠퇴하고 있다. 합리화의 증가에 따라 숙련 수준은 낮아지고, 이들의 노동은 점점 더 공장화되고 있다. 임금노동자 사이에서 고등학교 교육이 보편화되고 화이트칼라 업무에 필요한 여러 숙련 기술들이 단순해지면서, 화이트칼라 취업 시장에는 임금노동자의 자녀가 더 많이 포함될 것이다.

다음 세대가 경과하면서 하위 화이트칼라와 임금노동자 사이에 '사회 계급'이 형성될 가능성이 높다. 즉, 베버의 용어로 말하자면, 두 위치 사이에는 전형적인 직업 이동성이 있을 것이다. 물론 여기에는 전문직 계층이나 고위 관리직 근로자는 포함되지 않지만, 판매장과 사무실의 근로자 대부분은 포함된다. 무산자 직업 세계의 이 변화는 그들이 무산자라는 기존의 사실보다 더 중요하다.

3. 조직

신중간계급이나 그 계급의 일부가 다음번 지배계급이 될 것이라고 보는 모든 이론의 기초에는 기능적, 경제적 필수 불가결성으로부터 정치적 우월성이 비롯된다는 가정이 있다. 왜냐하면 사회 질서의 주요 기능을 수행하는 데 필수 불가결한 계급이 다음 순서의 지배계급이 될 것이라고 가정하기 때문이다. 막스 베버는 관료제에 관한 에세이에서 이 아이디어를 간단히 언급한 바 있다. "수백만 명으로 부풀려진 관료제의 '필수 불가결성'은 [권력] 문제에 대해 더 이상 결정적인 요소가 아니다. 프롤레타리아 운동의 일부 대표자들도 프롤레타리아의 경제적 필수 불가결성이 그들의 사회적, 정치적 권력 지위를 측정하는 데서 결정적이라고 보았다. 만약 '필수 불가결함'이 결정적 요인이었다면, 노예 노동이 만연하고 자유민들이 일반적으로 노동을 수치스럽게 여기던 곳에서는 '필수 불가결한' 노예들이 권력직을 맡아야 했다. 왜냐하면 그들은 오늘날의 관료나 프롤레타리아만큼이나 필수적이었기 때문이다. 권력의 증가는 그런 선험적 a priori 이유만으로 결정될 수 없다."

하지만 이런 일이 일어날 수 있다는 가정이 화이트칼라에 관한 문헌 전반에 존재한다. 마치 마르크스가 자본주의적 노력의 기생적 성격과 노동자가 수행하는 노동의 실제 기능을 보면서 권력을 향한 노동자의 상승을 예측한 것처럼, 제임스 번햄(그리고 그 이전의 해럴드 래스웰, 그리고 그 이전의 존 코빈)은 신중간계급이 현대사회가 점점 더 의존하게 되는 숙련의 담지자이기 때문에 시간이 지남에 따라 필연적으로 정치 권력을 장악할 것이라고 가정했다. 기술적, 관리적 필수 불가결함이 권력 투쟁의 사실들과 혼동되면서 다른 모든 권력 원천을 무시한다. 이런 주장이 적다는 사실이 긍정적이기는 하다. 우리는 정치 권력과 계층화의 관계에 대해 좀 더 개방적이고 유연한 모델을 개발하고 활용해야 한다.

계급과 지위 상황은 갈수록 자유시장의 힘과 전통의 완고함에서 벗어나 좀 더 공식적인 규칙의 적용을 받게 되었다. 계급 구조에 대한 정부의 관리는 불평등을 완화하고 저소득층의 위험에 대해 안전을 보장하는 주요한 수단이 되었다. 이제 자유로운 노동시장보다는 압력단체의 힘이 미국 내 다양한 계층의 계급 위치와 특권을 형성하는 데 더 큰 영향을 미치고 있다. 노동 시간과 임금, 휴가, 그리고 질병, 사고, 실업, 노령기에 대한 소득 보장 등 많은 것들이 의도적인 압력의 대상이 되고 있으며, 조세 정책, 이전 지급, 관세, 보조금, 가격 상한제, 임금 동결 등과 함께 객관적인 의미에서 '계급 투쟁'의 내용을 구성한다.

'복지국가'는 기본적인 계급 구조는 바꾸지 않은 채 계급의 기회를 관리하려고 시도한다. 몇 가지 의미와 유형을 통해 복지국가는 계급 상황에 좀 더 노출된 사람들, 즉 권력을 가지고 있거나 권력을 축적하겠다고 위협하는 사람들에게 유리하게 삶의 위험과 기회를 재분배하도록 설계된 경제 정책을 선호한다.

노동조합, 농민단체, 그리고 직능단체는 복지국가와 영구적인 전쟁 경제의 정치 무대를 지배하고 있으며, 이런 연합 세력들 내부의 경쟁과 세력들 사이의 경쟁이 갈수록 다양한 집단들의 위치를 결정짓고 있다. 설명해야 할 사실로서의 국가는 이런 압력들의 균형 잡힌 교차점에 자리 잡고 있으며, 다양한 직업 계층의 특권과 안전은 조직화된 권력의 대담한 수단에 점점 더 의존하고 있다.

화이트칼라와 임금노동자의 객관적 위치는 흔히 이런 방식으로 비슷해진다. 프롤레타리아화라는 마르크스주의적 예측의 가장 큰 어려움은, 그런 변화가 화이트칼라의 위치가 낮아짐으로써 발생하지 않고, 임금노동자의 위치가 높아짐으로써 발생하는 경우가 많다는 점이다.

급여는 임금과 대조적으로 화이트칼라 고용의 전통적인 특징이었다. 많은 화이트칼라 위치에서 급여는 여전히 위신을 부여하는 가치이지만, 이제 급여는 화이트칼라 계층의 경계를 완벽히 구분짓는 것이 아니라 대부분의 화이트칼라 계층에서 하나의 경향으로 받아들여져야 한다. 그 차이는 급여 지급 기간, 따라서 고용 안정성, 그리고 장기간에 걸친 좀 더 안정적인 소득 기대치로 인해 계획할 수 있는 가능성의 차이에 있다. 그러나 점점 더 많은 회사들이 일정 기간의 결근으로 인해 급여가 삭감된 급여 노동자를 시간 단위로 고용하고 있다. 그리고 노동조합이 대표하는 육체노동자들은 한때 화이트칼라에게만 보장되었던 특권을 요구하고 얻어내는 중이다.

이 과정에서 임금노동자 측의 특권 격차가 가장 분명하게 붕괴하고 있다. 정규직 고용 문제에 대한 국가적 경제 논쟁을 촉발시킨 것은 급여 소득 근로자가 아니라 철강 노동자의 대량 생산 노조였다. 그리고 이제 화이트칼라들은 종종 자신들이 물려받은 특권이라고 여겨지는 것을 위해 싸워야 한다. 전문직 조합인 신문동업조합The Newspaper Guild은 계약서의 조항에 따라 해고 수당을 요구해야 한다.

소득 보장, 병가, 유급 휴가, 근로 조건과 관련하여 화이트칼라와 임금노동자 사이에 과거 존재했던 차이점이 무엇이든 간에, 현재는 공장 노동자에게도 동일한 혜택을 제공하는 것이 주요한 추세다. 특히 제2차 세계대전 이후, 연금은 단체 교섭에서 중요한 아이디어가 되었고, 협상력을 가진 쪽은 임금노동자였다. 업무상 상해와 직업병을 보장해주는 사회보험은, 업무상 상해를 근로자의 개인적 과실로 간주하고, 고용주의 책임을 법원에서 손해배상소송을 통해 입증해야 했던 한 세기 전의 관습법을 점차 대체해왔다. 그런 법이 존재하는 한, 그 법은 다른 계층과 동등하거나 그 이상으로 육체노동자의 계급적 기회를 법적으로 형성한다. 특권과 소득 수준 모두 노동조합과 정부의 권력 압력에 점점 더 많이 노출되어 왔으며, 앞으로는 더욱 그럴 것이라고 믿을 만한 충분한 이유가 있다.

어떤 계층에서든 권력의 축적은 의지와 노하우, 객관적 기회, 조직이라는 세 가지 요소에 의해 좌우된다. 기회는 집단의 구조적 위치에 의해 제한되고, 의지는 이익에 대한 집단의 인식과 이를 실현하는 방법에 따라 달라진다. 그리고 구조적 위치와 인식은 모두 조직과 상호 작용하며, 조직은 의식을 강화하고 구조적 위치에 의해 정치적으로 관련성이 부여된다.

14장

화이트칼라 노동조합 운동

**

미시간주 플린트, 1945년 12월 18일. 오늘 아침, 경찰이 거스 호킨스 경감의 지휘 아래 파업 참가자 가운데로 평행선을 그리며 진입했을 때, 파업 현장에 배치된 피켓은 25~30개에 불과했다. 약 500명의 화이트칼라 근로자들이 경찰이 만든 통로를 통해 공장으로 들어갔다. 사무직 인력을 향해 야유를 퍼붓는 파업 참가자들의 모습은 보였지만, 무질서한 모습은 전혀 보이지 않았다. 그런 다음 경찰은 질서 정연한 피케팅을 위해 철수했다. 전미자동차노조의 지역 책임자인 색 F. 홀트는 아침에 1만 명의 인원을 배치하겠다고 선언하면서 "그들이 1만 명 사이를 통과할 수 있는지 지켜보겠다"고 말했다.

30년 경력의 전문 조직가는, 화이트칼라를 조직할 수 있는 가장 좋은 방법은 노동자들이 어떻게 이익을 얻었는지, 그리고 노동자들이 집단 파업 시에 얼마나 강력한 힘을 발휘하는지 보여주는 것이라고 말했다. 저의 오랜 경험에 따르면, 강력한 임금노동자 노조가 있는 곳이라면 어디서든 모든 노동자들이 노조에 가입하게 됩니다.

전국 제조업자 협회의 회장인 커비 씨에게 보낸 편지에서 협회의 고문인 에머리 씨는 1912년에 다음과 같이 썼다. 수정 헌법 제16조가 미국 대통령의 노동조합 가입을 보장할 때가 다가오고 있습니다.

미시간주 플린트, 1945년 12월 19일. 거의 영하의 날씨 속에서 약 2시간 동안 서 있던 500명의 사무직 노동자들은, 소수의 피켓 시위대만 서 있는 상황에서 어제 경찰이 만들어놓은 복도를 따라 공장 안으로 들어갔다가 흩어졌다.

뉴욕시, 1948년 3월 30일. 오늘 아침 8시 55분에 월스트리트에서 폭력 사태가 발생했다. 미국금융노동조합의 205지부 조합원들이 미국노동총연맹 산하 선원 노조 조합원들의 지원을 받아 증권거래소 입구에서 경찰관 4명을 쓰러뜨리고 증권거래소 입구 앞 보도에 드러누웠다. 100명의 경찰관이 몰려들어 격렬하게 곤봉을 휘두르는 바람에 여러 차례에 걸쳐 12명이 다치고 45명이 체포됐다. 사건은 30분 만에 끝났지만, 1,200명의 시위대가 하루 종일 증권거래소 건물 주위에 모여 건물에 들어가는 사람들에게 욕설을 퍼부었다.

내게 시위대에 있는 두 명의 화이트칼라 노동자를 보여주세요, 하고 미국노동총연맹의 회장인 새뮤얼 갬퍼스는 말했다. 그렇다면 저는 전체 노동 계급을 조직하지요.

화이트칼라 노동자들의 마음속에서는 경제적 현실과 반노조 정서 사이의 투쟁이 계속되고 있다. 그들의 열망이 무엇이든 간에, 화이트칼라는 20세기의 사실에 의해 임금노동자 유형의 조직화된 경제생활로 밀려나고 있으며, 그들의 환상은 그들의 존재 조건에 서서히 더 가까워지고 있다. 그들은 구중간계급의 세계, 즉 기업가들의 공동체가 사라지고, 그 자리를 화이트칼라 노동자들이 의존적인 피고용인 세계의 일부가 된 새로운 사회가 대체하고 있다는 사실을 깨닫고 있다. 이제 철강 노동자와 탄광 노동자의 노동조합과 함께, 사무직 노동자와 음악가, 여성 판매원, 보험 판매원의 노동조합이 있다.

화이트칼라의 노동조합 참여는 어느 정도일까? 화이트칼라 노동자들이 노조 참여를 수용하거나 거부하는 이유는 무엇이며, 그것이 그들에게 갖는 의미는 어떤 것일까? 화이트칼라 노조는 미국 노동조합 전체의 형태에 어떤 영향을 미치고 있을까? 미국에서 민주적 정치 경제의 가능성에 대해서는 어떤 영향을 미치고 있을까?

1. 조직화 정도

20세기에 들어서면서 임금노동사의 8.2퍼센트와 화이트칼라 근로자의 2.5퍼센트가 노동조합에 가입했다. 이후의 조직화 정도는 다음과 같다.

연도(단위: 퍼센트)	화이트칼라	임금노동자	계
1900	2.5	8.2	6.5
1920	8.1	21.5	17.9
1935	5.0	12.1	9.6
1948	16.2	44.1	34.5

1915년 이후 기업의 수익성 증가, 노동력 부족의 심화, 연방정

부의 태도 개선 등으로 인해 노동조합에 가입한 임금노동자와 화이트칼라의 비율이 거의 두 배로 증가했다. 1920년에는 화이트칼라의 8.1퍼센트, 임금노동자의 21.5퍼센트가 노동조합에 가입했으며, 총인원은 500만 명에 달했다. 일반적인 법칙과는 달리, 1920년대 경제의 번영은 노동조합 붐을 가져오지 못했는데, 기술 발전이 너무 빨라 경기 호황기에도 노동력 잉여가 발생했기 때문이다. 경기 호황으로 가장 많은 혜택을 받은 산업에서는 노동조합이 결성되지 않았고, 노동조합이 결성된 산업의 경기 호황은 그리 대단하지 않았다. 또한, 당시 지배적이던 장인 유형의 노동조합은 빠르게 대두하고 있던 대량 생산 기술과 조화를 이루지 못했다.

불황으로 인해 노동조합은 큰 타격을 입었다. 1935년에는 화이트칼라의 5.0퍼센트, 임금노동자의 12.1퍼센트만이 노조에 가입했고, 총 인원은 340만 명이었다. 하지만 그해에 흐름이 바뀌었다. 노동조합 결성권을 확립하는 입법, 연속적으로 이뤄진 유리한 법원 판결, 공식적인 우호적 분위기와 노동자의 수용적 태도, 산업별 노동조합 운동의 광범위한 출현, 그리고 마지막으로, 이 모두의 실행과 함께 노동시장을 팽팽하게 만든 전쟁 호황 등 10년에 이르는 노동의 발전에 따라 1948년에는 조직화된 임금노동자의 비율이 44.1퍼센트, 화이트칼라 근로자의 비율이 16.2퍼센트가 되었다. 임금노동자를 위한 노조가 더 많이 성장한 이유는 거대한 조직화 운동이 집중되었기 때문이다. 임금노동자와 화이트칼라 근로자의 비율을 비교할 때, 화이트칼라 근로자의 노조 운동이 직면한 문제도 염두에 두어야 한다. 금세기 초 48년 동안 잠재적인 화이트칼라 노조 가입자 수는 406퍼센트 증가(370만 명에서 1,470만 명으로)한 반면, 잠재적인 임금노동자 노조 가입자 수는 320퍼센트 증가(910만 명에서 2,900만 명으로)에 그쳤다.

화이트칼라 노동조합 가입자 수는 임금노동자의 12.1퍼센트가 조직되어 있던 1930년대 중반의 임금노동자의 수치를 넘어섰다. 오늘날, 화이트칼라 노동자의 16.2퍼센트가 이미 노조에 가입했고, '화이트칼라 대중이 속한 산업'은 사실상 손을 대지도 않은 상태이기 때문에, 미국의 노조는 화이트칼라의 노동조합 조직화를 추진하기에 훨씬 더 유리한 위치에 있다. 법률은 호의적이며, 조만간 더욱 호의적으로 바뀔 것이다. 노조는 여기에 투여할 돈이 있다. 그들은 더 숙련되고 경험이 풍부한 조직가들을 보유하고 있다. 전반적으로 번성하고 있지만, 일부는 여전히 침체를 두려워한다. 노조는 우호적인 정치적 분위기 속에서 일하고 있고, 게다가 그들이 보기에 그런 정치적 분위기는 상당 부분 그들 자신의 힘으로 조성한 것이며, 지난 15년 동안 노조는 그 힘 덕분에 훨씬 더 큰 위신을 얻었다. 이런 모든 자산을 고려할 때, 의지와 지능이 있다면 조직화되지 않은 화이트칼라 노동자 사이에서 성공적으로 추진력을 조직할 수 있으리라는 데 의심의 여지가 없다. 하지만 현재로서는 화이트칼라 노동자의 84퍼센트가 여진히 노조에 가입하지 않은 상태다.

　화이트칼라 노동조합 운동의 역사적 중심지는 철도, 정부, 그리고 엔터테인먼트 분야였다. 제1차 세계대전 이전에는 이 세 분야가 조직된 전체 화이트칼라의 64~77퍼센트를 차지했고, 1920년대와 1930년대 초반에는 85퍼센트 이상을 차지했다. 1930년대 후반의 조직화 노력으로 상대적 우위를 잃었지만, 오늘날에도 전체 화이트칼라 노조원 중 58퍼센트를 차지하고 있다.

　화이트칼라 노동조합은 임금노동자 노동조합이 발달한 지역에서 강세를 보일 것이라고 생각할 수 있지만, 이는 철도 등 특정 산업에서만 해당되는 이야기다. 20세기 초반에 노조는 주로 탄광, 철도,

건설업에 종사하는 노동자들을 대표했다. 제1차 세계대전 동안에는 의류, 조선, 금속 가공업이 노조의 영역에 들어왔다. 철도 산업을 제외한 이 모든 산업에는 집중된 화이트칼라 노동자가 없다. 따라서 노조가 중심이 되어온 산업을 보면, 화이트칼라 노조가 임금노동자 노조를 보완할 때 번성한다는 생각에 대해 명쾌하게 역사적 검증을 하기 어렵다.

오늘날, 상당수의 사무직 근로자가 조직된 산업 분야에는 운송, 통신, 엔터테인먼트, 그리고 연방정부의 한 부서인 우정국이 포함된다. 제조업과 소매업을 포함한 다른 모든 분야에서 조직된 비율은 10퍼센트를 넘지 않으며, 4~5퍼센트를 넘지 않는 경우가 많다.

2. 수용과 거부

노동조합을 수용할 것인가, 거부할 것인가를 좌우하는 것은 객관적인 문제에 대한 근로자들의 인식과 이를 해결하기 위한 수단으로서 노동조합을 인식하는 정도에 달려 있다. 사람들이 노조를 받아들일 수 있으려면 노조가 그들에게 이용 가능해야 하고, 나아가 화이트칼라 집단에 흔히 존재하는 태도처럼 노조를 환상으로 간주하기보다는 원하는 목표를 달성하기 위한 수단으로 간주해야 한다.

노동 조건의 객관적인 상황은 화이트칼라 근로자들이 노동조합 가입이라는 생각에 직면했을 때 그들의 심리에 영향을 미친다. 대체로 이런 요소들은 임금노동자들의 조직 능력에 영향을 미치는 요소들과 다르지 않으며, 다음을 포함한다. 협상력을 좌우하는 요인으로서 산업 내 기술적 과정이나 마케팅 과정에서 차지하는 전략적 위치, 높은 수준의 불만을 야기하는 고용주의 불공정한 처우, 조직화 권리를 보호하는 유용한 법적 틀, 수익성이 있지만 생산 비용에서 인건비가 차지하는 비중이 적어서 임금 인상이 전체 비용에 큰 영향을 미치지 않는 사업, 고용 및 노동력의 상대적 영구성, 그 결과로 나타나는 조직의 안정성.

'상사'와의 관계는 종종 결정적이고 복잡한 문제다. 한편으로는 화이트칼라 노동이 기술적, 교육적으로 상사의 노동과 유사하다는 점, 그와 물리적으로 가깝다는 점, 그에게서 빌린 위신과 그 위신 덕분에 임금노동자 유형의 조직을 거부한다는 점, 더 큰 특권과 안정성, 승진에 대한 희망 등이 존재할 때, 화이트칼라 근로자는 상사와 동일시하는 경향이 있다. 다른 한편, 상사에 대한 두려움, 심지어 증오심도 존재한다. 사실, 화이트칼라 근로자들이 주장하는 경영진에 대한 충성심은 종종 그들 자신조차도 알지 못하는 보복을 두려워하는 것에 대한 불안정한 은폐다. 예를 들어, 한 사무실에서 노동조합 가입을 추진하는 동안, 10명의 오래된 근로자가 단호하게 버텼다. "우리는 일에 완전히 만족해요. 우리는 여기서 일하는 걸 좋아합니다. 우리는 먹고살 수 있을 만큼, 아마도 우리가 가진 가치만큼 벌고 있어요. 게다가, 우리 사장님은 진징한 신사라서 우리를 위해 할 수 있는 건 다 하고 계십니다." 노동조합에 대한 회사의 태도는 노골적으로 험악했지만, 이미 조직화된 영업 인력들의 압력 때문에 곧 묵인하는 쪽으로 바뀌었다. 그러자 거의 하룻밤 사이에 10명의 기존 근로자들의 태도가 바뀌었다. 그들은 불만을 털어놓기 시작했고, 이제는 노조에 가입하지 못할 수도 있다는 것이 그들의 가장 큰 두려움이 되었다. 그들은 상사의 방식에 대해 깊은 반감을 표했고, 그들 중 한 명은 상사의 머리 위로 높이 쌓인 서류 캐비닛에서 무거운 장부가 떨어지는 걸 상상했다고 말하기도 했다.

노동조합의 수용은 자신의 경제적 이익과 상사와 회사의 이익이 분리되어 있다는 느낌을 수반하지만, 경영진에 대한 태도가 화이트칼라 노동조합 운동의 심리를 설명하는 명확하고 단순한 열쇠는 아니다. 화이트칼라 조직가는 이들에게 접근할 때 더 깊고 다양하게 반영되는 다른 심리적 상황을 접한다. 이런 상황에 대한 세 가지 일반적인 지표는 제각기 복잡한 감정과 의견을 수반하며, 노조에 대한 '화이트칼라'의 평가에 관여한다.

I. 화이트칼라 근로자들이 노동조합을 거부하는 주된 이유 중 하나는 노조가 없었기 때문이다. 임금노동자를 노조로 조직하는 데 훨씬 더 많은 시간과 노력이 기울여져왔다. 대부분의 화이트칼라 근로자들에게 노조에 가입하거나 가입하지 않는 것은 결코 중요한 문제가 아니었다. 노조가 없거나, 있다 하더라도 적극적으로 가입을 권장하지 않았던 것이다. 이런 근로자들에게 문제는 조직화 여부였으며, 이는 가입할 수 있는 노조에 대한 가입 여부와는 전혀 다른 문제다.

또한, 화이트칼라 근로자들은 노조에 가입하지 않으면 노조 간부나 노조원인 친구나 지인과 개인적으로 접촉할 기회가 거의 없다. 그러나 노조 간부나 노조원들과 개인적으로 접촉하는 것은 노조에 대한 태도에 결정적인 영향을 미친다. 이런 접촉이 없다면 대다수 화이트칼라 집단에 만연한 전반적인 적대적인 분위기를 감안할 때, 반노조 태도가 종종 발생한다. 노조에 개인적으로 노출되면 그 혜택을 알 수 있을 뿐만 아니라, 때로는 소속되지 않은 사람들이 사회적으로 배척당하는 것처럼 느끼게 되는 사회적 상황이 만들어지기도 한다. 좀 더 일반적으로는, 노조 관련자들과 접촉하다보면 반노조주의를 무시하는 경향을 갖게 된다. 실제로 이 접촉이야말로 가장 중요한 해독제인 것처럼 보인다.

II. 화이트칼라 근로자와 그 가족의 정당 소속은 그들의 노동조합에 대한 소속감을 강화한다. 일부 화이트칼라 집단은 민주당이나 공화당을 지지해온 부모의 전통에서 벗어나 독립적인 입장으로 이동하는 경향이 있고, 또 대개 '가장 좋은 사람'에게 투표한다고 말할 때는 공화당을 의미하는 경우도 많지만, 이들 대부분은 부모와 같은 정당에 속해 있다. 사람들은 일반적으로 노조의 수사보다 정당의 수사를 먼저 접하게 되며, 이는 노조의 제안에 대한 수용성에 영향을 미친다. 정당 정체성은 노조에 대한 태도와 밀접한 관련이 있다. 제3당과 민주당 당원은 무소속이나 공화당 당원보다 노조에 더 우호적인 편이다. 뉴딜 정책, 특히 루스벨트 대통령의 인격이 노조를 고취하는 법적 틀을 만드는 것보다 더 많은 일을 했다. 그것은 노조의 위신을 높였고, 많은 중간계급 집단에게 노조 가입이 수반하는 위신 하락을 중화시키는 데 큰 도움이 되었다. 그로 인해 노조는 미국적 생활의 더욱 존경스러운 특징이 되었고, 뉴딜 정책 이후 노조의 대중적 성공과 권력 강화는 노조가 존경할 만한 지위를 강화하는 데 기여했다.

III. 일반적인 직무 불만족이 아니라, 특정 유형의 직무 불만족, 즉 개인으로서 자신이 업무에서 앞서 나갈 수 없다는 느낌이 화이트칼라 근로자가 노동조합에 찬성하도록 만드는 직업적 요인이다. 이런 의견은 회사의 선의나 악의, 업무의 규격화 정도, 기타 등등보다 화이트칼라 노조 운동의 의식 심리학에서 더 중요하다. 이유에 상관없이 승진을 할 수 없다는 느낌과 친노조적 태도 사이에는 밀접한 연관성이 있다. "제게 기회가 있다고 생각하지 않아요. 승진할 수 있는 사람은 소수에 불과하죠. 저는 노조에 가입할 겁니다. 우리는 착취당하고 있어요." 하지만 다른 사람들은 이렇게 말한다. "저는 앞서 나갈 수 있는 좋은 기회가 있다고 생각해요. 그건 전적으로 당신에게 달려 있죠. 상사의 비서가 떠나려고 해요. 제가 그 자리를 차지할 기회가 생긴 거죠. 더 많이 훈련받으면 제가 상사가 될 수 있을지도 모르고요. 제가 잘 해내지 못한다면 그건 제 잘못이죠. 노조에 가입해서 얻는 게 뭔지 정말로 모르겠어요."

노동조합에 대한 개인적인 노출, 소속 정당, 그리고 개인적인 승진 가능성에 대한 감정이라는 세 가지 요인은 화이트칼라 근로자들이 노조를 수용하도록 만드는 경향이 있다.[1] 그리고 이런 성향 요인들 각각은 전반적으로 친노조 방향으로 움직이는 중이다. 전쟁 중에 있었던 약간의 반대 경향에도 불구하고, 화이트칼라 근로자들의 개인적인 승진 가능성과 희망은 계속해서 감소할 것이다. 1948년 민주당의 승리로 인해 '자유주의' 정치 칼럼에 대한 존경의 정도가 더욱 높아졌고, 그런 칼럼의 독자 수도 증가했다. 그리고 노동이 성장함에 따라 화이트칼라 노동운동의 추동력이 시작되고, 점점 더 많은 화이트칼라가 노조 운동에 직간접적으로 노출될 것이다.

화이트칼라 노동자는 노동조합을 (1) 경제적, 직업적 이익을 실현하는 수단으로 보는 **도구적 가치**의 관점에서, 또는 노동조합이 자신에게 직접적으로 미치는 영향에 대한 고려와는 별개로 그 자체로 좋거나 나쁘다고 보는 원칙의 관점에서, (2) 자신과 자신의 직업 상

---

[1] 128명의 화이트칼라 소집단에 대한 집중 연구에서는, (세 가지 요인 모두에 대해) 강한 성향을 가진 사람들의 85퍼센트, (한 가지나 두 가지 요인에 대해) 중간 정도 성향을 가진 사람들의 53퍼센트가 노동조합에 우호적이었던 반면, 약한 성향을 가진 사람들 중에는 우호적인 이들이 없었다. 반대로 강한 성향을 가진 사람들 중에는 반노조 성향인 사람이 아무도 없었고, 중간 정도 성향을 가진 사람들은 16퍼센트, 약한 성향을 가진 사람들은 75퍼센트가 반노조 성향이었다. 이 세 가지 요인 전체가 아니라 한 가지나 두 가지를 경험한 사람들은 노동조합 가입에 대해 애매한 태도를 취했는데, 이는 그들이 상충하는 영향력 아래 있기 때문이다. 승진의 희망은 어둡지만, 개인적으로 노동조합에 노출된 적은 없었거나, 정치 성향은 반노조적이지만 노동조합에는 우호적으로 노출되었거나, 정치 성향은 자유주의자이지만 승진 가능성이 꽤 있는 경우 등이다. 【원주】

황의 관점에서, 또는 '다른 사람들'과 그들의 직업 상황의 관점에서 수용할 수도 있고 거부할 수도 있다.

대중매체에서 노동조합은 유용한 도구라기보다는 이데올로기적으로 묘사되는 경우가 더 많다. 일반 대중이 자신의 실제적인 목적을 위한 실용적인 수단으로 노조를 쉽게 인식할 수 있도록 '노조 뉴스'가 '상세하게' 제공되는 경우는 거의 없다. 따라서 노조가 원칙의 수준에서 받아들여지려면, 또는 좀 더 흔하게는 노조에 대한 원칙적인 거부를 피하고, 노조의 도구적 이점이 이해되려면 이데올로기적 반작용이 필요한 경우가 많다. 이런 이데올로기적 반작용은 곧잘 정당에 대한 소속감으로 요약된다. 노조에 가입하지 않은 화이트칼라 근로자는 자유주의 정당의 수사에 영향을 받지 않는 한, 원칙적으로 노조를 받아들일 가능성이 거의 없다.

대중매체들이 여전히 유지하고 있는 전반적인 적대 분위기를 감안할 때, 의심의 여지 없이 노동조합에 대한 원칙적인 수용보다는 원칙적인 거부가 더 많을 것이다. 친노조 이념은 도구적인 관점이 부각될 수 있도록 주로 원칙적인 반대를 제거하는 역할을 한다. 친노조 성향에 노조원들과의 개인적인 접촉이 큰 비중을 차지하는 이유 중 하나는, 그런 접촉이 종종 도구적 유형의 판단을 낳기 때문이다. 그렇게 되면 다양한 이해관계 요인, 특히 승진 가능성에 대한 감정이 결정적인 요소가 될 수 있다.

노동조합은 대체로 믿을 만한 것이라기보다는 활용해야 하는 것으로 받아들여진다. 노조는 직무와 엄격하게 관련되어 있다고 이해되며, 직무에 대해 도움을 주는 것으로서 가치가 인정된다. 노조는 '직무'와 '삶'의 분리를 뒷받침하며, 어쩌면 이 분리가 더욱 진전되게 한다. 노조를 받아들인다고 해서 다른 삶의 영역에서 새로운 정체성을 갖게 되는 것은 아닌 것 같다.

3. 개인적 참여

노동조합에 가입하면 동료들 간의 연대감이 강해지고, 상사나 회사에 대한 반감이 커질 것이라고 추측할 수 있다. 하지만 반드시 그런 것은 아니다. 노조에 가입했거나 노조에 찬성하는 화이트칼라 노동자가 노조에 가입하지 않았거나 노조에 반대하는 노동자보다 항상 동료들 간의 연대감이 더 강하다고 볼 수는 없다. 노조에 대한 찬반의 비율이 같으면 상대편 동료들을 경쟁적으로 대하게 되고, 퇴근 후에도 같은 편끼리 어울리면서 친하게 지내게 되며, 그저 우연히 거기 있는 것이 아니라 같은 작업 그룹에 속해 있다는 느낌을 받게 되고, 회사나 상급자에 대해서는 소원하게 느끼게 된다.

노동조합에 가입했든 가입하지 않았든, 노조를 지지하든 반대하든, 아니면 그저 관망하든 화이트칼라 근로자들은 노조 가입을 집단적 상승을 위한 집단적 수단으로 받아들이는 대신, 대개 심리적으로 정상에 오르려 발버둥치는 작은 개인으로 남는다, 노조가 집단적 상승을 위한 집단적 수단으로 인식되지 못하는 것은 화이트칼라 근로자들이 노조에 가입하는 이유와 관련이 있다. 대부분의 조합원들에게 노조는 새로운 인격적, 사회적, 정치적 삶의 방식을 위한 발판이 아니라 비인격적인 경제적 수단이다.

노동조합과 개별 조합원의 주요한 연결 고리는 더 두꺼운 월급 봉투다. 이는 개인의 금전적 성공에 대한 일반적인 미국인의 강조와 많은 노조 조직자들의 허풍스러운 성격과도 일치하는 사실이다. 노조는 '도구적'으로 받아들여지며, 전통적인 성공 목표를 달성하기 위한 전통적이면서도 개인주의적인 수단에 대한 대안이다. 노조는 개인적인 목표를 추구하기 위한 집단적 수단이다. 노조에 가입한다고 해서 목표가 바뀌지는 않지만, 노조에 가입하면 목표에 대한 의지가 더 강해질 수 있다. 노조 조직가는 아이디어를 파는 사람들인데, 이를테면 화이트칼라 근로자를 위한 노조 조직 안내 책자가 말하듯, "당신도 성취할 수 있습니다!" 그리고 "노조 조직은 꿈을 이루는 현대적인 방법입니다!" 같은 아이디어 말이다. 조직화를 위한 지배적인 전략은 지위, 이념, 정치 등을 무시하고 경제적 현실과 이익을 강조하는 것이다. 유일하게 지위 향상에 호소하는 전략도 있는데, 이는 공포스러운 하드보일드 소설처럼 '뒤처지지 않기'를 강조하는 전략으로서 화이트칼라와 임금노동자 간의 임금 격차에 초점을 맞춘다. "조직되지 않으면 세상이 당신을 지나쳐버릴 것입니다!"

노동조합이 지배적인 가치에 부응하는 방식으로 팔리고 수용되고 있다고는 해도, 화이트칼라 노동자들에게 노동조합이 더 많은 것을 의미한다는 징후도 있다. "내 뒤에 든든한 지원군이 있다는 느낌이 듭니다." "우리는 모두 함께 강하다는 느낌이 듭니다. 당신은 회사의 발밑에 있는 공이 아닙니다." "노동조합은 나의 보호막입니다." "당신은 밀려나지 않는다고 느낍니다." 겉으로 보기에는 단순하고 명료한 이런 감정은 사실은 복잡한 위신 수장과 경제적 안정, 그리고 노조가 일상적이고 흔히 지루하기 짝이 없는 화이트칼라 생활에 가져다주는 일정한 간격의 짜릿한 힘에 기반을 두고 있다. 이런 간격이 있을 때, 노조는 근로자들이 긍정적으로 인식할 수 있는 직장에서의 사회적 힘으로 나타난다. 그리고 이로 인해, 근로자들은 회사와 그 상급자들을 모호하거나 부정적인 반대 세력으로 인식하게 된다.

노동조합 활동이 투쟁의 시기에도 흥미진진할 수 있다는 사실을 화이트칼라들에게 강조할 필요가 있다. 일반적으로 노조는 방치된 도구가 아니라 사회적 규범이 된다. 이를테면, "사람들과 함께 일하고 그들이 소속되어 있을 때, 당신도 소속되어 있어야 한다고 느끼게 된다"라는 말에서처럼 말이다. 또한 그것은 정상적인 작업 일상에서 벗어난 환영할 만한 변화이기도 하다. "몇 달 전 파업 기간 동안 우리는 많은 이야기를 나눴어요. 우리는 이틀 동안 파업에 참여했고, 2달러의 임금 인상을 얻어냈죠. 파업하기 일주일 전에 회의를 했어요. 그건 아마도 직장에서 일어난 일 중 가장 흥미진진한 일이었을 거에요. 출근하는 게 흥미진진했거든요. 모두가 그에 대해 이야기했어요. 다른 날과는 달랐어요. 제가 한몫했다고 느꼈답니다."

지루한 일상 업무로 인해 서서히 쌓인 분노는 반기업적 성향과 친노동조합적 성향으로 표출되지만, 이런 충성심을 유지하기 위해서는 다른 기관과 마찬가지로 노동조합도 조합원들의 명백한 이익을 위해 노력해야 할 뿐만 아니라 극적으로 운영되기도 해야 한다. 아마도 파업을 제외하면 노조의 '기업 조사'만큼 근로자들에게 흥미진진한 일도 없을 것이다. "그들이 이유를 말하길, 임금을 올려줄 여유가 없었다고 해요. 하지만 그들은 대출금 100만 달러를 갚았고, 여전히 은행에 100만 달러를 가지고 있다는 거죠. 돈이 있는 겁니다. 노조가 조사했어요. 우리가 그걸 알아냈을 때, 사장의 표정을 보셨어야 합니다."

이 모든 점에서, 화이트칼라 노동조합 운동은 우리가 연구할 기회가 있었던 임금노동자 노동조합과 크게 다르지 않다. 예를 들어, 디트로이트의 전미자동차노동조합UAW 조합원은 뉴욕의 화이트칼라 노조원과 크게 다르지 않다. 두 조합원 모두 우선적으로 더 나은 근무 조건, 특히 더 많은 급여와 더 안정적인 급여를 원하며, 의식적으로 노조로부터 '보호'를 받는다. 좀 더 체계적으로, 노조는 근로자의 삶에서 네 가지 기능을 수행한다.

I. 경제적으로 노동조합은 자의적인 임금 변동에 맞선 경제적 진

보와 보호를 의미한다. 화이트칼라 노동의 합리화로 인한 생산성 향상이 낳는 결실은 근로자에게 자동적으로 돌아가지 않는다. 화이트칼라 근로자가 경제적 이익을 얻으려면 협상과 양보를 강요하는 조직이 있어야 한다. 그들은 (많은 산업에서 의심할 여지 없이 그래왔던 것처럼) 임금노동자 조직으로부터 계속 무한정으로 혜택을 누릴 수는 없으며, 연루된 위험과 작업의 일부를 부담해야 한다.

여러 노동조합이 싸우는 대상이 서로 다른 이유는 노동조합 철학의 차이보다는 고용주가 취하는 정책의 차이에 있다. 화이트칼라 노조의 추세는 동종업계의 생산직 노동자 사이에서 통용되는 유형이 아니라, 다른 조직화된 화이트칼라 근로자들의 급여와 조건에 맞춰가는 것처럼 보인다. 그러나 화이트칼라 노동자들의 평범한 경제투쟁은 노조가 있든 없든, 목수, 자동차 노동자, 광부 등 전체 노동자투쟁의 일부가 될 때까지 계속될 것이다. 자신들이 경제적으로 독특한 위치를 차지하고 있다고 생각하면서 분리된 집단으로서 경제투쟁을 벌인다면 화이트칼라는 어떤 자율성도 갖지 못할 것이다. 화이트칼라가 노소에 가입하는 사례가 늘어나면서 투쟁 조건을 결정하는 데서 영향력이 커질 수 있지만, 그들의 경제 투쟁은 임금노동자들의 투쟁과 다르지 않다.

화이트칼라 근로자가 전통적으로 누려온 특권은 그들이 확보한 노조 계약에서 공식화되고 있으며, 전국산업회의[2]의 연구 결과에 따르면, 그들의 계약이 임금노동자와 가장 다른 부분은 바로 '부수

---

2   National Industrial Conference Board. 1910년대에 고조된 노사 갈등에 대처한다는 취지로 1916년에 설립된 비영리 연구기관. 노사관계에 대한 조사와 연구보고서 발간에 주력한다. 노동통계국과 함께 신뢰받는 통계의 출처로 알려져 있다. 1970년에 더 콘퍼런스 보드The Conference Board로 명칭을 변경했고, 미국 경제 상황을 보여주는 중요한 지표 중 하나인 '소비자신뢰지수' 조사 기관으로도 잘 알려져 있다.

적 혜택' 영역이다. 화이트칼라의 계약에는 생산직 노동자의 계약보다 개인 휴가, 유급 병가, 퇴직금, 휴일 및 휴가 규정과 같은 복지 조항이 포함될 가능성이 훨씬 높다. 그러나 화이트칼라의 계약에 이런 특권이 공식화되는 시점은 임금노동자 노조가 의료 및 연금 계획에 대해 좀 더 확실한 특권을 요구하는 것은 물론이고, 화이트칼라의 특권까지 진지하게 투쟁의 대상으로 삼기 시작할 때인 것이다.

II. 노동조합이 화이트칼라 근로자의 소득 수준과 안정성을 높이는 반면, 위신의 수준과 안정성은 떨어뜨릴 수도 있다. 왜냐하면 지금까지 화이트칼라의 위신 주장이 임금노동자와의 차이에 의존해온 탓에, 그들이 가입한 조직이 노동자 조직과 공개적으로 연관된다면 화이트칼라의 위신 기반 중 하나가 사라지기 때문이다. 화이트칼라는 이 사실을 잘 알고 있다. "우리 회사에 노조가 생길 가능성은 없지만, 만약 생긴다면 가입하지 않을 것 같아요. 왜냐하면. 사람들이 덜 존중할 테니까요. 경영진은 노조에 가입한 사람들은 스스로를 대변할 만큼의 감각이 부족하다고 무의식적으로 생각하거든요."

화이트칼라 근로자의 지위 심리학은 종종 도구적 내용도 포함하지만, 노동조합 운동에 대한 '원칙적' 거부론의 일부이기도 하다. 이는 경영진이 자신들을 임금노동자와는 다르다고 판단해주고, 전통적인 개인적 수단을 통해 승진할 수 있기를 바라는 희망과 관련되어 있다. 이와는 별도로 화이트칼라의 위신 주장은 순전히 차별적이고 원칙적인 것이며, 일반적으로 근로자가 개인적인 접촉을 통해 노조를 하나의 도구로 여기게 되고, 좀 더 자유주의적인 정치적 수사에 노출되며, 무엇보다 개인적인 수단으로 승진할 수 있다는 희망을 잃었을 때에만 극복된다.

노동조합이 위신을 낮춘다는 식의 거부감이 널리 퍼져 있기는 하지만, 장기적으로 보면 노동조합에 대한 거부감을 줄이는 데 도움이 되는 요인들이 지금 작용하고 있다. 이 요인들은 화이트칼라 근로자의 위신에 전반적인 영향을 미치는 요인들이기도 하다. 임금노동자와 화이트칼라의 소득 사이에 차이가 없는 것, 1930년대와 같은 화이트칼라의 대량 실업, 고등학교 교육에 대한 화이트칼라 독점의 붕괴, 화이트칼라 근로자들이 '노동자처럼 외국에서 태어나지' 않았다는 이유로 위신을 추구하는 경향이 불가피하게 줄어드는 것, 화이트칼라 노동자들이 대규모 작업장으로 집중되면서 이들의 지위가 낮아지고 규격화되는 현상, 그리고 화이트칼라의 전체 숫자가 증가하는 단순한 현상 등, 이 모든 요인과 경향에 따라 위신을 근거로 한 화이트칼라의 노조 거부의 기반이 약화되고 있다.

오늘날 화이트칼라 노동자와 그들의 조직은 임금노동자와 동일시되는 것을 피하면서 노동조합 가입의 혜택은 누리기 위해 많은 우회 전략을 사용한다. 그들은 노조를 '동업조합'guilds이나 '협회'라고 부르며, 파업 금지 정책 등을 영구적으로 유지한다. 이 모두는 노조의 중심이 되는 경세적 목적과 관련해서는 결국 난센스가 된다. 비록 노조 가입으로 희생되는 위신이라는 것이 사라져가는 가치일지라도, 화이트칼라 근로자들에게 그 가치는 여전히 현실이며, 종종 그들의 낮은 소득보다 더 중요하다. 노조 조직자는 위신의 상실과 경제적 이익을 비교하여 균형을 맞춰야 한다. 노조 가입이 엄격하게 도구적으로 받아들여진다면 단기적으로는 위신 상실이 상당히 완화된다. 장기적으로 보자면 객관적인 힘이 그런 주장의 근거를 파괴할 것이다.

III. 노동조합 가입은 객관적으로 볼 때 집단적인 독립 선언을 의미하며, 그에 상응하여 노조에 대한 개인의 의존을 암묵적으로 수용한다는 것을 의미한다. 우리는 상승할 기회가 전혀 없다는 생각이 노조를 지지하는 태도와 얼마나 밀접하게 관련되는지 확인했다. 화이트칼라 노조는 임금노동자의 노조와 같이 부분적으로는 노동 과정의 합리화가 낳은 결과다. 조직만이 그러한 노동 조건과, 일과 삶의 균형에 대해 반박하고 영향력을 행사할 수 있기 때문이다. 동등한 조건, 동등한 노동에 대한 동등한 보상이라는 직업적 정의를 요구하면서, 노조는 노동의 합리화를 진전시키는 동시에 노동하는 집단 전체의 이익에 더 부합하도록 노동의 형태를 조정한다. 노조의 이념과 관계없이, 상당수 노조 운동에서 즉시 착수하게 되는 직무 분석 위원회의 임무는 회사의 인사상의 위계질서를 재편하는 것이다. 이 과정에서는 경제적 내용도 없이 경영진이 조성한 위신 차이나, 위계질서에 따라 허용된 많은 위신 차이도 부수적으로 사라진다. 때로는 이로 인해 근로자들 사이에서 적극적인 반감이 생긴다. "저는 노동조합에 가입하고 싶지 않을 것 같아요... 제 친구는 자기 사무실에서 사람들이 그렇게 을러댄다더군요. 사무실을 왔다 갔다 하면서 사람들이 뭘 하는지 지켜보고, 서류철 담당 여직원이 라벨 하나라도 잘못 입력하면 해고하겠다고 협박한다고 하더라고요."

현대의 근로자들은 고용주에 대한 개인적 독립과 개인적 의존, 양자 사이에서만 선택하지는 않는다. 노동조합은 고용주가 자기 뜻대로 할 수 있는 것을, 착취가 좀 더 친절하게 이뤄지던 예전 시대에 근로자들이 개별적으로 할 수 있던 것을 집단으로 수행할 수 있게 해주는 장치다. 노조는 고용주에 대한 근로자의 의존성을 줄여주지만, 그 대신 근로자의 이익에 더 부합하는 행동을 할 법한 조직인 노조에 대한 의존성으로 대체한다. 많은 산업 분야에서 노조는 또 하나의 관료제이며, 근로자들이 더 큰 규모의 관료제인 기업에 적응하는 방식에 영향을 미치려고 한다. 회사 내에 노조가 결성된 화이트칼라 노동자는 자신의 이익을 염두에 둔 새로운 유형의 인사 조직과 관계를 맺는다. 노조가 내부적으로 민주적일수록, 노동자는 자신의 특정 직무와 개인적인 불만에 대해 회사의 최상층을 향해 외칠 수 있는 집단적 목소리를 얻게 된다. 사무실과 판매장 안에서, 그리고 공장 앞에서 노조는 화이트칼라 근로자의 근로 조건과 노동과 삶의 안전에 대한 집단적 힘을 강화한다.

IV. 화이트칼라든 아니든, 노동조합의 힘은 정치 경제political economy에서도 발휘되는데, 전국적인 노동조합의 실효성 있는 조합원이라면 화이트칼라 노동자의 힘은 더욱 커진다. 왜냐하면, 노조의 조합원으로서 이들은 경제적 협상의 정치에서 갈수록 유력해지고 있는 조직화된 압력단체에 의해 대표되기 때문이다.

4. 노동조합 운동의 형태

적어도 1930년대부터 화이트칼라 노동자들의 조직화는 자유주의적 노동 의제에서 표준 항목이었지만, 그런 조직화의 정치적 의미까지 그렇게 진지하게 논의되지는 않는다. 조직되지 않은 1,230만 명의 화이트칼라 중 800~900만 명이 노동조합에 가입했다고 가정해보자. 이것이 미국 노동의 정치적 성격과 방향에 어떤 의미가 있을까?

이 질문에 답하려면 다음 사항을 고려해야 한다. I. 화이트칼라 노동조합 운동이 독자적인 심성과 방향을 가지고 있는지, 그리고 그럴 가능성이 있는지 여부, II. 화이트칼라 노조가 임금노동자 노조보다 더 전투적이거나 덜 전투적인 경향을 보이는지 여부, 그리고 III. 화이트칼라 노조의 확대가 '노동자와 중간계급의 연결 고리'를 구성할 수 있는지 여부 및 그 의미.

I. 현 세기 내내, 미국노동총연맹[3]은 화이트칼라 분야에서 지배적인 위치를 유지해왔다. 1900년, 화이트칼라 노조원들은 미국노동총연맹과 독립 노동조합들로 균등하게 나뉘어 있었다. 그 이후로 미국노동총연맹의 비중이 증가했고, 1935년에는 조직된 전체 화이트칼라 노동자의 3분의 2를 차지했다. 산업별노동조합회의[4]의 부상은 화이트칼라 분야에서 미국노동총연맹의 지배력을 약간 약화시켰을 뿐이다. 산업별노동조합회의의 대규모 조직화는 화이트칼라 분야가 아닌 대량 산업 분야에서 이루어졌기 때문이다. 1948년 기준으로, 노동조합에 가입한 화이트칼라 근로자의 62퍼센트가 미국노동총연맹에, 22퍼센트가 독립 노조에, 16퍼센트가 산업별노동조합회의에 가입되어 있었다. 이 수치를 뒤집어 각 노동조합 연합 내에서 화이트칼라의 비중을 계산하면, 전체 독립 노조원 중 21퍼센트가 화이트칼라 근로자이고, 전체 미국노동총연맹 조합원 중 19퍼센트가 화이트칼라 근로자이며, 전체 산업별노동조합회의 노조원 중 8퍼센트만이 화이트칼라다.

현재 상황에서는 더 많은 화이트칼라 노동자들이 조직된다면 기존 노동 조직에 의해 조직될 가능성이 크다. 1948년 가을, 산업별노동조합회의 대표들은 화이트칼라 근로자 운동을 발표했고, 그 이후

---

3   American Federation of Labor(약칭 AFL). 1886년에 설립된 미국의 노동조합 연합 조직이다. 19세기 후반 산업혁명이 진행되면서 노동자의 권리를 지키기 위한 연합 조직으로 성장한 노동기사단Knights of Labor이 1886년의 헤이마켓 사건으로 분열하면서 등장한 조직으로서, 숙련공을 중심으로 한 온건한 노동운동을 추진했다. 1955년에 산업별업종회의와 합쳤다.
4   Congress of Industrial Organizations(약칭 CIO). 1935년 미국노동총연맹AFL 산하의 위원회로 조직되었다가 1938년에 독립하여 미국노동총연맹과 대립하고 경쟁한 노동조합 연합 조직이다. 미국노동총연맹의 업종별, 숙련공 중심 조직 원칙에 맞서 더 큰 범주의 산업별 조직과 저숙련공 기반 원칙을 내세우며 대립하였다. 이후 1955년에 두 조직은 미국노동총연맹 및 산업별노동조합회의AFL-CIO로 합치면서 현재에 이른다.

이 운동을 추진하기 위한 다양한 움직임이 있었다. 그들이 이 운동을 진지하게 여긴다면, 여기에는 근로자의 이익을 보호하려는 일반적인 동기 외에 아마 정치적 고려도 있었을 것이다. 산업별노동조합회의 안에서 '화이트칼라 운동'은 노조의 최고 간부들이 제거하기를 바라던 소란스러운 특정 공산주의 세력에 맞서는 운동이었다. 노동조합이 힘을 얻는 것만큼이나 그 힘을 잃게 하는 방법은 조직을 만들고 또 대항 조직을 만드는 것이다. 그들은 또한 현재의 정치적 국면에서 미국노동총연맹에 가입한 조합원 수를 추월하고 넘어서기를 원했다. 화이트칼라 분야는 관할권과 관련하여 서로 최소한으로만 얽혀 있는 새로운 영역이다.

산업별노동조합회의의 지도자 다수는 이미 자신이 처음으로 선택한 분야를 조직한 젊은 야심가들이다. 화이트칼라 운동은 그들의 에너지를 발산할 수 있는 출구를 제공한다. 조직화 운동은 지도자와 근로자 모두에게 힘을 축적하는 역할을 한다. 또한 중년에 최고 권력자로 부상한 일부 나이 든 지도자들은 자신만의 흔적을 남기고 싶을 수 있다. 노소 세계에서 이것은 조식화를 의미한다. 산업별노동조합회의 안팎의 노동 지도자들은 화이트칼라 노동자 조직이 '중간계급' 영역에서 자신들의 정치적 영향력을 증가시켜 노조의 대외적 위상을 향상시킬 것이라고 생각할 것이다. 이들이 일부 정당들에서 권력과 영향력을 놓고 경쟁하는 입장에 있는 한, 이들은 노조에 화이트칼라를 참여시키는 것을 정당과 국가 안팎에서의 경쟁에서 승리할 수 있는 카드로 여길 것이다.

기존의 노동조합 연합체와 분리된 자유로운 화이트칼라 노동조합 연합체가 형성될 가능성은 매우 희박하다. 그 이유는 부분적으로는 기존의 노조 체제 때문이고, 부분적으로는 화이트칼라 근로자들과 그들의 잠재적 지도자들에게 독립적인 역할을 수행하려는 확고한 이념적 이유나 실질적 이유가 없기 때문이다.

기존의 노동조합 세계에서 임금노동자 노동조합은 조직상의 우선순위를 차지하고 있다. 이들의 기반은 참으로 크고 굳건해서, 우리 시대에는 화이트칼라가 완전히 조직화되더라도 지배력을 획득할 수 없을 것이다. 조직에는 돈이 필요하다. 현대적인 노조 운동의 회계 시스템에는 많은 인력이 필요하다. 대기업, 거대 정부, 거대 노조가 존재하는 세상에서 자금이 부족한 소규모 노조는 뒤처지거나 더 큰 노조에 흡수된다.

1950년대의 화이트칼라 조직은 1930년대에 그랬던 것처럼 자발적으로, 아래로부터 형성될 가능성이 낮다. 조직은 기존 노동조합 세력에 의해 위로부터 시작될 가능성이 높은데, 노조 가입이 준자발적일 때, 새롭고 더 전투적인 지도자가 정상에 오를 가능성이 더 높기 때문이다. 1930년대에 진행된 산업별노동조합회의의 조직화 운동은, 노조 세계의 구시대적 모습을 분열시켰고, 대체로 노동자의 요구에 부응하면서 역사적인 순간에 새로운 대안적 노조를 자유롭게 선택할 수 있었던 새로운 권력자들을 탄생시켰다.

그러나 당시에는 340만 명의 노동자만 조직되었을 뿐이다. 현재는 1,540만 명이 노동조합에 가입해 있다. 노동자가 너무 많고 법적 요구사항이 훨씬 더 복잡하기 때문에 조직화 운동과 관련하여 새로운 유형의 지도자가 등장할 가능성은 다소 제한적이다. 물론 조직화의 기술과 전술은 다를 수 있고, 화이트칼라 근로자에게 더 적합한 수사를 구사하는 지도자가 등장할 수도 있지만, 상황이 자연스럽게 흘러간다면 이미 권력을 쥐고 있는 나이 든 남성이 자신과 크게 다르지 않은 유형의 남성을 선택하고 격려할 것이다.

기존의 본부에서 기존에 힘을 가진 사람들이 주도권을 잡고, 그들이 선호하는 사람들이 새로운 노동조합을 조직하고 관리할 것이다. 새로운 지도자가 등장하고, 옛 지도자는 몰락할 것이다. 그러나 화이트칼라 노조가 새로운 유형의 조직으로 등장하거나, 새로운 유형의 화이트칼라 지도자가 큰 힘을 얻을 가능성은 높지 않을 것이다.

II. 지금까지 살펴본 바와 같이, 화이트칼라 노동자들의 노동운동 심리학은 임금노동자들의 노동운동 심리학과 다르지 않다. 두 경우 모두 노동조합은 원칙이나 이념보다는 편의와 수단에 가깝다. 물론, 목수 노조는 자동차 노동자, 보험 판매원, 사무직 노동자 노조와는 형태와 정책 면에서 다르다. 그러나 노조 운동의 공통분모는 화이트칼라 노동자와 임금노동자 유형에 따라 구분되지 않는다.

그러나 이 문제에 대해 몇 가지 추측을 해볼 필요는 있다. 화이트칼라 노동조합원들은 대량 생산 분야의 노동자들과는 달리 생활방식상 일반적인 (중간계급) 문화, 정보 습관, 지배적인 가치관과 자주 접촉하게 되기 때문에 더 신중하고 덜 투쟁적일 것이라는 주장이 있을 수 있다. 그들은 다른 조직에 소속될 가능성도 더 많기 때문에, 노조 가입이 그들의 정치 및 사회생활에서 차지하는 의미는 철강, 자동차, 석탄 노동자들의 경우보다 작을 것이다. 그들은 더 깨끗하고 더 위신 있는 일을 하며, 자신보다 아래에 있는 푸른 셔츠 입은 블루칼라 대중을 의식하는 탓에, 실패할 수도 있는 전투적인 노조 운동에서 잃을 것이 더 많다고 느낄 것이다. 이들 중 다수가 중간계급 출신이기 때문에, 기업가적 요소와 연결된 생애사가 이들을 머뭇거리게 할 것이다. 게다가 다른 화이트칼라 근로자들은 임금노동자 출신으로서 그들과 연결되어 있기 때문에, 화이트칼라 대중은 충성심에 따라 나뉠 것이고, 정책과 행동에서도 동요할 것이다.

이 모든 주장에는 어느 정도 진실이 있다. 하지만 화이트칼라 노동조합이 임금노동자 노동조합보다 더 투쟁적일 것이라는 주장에도 어느 정도 진실이 있는데, 화이트칼라 노조는 권력과의 협상에서 아직 경험이 부족하기 때문에, 적어도 당분간은 권력의 맛이 이들을 길들이기보다는 자발적 운동으로 고취될 것이다. 화이트칼라 노조가 임금노동자 노조보다 더 높은 위신을 요구하고, 구중간계급과 더 많이 연결되어 있다는 주장을 이들은 그리 쉽게 '받아들이지' 않을 것이고, 더 거세게 일어나 한층 열심히 싸울 가능성이 높다. 그들 중 다수가 고용주에게 의존해왔기 때문에, 역으로 일단 그 충성심을 깨고 친노조 성향으로 바뀌면, 고용주에 대한 그들의 반응은 더욱 강하고 공격적으로 바뀔 가능성이 높다. 더 많은 교육을 받은 덕분에 일단 노조 쪽으로 기울게 되면, 그 성향을 일반화할 수 있는 능력도 더 커지고, 노조에 더욱 정치적이고 이념적인 지향으로 참가할 것이다.

이런 점들도 어느 정도 진실이다. 하지만 어느 쪽 관점도 제대로 확립될 수는 없다. 화이트칼라 노동조합이 임금노동자 노동조합보다 더 투쟁적일 것이라는 생각을 뒷받침하는 요소들은 사무직 노조의 상대적인 소규모성과 젊음에 근거한다. 그러나 동일한 규모와 연령대의 임금노동자 노조와 비교하면, 이들은 다르지 않다. 화이트칼라 노조가 임금노동자 노조보다 덜 투쟁적이라는 생각을 뒷받침하는 많은 요소들은 역사적 발전 과정에서 사라질 가능성이 높은 차이점들과 관련된다.

미국 노동조합 운동의 역사적 경험에서 얻은 교훈은, 물론 독단적인 교훈일 필요는 없지만, 적절한 시기에 이르면 임금노동자와 화이트칼라 근로자가 동일한 유형의 노조를 건설하며, 화이트칼라 노조 운동에 특이하거나 구별되는 요소는 없고, 임금노동자 노조와 화이트칼라 노조 사이에 투쟁성 측면에서 차이가 있다고 해도, 둘 사이의 다른 차이들만큼이나 미미하다는 것이다.

결국 노동조합은 지금까지 하층 계급의 열망을 길들이고 방향을 돌리며, 전쟁 중 내부 폭력 없이 노동자들을 조직하고, 평화롭고 침체된 시기 동안 그들의 반란을 통제하는 가장 신뢰할 수 있는 도구였다. 화이트칼라 집단 사이에서 노조가 동일한 서비스를 제공하면 안 될 이유는 없다.

그러나 한 가지 역사적 사실에 주목해야 한다. 1930년대와 1940년대 초반에는 임금노동자 노동조합원보다 화이트칼라 노동조합원들이 공산당 분파가 장악한 산업별노동조합회의 소속 노동조합에 더 많이 속해 있었다. 1948년 당시의 산업별노동조합회의를 보면, 화이트칼라 노조원 10명 중 4명은 공산당이 장악한 노조에 소속되어 있었던 반면, 임금노동자의 경우는 노조원 10명 중 2명만이 그랬다. 하지만 그것은 산업별노동조합회의 내의 수치일 뿐이고, 거기서도 임금노동자가 화이트칼라 근로자보다 훨씬 많았다. (산업별노동조합회의뿐만 아니라 미국노동총연맹 및 독립 노조를 포함한) 노조 전체를 기준으로 계산하면, 공산당 분파는 조직된 화이트칼라 노동자의 약 6퍼센트와 임금노동자의 약 7퍼센트를 통제하고 있는 것으로 나타났다.

공산당 분파가 산업별노동조합회의 내에서 많은 화이트칼라 노동조합을 장악한 것은 화이트칼라 노동자 노조가 임금노동자 노조보다 '정치적'이라는 신호라기보다는 산업별노동조합회의의 역사적 발전 과정에서 발생한 우연한 사고에 가깝다. 이들 화이트칼라 노조는 주로 미국 공산당의 거점인 뉴욕을 비롯한 대도시에 집중되어 있었다. 게다가, 이 정당이 뉴욕 화이트칼라 세계의 많은 부분을 대표하는 소부르주아적 심성에 상당히 강력하게 호소하고 있는 것도 아마 사실일 것이다.

III. 그저 노동조합이 확대되기만 해도 더 많은 노동자들이 '조직화의 중심'으로 들어오기 때문에 좋다는 오래된 급진적 믿음은 이제 순진한 생각이 되었고, 화이트칼라를 노동조합에 가입시키면 필연적으로 '중간계급과 연결'될 것이라는 믿음도 순진한 생각이 되었다. 두 생각 모두 지배적인 노조의 종류와 그들의 정치적 잠재력에 대한 어떤 믿음에 의지한다. 두 생각 모두 노조가 급진적인 사회 변화의 원동력이며, 충분히 커지면 그렇게 되리라고, 전투적인 지성과 지성적인 전투성을 발휘하리라고 가정하고 있는 것이다.

화이트칼라 노동자의 조직화가 노동과 중간계급의 연결을 의미하는지 그렇지 않은지 여부에 대한 질문은 '중간계급'과 '노동'이 무엇인지, 그 정의에 달려 있다. 이 질문은 사회주의 운동의 수사학에서 유래한 것으로, 여기서 '노동'은 프롤레타리아트(정치적 의식이 있는 집단으로서 사회의 나머지 부분으로부터 분리되어 모든 역사적 변화의 원동력으로 간주된다)를 의미하고, '중간계급'은 '기업가적 이데올로기를 가진 계층'을 의미한다.

그러나 노동조합에서 표현되는 미국의 노동은 정치적으로 볼 때 이제 압력집단의 집합체이며, 특히 화이트칼라 노동자들이 노조에 가입할 때면 압력집단으로서의 노동 심성을 점점 더 많이 취하고 있다.

화이트칼라 노동자들이 '신중간계급'을 형성하는지 아니면 '신프롤레타리아트'를 형성하는지에 대한 질문은, 우리가 보았듯이 두 계급의 변화와 미국 노동조합이 어떤 조직으로 변화했는지를 통해 답을 찾을 수 있다. 경제적으로 보면, 화이트칼라 계층은 추측했던 것보다 '중간계급'에 속하지 않는다. 반면 임금노동자들은 사회적으로나 이데올로기적으로 추측했던 것보다 '중간계급'에 더 가깝다. 이제 사회 변화가 관료제적 환경 속에서 일어나게 되었고, 자발적으로 각성한 계급이 아니라 조직이 종종 행동의 기회를 독점한다. 그리고 조직과 이해집단의 세계에서 화이트칼라와 임금노동자 계층은 하위 중간계급의 압력 연합의 일종으로 통합된다.

정치적으로 보면, 노동조합에 더 많은 화이트칼라 노동자가 가입하게 되면 자유주의와 노동의 대변인들이 '노동의 이익'을 전체 사회의 이익과 더 참되게 동일시할 수 있는 기회가 생길 것이다. 압력집단으로서 노동의 대중적 기반이 더욱 확대될 것이고, 노동의 대변인들은 필연적으로 국가적인 정치 경제에 대한 더욱 광범위한 협상에 참여하게 될 것이다.

5. 노동조합과 정치

화이트칼라 근로자 개인에게 노동조합 운동이 무엇을 의미하든, 조직적으로 그 운동은 화이트칼라 계층을 이해집단으로서 노동에 참여하게 만든다. 화이트칼라 노조가 독자적인 프로그램을 계발하지 않는 한(그 방향으로 나아가는 경향은 없는 것 같다), 또 노조 운동의 의미가 정치적으로 차별화되지 않는 한(차별화는 명백히 없다), 화이트칼라 노조 운동은 임금노동자 노조 운동과 동일한 의미를 지닌다. 따라서 화이트칼라 노조가 미국에서 어떤 의미를 갖는지는 미국에서 노조가 일반적으로 어떤 의미를 갖는지에 달려 있다.

지금까지 그 의미는 주로 경제 분야에서 느껴졌으며, 화이트칼라 노동자를 위한 노동조합이 근로 조건과 임금 수준에 대해 발언권을 가질 기회가 늘어나리라는 데는 의심의 여지가 없다. 그러나 노조 운동의 더 큰 의미는 민주주의와 노조에 관한 문제, 즉 노조가 사회운동이 될 것인지, 아니면 경제적 대가를 얻으면서 정치적 규제를 대행하는 또 다른 기득권이 될 것인지에 관한 문제 속에 있다. 아니면 라이오넬 트릴링의 말처럼, "자본과 노동의 갈등이 같은 생활방식 속에서 재화를 소유하기 위한 경쟁"인지 아니면 "문화 투쟁"인지에 관한 문제다.

전국적 맥락에서 다뤄지는 노동조합 운동은 오랫동안 대체로 '아직 성격이 정해지지 않은' 조직의 집합체였다. 1930년대 중반까지 그들은 어느 쪽으로든 향할 수 있다고 생각되었다. 한편으로는 자유주의 운동으로서, 계속 성장하면서도 행동의 자유는 유지하면서, 자유주의적이고 안전한 사회라는 미국의 이미지를 재구성하는 방식으로 행동하려고 노력할 수 있다고 생각되었다. 다른 한편으로는 이해관계의 집합체로서, 자본주의 사회와 행정 국가라는 틀 안에 자신을 가두리라고 생각될 수도 있었다.

이해관계의 집합체라는 이 마지막 길을 걷는 과정에서, 노동조합은 더 광범위한 문제들에 대해 입장을 취할 수 있겠지만, 다른 기득권들과 협상한다는 조건 아래서만 그럴 수 있다. 그들의 대변인은 책임에 대해 이야기할 수 있지만, 그 의미는 다음과 같다. 내가 책임진다고 말하는 사람들은 내가 관리하려는 사람들이다. 권력을 얻음으로써 행동에 제약을 받는 사람들의 '책임'이란 종종 하층의 불만을 조절하는 책임이며, 이를 통해 책임 있는 최상층 대변인으로서 다른 대변인들과 좀 더 지적이고 실질적인 방식으로 거래를 할 수 있다.

민주주의와 노동조합 운동의 문제는, 조직화된 이익 연합들이 벌이는 능숙한 투쟁을 통해 근로자의 경제적 지위를 보호하는 과정에서 노동조합이 경제 전반의 운영에 대한 '감시자'가 될 수밖에 없는지 여부에 대한 문제다. 그리고 두 번째 질문이 있다. 노조가 단순히 경제 내의 이익집단이 아닌 경제에 대한 감시자로서 더 큰 문화적, 정치적 투쟁을 떠맡아야 하는지 여부다. '떠맡는다'는 표현을 쓰는 이유는, 현재의 노동자 리더십이 필요성에 대한 전망이 아니라 신념에서 비롯되는 일반적 규칙으로서 그렇게 하리라고는 믿기 어렵게 행동하기 때문이다.

역사적 경험과 오늘날 노동자 리더십의 성격을 보면 이런 질문에 '아니오'라고 말하게 되지만, 어느 쪽도 확실한 논거가 제시되지는 않는다. 노동자 리더십은 변하지만, 과거에 비해 미래에는 변화가 더 어려울 가능성이 높다. 그리고 역사적 경험은 균형 잡힌 판단을 통해 20세기 중반 사회 구조의 사실성에 의해 반박되어야 한다.

이 구조의 주요 흐름에서 주목해야 할 점은 노동이 기업과 행정 국가에 관여하는 유형과 그 정도다. 얼마나 자유로운 행동이 가능한지, 어떤 종류의 행동이 가능한지, 어떤 영역에서 가능한지, 대략 어떤 목적을 위해 가능한지, 이런 것들이 미국의 노동이 앞으로 10년 동안 자문해야 할 질문들이다. 현재의 주요 흐름은 네 가지 동시다발적인 경향을 포함한다.

(1) 로버트 태프트[5]와 같은 사람들이 표현한 경제적으로 실용적인 보수주의는 정치적으로 세련된 보수주의에 의해 압도되고 대체되고 있다. 이 보수주의는 현대의 이윤 작동과 경제권력의 정치적 조건을 인식하고, 이를 통세하기 위해서는 노동조합과의 완화된 협력이 필요하다고 인식하는 보수주의다. (2) 현재 미국 정치에서 거의 공통분모가 된 자유주의는 행정적 자유주의, 즉 강력하고 더욱 흡인력 있는 국가적 프레임이 되었고, 그 안에서 공개적인 정치 투쟁이 행정적 절차와 압력으로 전환되고 있다. (3) 노동의 관심은 세련된 보수주의와 함께 이 행정 국가에 집중되고 있으며, 실제로 이 국가를 지지하는 주요한 기둥 중 하나가 되었다. 노동은 이 국가를

---

5   Robert Taft(1889~1953). 미국 공화당 소속 정치인으로서 공화당 상원대표를 지내며, 뉴딜 정책에 대한 반대와 고립주의 흐름을 대표했다. 루스벨트 시절에 노동조합 보호를 위해 만들어진 와그너법에 맞서, 1947년에 노조 활동에 제약을 가하는 법률(태프트-하틀리법)을 주도적으로 입법하였다. 세 번에 걸쳐 공화당 대통령 후보 경선에 나섰지만 실패했다.

지원하기 위해 헌신하고 있으며, 그 결과 이 국가로부터 많은 힘을 얻는다. (4) 이 모든 발전은 유럽이나 아시아에서 조약에 기반하지 않은 평화의 시대에 총력전 경제를 구축하는 과정에서 이루어지고 있다.

미국의 노동은 미국의 소기업과 마찬가지로 미국의 농민이 걸어간 길을 따르려는 것 같다. 한때 이 농민은 일종의 반란의 원천이었다. 최근에는 노동이 그런 것처럼 보인다. 이제 농민은 종종 조직화된 농장 연합의 살찐 단위가 되었고, 복지국가 속에 확고하게 자리 잡은 채 압력을 가한다. 임금 체계로서의 자본주의에 대해 객관적인 반감이 더 큰 노동도 같은 길을 가려는 것 같다. 성공한 정책을 추종하는 노동 지도자들은, 자기 조직의 정치적 역할을 확실히 농민의 역할에 따라 모델링하려는 것 같다. 농민과 노동의 단결에 대한 이야기는 과거에는 반란군의 단결이라는 맥락 속에 있었지만, 지금은 두 압력단체 간의 협상이라는 맥락 속에 있는 것처럼 보인다.

농민이나 임금노동자와는 달리, 화이트칼라 근로자들은 너무 늦게 태어난 탓에 단 하루도 자율성을 누리지 못했다. 구조적 위치와 이용 가능한 전략은 이들을 역사적 변화의 주도자가 아닌 후위병 rearguarders 으로 만든다. 노동조합을 통한 조직화는 이들이 주류로 편입되는 조직화이며, 자유주의 국가에 귀속되는 새로운 이익의 일부로 이들을 통합하는 역할을 수행한다.

프랭클린 루스벨트 시대의 노동 이야기가 희망을 불러일으킨 것은 당시 미국에서 처음으로 노동이 부상하고 있었기 때문이다. '조직되지 않은 것을 조직하라'는 것 외에는 방향에 대한 감각이 거의 필요하지 않았다. 하지만 트루먼의 페어딜 정책 아래서는 그렇지 않다. 불황에 대처하는 정부의 명령이 아니라 거대한 번영이 빼앗길 수 있다는 농민의 두려움이, 수백만 명의 실업자가 아니라 태프트-

하틀리법이 기존 노동조합에 불리하게 작용할 것이라는 노동자의 두려움이 이 행정부의 기반이다. 루스벨트의 시대에는 전쟁에 대한 생각이 지배적이지 않았고, 권력자들은 국내의 권력 분배에 진지하게 관심을 기울일 수 있었다. 그러나 지금은 전쟁에 대한 두려움이 모든 정치적 추측에 드리워져 있으며, 새로운 국내 정책의 시작에 대한 정치적 의지를 약화시키고 있다.

대세에 맞서는 반대 경향들이 있으며, 갈수록 경직되어가는 구조 속에서 위기가 발생할 가능성도 있는데, 이런 위기는 이 반대 경향들이 스스로를 역사적 힘이라고 단언하게 해줄 것이다. 하지만 그 사이에 미국 민주주의의 미래가 위태로워진다면, 그것은 노동운동 때문이 아니라 노동운동의 부재 때문일 것이며, 노동운동을 대체한 새로운 기득권 노동조합의 등장 때문일 것이다. 이 새로운 이해관계가 종종 민주적 사회 구조에 특별한 위험으로 다가오는 이유는 그들이 너무 거대하고, 동시에 너무 우유부단하기 때문이다. 그들의 사업은 일부 집단과 계층들 사이에서 일어나는 반란의 경향을 규제하는 것이 될 수 있는데, 이 집단과 계층들은 미국 사회를 불황과 호황, 그리고 전쟁이라는 광란의 질서에서 벗어나도록 재편할 수도 있을 것이다. 또는 그들의 사업은 인간이 군사 국가의 관리 대상이 되는 사회로 향하는 거대한 흐름을 멈춰 세울 수도 있을 것이다.

15장

후위병의 정치학

**　**

어떤 사회 계층의 정치적 심리는 그 구성원들이 다른 계층과 맺고 있거나 맺고 있지 않은 모든 관계로부터 영향을 받는다. 그들이 노출된 모든 객관적, 주관적 요소가 그들의 정치적 심리에 영향을 미친다. 다양한 중간 직업 집단으로 구성된 신중간계급은 특히나 많은 교차 압력에 열려 있으며, 현대사회의 구조와 분위기를 얼마간 규정하는 모든 거대 세력에 대해서도 열려 있다.

화이트칼라 심성의 정치적 형태와 내용을 이해하기 위해서는 먼저 정치의식은 무엇이고, 정치의식이 없다는 것은 무엇을 의미하는지 이해해야 한다. 정치의식이 어떻게 형성되어왔는지 이해하려면 미국에 널리 퍼져 있는 대중매체, 사회역사적 구조, 정치 제도 및 전통이 정치의식에 미치는 영향을 탐구해야 한다.

1. 의식의 모델

정치의식에 대해 가장 익숙한 모델은 자유주의이며, 자유주의는 시민 개인에 초점을 맞추면서 정치적 권리, 즉 정치적으로 행동하고 정치적인 사람이 될 수 있는 공식적인 기회를 확대하려고 노력해왔다. 일단 권리가 주어지면, 시민 개인은 자연스럽게 정치적으로 각성하고 정치적 이익을 위해 행동하리라고 가정되었다. 더 많은 교육이 필요할 수도 있지만, 교육이야말로 자유주의가 보편화하려는 권리 중 하나였다.

각성한 시민에 대한 자유주의적 가정이 부딪친 난관은 1920년대 초반 월터 리프만[1]이 잘 설명한 바 있다. 그의 요지에 따르면 시민은 정치적으로 무슨 일이 일어나고 있는지 알 수 없고, 그에 대해 똑바로 생각할 수 없으며, 그에 대해 지적으로 행동할 수 없다. 한편으로는 개인들 사이에 큰 격차가 있고, 다른 한편으로는 사건과 권력의 결정 사이에 큰 격차가 있다. 이 격차는 의사소통의 양을 압축하여 간결한 슬로건으로 만들어야 할 필요성 때문에 대중매체에 의해 메워지고, 이로 인해 보이지 않는 정치 세계를 상징하는 고정관념의 유사pseudo 환경이 만들어지며, 시민들은 여기에 반응한다. 거대한 사회 속에서 시민에게는 대상을 탐구할 시간이 없고, 정치적으로 유익한 타인이나 대중매체와의 접촉은 하루에 15분에서 20분으로 제한되어 있다. 인위적인 검열과 일상을 혼란스럽게 할 현실 직면에 대한 두려움에 덧붙여, 이런 사실들은 자유주의 이론이 시민에게 요구하는 정치적 각성이 비통할 정도로 유토피아적이고 합리적인 심리학에 기반하고 있으며, 단순한 민주적 환경 속에서는 의미를 가질 수 있겠지만 현대사회에서는 불가능하다는 것을 보여준다. 자유주의를 지지하는 그 누구도 리프만의 분석에 반박하지 않았다.

또 다른 익숙한 정치의식 모델인 마르크스주의는 개인보다는 계급에 초점을 맞춘다. 그것은 재산에 기반을 둔 물질적 조건에서부터 유사한 계급적 위치를 가진 사람들의 내적 의식에까지 이르는 독창

---

[1] Walter Lippmann(1889~1974). 미국의 저널리스트, 정치평론가로서 민주주의와 대중매체, 여론 사이의 관계에 대해 깊은 통찰을 제시한 것으로 유명하다. 고정관념stereotype이라는 개념을 제시했으며, 언론 자유를 옹호하면서도 그 모순, 한계에 대해서도 통찰했다.

적인 모델이다. 계급의식은 자신의 합리적인 계급적 이익에 대한 의식과, 다른 계급들의 이익에 대한 반대라는 점에서 항상 정치적 의식으로 이해되어왔다. 경제적 잠재력은 정치적으로 실현된다. '즉자적 계급'class in itself은 '대자적 계급'class for itself이 된다. 따라서 계급의식을 위해서는 (1) 자신의 계급 이익에 대한 합리적인 인식과 동일시가 있어야 하고, (2) 다른 계급 이익을 부당한 것으로 인식하고 거부해야 하며, (3) 자신의 이익 실현이라는 집단적이고 정치적인 목적을 위해 집단적이고 정치적인 수단을 인식하고 기꺼이 사용할 준비가 되어 있어야 한다.

이 세 가지 요구사항은 운동의 단계와 검토 대상이 되는 마르크스주의의 분파에 따라 다양하게 상호 작용한다. 예를 들어, 레닌과 트로츠키는 대중의 정치의식 발전의 열쇠로서 합리적인 인식을 표현하는 당의 투쟁력을 이전의 지도자들보다 더 강조했다. 하지만 루이스 클레어Louis Clair에 따르면, 일반적인 마르크스적 모델의 바탕에는 항상 "내재된 잠재력의 의식화"라는 정치적 심리학이 있다. 이 생각은 심리학적인 가정에서 자유주의만큼이나 합리주의적이다. 투쟁의 발생은 양립할 수 없는 물질적 이해관계를 가진 경쟁하는 계급들에 의한 합리적 인식에 따라 진행된다. 물질적 사실과 이해관계에 대한 의식은 이익의 계산에 기반한 반영을 통해 연결된다. 베블런이 올바르게 지적했듯이 이런 아이디어는 공리주의적이며, 헤겔보다는 벤담과 더 밀접한 관련이 있다.

물론 마르크스는 '허위의식'을 인정했는데, 이는 거짓된 이해관계의 계산을 의미한다. 그는 이를 올바른 프롤레타리아적 선전의 부재로 말미암아 발생하는 무지나 고의적인 태도로 인한 합리주의적 오류라고 설명했다. 허위의식, 즉 이전 시대로부터 발생하는 정신적 지체는 현재의 이해관계와 더 이상 일치하지 않는다. 이는 효과적인 행동을 위해 적절한 방식으로 현실을 드러내는 것이 아니라 현실을 숨기는 부정확한 해석이다.

마르크스주의와 자유주의는 모두 기회만 주어진다면 인간은 자연스럽게 이해관계에 대해서, 또 자아나 계급에 대해서 정치의식을 갖게 된다는 동일한 합리주의적 가정 위에 서 있다. 양자는 각자의 방식으로 인간의 심리적 거부감이나 무능력보다는 인간의 정치적 역할 수행을 위한 기회를 확대하는 데 많은 관심을 기울여왔다. 보통 이런 의식 모델 중 한두 가지가 다양한 사회 계층의 정치에 관한 질문과 답변의 기초가 되기 때문에, 현재의 이론들은 계층이 정치적 방향을 가지지 않고 정치적으로 수동적일 수 있다는 견해를 허용하지 않는다. 하지만 이런 무관심이야말로 막다른 골목에 몰린 자유주의와 희망이 붕괴한 사회주의의 주요한 징후다. 또한 우리 시대의 정치적 불안의 핵심이기도 하다.

정치적으로 무관심하다는 것은 모든 정치적 상징에 대해 이방인이 되는 것이며, 충성심, 요구, 희망의 영역으로서의 정치로부터 소외된다는 것이다. 정치적으로 무관심한 사람들은 지배적인 정치적 상징에 무관심하고 분리되어 있지만, 그렇다고 해서 그에 맞서는 대항 상징을 새롭게 찾지도 않는다. 그들이 가지고 있는 불안과 요구, 희망이 무엇이든 정치적으로 집중되지 않으며, 그들의 개인적인 욕망과 불안은 정치적 상징과 권위로부터 분리되어 있다. 그들의 의식 속에서는 객관적인 사건도, 내적 압박도 정치적으로 중요하지 않다.

정치적 무관심이 반드시 정치적 기대의 붕괴를 수반하지는 않는다. 정치적 무관심이 반드시 이런 감정적 척도의 극단을, 그러니까 희망에 차 있다거나, 체념에 빠진다거나, 절망하거나, 냉담하다는 것 등을 의미하지는 않는다. 이는 단지 하나의 경로일 뿐이며, 그 의미들 중 하나일 뿐이다. 정치적 무관심이 반드시 비합리적인 것도 아니다. 사실, 정치적 무관심은 모든 정치적 충성심과 희망을 불신하고 근거가 없다며 일축하는 이성적인 냉소주의일 수 있다. 또는 막스 베버와 같이, 의미가 사라진 정치 세계 속에서도 신념 없이 살아갈 수 있다고, 거리를 둔 지적 노동이 여전히 가능하다고 단언하는 사람들이 활용할 수 있는, 기회에 대한 이성 외적extra-rational 고려의 산물일 수도 있다. 통찰력이 부족하고 안정된 계급적 위치를 누리지 못하는 사람들에게는 무관심이 자주 발생하며, 무의미한 일에 시간과 자원을 최소한으로 희생하고, 나머지 시간에는 동물적 쾌감, 감각, 재미의 즉각적인 만족을 추구하는 사적인 활동을 추구하게 되는 것이다.

정치의식을 갖는다는 것은 충성심이나 반항심에서 비롯되는 것이며, 자신의 불안과 욕망에서 정치적 의미를 발견하고, 자신을 정당하게 요구하는 정치 세력으로 간주하면서 아무리 작더라도 자신의 기내가 결국 실현될 것이라는 희망을 키워나가는 일이다. 정치적 무관심은 자신의 삶이나 세상에 정치적 의미를 부여하지 않으면서 정치적 실망이나 기쁨을 피하는 것이다. 여기서 정치적 상징은 행동의 동기로서, 제도의 정당화로서 그 효과를 상실한다.

2. 정치적 무관심

20세기 중반 미국에서 시민에 대해 자유주의적 관점에 가까운 입장을 가진 사람들은 특히 교육받은 상층 중간계급 속에 많다. 또한 마르크스적 의미에서 계급의식이 있는 사람들도 있는데, 특히 상위계층에, 그리고 파생적으로는 지식인 사이에 존재한다. 정치적 충성심을 드러내는 데 필요한 모든 자격 요건을 갖춘 사람들도 있고, 반란군으로 보아도 좋은 사람들도 있다.

그러나 미국 정치의 현 상황에 대해 가장 결정적인 논평은 광범위한 대중의 무관심이라는 사실이며, 바로 이 사실이야말로 오늘날 충성심을 가진 사람들과 반란군이 되려는 사람들의 중요성을 모두 가리고 있다.

정치 문헌에서 정치적 무관심이라는 사실을 설명하려는 시도는 많지 않은데, 아마도 자유주의나 마르크스주의가 이 문제를 중심 위치에 두지 않기 때문일 것이다. 하지만 지금 많은 사람들이 기존의 충성심에서 벗어났으되 새로운 충성심의 대상은 얻지 못한 채, 어떤 종류의 정치적 관심사에도 주의를 기울이지 않고 집중하지 못하는 상황에 처해 있다. 그들은 정치가 낯설다. 그들은 급진주의자도, 자유주의자도, 보수주의자도, 반동주의자도 아니다. 그들은 무관심하다. 그들은 그저 벗어나 있다. 만약 우리가 바보에 대한 그리스인의 정의를 사사화된privatized 인간이라는 의미로 받아들인다면, 미국 시민의 대부분이 바보로 구성되어 있다고 결론을 내릴 수밖에 없다.

이 사실에 대한 우리의 지식은 이용할 수 있는 어떤 엄격한 증거보다도 더 확고하다. 무엇보다 먼저, 정치적으로 의식 있는 사람으로서 우리는 공적 사건들의 의미, 위상과 사람들이 가장 관심을 쏟는 사안이 일치하지 않는다는 것을 인식한다.

대부분의 예민한 관찰자들이 제2차 세계대전을 이상하게도 비현실적인 사업으로 이해했다. 남성들은 전 세계 곳곳에서 싸우기 위해 떠났고, 여성들은 전쟁 중 여성에게 기대한 모든 일을 했다. 사람들은 열심히, 오래 일했으며 전쟁 채권을 샀다. 모두가 미국의 대의를 믿었다. 반란은 없었다. 하지만 모든 것이 목적 없는 효율성의 일종처럼 보였다. 모종의 무감각이 무슨 일이 일어나고 있는지에 대한, 발생하고 있는 일의 규모와 깊이에 대한 인식을 방해하는 것처럼 보였다. 꿈도 없었고, 따라서 악몽도 없었다. 분노와 두려움, 증오가 있었다고 해도, 여전히 감정과 신념의 화음은 깊게 울리지 않았다. 사람들은 영화 상영 중의 휴식 시간에 유럽 도시의 좁은 지하실에서 아이들이 '집중 폭격'을 당하는 장면을 무심하게 바라보며 앉아 있었다. 인간은 대상이 되었다. 인간이 대상적 존재가 되자 사람들은 그 광경을 스펙터클로 느꼈고, 거대한 힘에 사로잡혔다는 무력감에 빠졌으며, 일상적인 요구와 만족의 직접적인 영역을 넘어선 이 일들 속에서 아무것도 할 수 없다고 느꼈다. 그것은 몽유병의 시대였다.

사람들이 아무 불평도 없는 무감각한 돌덩어리가 된 것은 아니었고, 효율성이라는 절대 명제 속에서 감정의 주요한 동력이 절망이나 분노 속으로 풀려나지도 않았으며, 전쟁 중의 보편적인 희생과 잔혹함의 정치적 의미에 반항적으로 불만을 집중시키지도 않았다. 미국인들이 무관심하게 둔감해진 것은 아니었다. 오히려 그들은 종종 밝은 희망을 가지고 있었지만, 정치적 측면에서는 그렇지 않았고, 가장 깊은 신념이라고 불렸던 것들은 물처럼 유동적이었다.

마치 전문가의 카메라 앵글과 세심하게 다듬어진 해설자의 거만한 목소리가 '큰 그림을 그릴' 기회를 빼앗은 것 같았다. 마치 귀가 민감한 사운드트랙이 되고 눈이 정밀한 카메라가 되면서, 마이크와 렌즈가 정확히 동기화되어 만들어내는 협업을 경험하기라도 하는 것처럼, 기계가 경험의 능력을 스스로 취하기라도 하는 것처럼 말이다. 그리고 이 기계적으로 활성화된 경험의 세계가 100배로 확장됨에 따라, 개인은 자신이 이룬 것을 체험하는 존재가 아니라 모든 것의 구경꾼이 되었다. 반란의 명백한 목표도 없었고, 압도된 사람들의 영혼에는 차가운 대도시 스타일이 너무 깊숙이 스며든 나머지 이들은 완전히 사적이고 냉담한 존재가 되어버렸다.

많은 관찰자들은 50년 전 미국에 가득했던 미래에 대한 자신감이 쇠퇴하고, 불안감, 비관주의, 긴장, 사회 질서에 대한 '영적 환멸'이 대두해왔음을 주목한다. 제1차 세계대전이 끝나고 얼마 지나지 않아, 미국의 민주주의는 더 이상 널리 확신된 자신감과 진정한 사회적 감정이 아니게 되었으며, 대신 공식적인 선전의 대상이 되었다. 민주주의는 공식적이고 관습적인 것이 되었다. 지난 반세기 동안 미국인들은 "자유, 힘, 물질적 이점과 삶의 방식이 전 세계적으로 부러움의 대상이 되었지만, 자신감과 미래에 대한 믿음은 현저하게 감소한" 사람들이 되었다고 로이드 모리스는 말한다. 강력한 발전과 약한 환멸이 병행했다.

공식적인 민주주의의 사실에 대해서는 널리 질문이 제기되지 않지만, 그것이 흘러가는 방식에 대해서는 질문이 제기된다. 오든[2]의 시에 대한 익명의 논평은 다음과 같이 결론을 내린다. "연방 행정부와 기관의... 모든 위원회는, 또 모든 주, 카운티, 자치단체, 군과 구, 그리고 마을의 모든 직원은 우리의 직원이며, 우리의 동의하에 우리의 업무를 관리한다. 모든 판사와 모든 경찰은 그들이 아니라 우리가 수 세기에 걸쳐 창안하고 고안해낸 정의를 집행하도록 위임받았다. 우리는 관리자를 두고 있으며, 그들은... 우리를 보도에서 밀어내지 않는다. 우리가 일자리를 잃게 만들 수 있는 한 그들은 우리를 잊을 수 없다. 우리는 확실히 세계 최고의 시스템을 가지고 있지만, 종종 우리는 배우(관리자)가 오고 가는 것을 볼 수 있는 권리를 가진,

---

2   Wystan Hugh Auden(1907~1973). 영국 태생의 미국 시인으로서, 정치, 종교, 도덕, 사랑에 대한 시를 주로 썼다. 1930년대에 배우, 작가로 활동하던 토마스 만의 딸 에리카 만이 나치에게 박해받자 그녀에게 영국 시민권을 주기 위해 편의 결혼을 하기도 했다.

박수하고 야유를 할 수 있는 권리를 가진, 심지어 다른 배우를 세울 수 있는 권리를 가진 연극의 구경꾼에 불과하다고 생각한다. 하지만 다른 대본을 쓸 권리는 없다. 그 연극은 한 번 만에 쓰여진 듯한데, 우리가 쓴 것은 아니다."

"우리가 경악하는 것은 그것이 관리자들이 쓴 것도 아니라는 사실이다. [두 전쟁은] 우리의 의지에 반하여 우리에게 온 것이 아니라, 우리의 의지에 영향을 받을 수 있는 영역이 아닌 전혀 다른 영역에서 우리에게 온 것이다. 전쟁은 우리의 의지에 의해 오지도 않고, 우리의 의지에 반해서 오지도 않았다. 지정된 관리자들은 그들의 자리에 있었고, 전쟁은 바다에서 밀려오는 안개처럼 그들을 뒤덮었다. 고통스러운 질문은, 우리의 관리자들이 무엇을 통제하는가 하는 것이다. 그들 없이는 무정부 상태가 된다. 그들과 함께 있으면, 때로는 그들이 우리와 멀리 떨어져 있는 것이 아니라, 그들이 다루는 문제, 즉 삶과 죽음의 문제가 그들에게서 멀리 떨어져 있다는 느낌이 든다."

우리가 물려받은 성지석 각성의 기준이 너무 높아서 위기 상황에만 달성할 수 있는 기준이라고 생각할 수도 있다. 그러나 이래서는 문제를 진정한 수준에서 직시하지 못하며, '위기'에 대한 적절한 개념도 결여하게 된다. 위기는 대안을, 대개는 강요된 대안을 밝히게 한다. 하지만 대중이 알지도 못하는 사이에 당국이 대안을 선택한다면 어떨까? 우리처럼 권력이 중앙집중화된 체계에서는 구식 의미의 '위기'는 무언가가 잘못되거나 누수가 있을 때만 발생한다. 그 사이에 중요한 결정은 우리 몰래 내려진다. 위기 상황에만 정치적 소외가 각성으로 대체될 수 있다고 희망을 섞어 단언하기 전에, 위기의 의미부터 명확히 해야 한다. 오늘날에는 대중적인 정치적 결정에 의해 공개되지 않는 위기들이 과거의 수많은 공개된 위기들보다 훨씬 더 큰 결과를 초래하고 있기 때문이다.

　정치적 소외가 미국에 널리 퍼져 있고, 그것이야말로 결정적 사실이라는 우리의 확신 뒤에는, 우리의 전반적인 상태에 대한 인식이 있다. 물론 투표의 의미와 정도처럼 더 정확하긴 하지만 더 피상적인 지표의 사례도 있다. 투표가 반드시 정치적 참여인 것은 아니며, 투표하지 않는 것이 정치적 소외를 의미하지도 않는다. 투표에 참여하는 사람들의 80퍼센트 정도는 가족의 전통에 따라 투표해야 한다고 생각한다. 대부분의 경우 투표는 원칙이나 일관된 정당의 입장에 대한 충성이 아니라, 특정 정당에 애착을 가진 가족 전통에 대한 충성심을 나타낸다. 투표는 대체로 정치적 기대를 수반하지 않으며, 투표가 수반하는 요구는 공식화될 뿐, 개인적인 어려움과는 관련이 없는 경우가 많다. 투표권자의 절반을 조금 넘는 사람들만이 투표를 하는데, 이는 미국 정부가 적극적인 선거를 통해 만들어진 정부임과 동시에, 선거 없이도 자동적으로 정부라는 것을 의미한다. 투표하지 않는 5,000만 명의 사람들이 투표하는 사람들만큼이나 결과를 결정한다.

　노동 인구의 약 3분의 1이 노동조합에 가입하고 있는 것은 정치적 반란의 기초적인 형태라고 볼 수도 있다. 하지만 지금까지 살펴본 바와 같이 노조 운동은 일반적으로 지배적인 상징에 의문을 제기하지 않으며, 대항 상징을 동반하지도 않는다. 그 운동의 일반적인 요구는 지금 얻는 수익보다 더 큰 몫을 요구하는 것이며, 단기적인 물질적 개선에 대한 의식적 기대이지, 노동과 삶의 시스템이 변화하리라는 기대가 아니다.

　따라서 현재의 형태와 동기로 볼 때, 지지하는 정당도 노동조합도 깊은 충성심이나 각성된 반란을 의미하는 광범위한 정치적 의식의 징표가 아니다.

다른 계층과 비교했을 때 화이트칼라가 정치적으로 더 소외되어 있다고 할 수는 없다. 실제로 이용 가능한 지표를 보면 그들은 중간에 있는 것으로 보인다. 따라서, 1948년 대통령 선거에 대해 화이트칼라는 41퍼센트가 '많이 생각했다'고 응답한 반면, 기업가 및 전문직 종사자는 59퍼센트가, 임금근로자는 33퍼센트가 그렇게 응답했다. 이 부분에서 화이트칼라의 비율은 전국 평균과 같았다. 투표 참여율도 마찬가지다. 이용 가능한 모든 지표가 보여주는 바에 따르면, 그들은 노동계와 경영계 사이에서 정확히 평균으로 나타난다.³

맞든 그르든 간에 노동자는 구별되는 진영을 형성하고 있다는 믿음이 있는 반면, 화이트칼라의 경우는 중간계급을 위한 개념과 감정의 집이 붕괴한 때에도 노동자 정체성을 받아들일 수 없었던 탓에 정신적으로 무기력해졌다고 단언하는 것도 가능하다. 하지만 노동자들이 짓고 있다고 여겨진 집이 어떤 집이었든 간에, 그 집은 지어진 적이 없다. 이제 확고하고 통일된 동일시의 중심은 없다. 그 대신 정치적 소외와 영적 노숙 상태가 만연해 있다.

이 정치적 부관심은 어떻게 생겨났을까? 오늘날 미국의 정치적 소외 상태를 조절하는 요인은 무엇일까? 오늘날 미국에서 모든 계급의 사람들이 정치적으로 무관심한 이유를 설명하기 전까지는 신중간계급의 정치적 역할을 이해할 수 없다. 이를 설명하기 위해, 우리는 첫째, 대중매체의 정치적 내용과 기능에 주목해야 한다. 둘째,

---

3 1940년대 말에 투표한 화이트칼라의 대략 3분의 1 이상은 공화당이 자신들의 이해관계를 가장 잘 대변하리라고 느꼈고, 약 3분의 1은 민주당이 그렇다고 느꼈다. 나머지는 두 당 사이에 차이가 없다고 믿거나 의견이 없었다. 1948년의 직업별 투표 조사는 신뢰할 만하다고 간주되지 않는다. 1936년, 1940년, 1944년의 대통령 선거에 대해 분석해보면 각 경우마다 화이트칼라의 투표가 기업가와 저숙련 노동자라는 양극단의 중간이라는 것을 알 수 있다. (루스벨트 지지율) 1936년: 기업가 47퍼센트, 화이트칼라 61퍼센트, 저숙련 노동자 81퍼센트. 1940년: 기업가 34퍼센트, 화이트칼라 48퍼센트, 저숙련 노동자 69퍼센트. 1944년: 기업가 35퍼센트, 화이트칼라 49퍼센트, 저숙련 노동자 59퍼센트. 【원주】

미국 정치 영역의 특성을 형성한 사회 역사적 구조의 특징들에 주목해야 한다. 셋째, 미국 정치 제도 자체의 두드러진 특징들에 주목해야 한다.

3. 대중매체

"계급 갈등을 인식하고 투쟁하는 이데올로기"가 "물질적 모순"에 의해서만 결정된다고 믿는다면 대중매체의 적극적인 역할을 간과하는 것이다. 인간의 의식이 그들의 존재를 결정하지 않는다면, 그들의 물질적 존재도 그들의 의식을 결정하지 않는다. 의식과 존재 사이에는 양자 모두에 영향을 미치는 의사소통이 있다. 사람들은 "자신의 의지와는 무관하게 명확하고 필연적인 관계 속으로 들어간다." 그러나 의사소통이 이 필연적인 관계에 다양하게 관련된 사람들에게 그 관계의 의미를 왜곡하면서 그 안으로 진입한다. 정치적 의식의 형태도 종국에는 생산수단과 관련될 수 있지만, 시작 시점에는 의사소통 매체의 내용과 관련된다.

마르크스의 시대에는 라디오도, 영화도, 텔레비전도 없었다. 오직 인쇄물만 있었는데, 마르크스가 여러 차례 보여준 것처럼 그 인쇄물은 진취적인 개인이 신문이나 잡지를 창간할 수 있을 정도의 형태였다. 대중매체의 설득력이 그다지 높지는 않았지만 좀 더 널리 접근할 수 있었고, 정치적 검열에도 불구하고 경쟁력이 있었을 때는 대중매체의 역할을 간과하거나 과소평가하기가 쉬웠다.

에드워드 로스[4]가 관습에 대해 말한 것은 오늘날 대중매체에도

---

4   Edward Alsworth Ross(1866~1951). 미국의 사회학자로서 우생학의 확산에 깊이 관여하면서 불임 수술을 주장했다. 일본인, 중국인 등의 이민 제한을 주장하는 인종주의자이기도 했다. 소비에트 혁명을 지지했으며, 1930년대 이후에는 우생학적 주장을 철회하고 뉴딜을

적용된다. 대중매체의 주된 지지대는 "자기 훼손에 대한 두려움이다. 관습[또는 대중매체의 일상]을 포기하는 것은 자신의 일부를 소외시키고, 우리의 실체를 보호하는 외피를 찢어내는 것이다." 상업적인 재즈, 연속극, 싸구려 소설, 연재만화, 영화는 도시 대중의 이미지, 버릇, 기준, 목표를 설정한다. 어떤 식으로든, 이 문화적 기계 앞에서 모든 사람은 평등하다. 기술 자체와 마찬가지로, 대중매체는 거의 보편적으로 발생하고 호소력이 있다. 그들은 일종의 공통분모이고, 미리 예정된 대중의 감정을 위한 일종의 기획이다.

이런 대중예술에서는 형식form 대신에 공식formular이 있다. 그들은 "최후의 계시로 이끄는 것이 아니라", 등장하자마자 스스로 소진된다. 밀턴 클론스키[5]가 지적했듯이, "대중예술과 현대 생활을 구별하기 어려운 이유는, 양자가 서로의 특징을 매우 밀접하게 반영하고 있고, 이미지를 그 원천과 구분하는 것이 거의 불가능하기 때문이다. 둘 다 공통의 신화를 형성하기 위해 협력한다. 이 신화의 허구적인 영웅은 대중이 따르려고 하는 원형이며, 대중이 자신의 행동을 각인하는 원형이다." 우리는 대중매체가 만들어낸 사신에 너무 몰두하여 더 이상 사진이 실제로 무엇을 나타내는지, 사진이 표현하고자 하는 대상이 무엇인지 제대로 보지 못한다. 진실은, 지금처럼 조직화되어 있는 한 대중매체가 우리의 시야를 빼앗아간다는 사실이다.

사건이 벌어지는 현장 자체, 그 현장의 사진, 그리고 그에 대한 반응이 있다. 현장과 반응 사이에 대중매체가 제공하는 사진이 있다. 일주일 단위로 반복되는 좁은 일상 활동의 범위를 벗어난 사건은 거의 의미가 없으며, 사실 대중매체에서 생략되거나, 왜곡되어 보

지지했다.
5   Milton Klonsky(1921~1981). 미국의 논픽션 작가이자 평론가.

도되는 경우가 아니라면 대부분 알려지지 않는다. 미국의 대중매체 시스템은 자율적이지 않다. 그것은 사회를 반영하지만 선택적으로 반영한다. 그것은 어떤 특징들을 일반화함으로써 강화하고, 선택과 강화를 통해 세계를 창조한다. 사람들이 직접 접촉할 수 있는 범위를 넘어서는 삶을 사는 한, 그들이 살아야 하는 곳은 바로 이 세계다.

정치적 의식의 형태와 내용, 또는 그것의 부재는 이런 매체들이 만들고 유지하는 세계를 참조하지 않고서는 이해할 수 없다. 이런 매체가 적절한 맥락에서 다루면서 일반화되고 전달 가능한 의미를 부여하지 않는다면, 구조적 위치와 역사적 변화로 인해 발생하는 박탈과 불안은 정치적으로 상징화될 가능성이 낮다. 예를 들어, 계급의식이나 그 부재는 단지 어떤 객관적인 계급 상황에 대한 개인의 경험뿐만 아니라 그가 노출된 의사소통과도 관련된다. 이슈들 전반에 대해 그가 믿게 되는 것은 어떤 면에서 그가 경험한 상황의 작용이며, 타인과의 직접적인 접촉의 역할이고, 대중매체에 대한 노출의 결과다. 그리고 종종 후자가 그에게 현실의 기준, 경험의 기준을 제공한다.

대중매체의 내용은 이제 미국인의 경험, 느낌, 신념, 열망의 공통분모가 되었다. 그들은 다양한 물질적, 사회적 환경에 걸쳐 있으며, 어린 세대까지 영향을 미치면서, 동의 여부를 판단할 수 있는 연령에 도달하기 훨씬 전에 미처 인지하지도 못한 채 수용된다. 대중매체의 내용은 우리의 자아상에 스며들어 당연하게 여겨지는 것이 되었고, 알아차리지 못할 정도로, 또 확실하게 그 자아상을 과감하게 수정하며, 한두 세대만에 현대인의 경험과 성격을 근본적으로 변화시킨다.

대중매체가 창조한 세계에는 정치적 의미에 대한 극화나 날카로운 요구, 기대는 말할 것도 없고, 정치적 의미에 대한 논의 자체가 거의 없다. 대신, 정치 뉴스라는 명시적인 표제 아래 미디어는 짧은 뉴스 속보, 헤드라인이 있는 칼럼이나 단편 기사, 몇 개의 원탁회의와 사설을 보여줄 뿐이다. 이런 기사들에서 대중매체는 시대의 지배적인 정치적 상징과 인물들을 연결한다. 대중매체는 그 인물들에 대한 전통적인 애착을 강요하면서 이 상징과 인물들을 표준화하고 반복적으로 제시한다. 그 결과 이들은 완전히 진부해지며, 사람들은 마치 흔해 빠진 양복 브랜드를 대하듯 그저 습관적으로 이들에게 애착을 보이게 된다. 마케팅의 전체적인 의도는 진부한 표현 뒤에 숨겨져 있다. 정치는 반복되고 또 반복되는 공식 속에 짜여 있다. 광고 매뉴얼이 말하는 바에 따르면, "접촉을 갖고, 관심을 야기하며, 선호를 창출하고, 구체적으로 제안하며, 주문을 마무리한다." "광고 추진"은 "미국적 시스템을 팔기 위해" 설정되며 "광고 대행사의 전담부서"가 진행하는데, 그들의 최우선 임무는 "자유 기업이라는 목표를 강조"하고, "경영진, 노동자, 그 외 모든 집단이 미국의 시스템이 생활 향상이라는 기본 목표를 향해야 한다는 데 동의하고 있음을 보여"주는 것이다. 이 지배적인 상징들은 인위적이고 과장된 시민 윤리 서적 같은 방식이나 거짓된 휴머니즘적 시각으로 표현되는 탓에, 생생한 참여와 깊은 충성심을 이끌지 못한다.

동시에, 대중매체는 자신이 진부하게 만들고 있는 지배적인 충성심과 요구들에 맞서는 대항 충성심과 요구들을 표현하지도 않는다. 대중매체는 무관심을 관용과 너그러움으로 우아하게 위장하며, '반대하는 사람들'에 대한 반감을 한층 강화한다. 대중매체는 문제들이 당신과 내게 갖는 의미를 분명히 밝힘으로써 그 문제들을 인간화하기보다는, 그저 개인적인 다툼처럼 사소한 것으로 치부한다. 그들은 진부한 문구들을 경건하게 표준화함으로써 시대의 지배적인 상징에 대한 고착을 공식화하고, 그나마 '진지할' 때에도 정치적 사건과 결정의 인간적 의미에 대해 확실하게 클로즈업하기보다는 지엽적인 세부 사항에 집중할 따름이다. 그렇게 상세한 보도는 이미 관심이 있는 사람들만 관심을 갖게 하고, 편파적인 보도는 이미 그 편파성에 동의하는 사람들에게만 공감을 얻을 것이다. 그들은 관심과 편파성을 강화하지만, 진정한 충돌을 드러냄으로써 관심을 불러일으키지는 않는다. 지배적인 상징들은 대중매체에서 심하게 과장되는 데다 이데올로기적 가속도마저 너무 큰 탓에, 양이 늘고 강화되고 설득조가 된다고 해도 활력이 소진되고 대중에게는 불신받게 된다. 대중매체는 이데올로기적으로 사멸한 것들에 대해 독점권을 보유하면서, 정치적 공허함에 대한 기록을 만들어낸다. 시대의 지배적인 상징을 진부하게 만들고 대항 상징은 아예 누락시키지만, 무엇보다도 정치적인 것으로부터 명시적으로 벗어나면서 다른 관심사들과 대조하여 '정치'를 지루하고 진부하며 케케묵은 것으로 만드는 것, 이것이 바로 대중매체의 정치적 상황이며, 이것이야말로 이 나라의 정치적 상황을 반영하고 강화한다.

결국 대중매체가 다루는 명시적인 정치적 내용은 그들이 관리하는 시간과 공간 중 극히 일부에 불과하다. 이렇게 잘못 다뤄지는 콘텐츠조차 불신이라는 마케팅의 맥락 속에서 오락 기계 전반과 경쟁해야 한다. 가장 숙련된 매체 종사자와 가장 높은 보수를 받는 재능 있는 사람들은 스포츠와 레저의 화려한 세계에 전념한다. 이 두 세계는 현대적 규모를 갖춘 시점이라는 면에서는 겨우 30년밖에 되지 않은 경쟁의 세계로서, 신화적인 인물과 급변하는 고정관념에 대해 지속적인 관심을 제공함으로써 정치로부터 관심을 돌린다. 정치가 중요하지 않았던 시절, 소기업가들의 세계에서 사람들이 찾아다녔던 구식의 정치 집회는 정치가 객관적으로 중요해진 새로운 사회에서 사람들이 몸과 마음을 움직이지 않고서도 선택할 수 있는 눈부신 대안들로 대체되었다.

사각형 스크린 위 이미지가 주의력을 사로잡으며 침울한 대중을 지배하고, 에로틱하고 신비로우면서도 재미있는 라디오의 목소리가 당신에게 말을 건다. 손쉬운 살인이 주는 스릴이 당신을 편안하게 해준다. 우리가 처한 삶의 상황 속에서 이런 것들은 참으로 매혹적이다. 그리고 그 영향력은 매우 깊다. 대중문화는 '선동'으로 분류되지 않고 오락으로 분류된다. 사람들은 마음의 여유가 있고 몸이 피곤할 때 대중문화에 자주 노출된다. 대중문화의 등장인물은 쉽게 동일시할 수 있는 대상이고, 상투적으로 묘사되는 개인적인 문제들에 대해 손쉬운 해답을 제시해준다.

성공의 이미지와 그 개별화된 심리는 대중문화의 가장 생생한 측면이며 정치로부터 벗어나는 가장 큰 전환점이다. 사실 대중문화의 모든 이미지는 개인과 관련이 있으며, 더 나아가 특정 유형의 개인이 개인적인 방식으로 개인적인 목표를 달성하는 것과 관련이 있다. 소설과 논픽션, 영화와 라디오 등 현대의 대중매체는 거의 모든 측면에서 개인적인 성공을 강조한다. 무엇이든 개인적인 노력으로 이루어지며, 집단이 관여하는 경우 비범한 지도자를 추종하게 된다. 정치적 목표를 위한 집단 행동에 기반한 상승은 표현되지 않으며, 개인이 적대적인 환경 속에서 엄격하게 개인적인 노력을 통해 개인적인 경제적, 성적 목표를 달성하는 것으로 표현된다.

기회에 대한 적절한 그림은 통계적으로 신뢰할 수 있는 묘사를 통해서만 얻을 수 있지만, 대중예술에서는 극화라는 방식이 늘 사회생활의 개성을 표현해왔다. 하지만 그렇게 극화된 사례는 어디까지나 모델이 되는 기준으로서, 대중매체가 포착하여 확산시키고 일반화한 개별적인 예외일 뿐이다. 개인적인 미덕으로 성공한 신문 배달부 같은 허레이쇼 앨저 식 이야기는 비인간적인 불황의 희생자들에게는 진부하게 보일 수 있지만, 미키마우스와 슈퍼맨은 수백만 명의 열렬한 팬을 거느리고 있으며, 허레이쇼와 미키마우스 사이에는 분명한 연관성이 있다. 둘 다 최고의 자리에 엄정하게 집중력을 쏟은 결과 정상에 오르는 '작은 사람'들인 것이다. 그들은 개인적인 성공이라는 기적 같은 의례 속에서 발견되는 토템 같은 존재로서, 거대한 장애물을 극복하고 운좋게 승리하는 모습을 보여준다. 하지만 이후에 등장하는 성공의 영웅들은 행동이 더욱 날카로워졌다. 그들은 속임수를 쓰며, 곧잘 뒤에서 찌르는 방식으로 이긴다. 그들이 벌이는 싸움은 허레이쇼의 싸움보다 지저분하다.

카우보이와 탐정도 표준적인 대중문화의 유형으로서 으뜸가는 자리를 차지하고 있다. 그들이 쓰는 폭력적 방법을 정당화하려면 그들의 동기를 좀 더 고차적인 목적과 연결해야 하는 경우가 많기는 하지만 말이다. 하지만 그들은 자율적인 사람들이다. "나는 내 방식대로 살고 싶다. 내가 원하는 대로 하고 싶다"고 말한다.

개인적인 성공에 대한 손쉬운 동일시의 반대편에는 "미국에서는 자기 주도적이고, 자기 규율적이며, 조직화된 대중 운동이 현저하게 부족하다"는 사실이 있다고 군나르 뮈르달[6]은 관찰했다. 집단적인 모험도 아니고 심지어 자기 중심적인 환상도 아닌데, 다른 사람들의 개인적인 성공에 대중매체가 관심을 쏟는 경우가 흔하다. 성공한 사람들의 이야기에 쉽게 공감하는 이 관대한 성공의 낭만주의는 의심할 여지 없이 경제적 불평등에 대한 심리적 압박감을 줄여준다. 그

---

6   Gunnard Myrdal(1898~1987). 스웨덴의 경제학자이자 사회학자로서, 스웨덴 복지국가의 이론적 기초를 놓았다고 평가받는다. 1974년에 이론적, 정치적 입장이 상반되는 프리드리히 하이예크와 공동으로 노벨경제학상을 수상했다.

렇지 않다면 부와 권력의 평등이라는 사회적 이상을 추구하는 정치적 행동에서 집단적 출구를 찾을 수도 있겠지만 말이다.

영화에 등장하는 주요 인물 중 사회적 목표를 추구하는 사람은 소수에 불과하며, 대다수는 가까운 주변 사람들의 일에 관여한다. 레오 로웬탈은 좀 더 일반적으로 말해서 "개인에 대한 관심이 일종의 대중적인 가십이 되었다"고 지적한다. 그러나 이런 관심이 충족되고 생산되는 방식은 18세기와 19세기의 소설에서 볼 수 있는 유형과는 다르다. 인기 있는 전기에서 다루는 주제들은 더 이상 사람들이 개인적인 노력을 진지하게 기울일 수 있는 모범이 못 된다. 오히려 그들은 여가와 소비의 우상이며, 그들의 사생활, 소중한 친구, 취미, 소비 방식, 즉 그들이 성공을 위해 갖춘 '심리적 도구들'에 관심이 집중된다. 로웬탈은 "판촉의 언어가 평가의 언어를 대체했다. 단지 가격표만 빠졌을 뿐이다"라고 결론짓는다. 그들은 진지하지 않은 삶의 영역에서 전시되는 유사 개인pseudo-individual이다. 그들의 '문제'는 그들 자신의 악덕과 미덕을 통해 개인적으로 발생하고 해결되며, 그들이 불러일으키는 부러움은 사회 구조 속에서의 위치라는 측면보다는 개인에 초점을 맞춘 것이다. 개인적 선망이나 집단적 원한이 아니라, 개인적 성공의 화려함에 대해 존경과 경외심으로 집착한다.

대중의 정치적 무지에 대해 대중매체의 내용을 탓하는 경우가 많다. 대중의 21퍼센트만이 "권리장전의 내용을 어느 정도 정확하게 알고 있다"고 답했고,[7] 약 절반만이 로비스트가 무엇인지 알고 있다고 답했으며, 그중 상당수는 로비스트를 고용한 단체를 떠올리지 못

---

[7] 권리장전Bill of Rights은 미국 헌법에 대한 최초의 수정안Amendament 10개조를 묶어서 가리키는 명칭이다. 1789년에 제안되어 여러 연방 주의 비준을 거쳐 확정되었다. 종교와 언론의 자유(제1조), 무기 소유의 권리(제2조) 등 매우 중요한 조항들이 포함되어 있다.

한다고 응답한 것은 사실이다. 하지만 과거에는 고학력자들이 정치적 각성을 독점하지 않았고, 반란의 경우에는 더욱 그랬다. 게다가 대중매체의 정치적 세계와 관련하여, 엄청난 양의 대중매체와 취학인구의 증가를 감안하면, 왜 사람들이 이토록 무지한지 의문을 제기해야 한다.

교육 시스템을 적절히 묘사한다면 또 다른 종류의 대중매체라고 볼 수 있고, 젊은 연령 집단의 대중을 확보한 지역적 매체라고도 볼 수 있다. 자유주의적인 노력을 쏟다보면 교육 제도의 정치적 내용은 곧잘 상상력이 부족해지며, 삶의 영역으로서의 정치를 사소하게 만들고 파편화하며 혼란을 야기한다. 그 결과 다른 대중매체가 이 내용들을 성공적으로 전용할 수 있는 기반을 놓게 된다. 이념적 진부함과 지루하기 짝이 없는 시민 교육 과정으로 인해 학교는 대중문화나 그 화려한 아이돌들과 경쟁할 수 없다. 그리고 이 사실을 깨닫고 대중문화와 그 표현 방식을 모방할 때, 그들은 주제를 덜 지루하게 만드는 게 아니라 그저 하찮게 만든다. 교육받은 대중은 아마도 정치에 가장 무관심한 사람들일 텐데, 왜냐하면 그들이야말로 시민 교육 도서를 통해 정치에 가장 많이 노출되었기 때문인 것이다. 그들은 미국 정치의 전통적인 우상들에 의해 둔감해졌다. 대중문화는 모든 계급의 미국인에게 퍼져 있지만, 아마도 연령과 성별의 차이로 인해 화이트칼라 여성과 남성이 가장 강하게 대중문화에 사로잡혀 있을 것이다. 그들은 대중매체의 표적이 되는 고등학교 문화의 중심에 있으며, 신중간계급 하층으로서 매우 열광적인 시장을 형성한다.

하지만 왜 대중매체 기관들은 정치적이지 않거나 거짓된 정치적 내용을 그렇게 끈질기게 다루는 것일까? 물론 이런 기관들은 소수의 사람들이 소유하고 운영하며, 그들은 집단적인 성공과 비극의 사실보다는 개인의 성공담과 다른 오락거리를 제공하는 데 관심이 있는 사람들이다.

그러나 그들이 기득권을 가지고 있다는 사실이 그들의 콘텐츠를 충분히 설명해주지는 않는다. 소비자의 취향과 감정이 그들의 산출물을 '결정한다'는 말은 사실이 아니지만, 충분히 많은 개인들이 그런 프로그램을 보이콧할 수 있다고 느낀다면, 영화 제작자, 광고주, 그리고 인사 부서는 어떤 방식으로든 그들의 정책을 바꿀 것이다. 또한, 고립되고 빈곤에 빠진 많은 사람들이 적절한 주거 환경에 대한 개념이 없는 것은 그런 걸 본 적이 없기 때문인 것처럼, 대부분의 영화 관람객과 라디오 청취자는 영화와 라디오가 무엇을 할 수 있는지 알지 못한다. 다른 가능성을 알지 못하기 때문에 사람들은 현재의 콘텐츠를 견뎌내고 심지어 좋아한다. 그들은 보고 듣고 읽도록 훈련받은 것을, 보고 듣고 읽으려는 경향이 강하다. 하지만 우리는 그들을 매혹하고 수용하게 만드는 사회적 기반을 간과할 수 없다.

현재의 미디어 콘텐츠에 대한 지속적인 열광을 이해하기 위해서는, 무관심하고 정보가 부족한 개인들의 심리와 대중매체 기관의 기득권이라는 접근을 넘어서는 시각이 필요하다. 매체는 창조하지만, 동시에 기존의 경향을 강화하고 기존의 욕구를 충족시킨다. 매체는 그들 앞에 있는 충동과 욕구를 촉진하고 집중시킨다. 욕구가 주입되고 충족됨에 따라 매체와 대중 사이에는 밀접한 상호 작용이 진행된다. 대중의 수용성을 낳은 기반과 미디어 콘텐츠를 이해하기 위해서는 매체 그 자체를 넘어 미국 정치 세계 자체의 사회 역사적 배경을 검토해야 한다.

4. 사회 구조

정치적 소외라는 주제를 깊이 있게 설명하려면 여러 세대에 걸쳐 영향을 미치는 요인들을 고려해야 한다. 왜냐하면 정치적 소외는 전체 사회의 형성 자체에서 발생하며, 하나의 시대를 넘어서는 변화라는 관점에서 이해되어야 하기 때문이다.

중간계급의 변화와 관련하여 우리가 검토한 많은 심리적 경향은 무관심을 지배적인 정치적 기조로 삼고 있다. 오늘날 미국 사회 구조의 두드러진 심리적 특징 중 하나는 사회와 자아로부터의 소외를 체계적으로 생성하고 유지하는 것이다. 이렇게 광범위한 배경에 비추어볼 때에만, 정치 영역에서 이러한 경향을 집중시킨 구체적인 요인을 이해할 수 있을 것이다.

미국은 역사적으로 실질 소득이 점진적으로 급증했다는 데 특징이 있으며, 1930년대에 단 한 번 대규모 침체를 겪은 후에는 제2차 세계대전으로 인해 새로운 차원으로 소득이 상승했다. 처음에는 개척지의 확장이, 나중에는 거대한 규모의 산업 정교화가 이 추세를 촉진했다. 전쟁에 관해 말하자면, 미국은 대부분의 유럽인들은 상상도 할 수 없을 정도로 운이 좋았다. 물질적 만족이 계속해서 증가하는 역사를 경험한 사람들은, 정치 제도를 이념적 갈등의 수단으로 바꾸거나 자신들의 마음을 정치적 논쟁의 장으로 바꾸게 할 경제적 불만을 느끼기 어렵다.

미국인의 삶의 전반적 분위기에 중대한 영향을 미칠 만큼 욕구와 만족 사이의 불일치가 광범위하고 오랫동안 지속된 적이 없다. 최소한 어느 정도의 소수에게는 상승의 가능성이 현실이었고, 따라서 저소득 하위 직업 계층의 정치적 요구는 경제적·사회적 이동성 덕분에 최소화되었다. 소기업가 정신이 사라지기 시작하자 화이트칼라의 기회가 열렸고, 비록 그 기회로 늘어난 소득은 조금일 뿐일지라도, 농장이나 공장에서의 임금 노동보다는 나은 것으로 여겨졌다. 이런 사실들이 계층화를 수용하게 만들었고, 계층화는 영구적이거나 억압적인 제도로 경험되지 않았으며, 어떻게 보면 자연스럽고 공정한 것으로 받아들여졌다. 카를 만하임이 주목한 것처럼 계급 투쟁을 피할 수 없다는 예상이 단지 희소성의 시대를 반영하는 것일 뿐이라면, 미국에서는 그런 생각이 긴 풍요의 시대로 인해 자리 잡지 못했다.

풍요로운 경제 상황, 생활 수준의 실질적인 향상, 그리고 상향 이동성 외에도, 지위 상승 시장에는 상대적으로 유동적인 존경의 체계가 추가되었다. 1920년 이전 수십 년 동안 3,500만 명의 이민자가 미국으로 유입되어 사회 구조의 최하위계층으로 진입했고, 이들이 어려운 일자리와 가장 낮은 존경을 받아들이는 동안 자기 위의 모든 계층을 밀어올렸다. 먼저 온 사람들은 자기 아래에 조만간 무시할 만한 사람이 생겨났다. 게다가 이민자의 만족도와 불만족도를 측정하는 데 사용된 기대치는 미국 사회의 최상위층이 아니라 미국 사회와 고국을 비교한 것이었다. 그들의 기준은 계급 간이 아니라 국가 간이었다. 그리고 그들의 고국은 미국보다 생활 수준이 낮았다. 유럽에서 온 수백만 명의 사람들에게 미국은 아무리 생활 수준이 낮더라도 여전히 거대한 약속의 땅이었다. 게다가 이민의 규모를 고려하면, 이들이 새로운 이민자들을 경쟁의 위협이라며 업신여기게 된 것은 그리 오래된 일이 아니다. 따라서 개인적 상승이라는 생각과 이미지의 배후에는 계급 평등이라는 개념에 맞서는 민족주의의 전반적인 힘이 존재했다. 계급 투쟁보다는 미국화 투쟁이 심리적 사실의 중심에 있었다. 그리고 자유로운 제도와 직업 구조의 변화에 힘입어 교육 기회가 증가했다는 사실이 미국의 문화적 향상으로 간주되었고, 지위 평등이라는 감정도 조장했다.

이민자들은 지리적으로 광대하고 분산된 이 나라에 언어, 문화, 종교의 이질성을 더했다. 그리고 하위계층 사이에서는 이런 차이가 그들의 공통된 계급과 직업 수준보다 더 중요하게 보였다. 이것은 하층 계급의 정치적 결속뿐만 아니라 심리적 결속에도 큰 타격이었다. 여기에 덧붙여 미국에 매우 광범위하게 존재하는 지역, 산업, 직업 간의 극단적인 이동성도 추가해야 한다. 직업 환경상의 대조와 한 직업 환경에서 다른 직업 환경으로의 이동은 물질적 조건을 다양화하고 심지어 파편화하며, 그리하여 잠재적 연대의 기반을 분열시킨다. 에드먼드 윌슨은 위치position에 대한 인식과 정치적 의지가 "사람들 전체를 가르는 사회적 분열"로 이어지기보다는 국지적이고 산발적으로 되는 경향이 더 많다고 지적한다.

거대하게 열린 공간에서 이뤄진 기술적 진보에 기반한 급속한 변화가 극단적인 다양성과 이동성을 만들어냈다. 사람들은 전통에 의해 '정착'되거나 고정되지 않았기 때문에 태어날 때부터 소외되어 왔다. 지위 혼란과 판매술의 영향은 의심할 여지없이 이 불안정한 과정을 촉진했고, 개인이 정치적 요구와 행동은 물론 자기 자신에게서도 더욱 멀어지게 만들었다. 사회학적으로 볼 때 정치적 무관심이라는 문제는 자기소외와 사회적 무의미함이라는 더 큰 문제의 일부다. 그것은 확고한 정당성의 부재, 즉 그들이 수행하는 역할들이 인정받고 지속 가능한 보상을 받지 못함에도 불구하고, 이 역할들을 지속적으로, 심지어 강제적으로 실행해야 한다는 사실에서 비롯되는 것이다.

많은 역사적 요인과 경향들은 이제 역사적 전환점 또는 심지어 종말에 도달했을 수도 있지만, 심성이 늘 역사와 보조를 맞추는 건 아니다. 더욱이 정치 질서 자체는 새로운 현실에 민감한 정치적 심성을 장려하지 않았고, 지금도 장려하지 않는다.

5. 미국의 정치

정치적 의식은 정치적으로 이용할 수 있는 수단과 상징에 의해 가장 직접적으로 결정된다. 결국 정치적 무관심에 대한 설명의 최전선에 있어야 하는 것은 정치적 영역 자체, 그 제도와 전통, 수사법과 관행, 전체 사회 구조 속에서의 위치다. 이들이야말로 바로 정치적 의식의 본질에 관한 것이기 때문이다. 사실, 대중매체와 역사적 사회 구조의 다른 모든 요인들은 정치적 영역에 영향을 미치며, 원인들의 복합체로서 거기서 상호 작용한다.

정치적 제도보다 경제적 제도가 미국인의 삶에 더 큰 영향을 미쳤다는 것은 의심할 여지가 없다. 정치는 사실상 경제적 목적과 관행을 달성하고 보호하는 수단으로 널리 이해되어왔다. 자유방임주의 전통이 고르게 적용되지는 않았지만 꾸준히 주창되어왔고, 이런 견해가 뿌리내리는 닻과 그 표현이 되어왔다. 과장된 수사로 '정치적 투쟁'이라고 선언해도 사실은 정치적 원칙보다는 경제적, 지역적 이해관계에 관한 것이었다. 이 정치 질서는 이념 정당이 아닌 후원 기구를, '노동자 운동'보다는 노동조합을 만들어냈다. 정당들 사이의 경쟁은 유산자와 무산자 사이의 경쟁이 아니라 다양한 유형과 규모의 유산자 사이의 경쟁이 되었고, 노조는 지배 정당에 맞서는 게 아니라 그 정당의 내부와 옆에 자리매김했다.

요컨대, 미국 정치는 자율적 힘으로 작용한 경우가 거의 없었다. 그것은 경제적 영역에 뿌리를 내리고 있으며, 사람들은 정치적 수단을 사용하여 제한된 경제적 목적을 달성하고 확보한다. 따라서 정치적 목적에 대한 관심이 거의 없었고, 즉각적인 물질적 이익과 손실 이상으로 관심이 발전하는 경우도 거의 없었다.

매슈 조셉슨이 주장한 것처럼 전국적 차원에서는 거물 정치인들이 공동체 전체와 큰 사업 이해관계를 조정하는 데 관심을 기울였다면, 지역 차원에서는 군소 정치인들이 작지만 더 직접적으로 수익성 있는 사업 목적을 실현하는 데 관심을 기울였다. 그리고 때로는 이러한 지역적 경향이 더 높은 수준에서 드러나기도 했다. 공인의 사적 도덕성에 관한 국가적 스캔들은 대중의 감수성을 높이는 데 별다른 영향을 미치지 못했고, 정치 생활의 이미지를 심화시켜 중심적이고 긴급하며 가치 있는 것으로 만들지도 못했다.

로버트 린드와 헬렌 린드가 보여준 것처럼, 지역적으로는 정치적 참여가 무관심과 심지어 혐오감으로 번갈아 나타나는 경향이 있다.[8] '정치 깡패'가 권력을 장악하면 많은 사람들이 혐오감을 느끼고 물러나며, 정치 깡패에게 기회가 주어진다. 적절한 시기가 오면 정치를 직접적이고 지역적인 사업상의 비리와 분리하려는 시도 속에서 숙청이 이루어진다. 이런 숙청은 근본적이기보다는 '도덕적'인 경우가 많다. 정치는 개인을 선택하고 형성하는 제도적 시스템이라기보다는, 개인의 도덕성과 지위라는 측면에서 선한 사람과 악한 사람으로 구성된다고 여겨진다. 그래서 점차 낡은 기구나 그 비슷한 것들이 들어오고, "격분과 냉소적 무관심의 교대"라는 주기가 계속된다.

---

8   미국의 부부 사회학자인 로버트 스터튼 린드Robert Staughton Lynd와 헬렌 머렐 린드 Helen Merrell Lynd는 평균적이고 전형적인 미국 백인 소도시에 대해 사례 연구를 수행한 다음, 1929년에 이를 미들타운Middletown이라는 가명으로 발표했다. 실제로는 인디애나주의 소도시 먼시Muncie에 대한 연구로 알려졌다.

미국 정치인에 대한 불신과 그 모호한 지위는 투표 시스템에 뿌리내리고 있다. 투표 시스템은 알 수 없는 이름의 긴 명단을 통해, 정당 기구가 지역 사회에는 거의 또는 전혀 기여하지 않되 당에는 충성스러운 사람들을 선택할 수 있게 한다. 이런 정당 노동자 중 다수는 드러나지 않게, 또는 공식적인 제재 없이 '일을 처리'하는 뇌물 수수자다. 다른 사람들은 '연약한 자매'이기 때문에, 따라서 보스가 '허수아비'처럼 통제할 수 있다는 바로 그 이유로 선택된다. 보스와 그의 기구에 자금이 필요하다는 것은 사무실이 자주 사고팔린다는 것을 의미한다. 또한, 분산된 당 통제는 전국적 지도자들에게 '지역주의parochialism에 대한 프리미엄'을 제공했다. 이들, 대개 주지사들은 전국적·국제적 이슈들에는 신중하게 거리를 두지만, 선거 기간에는 그들이 결코 얻지 못한 전국적 지위를 얻도록 고취된다. 기업 시스템이 지배하고 거의 신성시된다는 특성으로 인해, 정치 경제에서 무언가 잘못된 일이 발생하면 비난은 기업가가 아니라 정치인에게로 향한다. 따라서 성공적인 후보자는 헌신적이지 않고 평범한 사람들 중에서 선택되는 경향이 있다.

좀 더 똑똑한 사람들은 정치 밖에서 적합한 경력을 찾았고, 사람들은 정치에 대한 관심을 잃었다. 정치가들이 행동에 나서야 하는 상황, 즉 경기 침체나 전쟁과 같은 상황에서는 예외가 있을 수 있다. 링컨, 윌슨, 프랭클린 루스벨트가 그런 상황에 처해 있었고, 정치가들의 전반적인 지위 하락이 그들에게는 큰 영향을 미치지 않았다.

추문을 폭로할 필요성이 매우 절실하지만, 우리 시대에 그것은 "티팟 돔 폭로[9]에 대한 대중의 반응이 시들해짐으로써 끝나버린 시

---

9   티팟 돔Teapot Dome 사건은 워터게이트 사건 이전 미국 정치 최대의 부패 스캔들이다. 워런 G. 하딩 대통령 시절이던 1921년, 내무부장관 앨버트 B. 폴이 석유회사들로부터 거액의 뇌물을 받고 와이오밍주 티팟 돔의 해군 소속 유전을 비롯한 유전들을 경쟁 입찰 없이

대의 불가분의 일부"로 인식된다. 이제 링컨 스테픈스[10]가 "기업이 지배하는 나라에서는 기업가들이 사업을 방해하거나 돕는 법을 통과시킬 수 있는 정부를 부패시키기 마련"이라는 것을 입증하는 상세한 증거를 제시해도 더 이상 사람들의 관심을 끌 수 없다. 월터 섀넌Walter Shannon이 말하듯 그것은 이제 "오래된 것"이며, 사람들은 거기 맞서 저항하기보다는 냉소적으로 받아들인다.

미국에서는 사회 구조 내의 갈등이 정치 영역에 완전히 반영되지 않았다. 거대한 변화는 정치 투쟁을 거치지 않고 발생했다. 미국의 정치 질서는 한 세기 반 이상 지속되어왔으며, 이런 지속성을 위해 원칙이나 상징의 명시적인 재구성은 없었지만, 대신 많은 내부적 타협과 조정이라는 대가를 치렀다. 미국의 제도는 융통성이 넘쳤고, 전통은 편의적이었으며, 위인들은 상습적으로 기회주의자였다.

미국의 정치 질서는 전체적인 정치 구조를 변화시킬 만한 의지와 기회를 가진 심층적인 운동이나 정당을 경험한 적이 없다. 160년 동안 정당들은 현행 시스템 안에서 누가 무엇을 얻었는지에 관한 상징과 쟁점을 놓고 논쟁을 벌여왔다. 그 시스템에 의문을 제기하는 비교적 성공적인 '제3당'은 없었고, 따라서 그런 운동을 추진할 수 있는 토착적인 정치 이론도 없었다. 미국의 정치는 양당 체제 속에서 타협하는 정당의 기회주의적 정치인을 양산해왔다.

두 정당은 각각 다양한 이해관계와 다양한 계층을 대변해야 하

유리한 조건으로 임대 계약해준 사건이다. 이 사건으로 앨버트 폴은 내각 구성원으로서는 미국 역사상 최초로 수감되었다.

10　Lincoln Steffens(1866~1936). 정부의 부패를 폭로하는 기사로 널리 알려진 미국의 좌파 성향 언론인.

므로 일반적이고 널리 받아들여지는 이슈들만 분명하게 표현할 수 있다. 어느 정당도 특정 집단의 명시적인 견해나 이해관계를 명확하게 표현할 수 없다. 그리하여 이들의 경쟁은 보편적인 호소로 이어지고 따라서 많은 약속은 깨지며, 특정 계층들의 상충하는 이념보다는 공허한 보편적 수사학으로 이어진다. 후원 정당이 지지를 위해 호소해야 하는 대중이 다양할수록, 정강에서는 결정적이고 대립적인 내용이 부족해진다. 그 결과 자신들이 반영하겠다던 이슈는 무너지고, 자신들이 충족시키겠다던 욕구는 약화된다. 누군가를 놀라게 할까 봐 두려워서 아무 말도 하지 않으면서 말을 한다. 그리하여 일상의 현실과 밀접하게 연결된 생생한 이슈들은 정당들의 논쟁에서 제시되지 않는다. 전혀 다른 맥락이지만 트로츠키는 이렇게 쓴 적이 있다. "자기들이 무엇을 위해 투표하는지 알고 있는 소수를 제외한 모든 사람이 투표하는 정당이 정당이 아닌 이유는, 세계 모든 나라의 아기들이 옹알거리는 말을 국어라고 부르지 않는 이유와 같다."

유권자에게 정치적 선택이란 "양자택일의 상황에서 어느 한쪽에 서는 문제가 된다. 1890년대 이후로 어느 한쪽을 지지하는 것과 관련된 이슈들은 다소 모호해졌다"라고 사회학자 린드 부부는 평했다. 그리고 이런 인위적인 정당 상황 때문에 "선거는 더 이상 1890년대처럼 대중의 관심이 모이는 중심이 아니다. 1890년의 미들타운은 선거가 있을 때마다 몇 주 동안 신랄하고 유쾌한 갈등의 기쁨을 선사했다. 오늘날에는 더 이상 횃불 행렬과 나팔 소리가 유권자들을 자극하거나 새로 선출된 공직자들을 환영하지 않으며, 비록 예전처럼 활기차게 연설이 진행된다고 해도, 다양한 대안적 관심사를 제공하는 새로운 발명품들이 집회소, 노동조합, 교회에 밀려드는 것처럼 정치에도 압박을 가하고 있다."

양당제 국가에서는 정당이 포진한 대형party formation 내부에서 타협이 발생하는 경향이 있다. 두 당 사이의 타협은 종종 공개되지 않거나, 심지어 공개될 수 없는 거래의 형태로 이루어진다. 따라서 대중의 의지는 조직화된 소수의 압력보다 덜 효과적이다. 권력이 이미 극도로 불균형하게 분배되어 있는 경우, 숨겨진 타협 원칙은 이미 권력을 가진 사람들에게 유리하게 작용할 가능성이 크다.

타협하는compromising 정당이란 적어도 이상적으로는, 각각 명확하고 대립적인 이해관계를 대표하는 두 집단이 가능한 모든 이해관계를 실현하기 위해 최선을 다해 정책을 통합한다는 것을 의미한다. 그들이 이것을 얼마나 잘 수행할 수 있는지는 대립이 얼마나 심각한가에 크게 좌우된다. 반면 **절충하는**compromised 정당이란 정당 내부에서 너무 많은 편의주의와 절충이 이루어진 결과 지도자들이 결정적인 조치를 취하거나 누구에게도 단호하게 아니오라고 말할 수 없게 된 정당을 가리킨다. 정당의 간부들은 근본적인 이슈들에 대한 공개 토론을 최소화하고, 정치인들은 개인적인 접촉과 사적인 통합을 통해 이슈를 해결한다. 절충하는 정당은 모든 사람의 친구다.

미국의 주요 양당 사이에는 실질적인 차이가 거의 없다. 하지만 이 두 정당은 대규모 정치 조직과 정치 선전의 기회를 사실상 독점하고 있다. 이런 정당 시스템은 대체로 현실에 만족하는 사람들에게 이상적이다. 즉, 이런 사람들은 실제 이슈들을 해결하기 위한 권력 투쟁으로서의 정치에 관심을 기울일 필요가 없다.

그렇게 널리 퍼진 정치적 만족은 직업적, 금전적, 사회적 상승이라는 일반적인 사실에 의해 강화되었을 것이 분명하지만, 더 구체적으로 말하자면 하위계층의 잠재적 지도자들에게는 각 세대마다 상승 이동이 가능한 통로가 있었다. 군나르 뮈르달이 보여준 것처럼, 이런 방식으로 그들은 저항의 지도자에서 벗어나게 되었다. 양당 체제에서 '최고의 인재'는 아마도 지배적이고 오랫동안 확립된 지역 정당에 들어갈 것이다. 이런 방식으로 개방된 최신의 통로가 대공황 이후에 등장한 대규모 노동조합들이었다. 이 노조들은 여러 가지 면에서 빠르게 관료화되고 길들여졌지만, 노조의 조직 관행에 적응할 수 있는 '전투적인' 젊은이들, 노동자 계급의 청년들에게 더 높은 소득, 위신, 권력을 얻을 수 있는 새로운 길을 제공했다. 특정한 이해관계를 조직하고 분명하게 대변하는 인물들이야말로 전반적인 정치적 각성을 높일 수 있다는 점에서 보면, 하위 집단의 인재가 이렇게 유출됨으로써 각성의 기회도 줄어들게 된다.

중요한 정치적 결정 대부분은 이제 지역에서 주와 연방으로 옮겨졌다. 개인이 가장 주의해야 할 지역의 정치적 이슈는 연방정부와 지방 당국 간의 거래의 일부가 되었다. 한 자유주의 단체의 리더는 이렇게 말했다. "1920년대에는 지역적 압력을 모아 의회를 압박할 수 있었다. 1930년대에는 그럴 필요가 별로 없었다. 거기 중앙 정부가 있었고, 우리는 거기 의존하게 되었다. 세나가 선생은 정치적 노력을 방해했다. 얼마 전까지만 해도 우리는 법안에 대한 광범위한 지지를 원했지만 찾을 수 없었다. 이제 지역 조직이나 지역 소방대는 존재하지 않는다. 그런 것들은 사라져버렸다."

개인과 권력 중심 사이의 거리가 멀어지면서 개인은 무력함을 느끼게 되었다. 정치적 희망과 정치적 현실 사이에는 두 정당과 연방 관료제가 존재하며, 이들은 정치적 행동의 수단으로서 종종 직접적인 정치적 이해관계에 대한 신경을 잘라버리는 것처럼 보인다. 따라서 무관심은 무력한 상태에 대한 이해할 수 있는 반응으로 볼 수 있다. 영국 사회학자 바버라 우튼Barbara Wooton의 말에 따르면, "'정치적 무관심'은 일종의 상식적인 표현일 수 있다. 그것은 할 수 있지만 하지 않는 사람들이 아니라, 할 수 없다는 것을 깨달은 사람들의 무관심일 것이다. 즉, 불가능하다는 걸 알게 된 요구에 대응하기를 거부하는 것이다." 개인의 일상생활과 멀리 떨어진 정치 세계에서 벌어지는 일 사이에서 개인은 힘이 없다고 느끼게 된다.

정치 이슈들은 너무 기술적이고 복잡해서 개인이 이해할 수 없고 그 결과에 대해 경각심을 가질 수도 없다고 흔히 말한다. 제퍼슨이 분명히 밝힌 것처럼, 해결해야 할 이슈가 그 이슈를 제기하는 사람들의 일상적인 경험 속에 있을 때 참여가 더 쉬워지고 정치가 더 흥미로워진다는 것은 의심할 여지없이 사실이다. 그러나 현존하는 정치 기관들과 그것들을 책임지고 있는 정치인들은 이런 이슈를 깊이 있게 생각하지 않으려 한다는 것이 정확할 것이다. 사실, 그들은 그럴 능력이 없다. 다양한 해결책을 쉽게 이해할 수 있는 아이디어와 연결하고, 대중매체를 통해 관련 내용을 극적이고 정확하게 설명하는 것, 요컨대 복잡한 이슈들을 특정 집단의 인간적, 정치적 결과로 해석함으로써 책임감 있게 리더십을 발휘하는 것이 불가능하다. 그리고 그 사실을 알리는 것도 불가능하다. 이슈들이 너무 복잡해서 사람들의 결정에 맡길 수 없다는 생각에는, 관료적 관점(정치적 문제를 행정적 문제로 전환하는 관점)과 민주주의에 대한 단순한 개념(대중을 일반적 결과에 대한 일반적인 결정에 대해 효과적으로 개입하는 존재로 보는 것이 아니라, 정부의 집행 기관과 동일시하는 개념)이 기묘하게 혼합되어 있다.

예전의 엽관제 아래서는 규칙들이 지금보다 분산되어 작동한 탓에 적어도 특정한 여론 주도층 집단들과 정부는 좀 더 가까워지는 면이 있었다. 훈련된 직원을 보유한 관료제는 종종 대중과 멀리 떨어져 분리된 것처럼 보인다. 공무원은 유권자와 상사의 의견에 일자리를 의존하지 않기 때문에 개인적인 접촉을 진전시키고 활용하지 않는다. 따라서 잭슨은 레닌과 마찬가지로 공무가 "지적인 사람들이라면 쉽게 수행할 수 있을 만큼 명확하고 단순하게 만들어질 수 있다"고 믿었다. 엽관제의 '장점'은 더 많은 사람들을 정부 참여의 영역으로 끌어들인 것이었다. 국가는 더 이상 "다수를 희생시키면서 소수를 지원하는 엔진"이 아니었다. 정당, 특히 국가의 실행 기관에서 일어난 일은, 관료화로 인해 정치적 결정에 개방된 영역이 축소되고 행정적 통치의 대상이 확대됐다는 것이다.

자본주의 이전 사회에서 권력은 알려져 있는 것, 인격적인 것이었다. 개인은 누가 권력자인지 알 수 있었고, 권력의 수단을 이해할 수 있었다. 그의 반응, 즉 복종과 두려움은 분명하고 구체적이었다. 그리고 그가 반란을 일으킨다면, 그 반란의 대상도 분명하고 구체적이었다. H. D. 래스웰의 말에 따르면, "나무 뒤에 숨어 있는 인디언을 알아챈 순간, 당신은 매복 공격을 당하고 있다는 것을 알게 된다. 하지만 당신은 현대의 금융 종사자가 책상에 앉아 있는 것을 하루 몇 시간씩 몇 년 동안 보면서도, 그가 투자자들을 함정에 빠뜨리기 위해 설치한 보증 구조의 본질에 대해서는 아무런 단서도 알아채지 못할 수 있다." 또는 어떤 사람이 물이 있는 토지를 소유하고 있고 다른 몇몇은 가축을 위해 물이 필요할 때, 그들은 재산의 힘을 알 수 있다. 그러나 가격-임금-이윤 사이의 비율이 그들의 생활 수준을 낮추기 위해 조작될 때, 그들은 누구를 비난해야 할지 알 수 없다.

비인격적이고 익명성이 강화된 통제 시스템에서는 명시적인 대응이 불가능하다. 불안이 두려움을 대체하고, 불안정이 근심을 대체할 가능성이 높다. 문제는 누가 실제로 권력을 가지고 있는지에 대한 것인데, 왜냐하면 복잡하고 은밀한 시스템은 종종 복잡하지만 조직화된 무책임으로 보이기 때문이다. 권력이 멀리 떨어진 곳에서 위임될 때, 개인의 바로 위에 있는 사람은 그 개인 자신과 크게 다르지 않다. 그 역시 결정하지 않으며, 개인들이 통제되는 네트워크의 일부일 뿐이다. 반란의 의지가 있다고 해도, 반란의 과녁이 될 만한 사람을 쉽게 찾을 수 없다. 권력에 도전하는 데 이용할 만한 상징도 없다. 사실, 도전의 대상이 되는 권위에도 명시적인 상징은 없다.

정치 권력이 중앙집중화되면서 이슈들은 양당제 국가에 의해 전문화되고 타협되며, 일종의 비인격적인 조작이 권위를 대체한다. 권위를 유지하기 위해서는 충성심을 확보하기 위한 정당성이 필요하고, 조작을 위해서는 명시적인 정당성 없이 권력을 실행할 수 있어야 하며, 결정은 숨겨져야 한다. 우리가 제시한 바와 같이 조작은 공개적으로는 정당화되지 않는 권력의 중앙집중화가 존재하고, 권력을 가진 사람들이 그 권력을 정당화할 수 있다고 믿지 않을 때 발생한다. 조작은 대중의 무관심에 자양분을 공급하고, 그로부터 자양분을 공급받는다. 주장과 반대 주장이 다루는 범위가 좁은 탓에 요구의 대상도, 상징도, 원칙도 공개적으로 주장되거나 토론되지 않는다. 대중매체에서 주장과 반대 주장의 범위가 이렇게 좁은 이유를 부분적으로라도 살펴보면 정치는 양대 정당이 독점하고, 경제적·정치적 투쟁의 장은 노동조합과 기업 간의 투쟁이 독점하고 있기 때문이다. 대중매체, 노동조합, 정당, 이 세 영역 모두에서 주장과 반대 주장의 범위가 좁아진다. 그리하여 불안정과 갈망은 정치적 상징에 스며들지 못한 채, 오락을 통한 기분 전환과 상품에 대한 광적인 탐색 속에서 소진되고, 또는 번잡하고 사소한 좌절 속에서 자기 자신 속으로 몰두하게 된다. 공동의 이익에 대한 공동의 의식을 계발하려는 조직적인 노력은 부재하고, 사건과 거리가 멀어진 사람들은 사건을 통제할 힘이 없다고 느낀다.

힘이 증가하고 집중됨에 따라 정치 제도는 미국 역사의 경로에서 객관적으로 더욱 중요해졌지만, 대중의 소외로 인해 일반 대중의 주관적 관심은 점점 줄어들고 있다. 한편으로는 정치가 관료화되고, 다른 한편으로는 대중의 무관심이 팽배하다. 이것이 오늘날 미국 정치의 결정적인 측면이다. 이로 인해 정치적 표현은 진부해지고, 정치 이론은 비생산적인 행정적 세부 사항이 되며, 역사는 사람들의 뒤에서 만들어진다. 이것이 신중간계급이 자신들의 수동적 역할을 수행하고 있는 정치 상황인 것이다.

6. 후위병들

정치가 아무리 중요하다고 해도 그것은 사회 질서 중 하나의 영역일 뿐이며, 반드시 정치적 충성심으로 한데 묶여야 할 필요가 있는 것은 아니다. 심지어 미국과 같이 개인주의적이고 금전적인 기준과 활동이 지배적인 사회라면 정치적 무관심은 충분히 예상할 수 있는 심리적 사실로 간주되어야 할 수도 있다. 미국은 사사화된 사람들의 관료화된 사회이며, 이런 상태가 앞으로도 오랫동안 지속될 수 있다.

구중간계급의 쇠퇴가 미국의 자본주의적 민주주의의 틀이 무너졌다는 것을 의미하지는 않는다. 하지만 그것은 이 시스템의 오래된 정당성이 더 이상 사람들을 움직이지 않으며, 우리가 살고 있는 제도들, 우리 존재의 틀이 열정 없이 존재한다는 것을 의미한다. 다시 말하지만, 이것은 우리가 규범이 없는 상황, 즉 아노미 상황에 처해 있음을 의미하지는 않는다. 비록 우리가 도덕적 고통이 만연한 시대에 살고 있음은 분명하지만 말이다. 그러나 도덕적이거나 이념적인 합의가 사회 질서의 유일한 기반은 아니다. 전적으로 또는 확고하게 정당화되지 않은 권력의 틀 안에서도 편의와 관습의 네트워크가 높은 물질적 안락 수준을 가진 사회를 유지할 수 있다.

하지만 이것이 우리가 알고 있던 (구중간계급에 기반한) 민주주의라는 개념이 아니라는 것은 인식해야 한다. 인간의 마음속에는 투쟁이 없더라도 마음들 사이에는 투쟁이 있다는 것을, 관료화된 우리 사회에는 그 자체의 모순과 위기가 존재하며, 그 위기로 인해 미국을 계속 발전시켜온 보상이 조직되고 전달되기가 훨씬 더 어려워질 수 있다는 것도 인식해야 한다.

중간계급의 변화는 그들을 분열시켰고, 그 결과 '중간계급을 위한 정책'이 가능할 것 같지 않게 되었다. 그런 정책이 실현될 수 있는 힘과 기회가 존재한다고 하더라도 말이다. 정치운동은 관련된 집단의 이익을 증진시키려고 노력한다. 이런 의미에서, 미국의 정치 현장에는 중간계급을 위한 뚜렷한 운동이 존재하지 않는다. 이 계급들은 사회적 형태가 다양하고, 물질적 이해관계가 상충하며, 이념적 환상이 다르기 때문에 그들 사이에는 공통의 정치운동을 위한 동질적인 기반이 없다.

농민은 더 높은 보호 관세와 더 높은 가격 지지를 원하고, 화이트칼라 사무원은 저렴한 소비자 가격을 원한다. 공무원은 더 높은 급여를 원하고, 소규모 상점주는 더 낮은 세금을 원한다. 임금과 사회 정책에 관한 문제에서 신중간계급은 점점 일자리를 얻는 사람들의 태도를 가지게 된 반면, 구중간계급은 여전히 일자리를 주는 사람들의 태도를 가지고 있다. 구중간계급이 때때로 작은 재산을 위해 독점기업과 싸웠다면, 신중간계급은 안정된 일자리를 위해 독점기업에 의존해왔고, 회사에 대한 충성심을 통해 그 사실을 심리적으로 드러냈다. 소기업가들, 특히 소매업자들은 대기업의 보호 아래 '체인점', 정부, 노동조합과 싸우고 있다. 화이트칼라 노동자들이 조직적으로 투쟁에 참여하는 경우, 그들은 기본적으로 임금노동자들 산하의 노동조합에 가입된다. 따라서 구중간계급과 신중간계급 모두 정치 현장에서는 더욱 강력하고 명확한 압력집단 연합을 위한 기동타격대가 된다.

중간계급 전체나 그 양날개 중 한쪽이 충성심, 요구나 희망을 나타내기 위해 이용할 수 있는 공통의 상징은 존재하지 않는다. 다양한 세력들이 이미 존재하는 연합에 합류하여 정당과 국가 속에서 압력을 행사하며 경쟁한다. 어떤 특정한 정치적 투쟁을 수행하도록 허용하거나 제한하는 방식으로 주요한 수단들이 차별화되지도 않는다.

화이트칼라의 직접적인 직업 경험에는 자율적인 정치 조직을 추진하게 하는 요소가 없다. 만약 그런 운동이 발생한다면, 그 사회적인 원천은 이 계층들 사이에서 발생하지는 않을 것이다. 정치적 계층 의식은 "노동자와 고용주 사이의 관계 영역" 안에서는 발생할 수 없다는 레닌의 말은 화이트칼라 근로자에게는 두 배로 강력한 진실이다. 그들의 직업적 이념은 정치적으로 수동적이다. 그들은 매우 산발적이고 단편적인 의미에서의 투쟁을 제외하면 어떤 경제 투쟁에도 관여하지 않는다. 그들은 심지어 자신의 경제적, 정치적 이해관계에 대한 기초적인 인식조차 부족하다. 그들은 자기 계층에 특유한 어떤 첨예한 위기도 느끼지 않는다. 정당, 노동조합, 계급의 관계와 같은 문제를 그들에게 제기할 수 없는 이유는, 그들이 동질적인 계급이 아니기 때문이다. 그들은 노조에 많이 가입되어 있지 않고, 주요 정당은 그들을 특별히 배려하지 않으며, 그들이 독립적인 정당을 만들 것이라는 생각도 없다.

정치적 힘이 조직화된 경제적 권력에 달려 있는 한, 화이트칼라 노동자들은 '기업'이나 '노동'으로부터만 힘을 얻을 수 있다. 권력구조 전체에서 그들은 종속 변수다. 따라서 그들의 정치적 성향에 대한 추정은 기업과 노동의 투쟁 방식과 결과에 대한 더 큰 예측에 근거해야 한다. '노동'이 '분명히 승리'할 때만 하층 화이트칼라 근로자들이 노동조합에 전념할 것이다. 노동계 지도자들이 대기업 집단에서 비롯된 타협 위원회에 포섭된다면, 화이트칼라 근로자 집단은 더욱 그러할 것이다.

화이트칼라의 권력 상승에 대한 이론은 일반적으로 그들의 수적 성장과 대중사회의 관료적, 분배적 운영에서 그들의 필수 불가결함에 근거하여 도출된다. 그러나 순수하고 자동적인 숫자 민주주의를 가정하는 경우에만 계층의 단순한 성장이 그 계층의 권력을 증가시킬 것이다. 그리고 직업적 기능으로부터 정치적 권력으로의 마법 같은 도약을 가정하는 경우에만 기술적 필수 불가결함이 그 계층의 권력을 의미할 것이다.

이렇게 거대한 질문이 미국인의 삶의 조건들로 번역될 때, 수적인 성장과 기능의 중요성에서 정치적 권력의 증가로 도약하기 위해서는 최소한 정치적 인식과 정치적 조직이 필요하다는 것을 분명히 알 수 있다. 화이트칼라 노동자들에게는 그런 것이 없다. 더욱이, 미국 사회에서 그들의 평판이 높아져도 자유와 합리성의 증가로 이어지지는 못했다. 화이트칼라에게 부족한 것은 환상보다 합리성이며, 현대적 불안에 대한 고통보다 자유에 대한 열망이다. 사회적으로 암울한 그들의 삶의 방식은 개인이나 사회에 자유나 합리성을 의미하지 않을 것이다.

하지만 이런 추측은 학문적인 것이다. 신중간계급이 정치적 운동을 형성하거나 시작하거나 이끌 가능성은 없다. 그들에게는 삶의 조건에 대한 꾸준한 불만이나 책임감 있는 투쟁이 없다. 이런 종류의 불만에는 상상력이, 심지어 약간의 비전이 필요하다. 책임감 있는 투쟁에는 리더십이 필요하다.

신중간계급의 정치적 질문은, 그들이 결국 어떤 연합이나 운동에 가담할 가능성이 가장 높을까라는 것이다. 대답은, 가장 분명하게 승리할 것 같아 보이는 연합이나 운동에 가담하리라는 것이다.

그들은 미국에 정치적인 프롤레타리아가 존재하지 않는다는 이유만으로 정치적으로 '프롤레타리아'가 되지는 않을 것이다. 그들은 중간계급 정책이나 대형이 존재하지 않는다는 이유만으로, 그리하여 경제적으로 그 지위를 유지할 수 없다는 이유만으로 정치적으로 '중간계급'이 되지도 않을 것이다. 그들은 단합이나 기회가 부족하다는 이유만으로 독립적인 연합이나 정당으로서 정치에 참여하지는 않을 것이다. 그들은 이미 우위를 점하고 있는 연합을 선택하려는 의지가 부족하다는 이유만으로 정치적 균형추가 되지도 않을 것이다. 그들은 자신들의 '선택지'가 승리할 때만 '선택'할 것이다.

그들은 공적인 입장이 없기 때문에 개인으로서 어떤 방향으로 갈지 결정하는 것은 개인으로서의 그들의 사적인 입장이다. 그러나 개인으로서 그들은 어디로 가야 할지 모른다. 그래서 그들은 지금 흔들리고 있다. 그들은 망설이고, 혼란스럽고, 의견이 흔들리고, 행동이 집중되지 않고 중단된다. 그들은 걱정과 불신에 휩싸여 있지만, 다른 많은 사람들과 마찬가지로 그들의 걱정과 불신을 집중할 대상이 없다. 그들은 정치적으로 화를 잘 내는 편이지만, 정치적 열정은 없다. 그들은 불평하기에는 너무 겁이 많고, 박수 치기에는 너무 히스테리에 빠진 합창단이다. 그들은 후위병이다. 단기적으로는 혼돈스러운 위신의 방식에 따라 행동할 것이고, 장기적으로는 권력의 방식에 따라 행동할 것이다. 왜냐하면, 결국 권력이 위신을 결정하기 때문이다. 그사이에 미국 사회의 정치 시장에는 신중간계급이 매물로 나와 있다. 존경할 만하고 강해 보이는 사람이라면 그들을 얻을 수 있을 것이다. 지금까지는 아무도 진지하게 입찰하지 않고 있다.

감사의 말과 출처

I

연구비 지원을 통해 일할 수 있는 시간을 준 존 사이먼 구겐하임 재단과 자금을 제공해준 컬럼비아대학교 사회과학연구위원회에 감사의 말씀을 전한다. 이 책에서 '우리'라고 쓴 부분은 아내 루스 하퍼Ruth Harper와 나를 의미한다. 지난 3년 동안 그녀는 세심한 조사와 창의적인 편집으로 종종 공동 작업을 수행했다. 다른 저서들과 마찬가지로 이 책도 나의 친구이자 동료인 윌리엄 밀러William Miller와 한스 거스Hans Gerth가 시간과 아이디어, 숙련을 아낌없이 제공했다.

어빙 세인스Irving Sanes는 초고를 읽고 날카로운 비평을 많이 해주었다. 리처드 모리스Richard Morris는 제1장을, 버나드 스턴Bernhard Stern은 의료계에 관한 자료를 비평해주었다. 비어트리스 케빗Beatrice Kevitt이 초안 대부분을 편집해준 것도 큰 도움이 되었다. 허니 토다Honey Toda는 메릴랜드대학과 컬럼비아대학에서 수년간 나의 조교로 일했으며, 책에 나오는 많은 직업 통계는 물론 그 뒤에 숨은 수많은 통계들을 인내심을 가지고 정리해주었다.

출간 전 초고에 대해 퀜틴 앤더슨Quentin Anderson, 찰스 프랭클Charles Frankel, 리처드 호프스태터Richard Hofstadter, 하비 스와도스

Harvey Swados, 라이오넬 트릴링Lionel Trilling이 귀중한 조언을 아끼지 않고 해주었다. 그들의 관대함과 관용에 대해 정말 감사한다.

II

이 작업을 위해 나의 이전 출판물 중 일부를 참고했다. 사실, 일부는 좀 더 적절하게 보자면 이 작업의 기술적 부산물이라고 볼 수 있다. 여기서 인용할 수 있도록 허락해준 이들 출판물의 편집자들에게 감사의 말씀을 전한다. 'A Marx For the Managers' (H. H. Gerth와 공저), *Ethics: An International Journal of Legal, Political & Social Thought*(January 1942); 'The Powerless People: The Role of the Intellectuals in Society,' *Politics*(April 1944); 'The American Business Elite,' *The Tasks of Economic History*, Supplement v to the *Journal of Economic History*(December 1945); 'The Middle Classes in Middle-Sized Cities,' *American Sociological Review*(October 1946); 'The Competitive Personality,' *Partisan Review*(September-October 1946); 'Small Business and Civic Welfare,' Senate Document No.135, 79th Congress, 2nd Session, Washington D.C.(1946); 'Doctors and Workers,' a report to the United Automobile Workers, CIO(March 1948, 미출간); 'The Contribution of Sociology to Studies of Industrial Relations,' *First Annual Proceedings of the Industrial Relations Research Association*, Cleveland, Ohio(30, December, 1948); 'White Collar Unionism,' *Labor and Nation*(March-April 1949 그리고 May-June 1949).

III

폴 F. 라자스펠드Paul F. Lazarsfeld의 관대한 지원 덕분에 나는 1946년 가을에 뉴욕시에서 화이트칼라 노동자들과 128건의 집중 인터뷰를 할 수 있었다. 이 작업을 감독한 재닛 그린Janett Green은 몇 가지 중요한 인터뷰를 직접 진행했다. 노동조합과 관련된 자료의 예비 분석에 도움을 준 지나 스미스Zena Smith에게도 감사의 말씀을 전한다. 나중에 질적 방법에 관한 책에서, 여기서는 오직 인용의 출처와 심리학적 진술의 비공식적인 제한으로만 사용된 이 자료들을 전부 소개할 수 있기를 바란다. 백화점에서 얻은 밀착 경험에 기반한 정보를 제공해준 제임스 B. 게일James B. Gale, 마저리 피스크Marjorie Fiske, 헬렌 파월Helen Powell에게 감사의 말씀을 전한다. 이 정보는 다른 방법으로는 얻을 수 없었을 것이다. 메릴랜드대학에 다니면서 판매직 여직원의 유형에 대한 메모를 작성하고 관련 자료를 준비한 게일 씨에게 특히 고맙다.

여러 공식적인 현장 경험을 통해서도 직간접적으로 도움을 받았다. 1945년, 나는 상원 청문회를 준비하던 전쟁생산위원회 산하의 소규모전쟁공장관리국을 위해 중서부와 뉴잉글랜드에 있는 6개 중소 도시의 계층화와 권력구조를 조사했다. 그해와 그 이후에 나는 응용사회연구국을 위해 수행한 연구 프로젝트(1952년 Harper & Bros에서 출판 예정)와 관련하여 인구 6만 명의 중서부 도시 한 곳을 더 집중적으로 연구했다. 1946년에는 뉴욕주 노동부를 가까이에서 살펴볼 수 있는 기회가 있었고, 1947년에는 맨해튼 스페니시 할렘 지역의 푸에르토리코인 문제를 연구했다. 1948년, 나는 산업별노동조합회의CIO 산하의 전미자동차노동조합을 위해 디트로이트에 있는 조합원들을 대상으로 조사를 실시했다. 이 모든 업무에서 나는

'화이트칼라 자료'를 주시했다. 나는 이 문제들에 대해 소규모전쟁 공장관리국의 연구 책임자였던 존 블레어John Blair와 전미자동차노동조합의 연구 책임자였던 냇 와인버그Nat Weinberg가 관대하게 대해준 것에 대해 감사한다.

IV

이 책에 사용된 기술적 어휘들과 이 책의 전반적인 관점은 막스 베버에게서 유래했다. 계급, 직업, 지위, 권력, 권위, 조작, 관료제, 전문직 같은 개념은 기본적으로 그의 것이다. 물론 베버의 뒤에는 카를 마르크스가 있으며, 특히 그의 저작들이 한쪽에서는 무시되면서 통속화되고, 다른 한쪽에서는 무시되면서 비방받는 이 시대에, 그의 저작 전반에 대해 내가 지고 있는 빚을, 특히 초기 저작에 대해 지고 있는 빚을 인정하지 않을 수 없다.

이 전통에 속하거나 그로부터 영향을 받은 문헌들 중에서, 다양한 주제와 문제와 관련하여 특히 유용하거나 시사하는 바가 있다고 여기는 것들은 다음과 같다. 이 저작들이 완전한 것은 아니지만, 이 책이 다루는 문제들을 더 깊이 탐구하고자 하는 사람들에게는 특히 유익할 것이다.

Eduard Bernstein, *Socialisme Théorique et social-démocratie practique*, tr. d'Alexandre Cohen(Paris, 1900); Alfred M. Bingham, *Insurgent America*(New York: Harper, 1935); G. D. H. Cole, *What Marx Really Meant*(New York: Knopf, 1937); Lewis Corey, *The Crisis of the Middle Class*(New York: Covici-Friede, 1935); Erich Fromm, *Escape from Freedom*(New York: Farrar & Rinehart, 1941); Henry Durant, *The Problem of Leisure*(London: George

Routledge, 1938); Daniel Guérin, *Fascism and Big Business*(New York: Pioneer Publishers, 1939); Karl Kautsky, *Le Marxisme et son critique Bernstein*, tr. de Martin-Leray(Paris: 1900); Harold D. Lasswell, 'The Moral Vocation of the Middle-Income Skill Group,' *International Journal of Ethics*, vol.XLV; no.2, January 1935, and *World Politics and Personal Insecurity*(New York: McGraw-Hill, 1935); Emil Lederer, *The Problem of the Modern Salaried Employee: Its Theoretical and Statistical Basis*(*Die Privatangestellen in der modernen Wirtschaftsentwicklung*, Tübingen, 1912의 제2장과 제3장), WPA Project No.165-6999-6027; Emil Lederer and Jacob Marschak, *The New Middle Class*('Der neue Mittelstand,' *Grundriss der Sozial-ökonomik*, IX Abteilung I, 1926; WPA Project No.165-97-6999-6027, New York, 1937); Leo Lowenthal, 'Biographies in Popular Magazines,' *Radio Research* 1942-3(New York: Duell, Sloan and Pearce, 1944); Karl Mannheim, *Ideology and Utopia*(New York: Harcourt, Brace, 1936), and *Man and Society in an Age of Reconstruction*(New York: Harcourt, Brace, 1940); Herbert Marcuse, *Reason and Revolution*(New York: Oxford, 1941); Alfred Meusel, 'Middle Class,' *Encyclopedia of the Social Sciences*, vol.x; Arthur Salz, 'Occupations,' *Encyclopedia of the Social Sciences*, vol.xi; Edward Shils and Herbert Goldhammer, 'Types of Power and Status,' *American Journal of Sociology*(September 1939); Werner Sombart, *The Quintessence of Capitalism*(New York: Dutton, 1915), 그리고 'Capitalism: the Capitalist Enterprise,' *Encyclopedia of the Social Sciences*, vol. III; Hans Speier, *The Salaried Employee in German Society*(WPA

Project No.465-970391, New York, 1939), 그리고 'The Salaried Employee in Modern Society,' *Social Research*(February, 1934); Thorstein Veblen, *Absentee Ownership*(New York: Viking, 1938); Graham Wallas, *The Great Society*(New York: MacMillan, 1936); William E. Walling, *Progressivism and After*(New York: MacMillan, 1914).

V

이 책에 실린 통계는 미국 상무부와 특히 인구조사국, 미국 농무부 농업경제국, 노동부 노동통계국 등 주로 미국 정부기관에서 제공한 자료를 바탕으로 재편집되었다. 이런 수치들 대부분은 인구조사국이나, 『미국역사통계』*Historical Journal of the United States, 1789~1945*, 해당 연도의 『미국통계요람』*Statistical Abstract of the United States*, 『농장경제학 잡지』*Journal of Farm Economics* 같은 기술 잡지들, 『연방준비제도이사회회보』*Federal Reserve Bulletin*, 『현대비즈니스조사』*Survey of Current Business* 등에서 쉽게 구할 수 있다. 미국 경제의 집중에 대한 임시국가경제위원회의 조사 보고서는 미국 경제를 이해하고자 하는 모든 사람들에게 매우 귀중한 자료다. 소규모전쟁공장관리국의 많은 출판물도 마찬가지다. 나는 또한 미국경영협회와 미국관리자협회의 출판물에서 많은 사실 자료와 의견을 얻었다. 이들 여러 기관의 도서관에 감사의 말씀을 전한다.

정부와 기업 자료만 이 책의 구성에 사용된 것은 아니다. 나는 사실과 수치에 대한 구체적인 인용으로 텍스트를 부담스럽게 만들지 않았다. 여기에 인쇄되기에는 너무 긴 전체 문서들은 관심 있는 학자들이 비공개로 이용할 수 있다. 하지만 나의 통계 수치가 정교한 재분류 작업을 수반하며 그에 대해 간단한 논평이 필요한 네 가지 주제가 있으니, 사용된 직업 범주, 소득에 따른 그 범주들의 교차 분석, 실업률, 노동조합 가입률이 그것들이다.

1. 역사적인 직업 표는 알바 에드워즈Alba Edwards가 제시한 인구조사 데이터의 세부 분류를 기반으로 재분류한 것이다(Bureau of the Census, *Comparative Occupational Statistics for the U.S.*, 1870-1940, pp.105-12). 직업 데이터에 대한 역사적 비교의 어려움은 에드워즈의 고된 작업 덕분에 상당히 완화되었다. 산업 분류와 특정 직업에 대한 논평에 특히 유용하다고 생각되는 또 다른 중요한 작업은 H. 듀이 앤더슨H. Dewey Anderson과 퍼시 E. 데이비드슨Percy E. Davidson의 저작이다(*Occupational Trends in the United States*, Stanford, California: Stanford University Press, 1940). 또한 빅터 펄로Victor Perlo의 1939년의 시도 및 그에 대한 발언은 다음에서 확인할 수 있다(Spurgeon Bell, *Productivity, Wages and National Income*, Washington D.C.: Brookings Institution, 1940, pp.210-32).

나는 에드워즈가 나열한 각 직업을 재분류하면서 주로 이윤, 기업가적 인출, 임대료 또는 로열티를 통해 지불을 받는지를 확인하여 이들을 '자유 기업가'로 구별해냈다. 이는 주로 1940년의 '직업 분류'(주로 '고용주와 자영업자'와 '임금노동자와 급여 노동자'의 구분)에 관한 정보를 더 이른 시기로 투영함으로써 결정되었다.(*16th Census of the U.S.* 1940. Population. The Labor Force [Sample Statistics] Occupational Characteristics, pp.119-33). '직업 분류'에 대한 질문은 1910년 인구 조사 무렵까지 거슬러 올라가지만, 1940년까지는 표로 정리되지 않았다. "그러나 이 질문은 직업 분류에 도움이 되는 매우 유용한 목적을 달성했습니다. 초기의 일부 인구 조사에 대해서는 원하는 교차표를 만들 수 없을 것입니다."(1947년 3

월 27일, 인구조사국 부국장 필립 M. 하우저Philip M. Hauser가 저자에게 보낸 편지). 물론 1940년 당시의 '직종'이 그 이후에도 늘 유지된 것은 아니다. 각각의 사례를 검토하고 개별적인 결정을 내렸다. 화이트칼라와 임금노동자의 구별은 부분적으로 화이트칼라 노동의 '비상품 생산'이라는 특성에 기초했다. 노동통계국의 노동경제학 연구진('White-Collar Workers: The Problem of Definition,' 미출간)은 '일, 주, 월 단위 고정급'과 함께 내가 유용하다고 생각한 두 가지 기준을 사용한다. "단정하게 차려입은 모습"과 "직장에서 평상복을 입는 것"이다. 노동경제학 연구진이 '화이트칼라 노동자' 범주에 포함시킨 광범위한 직업군은 급여를 받는 관리직 근로자를 제외한다는 점만 빼면, 내가 제시한 네 가지 범주와 상당히 유사하다.

신중간계급의 직업적 기능이 '비상품 생산'이라는 부정적인 방식으로 정의됨에 따라, 이 집단은 전체적으로 상당히 이질적이며, 내가 사용한 네 가지 하위 범주로 세분화하더라도 계속해서 이질적이다. 이렇게 이질적인 요소들을 하나의 집단으로 결합하여 '신중간계급'이라고 부르는 것은 위험한 일일 수 있다. 우리가 작업해야 하는 인구 조사 분류를 고려할 때, 그들은 본질적으로 잔여 집단이며, 더 나아가 "다른 계층들도... 상당한 수평적 확장성을 보여주기 때문이다. 기업가 계급은 산업 거물은 물론 소규모 제조업자와 상업적 기업가를 포함한다. 육체노동자 계급에는 정규적으로 고용된 숙련된 고소득 남성 임금노동자는 물론 가장 낮은 계층의 비숙련 프롤레타리아도 포함된다." 화이트칼라 집단은 "다른 계급들과는 반대로 이해될 수 있다."(Lederer and Marschak, 앞의 책, p.6.) 이 점은 어떤 직업을 신중간계급 안에 위치하는 것으로 분류할 기준은 없지만, 그 직업을 자유 기업가나 임금노동자 안에 위치시키지 않을 기준은 많다는 사실을 깨닫게 될 때 중요해진다.

직업 분류는 1940년 인구 조사에서 연령, 성별, 교육 수준 등에 따른 상세 직업에 대한 교차표에 적용되었다. 기존의 모든 민족별, 직업별 수치들의 성격은 3~4퍼센트 이내의 오차 범위 내에서만 정확하다고 간주할 수 있음을 시사한다.

2. 미국에는 직업별 소득에 대한 확실한 역사적 정보가 존재하지 않는다. 직업별 소득에 대한 가장 단순한 역사적 시계열 자료에서도 절대 소득의 역사적 비교를 신뢰할 수 없게 만드는 주요한 어려움 네 가지가 있다. (1) 연구의 범위 — 많은 연구가 한 도시나 지역, 특정 산업, 산업 유형, 특정 직업에 국한되어 있다. (2) 직업 분류 — 직업 분류 방식의 차이로 인해 데이터를 다른 직업 범주로 재분류하는 것이 금지되는 경우가 많기 때문에 연구 간의 비교가 불가능하다. 이용 가능한 직업군 비교에는 일반적으로 소득이 매우 다양하여 직업군 내의 중요한 소득 차이가 가려지는 직업들이 포함된다. 예를 들어, 사무직과 영업직 근로자를 고임금 관리직 및 전문직 근로자와 항상 구별할 수 있는 것은 아니다. 또한, 저숙련 임금노동자를 숙련 또는 반숙련 노동자와 항상 구별할 수 있는 것도 아니다. (3) 소득이 측정되는 수령자의 유형이 다양한 경우가 흔하다. 한 연구는 가족 소득을 다루고, 다른 연구는 노동력의 각 구성원을 다루며, 또 다른 연구는 '소비 단위'를 다룬다. 또한, 수령자의 성별 구성은 거의 확인할 수 없다. (4) 소득 유형 — 때로는 소득이 근로를 통해 얻은 돈만 포함할 수도 있고, 모든 형태의 소득을 포함할 수도 있다. 현물 소득을 포함할 때도 있고 제외할 때도 있다.

따라서, 미국 신중간계급의 소득 이력을 완벽하게 제공할 수는 없다. 기존 데이터로는 임금근로자와의 제한적 비교만 가능하다. 소득 표 작성에 도움을 준 노먼 캐플런Norman Kaplan 씨에게 감사의 말씀을 전한다.

초기 수치, 특히 제조업의 임금과 급여에 대해서는 다음을 참조하라. Paul H. Douglas, *Real Wages in the United States*, 1890-1926(New York: Houghton Mifflin, 1930). 1929년에서 1939년 사이의 제조업 임금 및 급여에 대한 데이터는 인구조사국의 2년 단위 조사 자료를 참조하라. U.S. Bureau of the Census, *Biennial Census of Manufacturers*(Washington D.C., 1939). 상무부는 1929년부터 1939년까지 3개의 산업을 선정하여 임금 및 급여에 대한 연도별 시계열 통계를 작성했으며, 다음 자료에서 이를 이용할 수 있다. *Statistical Abstract of the United States*, 1940. 4개의 산업을 선정하여 실행한 초기 시계열 자료는 다음을 참조하라. W. I. King, *The National Income and Its Purchasing Power*(New York: National Bureau of Economic Research, 1930). 1930년대 초반의 경우 다음을 참조할 수 있다. Robert F. Martin, *National Income and Its Elements*(New York: National Industrial Conference Board, 1936).

1935~6년에 대해서는 8개 직업 집단에 속하면서 구호 대상이 아닌 가족들을 대상으로 전국직 소득 자료를 조사한 다음 언구를 참조할 수 있다. National Resources Committee, *Consumer Incomes in the United States: Their Distribution in 1935~6*(U.S. Government Printing Office, Washington D.C., 1938). 1939년에 대해서는 제16차 인구 조사 자료가 임금과 급여 자료를 제공한다. the 16th Census of the U.S. 1940 Population, vol.III, The Labor Force, part I, U.S. Summary, pp.120ff. 1946년과 1948년에 대해서는 다음 네 자료를 참조하라. the Bureau of the Census, *Current Population Reports: Consumer Income*, Series P-60, no.3, 3 June 1948, 'Income of Non-Farm Families and Individuals, 1946,' and Series P-60, no.6, 14 February 1950, 'Income of Families and Persons in the

U.S., 1948.' 이 네 가지 연구는 내가 광범위한 직업 범주에서 용이하게 논의할 수 있는 유일한 연구이며, 특히 뒤의 세 가지는 근로자의 성별을 구별한 유일한 연구다.

또한, 1940년대 후반에 대한 내용은 농무부 농업경제국 프로그램조사과에서 발표한 다음 자료를 참조하라. Department of Agriculture, Bureau of Agricultural Economics, Division of Program Surveys, 'National Survey of Liquid Asset Holdings, Spending, and Saving,' Part Two. 연방준비제도이사회가 수행한 1946년 이래의 매년 조사는 다음을 참조하라. Board of Governors of the Federal Reserve System, 'Survey of Consumer Finances,' reprinted in issues of the *Federal Reserve Bulletin*. 이 연구들은 개별 소득자가 아닌 '소비 단위'를 다루고 있으며, 그들의 직업 분류는 우리와 완전히 비교할 수 있는 것은 아니지만, 이 기간 동안의 대략적인 소득 변화를 보여준다.

3. 실업률 결정의 어려움에 대해서는 다음을 참조하라. W. S. Woytinsky, 'Controversial Aspects of Unemployment,' *Review of Economic Statistics*, May 1941. 1890년, 1900년, 1930년, 1937년, 1940년에 실행된 미국 인구 조사와 1930년대에 여러 주와 지역에서 실행된 인구 조사 외에도, 노동조합, 전국산업회의소, 노동통계국 등의 기관에서 수년간 실업률 시계열 자료를 집계했다. 1929년 이전에 대해서는 특정 산업 집단에 대해서만 신뢰할 수 있는 실업률 데이터가 존재한다. 가장 정확한 논의와 추정을 위해서는 다음을 참조하라. Paul H. Douglas, 앞의 책, pp.409~60. 1929년부터 현재까지의 전체 노동력에 대한 실업 정보는 좀 더 신뢰할 수 있다. 노동통계국은 최근 1929년 이후의 노동력 및 실업률 규모에 대해 수정된 추정치를 발표함으로써 상충되는 보고서들 사이의 혼란을 상당 부분 해소했

다(*Monthly Labor Review*, July 1948, pp.50-53).

일반적인 실업률 추정이 어려운 경우가 많다면, 특정 직업 집단에 대한 실업률 추정은 거의 불가능에 가깝다. 기껏해야 추측에 불과할 뿐이다. 직업별 전국 실업률 데이터는 실업률이 가장 심했던 해가 아닌 1930년, 1937년, 1940년에 대해서만 존재한다. 우리는 다음을 참조하여 이 시기의 직업별 실업률을 계산했다. W. S. Woytinsky, *Labor in the United States: Basic Statistics for Social Security*(Washington D.C.: Committee on Social Security, Social Science Research Council, 1938, pp.312~15); *Census of Partial Employment, Unemployment and Occupations*: 1937, *Final Report on Total & Partial Unemployment*, vol. I, p.5, table 4, 1930년과 1940년 인구 조사 데이터에서 1937년의 고용 가능한 노동력을 추정했다. 그리고 1940년 인구 조사에서 나타난 실업률에 대한 추정치는 다음을 참조하라. *Statistical Abstract of the United States*: 1948, pp.179-87. 1930년에 대해서는 다음을 참조하라. Woytinsky, *Three Aspects of Labor Dynamics*(Washington D.C.: Committee on Social Security, Social Science Research Council, 1942), p.153. 1932년에서 1934년 사이에 이루어진 많은 지역 및 주 차원의 실업 연구의 가치는 물론 제한적이며, 사용된 직업 분류도 다양하지만, 전반적인 진술을 위해서는 이정표 노릇을 하며, 종종 실업 발생의 다양한 측면에 대한 통찰력을 제공한다. 이 분야에서 특히 도움이 된 자료로는 다음을 꼽을 수 있다. Massachusetts Department of Labor and Industries, Division of Statistics, Report on the Census of Unemployment in Massachusetts as of 2 January 1934; Pennsylvania State Emergency Relief Administration, Harrisburg, Pa., *Census of Employable Workers in Urban & Rural Non-Farm*

Areas of Pa., 1934; *Monthly Labor Review*, October 1933, p.811, 그리고 September 1934, p.643에 실린 다양한 연구가 있다.

4. 1948년 노동조합 가입자 수에 대한 자료는 노동통계국의 다음 자료에서 인용했다. Bureau of Labor Statistics, 'Directory of Labor Unions in the U.S., June 1948,' *Bulletin* No.937. 직접적으로 연계된 지역 조직의 조합원 수는 노동통계국이나 나의 추정치에 포함되지 않는다. 노동통계국이 특정 조합에 대한 조합원 수를 제공하지 않은 경우, 우리는 다른 출처에서 보고된 조합원 수를 이용했다. 특정 노동조합에 대해 그런 대체 수치를 찾을 수 없는 경우, 우리는 1944년 플로렌스 피터슨의 자료에 있는 조합원 수를 대신 이용했다. Florence Peterson, *American Labor Unions*(New York: Harper, 1945). 노동통계국 디렉토리에 수록된 194개 노동조합 각각은 주로 임금노동자로 구성되어 있는지, 아니면 화이트칼라 근로자로 구성되어 있는지에 따라 분류되었다. 모든 노동조합은 다음 세 가지 유형 중 하나로 분류되었다. (1) Bureau of Labor Statistics, *Bulletin* No.745, June 1943, 35개의 노동조합을 "대부분의 조합원이 화이트칼라로 간주되는 직종에 종사하는 노동조합"으로 열거하고 있다. 이 목록은 다양한 노동조합 관계자들과의 협의를 통해 업데이트되었으며, 11개의 노동조합이 추가되어 총 46개의 화이트칼라 노조가 되었다. (2) 다양한 노동조합 관계자들이 저자에게 보낸 개인적인 편지와 『비즈니스 위크』 1948년 2월 7일자 92쪽에 실린 기사를 통해, 산업별노동조합회의CIO 산하 13개 생산 노동조합을 상당한 비율의 화이트칼라 노동자가 포함된 '혼합형' 노조로 분류할 수 있었다. 이 노조들 중 가장 중요한 노조 대부분에 참여하는 화이트칼라 노동자 수의 추정치는 위에서 인용한 출처에서 제공한 것이다. (3) 다른 모든 노동조합은 주로 임금노동자로 구성되어 있는 것으로 간주되었다.

각 산업 집단에 속한 화이트칼라 노동자의 비율에 대한 수치는 근사치일 뿐이다. 위에서 언급한 각 유형의 노동조합은 산업 집단에 따라 분류되었다. 1948년 당시 각 산업 집단에서 종사하는 화이트칼라 노동자(잠재적 노동조합원)의 정확한 비율에 대한 정보가 없기 때문에, 1940년 당시 각 산업 집단의 화이트칼라 노동자 비율을 토대로 *Monthly Labor Review* 1948년 6월호에 실린 1948년 당시 각 산업 집단의 '임금 및 급여' 노동자 비율을 이용하여 추정해야 했다. 노동조합 가입자 수와 조직화 비율에 대한 이전의 수치는 레오 울먼의 저서를 참조하라. Leo Woolman, *Ebb and Flow in Trade Unionism*(New York: National Bureau of Economic Research, 1936). 1935년 조합원 수에 대한 미발표 데이터를 이용할 수 있도록 허락해주신 울먼 교수에게 특히 감사한다.

C. 라이트 밀스
뉴욕 1951년 5월 1일

찾아보기

ㄱ

가격관리국 165, 166
개인주의 44, 89, 112, 196, 456, 513
　-개인주의자 54
　-경제적 개인주의 75
경영 혁명 171, 172
경제적 인간 51, 327
계급 상황 131, 184, 440, 492
계급 위치 18, 439
계급의식 427, 433, 481, 483
계급적 재산 58, 176
고압 판매 252, 256
공공사업국 108, 231
관리 가격 63, 90
국가사회주의 108, 109
그리스월드, 휘트니 50, 64, 66
기술 혁명 63, 64, 189
기업가적 재산 123, 176

ㄴ

나치 25, 35, 108, 109, 154, 353, 362, 429, 486
남북전쟁 21, 45, 46, 60, 67, 124, 205, 388
노동 윤리 331, 352
노동과 여가의 분리 352, 353
노예제 21, 47, 395

ㄷ

다 빈치, 레오나르도 328
대공황 32, 62, 88, 89, 113, 143, 171, 349, 509
대중문화 12, 18, 33, 243, 495, 496, 498
더스트볼 34, 308
듀이 37, 232, 233
드 만, 앙리 222, 333, 341

ㄹ

라이히, 빌헬름 78
러셀, 버트런드 233
러스킨, (존) 18, 328~331
레닌 230, 434, 481, 511, 515
　-레닌주의 230
　-레닌주의자 230
로웬탈, 레오 353, 419, 497
로크, (존) 328
루스, 헨리 R. 234, 244
루스벨트, 시어도어 111, 112, 228
루스벨트, 프랭클린 166, 349, 453,

473~475, 489, 505
 -뉴딜 94, 108, 113, 166, 234, 296, 349, 421, 453, 490
루이스, 싱클레어 257, 301, 303
루카치, 지외르지 243
루터, (마르틴) 327
리프만, 월터 480
린드, 로버트 504→린드 부부
린드, 헬렌 504→린드 부부
린드 부부 507
링컨, (에이브러햄) 48, 67, 111, 505

ㅁ

마르크스, 카를 184, 230, 232, 328, 329, 334, 339, 351, 439, 481, 490, 521
 -마르크스주의 78, 106, 230, 233, 427, 429, 436, 440, 480~482, 484
 -마르크스주의자 427, 428, 437
만하임, 카를 13, 379, 501
머레이, 제임스 85, 86, 107
멜빌, 허먼 180, 315
모리스, 윌리엄 328, 332, 335
몰리, 크리스토퍼 303
 -『키티 포일』 26, 34, 303, 307
뮈르달, 군나르 496, 508
미국노동총연맹 446, 464, 465, 469
미국농업국연맹 95
미국변호사협회 198
미국의사협회 130, 196, 197
민주적 재산 58

민주주의 36, 66, 86, 109, 112, 171, 240, 378, 395, 471, 472, 480, 486, 510
 -경제적 민주주의 388
 -고전적 민주주의 115
 -공식적인 민주주의 486
 -대중 민주주의 184
 -미국 민주주의 475, 486
 -민주주의 국가 181
 -민주주의 이데올로그 400
 -민주주의 이데올로기 395
 -숫자 민주주의 516
 -원초적 민주주의 50
 -자본주의적 민주주의 513
 -정치적 민주주의 52, 53, 388

ㅂ

발자크, (오노레 드) 76, 78, 159, 164, 292, 336
베르그송, 앙리 331, 342
베버, 막스 13, 14, 16, 17, 39, 44, 327, 435, 438, 483, 521
베블런, 소스타인 45, 252, 381, 481
보수주의 229, 235, 349, 429, 473
 -보수주의자 229, 484
보이지 않는 손 289
복지국가 15, 421, 440, 474, 496
불 무스 캠페인 112

ㅅ

사유재산 44, 58, 121, 173

-사유재산제도 171, 172, 175, 176
산업별노동조합회의 464~466, 469
산업혁명 66, 126, 294, 296, 354, 380, 464
성격 시장 12, 36, 169, 278, 279, 281, 284, 285, 338, 341, 382
세속적 금욕주의 327
『세일즈맨의 죽음』 416
소렐, 조르주 81, 331, 335
소로, (헨리 데이비드) 338
소외 18, 33, 36, 96, 115, 156, 221, 227, 247, 277, 338, 351, 352, 379, 381, 418, 502, 513
　　-노동으로부터의 소외 36, 337, 338, 352, 353
　　-노동의 소외 12, 18, 37, 237, 340, 341, 351
　　-소외된 노동 18, 33, 37, 344
　　-자기소외 33, 36, 281, 285, 338, 382, 500, 502
　　-정치적 소외 487~489, 500
　　-지위 소외 379
슈파이어, 한스 154, 156, 370
슐레진저 경 29
스미스, 애덤 21, 43, 170, 327, 340
시민 정신 98, 100
실용주의 230, 349

ㅇ

아우구스티누스 326
압력단체 19, 95, 141, 439, 463, 474
앨저, 허레이쇼 26, 168, 419, 496
양당제 507, 512
오락 기계 354, 355, 494
오웰, 조지 19, 25, 321
　　-『숨 쉬러 나가다』 25, 321
　　-『1984』 19
와그너법 158, 473
웹스터, 노아 49
윌슨, 에드먼드 178, 229, 244, 502
윌슨, 우드로 111, 112, 505
인간관계 81, 179, 214, 218, 285, 348, 376
　　-사내 인간관계 351
　　-산업 내 인간관계 348, 350
임시국가경제위원회 88, 173, 205, 523

ㅈ

자유 경쟁 87, 88, 91, 94, 98
자유 기업가 57, 64, 127, 128, 135, 137, 368, 371, 392, 405, 524
자유시장 52, 61~63, 93, 94, 96, 114, 289, 439
자유주의 15, 22, 37, 53, 54, 68, 86, 112, 142, 215, 226, 228~230, 243, 280, 454, 455, 460, 463, 471~474, 479~484, 498, 509
　　-경제적 자유 78, 115
　　-고전적 자유주의 53, 388
　　-고전적 자유주의자 53
　　-자유주의 사회학 388

-자유주의자 53, 92, 231, 431
　-자유주의적 자본주의 106, 391, 419, 429
　-행정적 자유주의 473
'작은 사람' 11, 17, 19, 21, 25, 27, 28, 31, 32, 35, 36, 38, 68, 78, 87, 97, 113, 394, 419, 496
장인정신 33, 235, 330~332, 334, 336, 337, 341
　-장인 노동 18, 22, 328
전국산업회의 459
전국전쟁노동위원회 155, 215
전미자동차노동조합 458, 520, 521
전쟁생산위원회 231, 520
전쟁인력위원회 310
정치적 무관심 12, 18, 482~484, 489, 502, 503, 509, 513
정치적 심성 176, 433, 434
제퍼슨, 토머스 21, 43, 50, 111, 390, 510
제퍼슨주의 112
조셉슨, 매슈 113, 244, 504
좀바르트, 베르너 80, 179
중상주의 47, 48, 52, 142
지위 순환 382~384
진보의 시대 30, 111

ㅊ
체념의 문학 417

ㅋ
카프카, 프란츠 18, 33, 232
칼라일, (토머스) 328, 329
칼뱅, (장) 327
　-예정론 327
　-칼뱅주의 330
코코런, 토머스 가디너 166, 169

ㅌ
태프트-하틀리법 473, 474
테일러, 프레더릭 294, 348
　-과학적 관리 294, 297, 348
토니, 리처드 헨리(R. H. 토니) 39, 329, 353
토크빌, (알렉시 드) 47, 198
톨스토이, (레프) 148, 328, 331
트로츠키 15, 434, 481, 507
　-트로츠키주의 231
트루먼, (해리 S.) 105, 349, 474
　-페어딜 349, 474
트릴링, 라이오넬 232, 239, 471, 519

ㅍ
파슨스, 탤컷 14, 16, 218
파시즘 401, 429
판네쿡, 안톤 436
팔라다, 한스 25
패서스, 더스 303
페기, 샤를 9, 233, 337
프롤레타리아화 372, 429, 430, 436, 437, 440

피츠제럴드, 스콧 148, 354

ㅎ

하월스, 윌리엄 딘 30, 67
하이만, 에두아르트 58
합리성 34, 36, 187, 218, 221, 230, 339, 516
　-기술적 합리성 125
　-기능적 합리성 341
해치법 237
행정 국가 349, 472, 473
형제회 193, 194, 203, 372, 375
홈스테드법 67
휘트먼, 월트 67, 68
힐퍼딩, 루돌프 106

추천사

C. W. 밀스의 『화이트칼라』는 미국 산업자본주의 사회의 구조적 변화를 분석한 기념비적 저작이다. 미국은 이미 1950년대 경제활동 인구의 절반이 3차 산업에 종사하게 되는 산업 구조의 변화를 경험했다. 19세기 카를 마르크스가 분석했던 공장 노동자와 자본가와는 대단히 다른 새로운 화이트칼라 노동자들이 대거 등장한 것이다. 교육, 유통, 의료 등 제조업과는 다른 3차 산업 종사 노동자들이 늘어나면서, 노동의 성격과 노동자들의 의식은 19세기 공장 노동자들과는 매우 달랐다. 이 책은 오늘날 중간계급이라고도 불리는 이 새로운 계급의 등장을 예리하게 분석하고 있다. 그리고 중간계급의 구성과 집합적 성향은 경제 구조적 변화뿐 아니라 사회문화적 변화를 바탕으로 하고 있다는 점을 보여주었다.

밀스의 『화이트칼라』는 한국 화이트칼라 노동자 문제를 좀 더 객관적으로 바라볼 수 있는 시각을 제시한다. 놀라운 점은, 20세기 중반 미국의 화이트칼라 분석이 21세기 한국 화이트칼라 계급 문제를 보다 깊이 있게 이해할 수 있는 기회를 제공한다는 사실이다.

— 신광영
(『한국의 계급과 불평등』 『한국 사회 불평등 연구』 저자,
동아시아사회학회 회장, 중앙대 사회학과 명예교수)

찰스 라이트 밀스의 『화이트칼라』 새 번역본을 즐겁게 읽었다. 이미 연구와 강의를 위해 여러 번 읽었기 때문에 내용은 잘 알고 있었는데 이번에 다시 읽으면서 그전에 읽을 때는 그냥 넘어갔던 내용이 새롭게 눈에 들어오기도 했다. 번역도 기존의 것에 비해 훨씬 잘된 것 같다.

신중간계급 즉 '화이트칼라'는 20세기 세계 자본주의의 특징을 잘 보여주는 가장 중요한 사회 집단이자 계층이다. 밀스는 19세기가 소기업가, 산업노동자의 시대라면, 20세기는 대자본가, 화이트칼라의 시대라고 강조한다. 특히 20세기 중반 무렵 미국 사회의 특징이 이 화이트칼라 집단에 가장 잘 집약되어 있다. 그래서 이 책을 따라 읽다보면 20세기 자본주의 세계와 미국 사회의 특징을 보다 잘 알게 된다.

밀스에 따르면 화이트칼라는 불안과 왜소함을 안고 있으며, 오늘날 도시에 일반화된 '작은 사람'들이다. 원래 19세기에 이들은 선망의 대상이었으나, 대규모 기업이 등장하고 국가가 팽창함에 따라 이들의 처지는 거의 임금노동자와 같아졌고, 뿌리도 충성심도 귀속감도 없는 새로운 사회적 존재로 등장했다.

밀스는 20세기 중반의 가장 지배적인 사회 집단인 화이트칼라뿐 아니라, 이들과 인접해 있는 구중간계급인 소기업가, 전문직, 지식인, 그리고 관료 집단과 대기업 등 사실상 현대 자본주의의 전 계급·계층의 특징과 성격, 정치 참여 등을 전반적으로 분석한다. 독자들은 이 책을 통해 오늘날까지 지속되고 있는 미국과 현대 자본주의 국가의 전형적 특징을 쉽고 분명하게 파악할 수 있을 것이다.

『화이트칼라』는 사회학뿐 아니라 사회과학 교양서로서 고전의 반열에 오르기에 손색이 없는 책이다. 오히려 오늘날 한국 자본주의를 분석하고, 전문직, 영세 자영업자, 정부와 대기업을 위시한 관료 집단을 이해하는 데 여전히 커다란 통찰력을 제공해준다.

— 김동춘
(『시험능력주의』『대한민국은 왜?』『전쟁과 사회』 저자,
좋은세상연구소 대표, 성공회대학교 명예교수)